Phrasal verbs
compatto

INGLESE ITALIANO

di Lau moglio

ZANICHELLI

[8815/DER]

Questo vocabolario è tratto da *Il dizionario dei Phrasal Verbs* (2006) di Laura Montixi Comoglio.

Questo dizionario accoglie anche parole che sono – o si pretende che siano – marchi registrati, senza che ciò implichi alcuna valutazione del loro reale stato giuridico; nei casi obiettivamente noti all'editore, comunque, il lemma è seguito dal simbolo ®.

Redazione: Carlotta Biancani

Realizzazione editoriale: Exegi s.n.c., Bologna

Copertina: Miguel Sal (*progetto grafico e ideazione*); Exegi s.n.c. (*realizzazione*)

Supporto al rinnovamento delle soluzioni grafiche: Progetti Nuovi – Milano: Annamaria Testa, Paolo Rossetti, Bianca Maria Biscione

Coordinamento di montaggi, stampa e confezione: Stefano Bulzoni, Massimo Rangoni

Chiusura redazionale: gennaio 2008

Ristampe:
6 5 4 3 2 1 2008 2009 2010 2011 2012 2013

Per segnalazioni o suggerimenti relativi a quest'opera, l'indirizzo a cui scrivere è:
Zanichelli editore s.p.a. – Redazioni Lessicografiche
Via Irnerio 34 - 40126 Bologna
fax 051 249782 (From abroad: +39 051 249782)
e-mail: lineacinque@zanichelli.it
sito web: www.zanichelli.it

Stampa: Tipografia Babina
San Lazzaro di Savena (Bologna)

Premessa

I *phrasal verbs* sono una delle più spiccate peculiarità dell'inglese. La loro importanza è data dalla loro massiccia presenza nella lingua parlata e scritta a qualsiasi livello, dall'informale al formale. La loro comprensione e il loro apprendimento, tuttavia, pongono qualche difficoltà e spesso il loro significato non appare immediato. Altrettanto spesso, poi, lo stesso *phrasal verb* ha più significati e, per ciascuno di essi, una sintassi e una diffusione nel mondo anglofono del tutto diverse.

Tutte queste accezioni, sfumature e informazioni grammaticali vengono fornite nel *Phrasal verbs compatto*, perché saper padroneggiare questi verbi rende il nostro inglese molto più idiomatico e disinvolto, avvicinandolo a quello dei madrelingua.

L'opera – che pur nelle sue dimensioni ridotte contiene una vera e propria miniera di dati – si rivolge a chiunque, per studio o per lavoro, decida di migliorare e arricchire le proprie competenze linguistiche. Ci eravamo prefissati di farne uno strumento agile, di facile e rapida consultazione, e ci auguriamo di esserci riusciti.

Chi poi volesse approfondire ulteriormente la materia potrebbe passare al *Dizionario dei phrasal verbs*, il fratello maggiore più ricco non solo di lemmi e di esempi, ma anche di sostantivi, aggettivi e modi di dire derivati, tutti di ampio uso corrente.

Laura Montixi Comoglio

Guida alla consultazione

Che cos'è un *phrasal verb*?

Un *phrasal verb* è una combinazione di un verbo originario e di una o più particelle avverbiali o preposizionali che viene usata per esprimere un unico concetto. Talvolta il significato di tale combinazione è evidente, ma in molti casi è idiomatico: in altri termini, non è immediatamente comprensibile perché non ha un chiaro nesso logico né col verbo originario né con la particella da cui è seguito. Sebbene le grammatiche facciano spesso distinzione tra *phrasal verb* (verbo originario + particella avverbiale), *prepositional verb* (verbo originario + preposizione) e *phrasal-prepositional verb* (verbo originario + particella avverbiale + preposizione), noi, seguendo la tendenza di gran parte dei dizionari inglesi monolingui, abbiamo unificato tutta la materia sotto la dicitura «*phrasal verbs*». Le distinzioni tra *phrasal*, *prepositional* e *phrasal-prepositional verbs* sono importanti in quanto queste formazioni si comportano, sotto certi aspetti, in modo diverso. Non hanno importanza qui, perché per ciascun lemma abbiamo dato tutte le indicazioni necessarie non solo per la sua comprensione ma per il suo corretto uso attivo.

Verbi originari e forme flesse

I verbi originari sono disposti in ordine alfabetico. Per ciascuno di essi sono stati indicati nell'ordine: infinito senza *to*, terza persona singolare dell'indicativo presente, passato, participio passato, gerundio.

take *takes, took, taken, taking*

Per il participio passato è stata indicata solo la forma che, per il suo significato, può comparire in uno o più *phrasal verbs* derivati (nel caso specifico, *borne* e non *born* perché quest'ultimo si usa solo nel significato di «nato» o «generato», che non si ricollega ad alcuno dei *phrasal verbs* derivati).

bear *bears, bore, borne, bearing*

Forme verbali che nell'inglese americano differiscono da quelle nell'inglese britannico.

model *models, modelled (USA modeled), modelled (USA modeled), modelling (USA modeling)*

Forme equivalenti del passato e del participio passato.

burn *burns, burnt/burned, burnt/burned, burning*

Phrasal verbs transitivi

Questi *phrasal verbs* sono transitivi. Il loro oggetto è costituito da una o più persone se seguiti da *sb* (*somebody*), e da una o più cose o animali o, raramente, da un'intera frase se seguiti da *st.* (*something*).

put up sb. = put sb. up
take back st. = take st. back
make out sb./st. = make sb./st. out

In questi casi, la collocazione dell'oggetto è variabile. Per esempio, posso dire: "Last year **I put up the children's friends** for a couple of days" = "Last year **I put them up** for a couple of days". Quando l'oggetto è costituito da un pronome (in questo caso **them**), questo è sempre posto fra il verbo e la particella. I problemi sorgono quando l'oggetto è costituito da un nome, proprio o di cosa. In questo caso, in generale, il nome si colloca dopo la particella, ma le "eccezioni" sono numerosissime. Non resta quindi che osservare bene gli esempi e sviluppare l'orecchio.

Anche

call for sb.
pick of st.

sono transitivi, ma la collocazione dell'oggetto è fissa. Il fatto che un *phrasal verb* sia transitivo non significa necessariamente che possa essere usato al passivo. Ciascun verbo ha la sua indicazione al riguardo.

Phrasal verbs intransitivi

Questo *phrasal verb* è intransitivo, quindi non ha oggetto e non può essere usato nella forma passiva.

take off

♦ decollare (*detto di un aeromobile, un uccello, un insetto*)
non nella forma passiva; anche nei tempi progressivi

• *The plane takes off at 8 p.m.* L'aereo decolla alle otto di sera.

• *The geese took off and organized themselves into a "V" formation.* Le oche presero il volo e si disposero in formazione a "V".

Phrasal verbs sia intransitivi sia transitivi

Questo *phrasal verb* può essere usato sia intransitivamente sia transitivamente. La prima indicazione sulle forme e sui tempi in cui è possibile usarlo si riferisce alla prima costruzione (in cui è intransitivo), la seconda indicazione si riferisce alla seconda costruzione (in cui è transitivo).

ring back

ring back sb. = ring sb. back

♦ richiamare qualcuno che ci ha telefonato [*prevalentemente GB e Australia*]

non nella forma passiva; anche nei tempi progressivi

• *I'm angry with you! You never ring back!* Sono in collera con te! Non richiami mai!

sia nella forma attiva sia nella passiva quando c'è il complemento oggetto; anche nei tempi progressivi

• *Remember to ring your mother back. She has phoned three times already this afternoon.* Ricorda di richiamare tua madre. Ha già telefonato tre volte questo pomeriggio.

Costruzioni particolari

Questo *phrasal verb* fa riferimento a un luogo.

come from swh.

Questo phrasal verb è sempre seguito dall'infinito di un altro verbo.

go on to do st.

Questo *phrasal verb* è sempre seguito dalla forma in *-ing* di un altro verbo.

get to doing st.

Questi *phrasal verbs*, che si presentano sempre nella forma *to be* + participio passato, costituiscono una categoria eterogenea nella quale trovano posto veri e propri passivi e non.

be bombed out
be bogged down in st.

Questo *phrasal verb* si presenta sempre nei tempi progressivi.

be playing at st.

Questo *phrasal verb* si presenta sempre nella forma riflessiva.

model oneself on/upon sb.

Particelle equivalenti

Quando un verbo originario accompagnato da due o più particelle diverse fra loro ha dato luogo a *phrasal verbs* con lo stesso significato, la stessa costruzione, lo stesso registro di linguaggio, la stessa possibilità o meno di essere usati in determinate forme e tempi verbali e, approssimativamente, la stessa diffusione nei vari paesi anglofoni, ne abbiamo unificato la trattazione.

hang about/around/round

♦ perdere tempo (*mentre si sta facendo, o si dovrebbe fare, qualcosa*) [*informale*]
non nella forma passiva; anche nei tempi progressivi

• *Stop hanging about/around/round and get ready!* Smetti di cincischiare e preparati!

Contrassegno di frequenza

Il contrassegno ♦ indica che l'uso del *phrasal verb* è molto frequente in quel particolare significato.

belong to sb.

♦ appartenere a qualcuno
non nella forma passiva; non nei tempi progressivi

• *The house belongs to us, but the kitchen garden belongs to our neighbour.* La casa appartiene a noi, ma l'orto è di proprietà del nostro vicino.

essere responsabilità di qualcuno
non nella forma passiva; non nei tempi progressivi

• *This task doesn't belong to me.* Questo non è compito mio.

Spiegazione del significato del *phrasal verb*

Solo in rari casi abbiamo dato un traducente, ritenendo che un'ampia spiegazione del significato si presti meglio a una piena comprensione del *phrasal verb* in tutte le sue sfumature. Le spiegazioni sono state date in termini semplici e registro di linguaggio neutro anche per i *phrasal verbs* informali.

Talvolta, fra parentesi tonde, vengono indicati i sottintesi del *phrasal verb*, ma più spesso sono elencate alcune possibilità – possibilità, e non limitazioni – di impiego.

fall for sb./st.

♦ essere fortemente attratto da qualcuno o qualcosa (*il sottinteso è vagamente negativo*) [*informale*]
non nella forma passiva; solitamente non nei tempi progressivi

• *Rebecca went to study in Sweden and fell for a tall, fair-haired young man, who was unfortunately already married.* Rebecca è andata a studiare in Svezia e si è presa una cotta per un giovane alto e biondo, che sfortunatamente era già sposato.

flare up

scoppiare o divampare (*detto di ira, disputa, violenza, panico, tumulto, rivolta*)
non nella forma passiva; anche nei tempi progressivi

• *Living conditions in the prison are very bad, and the warders are afraid that a riot could flare up.* Le condizioni di vita nella prigione sono pessime, e i secondini temono che possa scoppiare una rivolta.

Differenze d'uso in Gran Bretagna, Australia e Stati Uniti

In assenza di indicazioni, il *phrasal verb* si usa ovunque. Si tenga presente che queste differenze, un tempo molto più marcate, con l'avanzare della globalizzazione tendono ad attenuarsi sempre più.

call in

♦ recarsi in un luogo o fare visita a una persona (*per breve tempo e solitamente di passaggio*) [*GB e Australia*]

• *I'll call in at the supermarket on my way home and get some food for dinner.* Tornando a casa passerò dal supermercato e prenderò qualcosa per cena.

fill out st. = fill st. out

♦ compilare un modulo, un questionario, un assegno [*prevalentemente USA*]

• *To enrol on the course we had to fill out a form.* Per iscriverci al corso dovemmo compilare un modulo.

Registri di linguaggio

Il registro di linguaggio è un fattore del quale bisogna tenere conto quando si impara una parola nuova, per poterla utilizzare nel modo più opportuno. In assenza di indicazioni il *phrasal verb* è neutro.

be after/at sb.

rimproverare continuamente qualcuno [*informale*]
non nella forma passiva; non nei tempi progressivi

• *Doreen is always after/at the children for being messy.* Doreen sgrida continuamente i bambini per il loro disordine.

settle st. on sb.

lasciare in legato del denaro o una proprietà a qualcuno [*formale*]
sia nella forma attiva sia nella passiva; solitamente non nei tempi progressivi

• *The old man settled his fortune on his favourite grandson.* Il vecchio lasciò in legato la sua fortuna al nipote prediletto.

blow off

scoreggiare rumorosamente [*GB; gergale; scherzoso*]
non nella forma passiva; anche nei tempi progressivi

• *Jack! I was so embarrassed when you started blowing off at the concert!* Jack! Ero così imbarazzata quando ti sei messo a spetezzare al concerto!

Forme e tempi dei *phrasal verbs*

Per ciascun *phrasal verb* abbiamo indicato le forme verbali e i tempi in cui è possibile usarlo. Si tenga presente che la dicitura «non nella forma passiva» è stata utilizzata non solo nei casi in cui il *phrasal verb* è intransitivo, ma anche in quelli in cui l'uso del passivo ci pareva innaturale e contrario alla consuetudine. Lo stesso vale per la dicitura «non nei tempi progressivi». A questo proposito precisiamo che nel valutare l'opportunità o meno di usare un *phrasal verb* nell'aspetto progressivo abbiamo preso in considerazione solo i casi di contemporaneità dell'azione, escludendo le forme in *-ing* usate per esprimere un'azione futura programmata in precedenza.

call for st.

meritare o richiedere qualcosa
non nella forma passiva; non nei tempi progressivi

• *I've been promoted! This calls for a celebration!* Ho avuto una promozione! Bisogna festeggiare!

• *This work calls for concentration.* Questo lavoro richiede concentrazione.

esigere o richiedere che qualcosa venga fatto (*detto di persona o di cosa*)
sia nella forma attiva sia nella passiva; anche nei tempi progressivi

• *The coroner called for an autopsy.* Il coroner richiese un'autopsia.

• *Tougher sentences for repeat offenders have been called for.* Sono state invocate pene più pesanti per i criminali con precedenti penali.

write st. into st.

inserire una specificazione o una clausola in un documento (*solitamente un contratto*)
anche nella forma attiva, ma più spesso nella passiva; solitamente non nei tempi progressivi

• *I'm obliged to work on Saturdays because it was written into my contract.* Sono obbligato a lavorare il sabato perché ciò è stato specificato nel mio contratto.

have heard of sb./st.

had heard of sb./st.

♦ sapere dell'esistenza di qualcuno o qualcosa (*per averne sentito parlare*)
sempre al passato prossimo o al trapassato prossimo; spesso nella forma negativa; sia nella forma attiva sia nella passiva; non nei tempi progressivi

• *I had never even heard of the country where the meeting took place.* Non avevo mai nemmeno sentito parlare del paese in cui si è svolto il convegno.

• *«Have you ever heard of Stilton?» «Yes, it's a cheese, isn't it?»* «Hai mai sentito nominare lo Stilton?» «Sì, è un formaggio, mi pare.»

Qui, la doppia indicazione di uso delle forme e dei tempi si è resa necessaria perché il *phrasal verb* può essere sia intransitivo sia transitivo. La prima indicazione si riferisce al verbo usato intransitivamente (prima costruzione), la seconda al verbo usato transitivamente (seconda costruzione).

ring back

ring back sb. = ring sb. back

♦ richiamare qualcuno che ci ha telefonato [*prevalentemente GB e Australia*]

non nella forma passiva; anche nei tempi progressivi

• *I'm angry with you! You never ring back!* Sono in collera con te! Non richiami mai!

sia nella forma attiva sia nella passiva quando c'è il complemento oggetto; anche nei tempi progressivi

• *Remember to ring your mother back. She has phoned three times already this afternoon.* Ricorda di richiamare tua madre. Ha già telefonato tre volte questo pomeriggio.

Ma, in qualche caso, l'uso delle forme e dei tempi è lo stesso sia quando il verbo è intransitivo sia quando è transitivo, perciò l'indicazione è unica.

fade out

fade out st. = fade st. out

scomparire, o far scomparire qualcosa, a poco a poco (*detto di un'immagine o di un suono*)
non nella forma passiva; anche nei tempi progressivi

• *Something's wrong with the TV. The picture keeps fading out.* Qualcosa non va nel televisore. L'immagine continua a svanire.

• *The sound engineer faded out the music as the curtain went down.* Il tecnico del suono smorzò la musica mentre il sipario si abbassava.

Esempi e loro traduzione

Gli esempi – tutti originali – rispettano il registro di linguaggio del *phrasal verb* e tutti sono seguiti da una traduzione non letterale che, nei limiti del possibile, rispetta anch'essa il registro di linguaggio (ma bisogna tenere presente che l'inglese è molto più ricco di espressioni informali di quanto lo sia l'italiano). Inoltre, nel formulare gli esempi si è badato soprattutto alla naturalezza dell'espressione in inglese, subordinando a questa la traduzione in italiano. Nel consultare gli esempi, si presti particolare attenzione alla collocazione dei pronomi e dei sostantivi.

rely on/upon sb./st.

♦ fare assegnamento su qualcuno o su qualcosa [*formale con upon*]
sia nella forma attiva sia nella passiva; anche nei tempi progressivi

• *You can always rely on/upon Tom; he won't let you down.* Puoi sempre fare assegnamento su Tom; lui non ti deluderà mai.

• *Josie relies entirely on/upon the car. She'd be lost without it.* Josie conta totalmente sulla sua auto. Senza, sarebbe persa.

Che cosa segue al *phrasal verb*... obbligatoriamente/facoltativamente

A volte a un *phrasal verb* deve obbligatoriamente seguire un avverbio, e/o una preposizione e/o un aggettivo.

come over st.

diventare o sentirsi (*seguito dall'indicazione di uno stato mentale o fisico; il cambiamento è solitamente improvviso*) [*sempre + aggettivo; GB e Australia; informale*]
non nella forma passiva; solitamente non nei tempi progressivi

• *I came over dizzy and had to sit down.* Mi vennero le vertigini e dovetti sedermi.

• *Marge comes over faint at the sight of blood.* Marge si sente svenire alla vista del sangue.

• *Peter comes over all shy when a girl talks to him.* Peter diventa timidissimo quando una ragazza gli parla.

pass off

svolgersi in un determinato modo (*detto di un evento*) [*sempre + avverbio e/o preposizione e/o aggettivo; GB e Australia*]
non nella forma passiva; solitamente non nei tempi progressivi

• *The change of regime passed off peacefully, although it was followed by a long period of inflation.* Il cambiamento di regime si svolse in modo pacifico, anche se fu seguito da un lungo periodo di inflazione.

Rimandi

A volte due o più particelle diverse formano *phrasal verbs* sinonimi. Il rimando così congegnato indica immediatamente dove trovare la trattazione del *phrasal verb* formato con la seconda o la terza particella.

cast round → cast about/around/round

Abbreviazioni

sb.	somebody	qualcuno
st.	something	qualcosa
swh.	somewhere	in qualche luogo

A

account

accounts, accounted, accounted, accounting

account for

account for sb./st.

♦ spiegare che cosa è stato di qualcuno o di qualcosa (*per esempio dove si trovi, o che fine abbia fatto*)
sia nella forma attiva sia nella passiva; solitamente non nei tempi progressivi

• *Many passengers on the ship which sank have not been accounted for.* Di molti passeggeri della nave affondata non si hanno notizie.

• *The shop assistant was unable to account for the missing merchandise.* La commessa non fu in grado di spiegare che fine avesse fatto la merce mancante.

account for st.

spiegare il motivo o la causa di qualcosa
sia nella forma attiva sia nella passiva; solitamente non nei tempi progressivi

• *I cannot account for his behaviour.* Non so spiegare il suo comportamento.

• *Such a decision cannot be accounted for.* Una simile decisione è inspiegabile.

act

acts, acted, acted, acting

act as

act as sb.

fare le veci di qualcuno
non nella forma passiva; anche nei tempi progressivi

• *If you like, I can act as an interpreter for you.* Se vuoi posso farti da interprete.

act on/upon

act on/upon st.

agire in seguito a un consiglio, un ordine, un'informazione [*formale con upon*]
sia nella forma attiva sia nella passiva; anche nei tempi progressivi

• *Acting on information provided by a witness, the police were able to catch the murderer.* Grazie alle informazioni fornite da un testimone, la polizia fu in grado di catturare l'assassino.

---

add

adds, added, added, adding

add up

add up

aumentare raggiungendo una quantità considerevole
non nella forma passiva; non nei tempi progressivi

• *If you eat an ice cream every day, it's surprising how quickly your weight adds up.* Se mangi un gelato al giorno, è sorprendente la velocità a cui metti su peso.

add up
add up st. = add st. up

♦ eseguire un'addizione

non nella forma passiva; anche nei tempi progressivi

• *Now that we all use calculators, we are forgetting how to add up.* Ora che tutti usiamo la calcolatrice, stiamo dimenticando come si fanno le addizioni.

sia nella forma attiva sia nella passiva quando c'è il complemento oggetto; anche nei tempi progressivi

• *If you add up 10 and 9 you get 19.* Se sommi 10 e 9 ottieni 19.

add up to
add up to st.

ammontare a una certa quantità di denaro
non nella forma passiva; non nei tempi progressivi

• *Our profit will add up to £ 10,000 by the end of the year.* Entro la fine dell'anno il nostro profitto ammonterà a diecimila sterline.

agree

agrees, agreed, agreed, agreeing

agree with

agree with sb.

essere congeniale (*detto di una situazione o una condizione*)
non nella forma passiva; non nei tempi progressivi

• *I prefer sailing to sunbathing. Physical activity agrees with me.* Mi piace di più andare in barca a vela che prendere il sole. L'attività fisica mi si confà.

not to agree with sb.

essere indigesto (*detto di cibi*)
sempre nella forma negativa; non nella forma passiva; non nei tempi progressivi

• *I love garlic, but it doesn't agree with me.* L'aglio mi piace tanto, ma non lo digerisco.

aim

aims, aimed, aimed, aiming

aim at

aim at st.

aim at doing st.

♦ mirare a uno scopo o essere rivolto a uno scopo
sia nella forma attiva sia nella passiva; anche nei tempi progressivi

• *We are aiming at a 100% increase in our sales.* Miriamo a un incremento delle vendite del 100%.

aim st. at sb.

indirizzare qualcosa (*un'osservazione, un commento, una pubblicità*) a qualcuno
anche nella forma attiva, ma più spesso nella passiva; solitamente non nei tempi progressivi

• *That remark was aimed at your sister, not at you!* Quell'osservazione era indirizzata a tua sorella, non a te!

• *I am sure that his comment was aimed at me.* Sono sicuro che il suo commento era destinato a me.

allow

allows, allowed, allowed, allowing

allow for

allow for st.

♦ tenere in considerazione un fattore (*nel valutare una situazione, oppure nel fare progetti o conti*)
sia nella forma attiva sia nella passiva; anche nei tempi progressivi

• *You must also allow for time lost in traffic jams.* Devi considerare anche il tempo perso negli ingorghi.

amount
amounts, amounted, amounted, amounting

amount to

amount to st.

ammontare a una certa quantità di denaro
non nella forma passiva; non nei tempi progressivi

• *Our costs will amount to roughly $ 200,000 this year.* Quest'anno i nostri costi ammonteranno a circa duecentomila dollari.

angle
angles, angled, angled, angling

angle for

angle for st.

tentare di ottenere qualcosa (*senza chiederlo esplicitamente*)
non nella forma passiva; solitamente nei tempi progressivi

• *Are you angling for compliments?* Sei in cerca di complimenti?

• *Alec got the invitation he had been angling for.* Alec ha avuto l'invito che cercava di ottenere.

• *I wonder what she is angling for.* Mi domando a che cosa miri. = Chissà dove vuole arrivare?

answer
answers, answered, answered, answering

answer back

answer back
answer sb. back

♦ rispondere con insolenza (*specialmente da parte di un bambino verso un adulto*)
non nella forma passiva; anche nei tempi progressivi

• *Don't answer back, Teddy. Do as you're told.* Non ribattere, Teddy. Fa' come ti viene detto.

• *I don't allow my children to answer me back.* Non permetto che i miei figli mi rimbecchino.

answer for

answer for sb./st.

garantire per una persona o per una sua qualità
non nella forma passiva; solitamente non nei tempi progressivi

• *I can answer for Don.* Posso garantire per Don.

answer for st.

rispondere di qualcosa (*di negativo*)
sia nella forma attiva sia nella passiva; solitamente non nei tempi progressivi

• *The Minister of Health must answer for the lack of hospital beds.* Il ministro della sanità deve rispondere della carenza di posti negli ospedali.

answer to

answer to sb.

rispondere a qualcuno del proprio operato
non nella forma passiva; solitamente non nei tempi progressivi

• *In a true democracy civil servants must answer to the general public.* In un paese veramente democratico i dipendenti pubblici devono rispondere del proprio operato alla cittadinanza.

---

arrive

arrives, arrived, arrived, arriving

arrive at

arrive at st.

pervenire a un accordo o a una decisione (*specialmente dopo aver riflettuto o discusso a lungo*)
sia nella forma attiva sia nella passiva; solitamente non nei tempi progressivi

• *The two parties were unable to arrive at a compromise.* I due partiti non riuscirono a giungere a un compromesso.

• *No peace agreement has yet been arrived at even after months of negotiations.* Non si è ancora giunti a un accordo di pace nemmeno dopo mesi di negoziati.

---

ask

asks, asked, asked, asking

ask after

ask after sb./st.

chiedere a una persona notizie di un'altra (*specialmente sulla sua salute*)
non nella forma passiva; anche nei tempi progressivi

• *In her letter, my aunt asked after the children.* Nella sua lettera mia zia chiese notizie dei bambini.

ask for

ask for sb.

♦ chiedere di una persona (*per parlarle o incontrarla*)
non nella forma passiva; anche nei tempi progressivi

• *There is a gentleman asking for Heather.* C'è un signore che chiede di Heather.

be asking for st.

comportarsi in modo tale da attirarsi difficoltà o critiche [*informale*]
non nella forma passiva; sempre nei tempi progressivi

• *Taking Dad's car without telling him is asking for trouble.* Prendere l'auto di papà senza dirglielo equivale a cercare guai.

couldn't ask for sb./st.

non poter chiedere nulla di meglio
sempre nella forma negativa; sia nella forma attiva sia nella passiva; non nei tempi progressivi

• *Rebecca is an exceptional cook. We couldn't ask for anybody better.* Rebecca è una cuoca eccezionale. Non potremmo desiderare di meglio.

ask in

ask sb. in

far entrare qualcuno a casa propria
sia nella forma attiva sia nella passiva; anche nei tempi progressivi

• *It was raining heavily, so I asked Catherine in.* Pioveva a dirotto, perciò invitai Catherine a entrare.

ask out

ask sb. out

invitare qualcuno a uscire (*specialmente per iniziare una relazione*)
sia nella forma attiva sia nella passiva; anche nei tempi progressivi

• *I asked her out once, but I'll never do it again!* Le ho chiesto di uscire una volta, ma non lo rifarò mai più!

ask over/round

ask sb. over/round

invitare qualcuno a casa propria
sia nella forma attiva sia nella passiva; anche nei tempi progressivi

• *When you see Robert ask him over/round to dinner one of these evenings!* Quando vedi Robert chiedigli se vuole venire a cena una di queste sere!

---

attend

attends, attended, attended, attending

attend to

attend to sb.

♦ servire un cliente
sia nella forma attiva sia nella passiva; anche nei tempi progressivi

• *«Harriet, can you deal with the customer over there?» «I'm afraid I can't. I'm already attending to this lady.»* «Harriet, puoi occuparti di quel cliente laggiù?» «Temo di no. Sto già servendo questa signora.»

attend to sb./st.

prendersi cura di qualcuno o delle necessità di qualcuno
sia nella forma attiva sia nella passiva; anche nei tempi progressivi

• *We need trained staff to attend to elderly patients.* Abbiamo bisogno di personale preparato che si prenda cura dei pazienti anziani.

attend to st.

occuparsi di qualcosa (*in assenza del diretto interessato*) [*formale*]
sia nella forma attiva sia nella passiva; anche nei tempi progressivi

• *Would you mind attending to the phone calls while I prepare the report?* Le dispiacerebbe rispondere alle telefonate mentre io preparo la relazione?

auction

auctions, auctioned, auctioned, auctioning

auction off

auction off st. = auction st. off

disfarsi di qualcosa vendendolo all'asta
sia nella forma attiva sia nella passiva; anche nei tempi progressivi

• *The family auctioned off the old woman's silverware after she died.* La famiglia mise all'asta l'argenteria della vecchia signora dopo la sua morte.

average

averages, averaged, averaged, averaging

average out

average out

compensarsi
non nella forma passiva; anche nei tempi progressivi

• *The advantages and disadvantages of this agreement average out.* I vantaggi e gli svantaggi di questo accordo si compensano.

average out st. = average st. out

calcolare una media aritmetica
sia nella forma attiva sia nella passiva; anche nei tempi progressivi

• *If you average out 7 and 5 you get 6.* Se fai la media di 7 e 5 ottieni 6.

average out at

average out at st.

ammontare in media a una somma di denaro o a una quantità di qualcosa
non nella forma passiva; solitamente non nei tempi progressivi

• *My working hours average out at forty-eight per week, but my weekly earnings are only £ 150.* Le mie ore di lavoro sono in media quarantotto la settimana, ma la mia retribuzione settimanale è di sole centocinquanta sterline.

B

back

backs, backed, backed, backing

back away

back away

♦ allontanarsi indietreggiando (*solitamente perché si ha paura*)
non nella forma passiva; anche nei tempi progressivi [*solitamente* + *from*]

• *Courtney was frightened and backed away from the snake.* Courtney era spaventata e si allontanò dal serpente indietreggiando.

back down

back down

♦ ritirarsi, cedere o rinunciare a qualcosa (*in seguito alle pressioni altrui*)
non nella forma passiva; anche nei tempi progressivi

• *Each of the competitors tried to persuade the other to back down.* Ciascuno dei concorrenti tentò di persuadere l'altro a ritirarsi.

back off

back off

allontanarsi indietreggiando (*solitamente perché si ha paura*)
non nella forma passiva; anche nei tempi progressivi

• *Joss saw the gun and backed off.* Joss vide la pistola e indietreggiò.

back up

back up

fare marcia indietro con l'automobile
non nella forma passiva; anche nei tempi progressivi

• *If you back up a little, there will be room for my car too.* Se ti fai un po' indietro, ci sarà posto anche per la mia auto.

raccogliersi in grandi quantità
non nella forma passiva; anche nei tempi progressivi

• *If the sorters come out on strike, the mail will back up for days.* Se gli addetti allo smistamento entreranno in sciopero, la posta si accumulerà per giorni.

back up sb. = back sb. up

♦ confermare una dichiarazione o avvalorare la teoria o la tesi di qualcuno
sia nella forma attiva sia nella passiva; anche nei tempi progressivi

• *Will you back me up if I say that they knew all about it?* Mi appoggerai se affermo che loro erano al corrente di tutto?

♦ sostenere l'operato o la linea di condotta di qualcuno
sia nella forma attiva sia nella passiva; anche nei tempi progressivi [*spesso + in*]

• *She was always backed up by her family in her fight for human rights.* Nella sua lotta per i diritti umani venne sempre sostenuta dalla famiglia.

back up st. = back st. up

♦ confermare una dichiarazione o avvalorare una teoria o una tesi
sia nella forma attiva sia nella passiva; solitamente non nei tempi progressivi

• *His theory has been backed up by the most recent findings.* La sua teoria è stata avvalorata dalle più recenti scoperte.

fare una o più copie di un documento contenuto nel computer
sia nella forma attiva sia nella passiva; anche nei tempi progressivi [*spesso + on*]

• *I back up all my files on this handy flash-drive at the end of each working day.* Faccio una copia di tutti i miei file su questo comodo flash-drive alla fine di ogni giornata di lavoro.

---

bargain

bargains, bargained, bargained, bargaining

bargain for/on

bargain for/on st.

bargain for/on doing st.

aspettarsi che avvenga qualcosa
solitamente nella forma negativa; sia nella forma attiva sia nella passiva; solitamente non nei tempi progressivi

• *I didn't bargain for/on such a bad surprise.* Non mi aspettavo una sorpresa così brutta.

be

is, was-were, been, being

be about/around

be about/around

essere in circolazione
non nella forma passiva; non nei tempi progressivi

• *How many vintage cars are about/around now?* Quante auto d'epoca sono in circolazione attualmente?

be after

be after sb./st.

dare la caccia a una persona o a un animale
non nella forma passiva; non nei tempi progressivi

• *The police are after the fugitive.* La polizia dà la caccia al fuggitivo.

be after st.

cercare di ottenere qualcosa
non nella forma passiva; non nei tempi progressivi

• *«Why are you after another job?» «Because I've just been fired.»* «Perché stai cercando un altro lavoro?» «Perché mi hanno appena licenziato.»

be after/at

be after/at sb.

rimproverare continuamente qualcuno [*informale*]
non nella forma passiva; non nei tempi progressivi

• *Doreen is always after/at the children for being messy.* Doreen sgrida continuamente i bambini per il loro disordine.

chiedere ripetutamente qualcosa a qualcuno [*informale*]
non nella forma passiva; non nei tempi progressivi

• *Rhoda's been after/at me for two months to be introduced to Tom.* Rhoda mi sta alle costole da due mesi perché la presenti a Tom.

be around → be about/around

be at

be at

fare tendenza [*prevalentemente USA; informale*]
non nella forma passiva; non nei tempi progressivi

• *All the celebrities go to the Third Millennium Club nowadays. That's where it's at.* Oggi tutte le celebrità vanno al Third Millennium Club. È lì che si incontra la gente in.

be at sb.

attaccare un nemico
non nella forma passiva; non nei tempi progressivi

• *The Red Tattoos were eager to be at the rival gang's leader.* I Red Tattoos erano impazienti di attaccare il capo della gang rivale.

be at st.

rovistare fra le cose altrui [*informale*]
non nella forma passiva; non nei tempi progressivi

• *Who's been at my floppy disks?* Chi ha messo le mani nei miei floppy disk?

essere intento a fare qualcosa
non nella forma passiva; non nei tempi progressivi

• *«Are you still at that drawing, Jimmy?» «Yes, Mum. Geometrical designs take hours.»* «Sei ancora intento a fare quel disegno, Jimmy?» «Sì, mamma. I disegni geometrici portano via ore.»

avere in mente uno scopo
non nella forma passiva; non nei tempi progressivi

• *I wonder what you're at behaving like this.* Mi domando dove vuoi arrivare comportandoti così.

be beneath

be beneath sb.

essere indegno di qualcuno
non nella forma passiva; non nei tempi progressivi

• *I can't believe it. Cheating on his wife is beneath him.* Non posso crederci. Ingannare la moglie è indegno di lui.

be beyond

be beyond sb.

essere troppo difficile da fare o da capire (*per qualcuno*)
non nella forma passiva; non nei tempi progressivi

• *I'm afraid this task is beyond me.* Temo che questo compito sia troppo difficile per me.

be beyond st.

essere al di là di quanto si potesse sperare o prevedere
non nella forma passiva; non nei tempi progressivi

• *The job they've offered me is far beyond my expectations. I only hope that I can live up to theirs.* Il lavoro che mi hanno offerto va molto oltre le mie aspettative. Spero solo di essere all'altezza delle loro.

essere al di là delle capacità di qualcuno
non nella forma passiva; non nei tempi progressivi

• *Curing anaemia proved to be beyond the shaman's powers.* Guarire l'anemia risultò essere al di là dei poteri dello sciamano.

essere al di là delle possibilità economiche di qualcuno
non nella forma passiva; non nei tempi progressivi

• *We'd like to go to the Seychelles on holiday, but it's beyond our means.* Ci piacerebbe andare in vacanza alle Seychelles, ma è al di là dei nostri mezzi.

be beyond doing st.

non essere più in grado di fare qualcosa
non nella forma passiva; non nei tempi progressivi

• *Now that he is ninety-four he is beyond driving his car.* Ora che ha novantaquattro anni non è più in grado di guidare l'auto.

be down

be down

diminuire o essere diminuito (*detto di prezzo o di numero*)
non nella forma passiva; non nei tempi progressivi

• *The price of oil should be down next week.* Il prezzo del petrolio dovrebbe diminuire la prossima settimana.

essere annotato
non nella forma passiva; non nei tempi progressivi

• *Make sure everything is down on paper before closing the meeting.* Accertati che tutto sia stato annotato prima di concludere la riunione.

be down to

be down to st.

rimanere con una piccola quantità di denaro o altro
non nella forma passiva; non nei tempi progressivi

• *I was down to my last euro when I left Paris to come back home.* Ero ridotto all'ultimo euro quando lasciai Parigi per tornare a casa.

be down with

be down with st.

♦ essere costretto a letto da una malattia
non nella forma passiva; non nei tempi progressivi

• *I've been down with flu all week.* Sono stato a letto con l'influenza per tutta la settimana.

be in

be in

♦ essere di moda
non nella forma passiva; non nei tempi progressivi

• *Long skirts have been in for years.* Le gonne lunghe sono di moda da anni.

essere stato ricevuto (*detto di messaggio*)
non nella forma passiva; non nei tempi progressivi

• *Let me know as soon as the fax is in.* Appena il fax è arrivato fammelo sapere.

essere stato eletto
non nella forma passiva; non nei tempi progressivi

• *«Have the results of the election been confirmed?» «Yes, Niles Gordon is in.»* «I risultati delle elezioni sono stati confermati?» «Sì, è stato eletto Niles Gordon.»

essere alta (*detto della marea*)
non nella forma passiva; non nei tempi progressivi

• *In Normandy, when the tide is in it covers most of the beach.* In Normandia, l'alta marea copre la maggior parte della spiaggia.

be in at

be in at st.

essere presente a un momento importante (*e particolarmente alla conclusione*) di qualcosa [*informale*]
non nella forma passiva; non nei tempi progressivi

• *I've worked so hard on the project, and I really want to be in at the finish.* Ho lavorato sodo al progetto, e voglio proprio vedere come va a finire.

be in for

be in for st.

♦ doversi aspettare qualcosa (*di negativo*)
non nella forma passiva; non nei tempi progressivi

• *According to the weather forecasts, we are in for a rainy spring.* Stando alle previsioni del tempo, dovremo aspettarci una primavera piovosa.

aver fatto richiesta per un posto di lavoro
non nella forma passiva; non nei tempi progressivi

• *You have no idea how many of us are in for that job.* Non hai idea di quanti di noi siano in lista per quel posto.

essersi iscritto a una gara sportiva
non nella forma passiva; non nei tempi progressivi

• *Are you already in for the New York marathon?* Ti sei già iscritto alla maratona di New York?

be in on

be in on st.

prendere parte (*temporaneamente*) a un'attività altrui [*informale*]
non nella forma passiva; non nei tempi progressivi

• *I'd like to be in on the final decision.* Mi piacerebbe prender parte alla decisione finale.

essere a parte di un segreto
non nella forma passiva; non nei tempi progressivi

• *Margaret's colleagues were in on the fact that she was pregnant, but her boss wasn't.* I colleghi di Margaret sapevano che era incinta, ma il capo no.

be off

be off

♦ essere spento (*detto di apparecchiatura elettrica*)
non nella forma passiva; non nei tempi progressivi

• *Are the lights off?* Le luci sono spente?

♦ andare via
non nella forma passiva; non nei tempi progressivi

• *I must be off now; it's late.* Ora devo andarmene; è tardi.

♦ finire di lavorare
non nella forma passiva; non nei tempi progressivi

• *What time are you off?* A che ora finisci di lavorare?

♦ deteriorarsi (*detto di cibo*)
non nella forma passiva; non nei tempi progressivi

• *This milk is off. It's been in the fridge since Monday.* Questo latte è andato a male. È nel frigo da lunedì.

♦ iniziare un viaggio
non nella forma passiva; non nei tempi progressivi

• *I should be off by dawn.* Dovrei partire all'alba.

♦ essere cancellato (*detto di un evento o una cerimonia*)
non nella forma passiva; non nei tempi progressivi

• *Did you know that Margaret's wedding is off?* Lo sapevi che il matrimonio di Margaret non si fa più?

essere terminato (*detto di un piatto sul menu di un ristorante*)
non nella forma passiva; non nei tempi progressivi

• *Sorry, madam, it's a bit late and the roast beef is off.* Spiacente, signora, è un po' tardi e il roast beef è terminato.

essere inesatto
non nella forma passiva; non nei tempi progressivi

• *Sorry, my estimate was a bit off.* Spiacente, la mia valutazione non era del tutto esatta.

essere spedito (*detto di lettere e pacchi*)
non nella forma passiva; non nei tempi progressivi

• *This parcel must be off by tomorrow.* Questo pacco deve essere spedito entro domani.

be off st.

essere assente dal lavoro o da scuola
non nella forma passiva; non nei tempi progressivi

• *Maureen has had a baby and is off work till May.* Maureen ha avuto un bambino e sarà assente dal lavoro fino a maggio.

non poter mangiare o bere qualcosa (*perché è stato proibito dal medico*)
non nella forma passiva; non nei tempi progressivi

• *He's been off alcohol since he had a heart attack.* Da quando ha avuto un attacco cardiaco non può bere alcolici.

provare ripugnanza per un cibo (*temporaneamente*)
non nella forma passiva; non nei tempi progressivi

• *I'm off chocolate just now. I ate too much during the Christmas holidays.* In questo momento il cioccolato mi disgusta. Ne ho mangiato troppo durante le vacanze di Natale.

smettere di prendere una medicina
non nella forma passiva; non nei tempi progressivi

• *When will you be off antibiotics?* Quando smetterai di prendere gli antibiotici?

smettere di apprezzare qualcosa
non nella forma passiva; non nei tempi progressivi

• *Jackie is off pop music now and she is into classical.* Ora Jackie ha abbandonato il genere pop e si è appassionata alla musica classica.

be off for

be off for st.

essere provvisto di qualcosa [*informale*]
sempre nella forma interrogativa, diretta o indiretta; non nella forma passiva; non nei tempi progressivi

• *How are we off for stamps?* Come stiamo a francobolli?

• *How are you off for dough?* Come stai a grana?

be off to

be off to swh.

partire per un viaggio
non nella forma passiva; non nei tempi progressivi

• *We are off to Kenya next week.* Partiamo per il Kenya la prossima settimana.

be on

be on

♦ essere in programma o in svolgimento (*detto di rappresentazioni, programmi televisivi, processi, cerimonie*)
non nella forma passiva; non nei tempi progressivi

• *If the wedding is still on I want to get in and see the bride.* Se la cerimonia non è ancora finita voglio entrare per vedere la sposa.

♦ essere acceso (*detto di apparecchiatura elettrica*)
non nella forma passiva; non nei tempi progressivi

• *Is the toaster on?* Il tostapane è acceso?

essere in servizio
non nella forma passiva; non nei tempi progressivi

• *There must be at least one nurse on per ward from midnight to 6 o'clock.* Da mezzanotte alle sei deve essere in servizio almeno un'infermiera per reparto.

be on sb.

essere pagato da qualcuno (*detto di una consumazione al bar o di un pranzo*) [*informale*]
non nella forma passiva; non nei tempi progressivi

• *Put your money away. This beer is on me.* Metti via i soldi. Pago io questa birra.

essere di qualcuno (*detto di responsabilità o doveri*)
non nella forma passiva; non nei tempi progressivi

• *It's stressful knowing that all of the responsibility is on me.* È stressante sapere che tutta la responsabilità è mia.

be on st.

♦ assumere regolarmente un farmaco
non nella forma passiva; non nei tempi progressivi

• *She's been on antidepressants for months, and she says that now she feels better.* Ha preso antidepressivi per mesi, e dice che ora si sente meglio.

essere stato scommesso su un concorrente (*detto di denaro*)
non nella forma passiva; non nei tempi progressivi

• *My money's on Black Beauty, and yours?* Io ho puntato su Black Beauty, e tu?

be on to
be onto

be on to sb.

be onto sb.

mettersi in contatto telefonico con qualcuno
non nella forma passiva; non nei tempi progressivi

• *I have been on to the director/I have been onto the director of our branch in Boston, but he says he cannot do anything.* Ho contattato telefonicamente il direttore della nostra filiale di Boston, ma dice di non poter fare nulla.

continuare a chiedere a qualcuno di fare qualcosa [*informale*]
non nella forma passiva; non nei tempi progressivi

• *She's been on to me/She's been onto me all week to repair the window.* Mi è stata appresso tutta la settimana perché riparassi la finestra.

detto della polizia, essere sulle tracce di qualcuno (*che svolge attività illecite*) [*informale*]
non nella forma passiva; anche nei tempi progressivi

• *The police have been on to/have been onto the drug cartel for some time now.* È da un po' che la polizia sta addosso al gruppo di narcotrafficanti.

be out

be out

♦ essere in servizio (*specialmente se all'aperto*)
non nella forma passiva; non nei tempi progressivi

• *Who is out patrolling today?* Chi è fuori di pattuglia oggi?

♦ sbocciare (*detto di fiori*)
non nella forma passiva; non nei tempi progressivi

• *How beautiful the garden is now! The roses are out.* Quanto è bello il giardino ora! Le rose sono sbocciate.

♦ essere fuori moda
non nella forma passiva; non nei tempi progressivi

• *Every year some colours are in and others are out.* Ogni anno alcuni colori sono di moda e altri no.

giungere al termine
non nella forma passiva; non nei tempi progressivi

• *I want to go to the seaside once more before the summer is out.* Voglio andare al mare ancora una volta prima che l'estate finisca.

essere pubblicato
non nella forma passiva; non nei tempi progressivi

• *The first novel of the new series will be out in November.* Il primo romanzo della nuova collana uscirà in novembre.

apparire (*detto di astri*)
non nella forma passiva; non nei tempi progressivi

• *How wonderful! The moon is out and is reflected in the lake.* Che meraviglia! La luna è spuntata e si riflette sul lago.

ritirarsi (*detto della marea*)
non nella forma passiva; non nei tempi progressivi

• *When the tide is out we always go to the beach to collect seashells.* Quando la marea si è ritirata andiamo sempre in spiaggia a raccogliere conchiglie.

astenersi dal lavoro (*collettivamente*)
non nella forma passiva; non nei tempi progressivi

• *The bus drivers are out until Thursday.* I conducenti di autobus si astengono dal lavoro fino a giovedì.

essere estromesso da un'associazione
non nella forma passiva; non nei tempi progressivi

• *If you don't pay the club enrolment fee, you will be out at the end of the month.* Se non paghi l'iscrizione al club, sarai fuori alla fine del mese.

essere impossibile da prendere in considerazione
non nella forma passiva; non nei tempi progressivi

• *Given the exchange rate, a holiday in Switzerland is out this year.* Dato il cambio, una vacanza in Svizzera è fuori questione quest'anno.

avere perso i sensi
non nella forma passiva; non nei tempi progressivi

• *After being struck on the head, he was out for nearly ten minutes.* Dopo essere stato colpito sulla testa, rimase incosciente per quasi dieci minuti.

uscire di prigione
non nella forma passiva; non nei tempi progressivi

• *If I'm careful and don't get in trouble, I'll be out for good behaviour.* Se faccio attenzione a non cacciarmi nei guai, esco per buona condotta.

be out for

be out for st.

essere in cerca di qualcosa
non nella forma passiva; non nei tempi progressivi

• *He's always out for a chance to meet important people.* È sempre in cerca di una possibilità di incontrare gente importante.

be out from

be out from st.

avere lasciato un luogo da una certa quantità di tempo
non nella forma passiva; non nei tempi progressivi

• *«When we are at least six hours out from the prison we can consider stopping and changing clothes,» the escaped convict said to his companion.* «Quando saremo ad almeno sei ore dalla prigione potremo vedere se fermarci e cambiarci,» disse l'evaso al suo compagno.

be out in

be out in st.

commettere un errore in qualcosa
non nella forma passiva; non nei tempi progressivi

• *I was out in my calculations. We still have three miles to go.* Avevo sbagliato i calcoli. Dobbiamo percorrere ancora tre miglia.

be out of

be out of st.

♦ avere esaurito qualcosa
non nella forma passiva; non nei tempi progressivi

• *I'm out of breath.* Sono senza fiato.

• *We are out of sugar, but there is some honey left.* Siamo rimasti senza zucchero, ma c'è ancora un po' di miele.

♦ essere fuori di qualcosa (*stagione, servizio, pericolo, allenamento*)
non nella forma passiva; non nei tempi progressivi

• *I'm afraid we don't have any strawberries, madam. They are out of season.* Temo che non abbiamo fragole, signora. Sono fuori stagione.

♦ essersi liberato da qualcosa (*di negativo*)
non nella forma passiva; non nei tempi progressivi

• *I'm proud to say that I'm out of debt now.* Sono orgoglioso di affermare che ora non ho più debiti.

avere perso un'abitudine
non nella forma passiva; non nei tempi progressivi

• *Now that I live in the city center, I'm out of the habit of driving.* Ora che vivo in centro, ho perso l'abitudine di guidare.

be over

be over

andare a trovare qualcuno [*informale*]
non nella forma passiva; non nei tempi progressivi

• *I'll be over late this evening.* Verrò a trovarti tardi stasera.

essere avanzato (*specialmente dopo il termine di un ricevimento o della preparazione di un piatto*) [*informale*]
non nella forma passiva; non nei tempi progressivi

• *Is there any whisky over from the party?* È avanzato del whisky dalla festa?

• *If there is any whipped cream over after I've made the cake you can eat it, Timmy.* Se avanza della panna montata dopo che ho fatto la torta puoi mangiarla tu, Timmy.

be over st.

be over doing st.

impiegare molto tempo per fare qualcosa
non nella forma passiva; non nei tempi progressivi

• *Will you be long over your homework?* Ti occorre ancora molto per finire il compito?

• *Don't be all night over finishing that drawing!* Non metterci tutta la notte a finire quel disegno!

be past

be past sb.

essere troppo difficile per qualcuno
non nella forma passiva; non nei tempi progressivi

• *This book is past the children at the moment.* Al momento attuale questo libro è troppo difficile per i bambini.

be past doing st.

♦ non essere più in grado di fare qualcosa
non nella forma passiva; non nei tempi progressivi

• *I'm afraid granny is past doing her housework.* Temo che la nonna non ce la faccia più a badare alla casa.

be round

be round

tornare a casa (*propria o di altri*) [*informale*]
non nella forma passiva; non nei tempi progressivi

• *He said he would be round later tonight.* Ha detto che stasera sarebbe rientrato più tardi.

be through
be through to

be through

be through to sb./swh./st.

♦ essere collegato telefonicamente (*con una persona, un luogo, un albergo, un ufficio; è detto solitamente dal centralinista*)
non nella forma passiva; non nei tempi progressivi

• *You'll be through in a moment, Mr Simes.* Tra un attimo sarà collegato, signor Simes.

• *You're through to Mr Smith/to London/to the Britannia Hotel.* Lei è in linea con il signor Smith/con Londra/con il Britannia Hotel.

be through
be through with

be through
be through with sb.

aver posto termine ai rapporti con qualcuno [*informale*]
non nella forma passiva; non nei tempi progressivi

• *Alan and I are through.* Fra Alan e me è finita.
• *I'm through with you.* Con te ho chiuso.

be through with

be through with st.

aver terminato di fare qualcosa [*informale*]
non nella forma passiva; non nei tempi progressivi

• *When you are through with the newspaper, could you hand it to me?* Quando hai finito con il giornale potresti passarmelo?

be through with doing st.

averne abbastanza di qualcosa [*informale*]
non nella forma passiva; non nei tempi progressivi

• *I'm through with living in such a noisy street!* Sono stufo di abitare in una strada così rumorosa!

be up

be up

♦ essere aumentato
non nella forma passiva; non nei tempi progressivi

• *Oh no! Our phone bill is up again!* Oh no! La bolletta del telefono è aumentata di nuovo!

♦ essere terminato (*detto del tempo disponibile per fare qualcosa*)
non nella forma passiva; non nei tempi progressivi

• *Time is up, boys and girls! You must hand in your essays immediately.* Tempo scaduto, ragazzi! Dovete consegnare il tema immediatamente!

♦ essere alzato
non nella forma passiva; non nei tempi progressivi

• *If I call on you tomorrow morning at seven, will you be up?* Se passerò da te domattina alle sette, sarai alzato?

♦ stare alzato (*fino a tardi*)
non nella forma passiva; non nei tempi progressivi

• *Do call us any time; we are always up late.* Chiamaci pure a qualunque ora; noi stiamo sempre alzati fino a tardi.

♦ esserci qualcosa che non va bene [*informale*]
non nella forma passiva; non nei tempi progressivi

• *What's up? You look very upset.* Cosa c'è che non va? Mi sembri agitatissima.

be up against

be up against st.

essere in lotta con qualcosa
non nella forma passiva; non nei tempi progressivi

• *I'm constantly up against time.* Sono sempre in lotta contro il tempo.

be up for

be up for st.

essere preso in considerazione per qualcosa di positivo (*come una promozione, una candidatura, una nomina*)
non nella forma passiva; non nei tempi progressivi

• *I have heard that you are up for the chairmanship.* Ho saputo della tua candidatura alla presidenza.

essere sotto processo per un reato
non nella forma passiva; non nei tempi progressivi

• *What is he up for?* Per che cosa è processato?

essere disposto a fare qualcosa
non nella forma passiva; non nei tempi progressivi

• *«What would you like to do this evening?» «Oh, I'm up for anything.»* «Cosa vorresti fare stasera?» «Oh, per me va bene tutto.»

essere offerto in vendita
non nella forma passiva; non nei tempi progressivi

• *This boat has been up for sale since last year.* Questa barca è in vendita dall'anno scorso.

be up to

be up to sb.

♦ dipendere da qualcuno (*detto di una decisione o una risposta*)
non nella forma passiva; non nei tempi progressivi

• *It's up to you to answer yes or no.* Dipende da te rispondere sì o no.

be up to st.

♦ stare facendo, o architettando, qualcosa che non va bene (*detto specialmente di bambini e ragazzi*) [*informale*]
non nella forma passiva; non nei tempi progressivi

• *What are you up to, naughty boys?* Che cosa avete in mente, bricconi?

• *I'd better go upstairs and see what they are up to.* È meglio che io vada su a vedere cosa stanno combinando.

detto di qualcosa, essere allo stesso livello di qualcos'altro
non nella forma passiva; non nei tempi progressivi

• *Was the film up to your expectations?* Il film ha corrisposto alle tue aspettative?

• *His new novel is not up to the first two.* Il suo nuovo romanzo non è all'altezza dei primi due.

essere a conoscenza di qualcosa di segreto [*informale*]
non nella forma passiva; non nei tempi progressivi

• *Are you really up to all the tricks of the trade?* Conosci davvero tutti i trucchi del mestiere?

be up to st.

be up to doing st.

essere in grado di fare qualcosa
non nella forma passiva; non nei tempi progressivi

• *Do you really think that your younger brother is up to such a task?* Pensi davvero che tuo fratello minore sia all'altezza di un compito simile?

bear

bears, bore, borne, bearing

bear down

bear down

premere (*con forza, su qualcosa*)
non nella forma passiva; anche nei tempi progressivi [*spesso + on*]

• *To open the door of the old coach house you must bear down on the handle with all your strength.* Per aprire la porta della vecchia rimessa delle carrozze bisogna premere sulla maniglia con tutta la propria forza.

bear down on/upon

bear down on/upon sb./st.

dirigersi pericolosamente verso una persona, un animale o una cosa [*formale con upon*]
non nella forma passiva; anche nei tempi progressivi

• *The motorboat was bearing down on/upon us at full speed.* La motobarca ci stava arrivando addosso a tutta velocità.

bear left/right

bear left/right

tenersi a sinistra/destra della carreggiata
non nella forma passiva; anche nei tempi progressivi; solitamente all'imperativo

• *Bear left/right when you reach the museum and you'll find yourself right in Vigo Street.* Tienti sulla sinistra/destra quando arrivi al museo e ti troverai direttamente in Vigo Street.

bear on/upon

bear on/upon st.

essere direttamente connesso con qualcosa [*formale sia con on sia con upon*]
non nella forma passiva; non nei tempi progressivi

• *How does all this bear on/upon our problem?* Qual è il nesso fra tutto questo e il nostro problema?

avere influenza (*solitamente negativa*) su qualcosa [*formale sia con on sia con upon*]
non nella forma passiva; non nei tempi progressivi

• *The rise in the cost of petrol will bear on/upon the country's economy.* L'aumento del costo del petrolio peserà sull'economia del paese.

bear out

bear out sb. = bear sb.out

confermare le dichiarazioni di qualcuno
non nella forma passiva; solitamente non nei tempi progressivi

• *Let's just hope she bears us out.* Possiamo solo sperare che lei confermi le nostre dichiarazioni.

bear out st. = bear st. out

avvalorare un'affermazione, un racconto, una versione (*detto di un fatto o di una prova*)
sia nella forma attiva sia nella passiva; solitamente non nei tempi progressivi

• *Do the facts really bear out the minister's claims?* I fatti convalidano realmente le affermazioni del ministro?

• *His story was borne out by the evidence.* Il suo racconto fu avvalorato dalle prove.

bear right → bear left/right

bear up

bear up

sopportare una situazione difficile
non nella forma passiva; anche nei tempi progressivi

• *Robert doesn't get on very well with his colleagues but bears up.* Robert non va molto d'accordo con i colleghi ma sopporta.

farsi animo dinanzi a un'avversità [*informale*]
non nella forma passiva; anche nei tempi progressivi

• *«How is Mark doing after the accident?» «Well, he's bearing up.»* «Come va Mark dopo l'incidente?» «Beh, si fa forza.»

reggere (*un peso*)
non nella forma passiva; anche nei tempi progressivi

• *I wonder if the shelf will bear up.* Mi domando se la mensola reggerà.

bear upon st. → bear on/upon st.

bear with

bear with sb.

avere pazienza con qualcuno
non nella forma passiva; solitamente non nei tempi progressivi

• *If you bear with me at first, the subject will become more interesting later on.* Se all'inizio avrete pazienza con me, in seguito la materia diventerà più interessante.

beat

beats, beat, beaten, beating

beat down

beat down

picchiare (*detto del sole o della pioggia*)
non nella forma passiva; anche nei tempi progressivi

• *In the tropics the sun beats down mercilessly.* Ai tropici il sole picchia senza pietà.

beat off

beat off sb. = beat sb. off

respingere un aggressore
sia nella forma attiva sia nella passiva; anche nei tempi progressivi

• *The old lady beat off a bag snatcher with her walking stick.* L'anziana signora mise in fuga uno scippatore col bastone da passeggio.

beat off st. = beat st. off

respingere un attacco
sia nella forma attiva sia nella passiva; anche nei tempi progressivi

• *A small band of heroic soldiers was sufficient to beat off the attack.* Un manipolo di eroici soldati fu sufficiente a respingere l'attacco.

beat out

beat out st. = beat st. out

soffocare le fiamme (*battendovi sopra*)
sia nella forma attiva sia nella passiva; anche nei tempi progressivi

• *Luckily we had a blanket within reach and could beat out the flames.* Fortunatamente avevamo una coperta a portata di mano e potemmo soffocare le fiamme.

trarre un ritmo da uno strumento a percussione
sia nella forma attiva sia nella passiva; anche nei tempi progressivi

• *Here the natives communicated beating out messages on a hollow log.* Qui la popolazione locale comunicava ritmando i messaggi su un tronco vuoto.

beat out of

beat st. out of sb.

estorcere una confessione a qualcuno percuotendolo
sia nella forma attiva sia nella passiva; anche nei tempi progressivi

• *He says that the confession was beaten out of him.* Dice che gli hanno estorto la confessione a suon di botte.

beat up

beat up sb. = beat sb. up

♦ percuotere selvaggiamente qualcuno [*informale*]
sia nella forma attiva sia nella passiva; anche nei tempi progressivi

• *Have you heard? Charlie has been beaten up in the street!* Hai sentito? Charlie è stato pestato in strada!

become

becomes, became, become, becoming

become of

become of sb./st.

accadere a qualcuno o a qualcosa
sempre nella forma interrogativa, diretta o indiretta; non nella forma passiva; non nei tempi progressivi

• *What will become of him if he is dismissed?* Che sarà di lui se verrà licenziato?

• *Whatever became of my French-English dictionary? Did I give it to you?* Che fine ha fatto il mio dizionario Francese-Inglese? L'ho dato a te?

believe

believes, believed, believed, believing

believe in

believe in sb.

♦ avere fiducia in qualcuno
sia nella forma attiva sia nella passiva; non nei tempi progressivi

• *The politician wanted to be believed in, but many people had doubts about him.* Il politico voleva la fiducia della gente, ma molti erano dubbiosi sul suo conto.

believe in st.

♦ credere nell'esistenza o nella veridicità di qualcosa
sia nella forma attiva sia nella passiva; non nei tempi progressivi

• *Sue believes in astrology and numerology.* Sue crede nell'astrologia e nella numerologia.

• *In the Middle Ages, black magic was believed in and feared.* Nel Medioevo si credeva nella magia nera e la si temeva.

believe in st.

believe in doing st.

♦ essere convinto dell'efficacia e della giustezza di qualcosa
sia nella forma attiva sia nella passiva; non nei tempi progressivi

• *Terry believes in one day's fast a week for her health.* Terry è convinta che un giorno di digiuno la settimana la mantenga in salute.

belong

belongs, belonged, belonged, belonging

belong to

belong to sb.

♦ appartenere a qualcuno
non nella forma passiva; non nei tempi progressivi

• *The house belongs to us, but the kitchen garden belongs to our neighbour.* La casa appartiene a noi, ma l'orto è di proprietà del nostro vicino.

essere responsabilità di qualcuno
non nella forma passiva; non nei tempi progressivi

• *This task doesn't belong to me.* Questo non è compito mio.

belong to st.

♦ essere membro di un gruppo, un'organizzazione o un club
non nella forma passiva; non nei tempi progressivi

• *Oliver and Rupert belong to the same tennis club.* Oliver e Rupert sono soci dello stesso club di tennis.

essere connesso con qualcosa (*in senso materiale o non*)
non nella forma passiva; non nei tempi progressivi

• *Does this hood belong to your raincoat?* Questo cappuccio è del tuo impermeabile?

• *As an actor he belongs to the Hollywood tradition.* Come attore segue la tradizione hollywoodiana.

---

bend

bends, bent, bent, bending

bend down

bend down

♦ chinarsi
non nella forma passiva; anche nei tempi progressivi [*solitamente + to do st.*]

• *The door is very low, so we have to bend down to get through.* La porta è molto bassa, perciò dobbiamo chinarci per passare.

bend over

bend over

♦ chinarsi a terra (*o verso terra*)
non nella forma passiva; anche nei tempi progressivi

• *He bent over and picked up the screw.* Si chinò e raccolse la vite.

bend over st.

♦ chinarsi su qualcosa
non nella forma passiva; anche nei tempi progressivi

• *She bent over the pot to stir the soup.* Si chinò sulla pentola per rimestare la minestra.

---

bind

binds, bound, bound, binding

bind over

bind over sb. = bind sb. over

obbligare legalmente qualcuno a fare qualcosa [*formale*]
anche nella forma attiva, ma più spesso nella passiva; solitamente non nei tempi progressivi

• *They have been bound over to appear.* Sono stati obbligati a comparire in giudizio.

bind up

be bound up in sb./st.

non pensare che a qualcuno o a qualcosa
sempre to be + participio passato; non nei tempi progressivi

• *He is so utterly bound up in himself that he forgets everybody around him.* È così completamente preso di sé da dimenticare tutti coloro che lo circondano.

bind up with

be bound up with st.

detto di qualcosa, essere strettamente legato a qualcos'altro
sempre to be + participio passato; non nei tempi progressivi

• *A population's national identity is bound up with its history.* L'identità nazionale di un popolo è strettamente legata alla sua storia.

---

black

blacks, blacked, blacked, blacking

black out

black out

perdere i sensi
non nella forma passiva; solitamente non nei tempi progressivi

• *She blacked out and fell to the ground.* Cadde al suolo svenuta.

black out st. = black st. out

♦ lasciare al buio una città (*detto dell'interruzione della corrente elettrica*)
anche nella forma attiva, ma più spesso nella passiva; solitamente non nei tempi progressivi

• *The whole city was blacked out because of the terrorist attack.* L'intera città rimase al buio a causa dell'attentato terroristico.

---

blend

blends, blended, blended, blending

blend in

blend in

armonizzare
non nella forma passiva; solitamente non nei tempi progressivi

• *The colours of this fabric blend in nicely.* I colori di questo tessuto armonizzano piacevolmente.

integrarsi
non nella forma passiva; anche nei tempi progressivi

• *People of different religions seldom blend in.* È raro che persone di religioni diverse si integrino.

confondersi con qualcosa [*sempre+with*]
non nella forma passiva; solitamente non nei tempi progressivi

• *Some insects blend in perfectly with the vegetation.* Alcuni insetti si confondono perfettamente con la vegetazione.

blow

blows, blew, blown, blowing

blow away

blow away

blow away st. = blow st. away

volare via (*a causa del vento*) o portare via qualcosa (*detto del vento*)

non nella forma passiva; anche nei tempi progressivi

• *Mind your hat doesn't blow away.* Sta' attento che non ti voli via il cappello.

sia nella forma attiva sia nella passiva quando c'è il complemento oggetto; anche nei tempi progressivi

• *Careful! The wind is blowing away the paper plates from the table!* Attenta! Il vento sta portando via i piatti di carta dalla tavola!

blow down

blow down

blow down st. = blow st. down

cadere (*a causa del vento*) o far cadere qualcosa (*detto del vento*)

non nella forma passiva; anche nei tempi progressivi

• *Mind that the geranium pot doesn't blow down!* Attenta che il vaso di gerani non cada per il vento!

sia nella forma attiva sia nella passiva quando c'è il complemento oggetto; anche nei tempi progressivi

• *The broken tiles have been blown down by the wind.* Le tegole rotte sono state buttate giù dal vento.

blow off

blow off

scoreggiare rumorosamente [*GB; gergale; scherzoso*]
non nella forma passiva; anche nei tempi progressivi

• *Jack! I was so embarrassed when you started blowing off at the concert!* Jack! Ero così imbarazzata quando ti sei messo a spetezzare al concerto!

blow off st. = blow st. off

privare di una parte del corpo (*detto di esplosione*)
sia nella forma attiva sia nella passiva; solitamente non nei tempi progressivi

• *The explosion of a landmine blew off his legs.* L'esplosione di una mina lo privò delle gambe.

blow off st. = blow st. off

blow st. off st.

far volare via qualcosa, o qualcosa da qualcos'altro (*detto del vento o di un'esplosione*)
sia nella forma attiva sia nella passiva; solitamente non nei tempi progressivi

• *The explosion blew off the back door.* L'esplosione fece volare via la porta posteriore.

blow out

blow out

far scoppiare (*detto del calore a proposito di pneumatici*)
non nella forma passiva; solitamente non nei tempi progressivi

• *It was hot and I was going very fast when one of the tyres blew out.* Faceva caldo e andavo molto veloce quando è scoppiata una gomma.

blow out st. = blow st. out

proiettare qualcosa all'esterno (*detto di un'esplosione*)
sia nella forma attiva sia nella passiva; anche nei tempi progressivi

• *All the windows were blown out by the blast.* Tutte le finestre vennero proiettate all'esterno dall'esplosione.

blow out

blow out st. = blow st. out

♦ spegnersi (*detto di una piccola fiamma, per il vento, per una corrente d'aria oppure perché qualcuno vi ha soffiato sopra*) oppure spegnere una piccola fiamma (*soffiandovi sopra*)

non nella forma passiva; anche nei tempi progressivi

• *When I opened the window, the candles blew out.* Quando aprii la finestra, le candele si spensero.

sia nella forma attiva sia nella passiva quando c'è il complemento oggetto; anche nei tempi progressivi

• *When the lights came on again, we blew out the candles.* Quando la luce tornò, soffiammo sulle candele e le spegnemmo.

blow itself out

placarsi (*detto del maltempo*)
sempre nella forma riflessiva; anche nei tempi progressivi

• *After raging for two hours the hurricane blew itself out.* Dopo avere infuriato per due ore l'uragano si calmò.

blow over

blow over

esaurirsi (*detto di forte temporale, uragano, bufera*)
non nella forma passiva; anche nei tempi progressivi

• *The ships left the harbour when the gale had blown over.* Le navi lasciarono il porto quando la burrasca si fu calmata.

blow over sb./st. = blow sb./st. over

far cadere a terra qualcuno o qualcosa (*detto del vento*)
sia nella forma attiva sia nella passiva; anche nei tempi progressivi

• *After being ill she was so weak that a gust of wind could have blown her over.* Dopo la malattia era così debole che una folata di vento avrebbe potuto gettarla a terra.

blow up

blow up

♦ saltare in aria in seguito a un'esplosione (*detto di cose*)
non nella forma passiva; solitamente non nei tempi progressivi

• *The jeep blew up on a land mine.* La jeep saltò su una mina terrestre.

scatenarsi (*detto di forte temporale, burrasca, ciclone, uragano*)
non nella forma passiva; anche nei tempi progressivi

• *The boat couldn't leave the harbour because a storm had blown up.* L'imbarcazione non poté uscire dal porto perché si era scatenata una tempesta.

presentarsi all'improvviso (*detto di un problema, o di una crisi economica o politica*)
non nella forma passiva; solitamente non nei tempi progressivi

• *The government collapsed when the economic crisis blew up.* Il governo cadde quando scoppiò la crisi economica.

blow up sb. = blow sb. up

♦ uccidere qualcuno facendo esplodere un ordigno
sia nella forma attiva sia nella passiva; solitamente non nei tempi progressivi

• *The car bomb blew up twenty tourists who happened to be sightseeing at that time.* L'autobomba ha ucciso venti turisti che in quel momento stavano visitando la città.

blow up st. = blow st. up

♦ distruggere qualcosa facendo esplodere un ordigno
sia nella forma attiva sia nella passiva; anche nei tempi progressivi

• *The partisans managed to blow up the bridge.* I partigiani riuscirono a far saltare il ponte.

♦ gonfiare (*un pallone, un canotto, le gomme di un veicolo*)
sia nella forma attiva sia nella passiva; anche nei tempi progressivi

• *Remember to blow up the spare tyre when you stop at the petrol station.* Ricorda di gonfiare la ruota di scorta quando ti fermi al distributore.

fare l'ingrandimento di una fotografia
sia nella forma attiva sia nella passiva; anche nei tempi progressivi

• *She asked the photographer to blow up the portrait of her son.* Chiese al fotografo di ingrandire il ritratto di suo figlio.

bog
bogs, bogged, bogged, bogging

bog down

be bogged down in st.

non riuscire ad andare avanti in ciò che si sta facendo [*informale*]
sempre to be + participio passato; non nei tempi progressivi

• *Thank goodness you've arrived. I'm bogged down in this translation and I need your help.* Grazie al cielo sei arrivata. Sono impantanata in questa traduzione e ho bisogno del tuo aiuto.

boil
boils, boiled, boiled, boiling

boil down

boil down

ridursi bollendo (*detto di un cibo*)
non nella forma passiva; anche nei tempi progressivi

• *Leave the saucepan on the gas until the sauce boils down.* Lascia il tegame sul gas fino a quando la salsa si sia addensata.

boil down st. = boil st. down

riassumere o condensare uno scritto
sia nella forma attiva sia nella passiva; solitamente non nei tempi progressivi

• *If you could boil down your article a bit, we could fit it in on the third page.* Se tu potessi condensare un po' il tuo articolo, riusciremmo a farlo stare nella terza pagina.

boil down to

boil down to st.

ridursi all'essenziale (*detto di un problema, una situazione*)
non nella forma passiva; non nei tempi progressivi

• *The whole matter boils down to a struggle for power among the board of directors.* L'intera faccenda si riduce alla lotta per il potere nel consiglio di amministrazione.

boil over

boil over

traboccare (*detto di alimento liquido che bolle*)
non nella forma passiva; anche nei tempi progressivi

• *As soon as you take your eyes off the saucepan, the milk boils over.* Appena distogli lo sguardo dal tegame, il latte trabocca.

ribollire d'ira, indignazione, risentimento, odio
non nella forma passiva; anche nei tempi progressivi

• *When I saw how he had treated my books, my indignation boiled over.* Quando vidi come aveva trattato i miei libri, ribollii di sdegno.

degenerare (*detto di situazione difficile o emotività incontrollata*)
non nella forma passiva; anche nei tempi progressivi [*spesso + into*]

• *Every time Liz and her ex-husband meet, their resentment boils over into a full-scale row.* Ogni volta che Liz e il suo ex marito si incontrano, il loro rancore degenera in una lite vera e propria.

boil up

boil up

surriscaldarsi (*detto di una situazione o dei sentimenti di qualcuno*)
non nella forma passiva; anche nei tempi progressivi

• *If the dispute boils up, we must be prepared to intervene.* Se la disputa si fa rovente, dobbiamo essere preparati a intervenire.

bomb

bombs, bombed, bombed, bombing

bomb out

be bombed out

essere completamente distrutto da un bombardamento (*detto di edificio o di città*)
sempre to be + participio passato; non nei tempi progressivi

• *During the Second World War Coventry was bombed out.* Durante la Seconda guerra mondiale Coventry fu rasa al suolo dai bombardamenti.

avere la casa completamente distrutta da un bombardamento (*detto di persona*)
sempre to be + participio passato; non nei tempi progressivi

• *We were bombed out during the war, and went to live with my grandmother.* La nostra casa rimase completamente distrutta durante la guerra, e noi andammo a vivere con la nonna.

book

books, booked, booked, booking

book in at
book into

book in at st.
book into st.
book sb. in at st.
book sb. into st.

♦ prenotare in albergo per sé o per qualcun altro [*GB e Australia*]

non nella forma passiva; anche nei tempi progressivi

• *When I go to London, I always book in at/book into the Britannia Hotel.* Quando vado a Londra, prenoto sempre al Britannia Hotel.

sia nella forma attiva sia nella passiva quando c'è il complemento oggetto; anche nei tempi progressivi

• *The travel agency has booked us in at/has booked us into the Hilton.* L'agenzia di viaggi ha prenotato per noi all'Hilton.

book in at st.
book into st.

♦ registrarsi in arrivo (*in albergo*) [*GB e Australia*]
non nella forma passiva; anche nei tempi progressivi

• *After booking in at/After booking into the hotel we went to the bar to meet our friends.* Dopo esserci registrati in albergo andammo al bar per incontrare i nostri amici.

book out

be booked out

♦ essere completamente esaurito (*detto dei posti in un albergo o per uno spettacolo*)
sempre to be + participio passato; non nei tempi progressivi

• *The hotel has been booked out by the Emir, with his wives and children.* L'albergo è stato prenotato al completo dall'emiro, con le sue mogli e i suoi figli.

book up

be booked up

♦ essere completamente esaurito (*detto di albergo o di posti per uno spettacolo*)
sempre to be + participio passato; non nei tempi progressivi

• *Oh, dear! We've put it off too late and now the hotel is booked up.* Caspita! Abbiamo rimandato troppo e ora l'albergo non ha più posto.

♦ avere la giornata completamente impegnata
sempre to be + participio passato; non nei tempi progressivi

• *I'm completely booked up today, but I could manage tomorrow.* Oggi non ho più un momento libero, ma potrei farcela domani.

break

breaks, broke, broken, breaking

break away

break away

liberarsi e fuggire (*detto di persone o animali*)
non nella forma passiva; anche nei tempi progressivi

• *When his kidnappers fell asleep, he untied the rope and broke away.* Quando i suoi rapitori si addormentarono, egli si sciolse dalla corda e fuggì.

staccarsi da un partito, un'associazione, un gruppo
non nella forma passiva; anche nei tempi progressivi

• *The extreme fringe of the party has broken away.* La frangia estrema del partito si è separata.

break down

break down

♦ guastarsi (*detto di un veicolo o una macchina*)
non nella forma passiva; solitamente non nei tempi progressivi

• *Our car broke down on the way to the wedding.* La nostra auto si guastò mentre andavamo al matrimonio.

fallire (*detto di matrimonio o trattativa*)
non nella forma passiva; anche nei tempi progressivi

• *«And how are our newly-weds, back from the honeymoon?» «Oh, Phoebe, you would never believe it! The marriage is breaking down already!»* «E come stanno i nostri sposini, di ritorno dalla luna di miele?» «Oh, Phoebe, non ci crederesti mai! Il matrimonio sta già naufragando!»

mettersi a piangere
non nella forma passiva; solitamente non nei tempi progressivi

• *The widower broke down whenever his wife was mentioned.* Il vedovo scoppiava a piangere ogni qualvolta si parlava della moglie.

esaurirsi (*fisicamente o psicologicamente*)
non nella forma passiva; solitamente non nei tempi progressivi

• *If you go on overworking, you'll break down.* Se continui a lavorare troppo, crollerai.

break down st. = break st. down

abbattere qualcosa (*in senso proprio e figurato*)
sia nella forma attiva sia nella passiva; anche nei tempi progressivi

• *The firemen broke down the door and saved the old lady.* I vigili del fuoco abbatterono la porta e salvarono la vecchia signora.

break in

break in

♦ entrare (*con effrazione*) in un edificio o un veicolo
non nella forma passiva; anche nei tempi progressivi

• *Thieves broke in and stole the paintings, but the burglar alarm didn't go off.* I ladri entrarono e rubarono i quadri, ma l'allarme antifurto non scattò.

interrompere (*una persona, una conversazione, una riunione*)
non nella forma passiva; non nei tempi progressivi

• *Excuse my breaking in, but we'll miss the plane if we don't leave now.* Scusatemi l'interruzione, ma se non andiamo via subito perderemo l'aereo.

break in sb. = break sb. in

insegnare a qualcuno un nuovo lavoro [*informale*]
sia nella forma attiva sia nella passiva; anche nei tempi progressivi

• *The boss hates having to break in a new secretary.* Il capo odia dover istruire una nuova segretaria.

break in st. = break st. in

indossare qualcosa di nuovo per brevi periodi di tempo allo scopo di renderlo più comodo
sia nella forma attiva sia nella passiva; anche nei tempi progressivi

• *You sometimes have to break in new shoes before wearing them all day.* A volte dobbiamo far prendere la forma alle scarpe nuove prima di portarle per tutto il giorno.

domare (*un cavallo*)
sia nella forma attiva sia nella passiva; anche nei tempi progressivi

• *The colt hasn't been broken in yet.* Il puledro non è ancora stato domato.

break into

break into st.

♦ entrare (*con effrazione*) in un edificio o un veicolo
sia nella forma attiva sia nella passiva; anche nei tempi progressivi

• *The burglars broke into his villa on the Riviera and stole 3 million pounds' worth of valuables.* Gli scassinatori si introdussero nella sua villa in Riviera e rubarono valori per tre milioni di sterline.

♦ usare il computer altrui senza permesso per accedere a informazioni riservate o alterare dati
sia nella forma attiva sia nella passiva; anche nei tempi progressivi

• *The hacker was able to break into the bank's database and transfer funds.* Il pirata informatico fu in grado di entrare nel database dell'istituto di credito e trasferire fondi.

♦ cominciare a fare qualcosa all'improvviso
non nella forma passiva; non nei tempi progressivi

• *Meg glanced through the letter and broke into tears.* Meg diede una scorsa alla lettera e scoppiò in lacrime.

intaccare una riserva di qualcosa (*denaro, scorte, razioni*)
non nella forma passiva; non nei tempi progressivi

• *I'd like to buy a new car, but I don't want to break into my savings.* Mi piacerebbe acquistare un'auto nuova, ma non voglio intaccare i miei risparmi.

aprire un contenitore di cibo o bevanda
sia nella forma attiva sia nella passiva; anche nei tempi progressivi

• *Oh, who broke into the new packet of coffee without finishing the old one first?* Oh, chi ha aperto il nuovo pacchetto di caffè senza prima finire quello vecchio?

entrare in un nuovo campo di attività (*nel quale non è facile introdursi*)
non nella forma passiva; solitamente non nei tempi progressivi

• *He'd like to break into films because he's tired of earning so little on the stage.* Vorrebbe entrare nella cinematografia perché è stanco di guadagnare così poco sul palcoscenico.

pagare una piccola somma con una banconota di grosso taglio [*GB e Australia*]
sia nella forma attiva sia nella passiva; non nei tempi progressivi

• *If it means breaking into £ 20 note, let's forget the chewing gum!* Se dobbiamo cambiare una banconota da 20 sterline, lasciamo perdere la gomma da masticare!

break off

break off

interrompersi improvvisamente (*nel parlare*)
non nella forma passiva; non nei tempi progressivi

• *She broke off in mid-sentence when her boss walked into the room.* Quando il capo entrò nella stanza lei lasciò la frase a metà.

break off st. = break st. off

porre fine a un rapporto (*sentimentale o di altra natura*)
sia nella forma attiva sia nella passiva; solitamente non nei tempi progressivi

• *Sheila broke off her engagement to Richard and gave him back the ring.* Sheila ruppe il fidanzamento con Richard e gli restituì l'anello.

break off

break off st. = break st. off

interrompere un'attività, una discussione, una contesa

non nella forma passiva; non nei tempi progressivi

• *Break off from work and have a good cup of tea with us!* Interrompi il lavoro e prendi una buona tazza di tè con noi!

sia nella forma attiva sia nella passiva quando c'è il complemento oggetto; non nei tempi progressivi

Laura and Sandra broke off their argument when they realized how foolish it was. Laura e Sandra interruppero la discussione quando si resero conto di quanto fosse insensata.

♦ interrompersi (*detto di un colloquio o una trattativa fra due gruppi di persone*) o interrompere un colloquio o una trattativa fra due gruppi di persone

non nella forma passiva; solitamente non nei tempi progressivi

• *The unions declared a strike when the negotiations broke off.* Quando le trattative si interruppero i sindacati indissero lo sciopero.

sia nella forma attiva sia nella passiva quando c'è il complemento oggetto; solitamente non nei tempi progressivi

• *Now that the two countries have broken off talks, there is a real risk of war.* Ora che i due paesi hanno interrotto i colloqui, vi è un concreto rischio che scoppi la guerra.

break off with

break off with sb.

porre fine a un rapporto sentimentale
non nella forma passiva; solitamente non nei tempi progressivi

• *Rosemary broke off with Alec when she met George.* Rosemary ruppe con Alec quando incontrò George.

break out

break out

♦ evadere da una prigione
non nella forma passiva; solitamente non nei tempi progressivi [*spesso + of*]

• *It is almost impossible to break out of the new maximum security prison.* È pressoché impossibile evadere dal nuovo carcere di massima sicurezza.

♦ scoppiare (*detto di guerra, rivoluzione, panico, incendio, epidemia, caldo estivo*)
non nella forma passiva; non nei tempi progressivi

• *The Second World War broke out in 1939.* La Seconda guerra mondiale scoppiò nel 1939.

evadere (*in senso figurato*)
non nella forma passiva; solitamente non nei tempi progressivi

• *When he was young he dreamt of breaking out and leading a different kind of life.* Quando era giovane sognava di evadere e condurre un tipo di vita diverso.

cominciare improvvisamente (*detto di rumori prodotti dalle persone, come grida, risate o applausi*)
non nella forma passiva; non nei tempi progressivi [*talvolta + from*]

• *Thunderous applause broke out from the audience when the winner of the Nobel Prize appeared.* Quando comparve il Premio Nobel, dall'uditorio si levò un applauso fragoroso.

prorompere in grida, risate o applausi
non nella forma passiva; non nei tempi progressivi

• *Margaret put down the phone and broke out laughing.* Margaret mise giù il telefono e scoppiò a ridere.

coprirsi di sudore o di un'eruzione cutanea
non nella forma passiva; non nei tempi progressivi

• *A rash broke out on her neck.* Il suo collo si coprì di chiazze rosse.

break through

break through st.

♦ sfondare una barriera, un muro, una barricata, un cordone di polizia
sia nella forma attiva sia nella passiva; anche nei tempi progressivi

• *The crowd broke through the police cordon.* La folla sfondò il cordone di polizia.

• *The enemy troops have broken through our front line.* Le truppe nemiche hanno sfondato la nostra prima linea.

superare un certo numero, o livello, di qualcosa
sia nella forma attiva sia nella passiva; solitamente non nei tempi progressivi

• *Suddenly we heard a boom: a jet had broken through the sound barrier.* Improvvisamente udimmo un boato: un jet aveva infranto la barriera del suono.

break through

break through st.

comparire (*detto del sole o della luna*)
non nella forma passiva; solitamente non nei tempi progressivi

• *It stopped raining and the sun broke through.* Smise di piovere e spuntò il sole.

• *The moon broke through the clouds and cast an eerie light.* La luna si affacciò fra le nuvole gettando una luce spettrale.

break up

break up

♦ concludersi (*detto di relazione sentimentale*)
non nella forma passiva; anche nei tempi progressivi

• *Jane and Jonathan have broken up after ten years of living together.* Jane e Jonathan si sono lasciati dopo dieci anni di convivenza.

♦ finire la scuola (*e quindi cominciare le vacanze*) [*GB e Australia*]
non nella forma passiva; solitamente non nei tempi progressivi

• *When do you break up?* Quando finisci la scuola?

• *When do you break up for the winter holidays?* Quando cominci le vacanze invernali?

break up

break up sb. = break sb. up

morire, o far morire, dal ridere [*informale*]

non nella forma passiva; non nei tempi progressivi

• *I broke up when I saw his astonished expression.* Morii dal ridere quando vidi la sua espressione sbigottita.

sia nella forma attiva sia nella passiva quando c'è il complemento oggetto; non nei tempi progressivi

• *That comedian just breaks me up.* Quel comico mi fa sbellicare dalle risa.

break up st. = break st. up

interrompere un periodo di tempo
sia nella forma attiva sia nella passiva; anche nei tempi progressivi

• *We always have a cup of coffee at 11.00 to break up the morning.* Prendiamo sempre una tazza di caffè alle undici per spezzare la mattinata.

rompere la monotonia
sia nella forma attiva sia nella passiva; anche nei tempi progressivi

• *We always have a short holiday in December to break up our dull work routine.* Ci prendiamo sempre una breve vacanza in dicembre per rompere la noiosa routine del nostro lavoro.

break up

break up st. = break st. up

♦ interrompersi o essere interrotta (*detto di una discussione, una contesa, una dimostrazione, una rissa, un combattimento*)

non nella forma passiva; solitamente non nei tempi progressivi

• *The argument broke up after five minutes because the two brothers realized it was absolutely useless.* La discussione si interruppe dopo cinque minuti perché i due fratelli si resero conto della sua assoluta inutilità.

sia nella forma attiva sia nella passiva quando c'è il complemento oggetto; solitamente non nei tempi progressivi

• *The hooligans caused considerable damage before the police managed to break up the fight.* I teppisti provocarono notevoli danni prima che la polizia riuscisse a sedare la rissa.

♦ rompersi, o rompere qualcosa, in vari pezzi

non nella forma passiva; anche nei tempi progressivi

• *The old chair broke up when Buddy sat on it.* La vecchia sedia si ruppe quando ci si sedette Buddy.

sia nella forma attiva sia nella passiva quando c'è il complemento oggetto; anche nei tempi progressivi

• *We broke up the old crates and used them for firewood.* Facemmo a pezzi le vecchie casse e le utilizzammo come legna da ardere.

smembrarsi (*detto di un paese*) o smembrare un paese

non nella forma passiva; solitamente non nei tempi progressivi [*spesso + into*]

• *After the fall of the Berlin wall, Yugoslavia broke up into several independent states.* Dopo la caduta del muro di Berlino, la Iugoslavia si smembrò in più stati indipendenti.

sia nella forma attiva sia nella passiva quando c'è il complemento oggetto; solitamente non nei tempi progressivi

• *After the death of the king, the country was broken up into small states.* Dopo la morte del re, il paese venne diviso in piccoli stati.

finire (*detto di una riunione o una festa*) o mettere fine a una riunione o a una festa

non nella forma passiva; solitamente non nei tempi progressivi

• *The party didn't break up until 4 a.m.* La festa non terminò che alle quattro del mattino.

sia nella forma attiva sia nella passiva quando c'è il complemento oggetto; solitamente non nei tempi progressivi

• *The meeting was broken up at 6 p.m.* La riunione venne sciolta alle sei del pomeriggio.

dividersi o essere diviso (*detto di un gruppo di persone che svolgono insieme un'attività lavorativa o non*)

non nella forma passiva; solitamente non nei tempi progressivi

• *The family broke up when Alfred emigrated to Canada, Roy went to Edinburgh to study medicine, Janet married an American and Sally went to Paris to work as a model.* La famiglia si smembrò quando Alfred emigrò in Canada, Roy andò a studiare a Edimburgo, Janet si sposò con un americano e Sally andò a fare la modella a Parigi.

sia nella forma attiva sia nella passiva quando c'è il complemento oggetto; solitamente non nei tempi progressivi

• *The games teacher broke the class up and formed two volleyball teams.* L'insegnante di ginnastica divise la classe per formare due squadre di pallavolo.

break with

break with sb./st.

♦ rompere i rapporti con una persona o con un'organizzazione

non nella forma passiva; non nei tempi progressivi

• *In a fit of anger he broke with his brother but immediately regretted it.* In uno scatto d'ira ruppe con il fratello, ma se ne pentì immediatamente.

break with st.

rompere con la tradizione, le vecchie idee, le vecchie usanze

non nella forma passiva; non nei tempi progressivi

• *Perhaps immigrants should not break with their own customs, but those who do are more quickly integrated into our society.* Forse gli immigrati non dovrebbero abbandonare le loro usanze, ma quelli che lo fanno si integrano più rapidamente nella nostra società.

breathe

breathes, breathed, breathed, breathing

breathe in

breathe in

♦ inspirare

non nella forma passiva; anche nei tempi progressivi

• *«Breathe in deeply and say thirty-three, Bobby,» said the doctor.* «Fa' un respiro profondo e di' trentatré, Bobby,» disse il medico.

breathe in st. = breathe st. in

♦ inalare

sia nella forma attiva sia nella passiva; anche nei tempi progressivi

• *In large cities people breathe in great quantities of toxic gases.* Nelle grandi città la gente inala quantità elevate di gas tossici.

breathe out

breathe out

♦ espirare

non nella forma passiva; anche nei tempi progressivi

• *To do this exercise well, you should breathe out very slowly.* Per fare bene questo esercizio, dovresti espirare molto lentamente.

breathe out st. = breathe st. out

♦ emettere espirando

sia nella forma attiva sia nella passiva; anche nei tempi progressivi

• *We breathe out carbon dioxide.* Espirando noi emettiamo anidride carbonica.

brew

brews, brewed, brewed, brewing

brew up

brew up

prepararsi (*detto di qualcosa di negativo*)

non nella forma passiva; solitamente nei tempi progressivi

• *I'm afraid trouble is brewing up now that Danny knows he has been double-crossed.* Temo che si stia preparando qualche guaio ora che Danny sa di essere stato ingannato.

brew up [*GB e Australia*]

brew up st. = brew st. up [*GB; Australia; USA*]

preparare il tè o il caffè istantaneo [*informale*]

non nella forma passiva; anche nei tempi progressivi

• *Drop in at 11.00, when we are brewing up.* Fa' un salto verso le undici, quando ci stiamo preparando qualcosa.

sia nella forma attiva sia nella passiva quando c'è il complemento oggetto; anche nei tempi progressivi

• *We always brew up some tea around 11.00.* Ci prepariamo sempre il tè verso le undici.

brew up st. = brew st. up

architettare qualcosa (*che sarà fonte di problemi*)
sia nella forma attiva sia nella passiva; solitamente nei tempi progressivi

• *I don't know what you are brewing up, but that little smile of yours worries me.* Non so che cosa tu stia architettando, ma quel tuo sorrisetto mi preoccupa.

bring

brings, brought, brought, bringing

bring about

bring about st. = bring st. about

♦ determinare qualcosa
sia nella forma attiva sia nella passiva; anche nei tempi progressivi

• *The government promises that the new economic policy will bring about an improvement in the standard of living.* Il governo promette che la nuova politica economica porterà un miglioramento del tenore di vita.

bring along

bring along sb./st. = bring sb./st. along

♦ portare con sé qualcuno o qualcosa (*persona, animale o oggetto*)
sia nella forma attiva sia nella passiva; anche nei tempi progressivi

• *Come to the party and bring along a friend,... and bring along your guitar, too.* Vieni alla festa e porta un amico... e porta anche la chitarra.

• *Whenever she comes to visit us she brings along her little dog.* Ogni volta che viene a farci visita porta con sé il cagnolino.

bring around/round

bring sb. around/round

persuadere qualcuno (*a concordare su qualcosa oppure a fare qualcosa*)
sia nella forma attiva sia nella passiva; non nei tempi progressivi

• *I would like him to sing at the concert but I can't bring him around/round.* Mi piacerebbe che cantasse al concerto ma non riesco a convincerlo.

bring sb. around/round to st.

indurre qualcuno a parlare di un certo argomento (*orientando il discorso in modo appropriato*)
sia nella forma attiva sia nella passiva; anche nei tempi progressivi

• *He talked about the job he wanted to give me, but I couldn't bring him around/round to the question of the salary.* Ha parlato del lavoro che vuole darmi, ma non sono riuscito a indurlo a trattare la questione dello stipendio.

bring around/round sb. = bring sb. around/round

far rinvenire qualcuno
sia nella forma attiva sia nella passiva; anche nei tempi progressivi

• *He got knocked out in the fight, and his brother threw some cold water on his face to bring him around/round.* Durante la zuffa rimase tramortito e suo fratello gli gettò acqua fredda sul viso perché rinvenisse.

bring around/over /round

bring around/over/round sb./st. = bring sb./st. around/over/round

portare con sé qualcuno o qualcosa (*persona, animale o oggetto, specialmente a casa di qualcuno*)
sia nella forma attiva sia nella passiva; anche nei tempi progressivi

• *Come and see us one afternoon and bring around/over/round your daughters too.* Vieni a trovarci un pomeriggio e porta anche le tue figlie.

• *When I come over to dinner, I'll bring around/over/round some wine made by my father.* Quando verrò a cena da te, porterò del vino fatto da mio padre.

bring back

bring back sb. = bring sb. back

far tornare qualcuno al lavoro o alla posizione che aveva in precedenza
sia nella forma attiva sia nella passiva; solitamente non nei tempi progressivi

• *Mr Brown was sent to the overseas trade department, but was brought back to sales management after just three weeks.* Il signor Brown fu mandato al commercio estero, ma dopo sole tre settimane fu fatto tornare alla direzione commerciale.

riportare qualcuno alla condizione precedente
sia nella forma attiva sia nella passiva; anche nei tempi progressivi [*solitamente + to*]

• *I propose a couple of months on the French Riviera to bring Mother back to health.* Propongo un paio di mesi in Costa Azzurra per far ricuperare la salute alla mamma.

bring back st. = bring st. back

richiamare alla memoria qualcosa del passato
sia nella forma attiva sia nella passiva; non nei tempi progressivi

• *That old film brings back childhood memories.* Quel vecchio film richiama alla mente ricordi d'infanzia.

bring sb. back to st.

tornare, o riportare qualcuno, a un discorso precedente
sia nella forma attiva sia nella passiva; solitamente non nei tempi progressivi

• *This observation brings me back to my previous question: how can we reach our sales target?* Questa osservazione mi riporta alla domanda di prima: come faremo a realizzare le vendite che ci siamo prefissi?

bring down

bring down sb./st. = bring sb./st. down

far cadere un'autorità
sia nella forma attiva sia nella passiva; solitamente non nei tempi progressivi

• *A financial scandal this serious might bring down the president.* Uno scandalo finanziario di questa gravità potrebbe far cadere il presidente.

abbattere un pilota, un aereo o un animale di grossa mole con un'arma da fuoco
sia nella forma attiva sia nella passiva; solitamente non nei tempi progressivi

• *The Red Baron brought down more than a hundred enemy planes before he was brought down himself.* Il Barone Rosso abbatté più di cento aerei nemici prima di essere abbattuto egli stesso.

bring down st. = bring st. down

♦ ridurre il prezzo, la quantità, il livello di qualcosa
sia nella forma attiva sia nella passiva; anche nei tempi progressivi

• *How incredible! They've brought down the price of petrol!* Incredibile! Hanno ridotto il prezzo della benzina!

bring down on/upon

bring down st. on/upon sb. = bring st. down on/upon sb.

attirare su qualcuno o su sé stessi dei sentimenti negativi [*formale sia con on sia con upon*]
sia nella forma attiva sia nella passiva; anche nei tempi progressivi

• *His crimes brought shame down on his entire family.* I suoi delitti hanno coperto di vergogna tutta la famiglia.

bring forth

bring forth st.

dare origine a qualcosa [*formale*]
sia nella forma attiva sia nella passiva; anche nei tempi progressivi

• *The economic sanctions have brought forth considerable criticism.* Le sanzioni economiche hanno dato origine a non poche critiche.

bring forward

bring forward st. = bring st. forward

anticipare la data o l'ora di un avvenimento
sia nella forma attiva sia nella passiva; anche nei tempi progressivi

• *The meeting on Friday has been brought forward so that everybody can be at home for the weekend.* L'incontro di venerdì è stato anticipato in modo che tutti possano essere a casa per il fine settimana.

avanzare una proposta o esporre un progetto o un piano di azione
sia nella forma attiva sia nella passiva; anche nei tempi progressivi

• *I would like to bring forward a problem: if we organize the meeting, how can we fit all these people into our conference room?* Vorrei esporre un problema: se saremo noi a organizzare l'incontro, in qual modo faremo stare tutte queste persone nella nostra sala riunioni?

bring in

bring in sb. = bring sb. in

chiamare a partecipare a un lavoro qualcuno che abbia particolari capacità o conoscenze
sia nella forma attiva sia nella passiva; solitamente non nei tempi progressivi

• *The wall papering will be easily done, but we'll have to bring in the plumber to install the new radiators.* Tappezzare le pareti sarà presto fatto, ma dovremo chiamare l'idraulico per installare i radiatori nuovi.

bring in sb./st. = bring sb./st. in

in un'azienda, introdurre un cambiamento capace di attrarre nuovi clienti o ampliare il giro di affari
sia nella forma attiva sia nella passiva; anche nei tempi progressivi

• *The school headmaster hopes that the new language laboratory will bring in more students.* Il preside della scuola spera che il nuovo laboratorio linguistico attragga un maggior numero di studenti.

bring in st. = bring st. in

introdurre qualcosa di nuovo (*per esempio nuove regole, mode, idee, usanze*)
sia nella forma attiva sia nella passiva; anche nei tempi progressivi

• *Although a new licensing law was brought in, there was no decrease in alcoholism.* Sebbene fosse stata introdotta una nuova legge sulla vendita degli alcolici, non vi fu alcuna diminuzione dell'alcolismo.

portare a casa del denaro
sia nella forma attiva sia nella passiva; anche nei tempi progressivi

• *Connie decided to take a second job to bring in some more money.* Connie decise di prendere un secondo lavoro per portare a casa un po' di denaro in più.

far guadagnare del denaro
sia nella forma attiva sia nella passiva; anche nei tempi progressivi

• *How much money did advertising bring in last year?* Quanto ci ha reso la pubblicità l'anno scorso?

bring into

bring sb. into st.

attrarre pubblico, allievi, clienti (*detto di un'innovazione*)
sia nella forma attiva sia nella passiva; anche nei tempi progressivi

• *The headmaster hopes the new language laboratory will bring more students into the school.* Il preside spera che il nuovo laboratorio linguistico porti alla scuola un maggior numero di studenti.

bring sb./st. into st.

♦ introdurre in una conversazione un argomento riguardante una persona o una cosa
sia nella forma attiva sia nella passiva; anche nei tempi progressivi

• *«Don't bring my mother into this!» James shouted at Bridget.* «Non tirare in ballo mia madre!» James gridò a Bridget.

• *The union soon brought inflation into the discussion.* Il sindacato non tardò a introdurre nel dibattito l'argomento dell'inflazione.

bring off

bring off st. = bring st. off

riuscire a fare qualcosa di difficile [*informale*]
sia nella forma attiva sia nella passiva; solitamente non nei tempi progressivi

• *Christine brought off the triple-spin dive with ease.* Christine riuscì a eseguire con facilità il tuffo con triplo avvitamento.

bring on

bring on sb./st. = bring sb./st. on

aiutare qualcuno a migliorare le proprie capacità (detto di un'attività o di un evento) [*prevalentemente GB e Australia*]
sia nella forma attiva sia nella passiva; anche nei tempi progressivi

• *Patrick used to be shy, but having to act as president of the Caving Club has really brought him on.* Patrick era timido, ma dover fare il presidente del Gruppo Speleologico lo ha davvero reso più disinvolto.

bring on st. = bring st. on

causare qualcosa di spiacevole
sia nella forma attiva sia nella passiva; solitamente non nei tempi progressivi

• *I think that his severe depression has been brought on by the loss of his job.* Penso che la sua profonda depressione sia stata causata dalla perdita del lavoro.

bring on/upon

bring st. on/upon sb.

causare qualcosa di negativo (*che si riverserà su altri o sull'autore stesso*) [*formale con upon*]
sia nella forma attiva sia nella passiva; solitamente non nei tempi progressivi

• *His performance brought ridicule on/upon the whole theatrical company.* La sua esibizione ha gettato il ridicolo su tutta la compagnia teatrale.

bring out

bring out sb. = bring sb. out

far acquistare fiducia in sé a una persona timida o introversa
sia nella forma attiva sia nella passiva; anche nei tempi progressivi

• *Mary used to be very shy, but enrolling in the amateur dramatic society brought her out.* Mary era molto timida, ma iscriversi alla filodrammatica le ha fatto acquistare fiducia in sé.

bring out st. = bring st. out

♦ presentare al pubblico un prodotto
sia nella forma attiva sia nella passiva; solitamente non nei tempi progressivi

• *They hope to bring out the new summer collection by February.* Sperano di presentare al pubblico la nuova collezione estiva entro febbraio.

esaltare una qualità di qualcosa
sia nella forma attiva sia nella passiva; solitamente non nei tempi progressivi

• *A bay leaf will bring out the flavour in the stew.* Una foglia di alloro esalterà il sapore dello stufato.

far affiorare qualcosa che è in noi
sia nella forma attiva sia nella passiva; solitamente non nei tempi progressivi [*sempre + in*]

• *A candlelit dinner brings out the taste for romance in any man or woman.* Una cena a lume di candela fa affiorare il gusto per l'avventura romantica di qualsiasi uomo o donna.

bring sb. out in st.

causare un'eruzione cutanea (*detto di alimento, prodotto per toeletta o trucco, detersivo*) [*GB e Australia*]
sia nella forma attiva sia nella passiva; solitamente non nei tempi progressivi

• *Chocolate brings many people out in spots.* A molti, il cioccolato fa comparire macchie sulla pelle.

• *I'm brought out in spots by some perfumes.* Alcuni profumi mi causano un'eruzione cutanea.

bring over

bring over sb. = bring sb. over

far venire i propri familiari dal paese di origine
sia nella forma attiva sia nella passiva; solitamente non nei tempi progressivi

• *Now that you've found a house here, are you going to bring over your wife and children?* Ora che hai trovato casa qui, farai venire tua moglie e i tuoi figli?

bring sb. over to st.

persuadere qualcuno a concordare con noi
sia nella forma attiva sia nella passiva; non nei tempi progressivi

• *I am doing everything possible to bring my daughter over to my way of thinking.* Sto facendo tutto il possibile per persuadere mia figlia a concordare con me.

bring over sb./st. = bring sb./st. over → bring around/over/round sb./st. = bring sb./st. around/over/round

bring sb. round → bring sb. around/round

bring round sb. = bring sb. round → bring around/round sb. = bring sb. around/round

bring round sb./st. = bring sb./st. round → bring around/over/round sb./st. = bring sb./st. around/over/round

bring sb. round to st. → bring sb. around/round to st.

bring to

bring sb. to

far rinvenire qualcuno
sia nella forma attiva sia nella passiva; anche nei tempi progressivi

• *Aunt Agatha has fainted! Let's try to bring her to with the smelling salts.* La zia Agatha è svenuta! Cerchiamo di farla rinvenire con i sali.

bring together

bring together sb. = bring sb. together

far avvicinare persone, o gruppi di persone, che non lo avrebbero fatto di propria iniziativa
sia nella forma attiva sia nella passiva; anche nei tempi progressivi

• *Mary and her brother had grown apart, but they were brought together again by their mother's illness.* Mary e suo fratello si erano allontanati, ma vennero riavvicinati dalla malattia della loro madre.

bring up

bring up sb. = bring sb. up

♦ allevare ed educare bambini
sia nella forma attiva sia nella passiva; anche nei tempi progressivi

• *I was brought up in Switzerland.* Sono cresciuto in Svizzera.

bring up st. = bring st. up

♦ sollevare un argomento
sia nella forma attiva sia nella passiva; solitamente non nei tempi progressivi

• *I'll bring up the question of fringe benefits at the meeting.* Solleverò la questione delle indennità accessorie nel corso della riunione.

vomitare [*GB e Australia*]
sia nella forma attiva sia nella passiva; anche nei tempi progressivi

• *When my baby eats too quickly he brings up the milk.* Quando il mio bambino mangia troppo in fretta vomita il latte.

bring st. upon sb. → bring st. on/upon sb.

brush

brushes, brushed, brushed, brushing

brush aside

brush aside sb./st. = brush sb./st. aside

ignorare qualcuno o qualcosa
sia nella forma attiva sia nella passiva; anche nei tempi progressivi

• *He tried to brush me aside, but I kept to my point of view.* Ha tentato di ignorarmi, ma io ho continuato a sostenere il mio punto di vista.

brush by/past

brush by/past sb.

oltrepassare qualcuno sfiorandolo (*spesso perché si va di fretta*)
non nella forma passiva; solitamente non nei tempi progressivi

• *Mary brushed by/past Benny at the station without even recognizing him.* Mary sfiorò per un attimo Benny alla stazione senza nemmeno riconoscerlo.

brush down

brush down st. = brush st. down

spazzolare qualcosa
sia nella forma attiva sia nella passiva; anche nei tempi progressivi

• *She brushed down her skirt, trying to get rid of the dog hair.* Si spazzolò la gonna, cercando di togliere i peli di cane.

brush down/off

brush oneself down/off

togliere con le mani la polvere da un indumento che si ha indosso
sempre nella forma riflessiva; anche nei tempi progressivi

• *When he fell off his bike, he immediately got up and brushed himself down/off.* Quando cadde dalla bicicletta, si rialzò immediatamente e si pulì con le mani.

brush off

brush off sb./st. = brush sb./st. off

rifiutare (*in modo sprezzante*) di dare ascolto a qualcuno o di avere a che fare con qualcuno
sia nella forma attiva sia nella passiva; non nei tempi progressivi

• *He brushed me off saying that my experience was totally irrelevant.* Mi liquidò dicendo che la mia esperienza era del tutto irrilevante.

brush past sb. → brush by/past sb.

brush up

brush up (on) st.

♦ ripassare (*qualcosa che si è imparato in passato e che è stato in parte dimenticato*)
non nella forma passiva; anche nei tempi progressivi

• *You'd better brush up (on) your Spanish before going to Madrid.* Faresti bene a ripassare lo spagnolo prima di andare a Madrid.

---

build

builds, built, built, building

build around

build st. around st.

costruire qualcosa intorno a qualcos'altro (*in senso figurato*)
anche nella forma attiva, ma più spesso nella passiva; anche nei tempi progressivi

• *The novel is built around an autobiographical experience.* Il romanzo è costruito intorno a un'esperienza autobiografica.

build in
build into

build in st. = build st. in

build st. into st.

incassare qualcosa in un muro
anche nella forma attiva, ma più spesso nella passiva; anche nei tempi progressivi

• *We had a new wardrobe built in.* Abbiamo fatto incassare un nuovo armadio.

inserire qualcosa in un impianto
sia nella forma attiva sia nella passiva; anche nei tempi progressivi

• *Ask the electrician to build in a safety device when he rewires the house.* Chiedi all'elettricista di inserire un salvavita quando rifà l'impianto elettrico di casa.

inserire qualcosa in un progetto, contratto, accordo, sistema
anche nella forma attiva, ma più spesso nella passiva; anche nei tempi progressivi

• *I suggest we build in some fringe benefits instead of increasing the salaries.* Propongo di includere alcune indennità accessorie invece di aumentare gli stipendi.

build on

build on st. = build st. on

in un edificio, aggiungere una parte nuova alla preesistente
anche nella forma attiva, ma più spesso nella passiva; solitamente non nei tempi progressivi

• *The new wing was built on ten years ago.* La nuova ala venne aggiunta dieci anni fa.

basarsi su un successo già conseguito per raggiungerne un altro
sia nella forma attiva sia nella passiva; anche nei tempi progressivi

• *The film star apparently reached fame overnight, but it was built on years of activity in the theatre.* Sembrava che la diva del cinema avesse raggiunto la fama da un giorno all'altro, ma questa era costruita su anni di attività teatrale.

build up

build up sb. = build sb. up

costruire l'immagine di qualcuno (*attore, cantante, personaggio pubblico*)
sia nella forma attiva sia nella passiva; anche nei tempi progressivi

• *Nowadays, politicians engage public relations experts to build them up.* Oggi i politici si rivolgono a esperti di pubbliche relazioni perché costruiscano la loro immagine.

aiutare qualcuno a diventare qualcosa
sia nella forma attiva sia nella passiva; anche nei tempi progressivi [*sempre + into*]

• *It was his wife who built him up into the great tenor he is now.* È stata sua moglie a fare di lui il grande tenore che è ora.

aiutare qualcuno a riprendersi dopo una malattia (*assicurandosi che si nutra e si curi correttamente*)
sia nella forma attiva sia nella passiva; anche nei tempi progressivi

• *The doctor prescribed vitamin tablets and a healthy diet to build him up after having pneumonia.* Il medico gli prescrisse compresse vitaminiche e una dieta sana perché si riprendesse dopo avere avuto la polmonite.

build up st. = build st. up

coprire un'area di edifici
sia nella forma attiva sia nella passiva; anche nei tempi progressivi

• *They have built up all the countryside around London, and the urban sprawl now extends across most of Kent.* Hanno costruito su tutta la campagna intorno a Londra, e ora lo sviluppo incontrollato della città si estende a gran parte del Kent.

costruire qualcosa a poco a poco (*in senso figurato: un'attività, una carriera, una rete di rapporti*)
sia nella forma attiva sia nella passiva; anche nei tempi progressivi

• *He built up his business from scratch.* Ha creato la sua azienda dal nulla.

build up

build up st. = build st. up

♦ aumentare, o far aumentare, di qualcosa (*dimensioni, quantità, fiducia o sfiducia, forza*)

non nella forma passiva; anche nei tempi progressivi

• *A long queue of cars has built up near the roadworks.* In prossimità dei lavori stradali si è formata una lunga coda di auto.

sia nella forma attiva sia nella passiva quando c'è il complemento oggetto; anche nei tempi progressivi

• *He trains every day to build up his resistance.* Si allena ogni giorno per accrescere la propria resistenza.

bump

bumps, bumped, bumped, bumping

bump into

bump into sb.

♦ incontrare casualmente qualcuno
non nella forma passiva; solitamente non nei tempi progressivi

• *I bumped into my old friend Harry last night.* Ieri sera mi sono imbattuto nel mio vecchio amico Harry.

bump up

bump up sb. = bump sb. up

promuovere qualcuno (*immeritatamente o inaspettatamente*) [*informale*]
anche nella forma attiva, ma più spesso nella passiva; solitamente non nei tempi progressivi [*solitamente + to*]

• *Why did she get bumped up (= Why was she bumped up) to head clerk?* Com'è che l'hanno promossa a capoufficio?

burn

burns, burnt/burned, burnt/burned, burning

burn down

burn down

♦ andare a fuoco (*detto di qualcosa che poi rimane completamente distrutto*)
non nella forma passiva; anche nei tempi progressivi

• *Hallo! Fire brigade! Come quickly! The tyre factory is burning down!* Pronto! Pompieri! Venite subito! La fabbrica di pneumatici è completamente avvolta dalle fiamme!

burn down st. = burn st. down

♦ distruggere qualcosa con il fuoco
anche nella forma attiva, ma più spesso nella passiva; solitamente non nei tempi progressivi

• *The abandoned railway station where the homeless used to live was burnt down/burned down by young hooligans.* La stazione ferroviaria abbandonata in cui i senzatetto vivevano abitualmente è stata distrutta col fuoco da giovani teppisti.

♦ distruggere qualcosa (*detto del fuoco*)
anche nella forma attiva, ma più spesso nella passiva; solitamente non nei tempi progressivi

• *In spite of the firemen's heroic efforts, the theatre was completely burnt down/burned down.* Nonostante l'eroico impegno dei vigili del fuoco, il teatro venne completamente distrutto dalle fiamme.

burn off

burn off st. = burn st. off

distruggere qualcosa bruciandolo
sia nella forma attiva sia nella passiva; anche nei tempi progressivi

• *The farmer has harvested the wheat and his men are burning off the stubble.* L'agricoltore ha raccolto il grano e i suoi uomini stanno bruciando le stoppie.

burn off/up

burn off/up st. = burn st. off/up

eliminare il grasso corporeo facendo esercizio fisico
sia nella forma attiva sia nella passiva; anche nei tempi progressivi

• *I'm on a diet, but I also go jogging to burn off/up some fat.* Sono a dieta, ma vado anche a correre per bruciare un po' di grasso.

burn out

burn out

estinguersi (*detto del fuoco quando tutto il combustibile è bruciato*)
non nella forma passiva; solitamente non nei tempi progressivi

• *Leave the fire to burn out, but remember to put up the fireguard.* Lascia che il fuoco si spenga da solo, ma ricorda di mettere su il parafuoco.

estinguersi (*detto di un'epidemia*)
non nella forma passiva; solitamente non nei tempi progressivi

• *The epidemic eventually burnt out/burned out, and no more cases appeared.* Alla fine l'epidemia si estinse e non comparvero altri casi.

esaurirsi (*detto di un conflitto o di sentimenti forti*)
non nella forma passiva; anche nei tempi progressivi

• *The conflict/His hate looked like it was burning out, but then it flared up again.* Sembrava che il conflitto/il suo odio si fosse spento, ma poi divampò nuovamente.

esaurirsi (*per malattia o per essersi affaticati troppo*) [*informale*]
non nella forma passiva; anche nei tempi progressivi

• *If you carry on working like this, you'll burn out before you're forty.* Se continuerai a lavorare così, prima dei quarant'anni sarai bruciato.

burn out sb. = burn sb. out

dover abbandonare la propria casa in seguito a un incendio
anche nella forma attiva, ma più spesso nella passiva; solitamente non nei tempi progressivi [*solitamente + of*]

• *The Red Cross supplied tents for those living at the foot of the volcano who had been burnt out/burned out of their homes.* La Croce Rossa fornì tende a coloro che vivevano ai piedi del vulcano e avevano dovuto abbandonare la propria casa incendiata.

burn out
burn out st. = burn st. out

♦ bruciarsi (*detto di qualcosa che sia alimentato elettricamente*) o bruciare (*un apparecchio alimentato elettricamente*)

non nella forma passiva; non nei tempi progressivi

• *The light bulb has burnt out/burned out.* La lampadina si è fulminata.

sia nella forma attiva sia nella passiva quando c'è il complemento oggetto; solitamente non nei tempi progressivi

• *If you don't change the vacuum cleaner bag, you'll burn out the motor.* Se non cambi il sacchetto dell'aspirapolvere, brucerai il motore.

burn up

burn up st. = burn st. up

bruciare combustibile (*detto di un motore*)
sia nella forma attiva sia nella passiva; anche nei tempi progressivi

• *«This car is burning up petrol at an incredibly fast rate.» «Well, perhaps it's about time you had it checked over!»* «Quest'auto consuma benzina a una rapidità incredibile!» «Beh, forse è ora che tu la faccia controllare!»

burn up

burn up st. = burn st. up

♦ essere distrutto dal fuoco o distruggere completamente qualcosa col fuoco

non nella forma passiva; anche nei tempi progressivi

• *During summer a lot of trees burn up.* Durante l'estate moltissimi alberi vengono distrutti dal fuoco.

sia nella forma attiva sia nella passiva quando c'è il complemento oggetto; anche nei tempi progressivi

• *We burn up all our rubbish in a small incinerator.* Noi bruciamo tutta la nostra spazzatura in un piccolo inceneritore.

burn up st. = burn st. up → burn off/up st. = burn st. off/up

burst

bursts, burst, burst, bursting

burst in

burst in

♦ entrare improvvisamente in una stanza (*interrompendo le attività delle persone che vi si trovano*)
non nella forma passiva; solitamente non nei tempi progressivi

• *Suddenly the door opened and George burst in.* Improvvisamente la porta si aprì e George irruppe nella stanza.

burst into

burst into st.

♦ cominciare improvvisamente a fare qualcosa (*ridere, piangere, cantare, danzare, applaudire, bruciare*)
non nella forma passiva; solitamente non nei tempi progressivi

• *When Patrick told Wendy that he was leaving her for good, she burst into tears.* Quando Patrick disse a Wendy che l'avrebbe lasciata per sempre, lei scoppiò in lacrime.

burst into swh.

entrare improvvisamente in un luogo (*interrompendo le attività delle persone che vi si trovano*)
non nella forma passiva; solitamente non nei tempi progressivi

• *The children burst into the kitchen asking for some bread and butter.* I bambini irruppero in cucina chiedendo pane e burro.

burst out

burst out

prorompere in un'esclamazione
non nella forma passiva; non nei tempi progressivi

• *«Take your hands off me!» she burst out.* «Toglimi le mani di dosso!» esclamò lei.

burst out doing st.

♦ cominciare improvvisamente a ridere, piangere, tossire, gridare
non nella forma passiva; non nei tempi progressivi

• *When Chelsea scored a goal, the Liverpool fans burst out shouting insults.* Quando il Chelsea segnò un gol, i tifosi del Liverpool si misero a gridare insulti.

burst with

be bursting with st.

possedere una grande quantità di qualcosa (*energia, entusiasmo, iniziative, idee*)
non nella forma passiva; sempre nei tempi progressivi

• *My mother is always bursting with energy.* Mia madre è sempre piena di energia.

• *Our new designer is bursting with brilliant ideas.* Il nostro nuovo progettista ha parecchie idee brillanti.

buy

buys, bought, bought, buying

buy into

buy into st.

acquistare una quota del capitale di una società
non nella forma passiva; anche nei tempi progressivi

• *If you think that this new company is going to be successful, try to buy into it.* Se pensi che questa nuova società avrà successo, cerca di acquistarne una quota.

buy off

buy off sb. = buy sb. off

pagare qualcuno affinché non dica o faccia qualcosa
sia nella forma attiva sia nella passiva; solitamente non nei tempi progressivi

• *The earl didn't want his groom to marry his daughter and tried to buy him off.* Il conte non voleva che il suo stalliere sposasse sua figlia e tentò di dissuaderlo pagandolo.

buy out

buy out sb. = buy sb. out

assicurarsi l'intera proprietà di un'azienda rilevando la quota degli altri soci o azionisti
sia nella forma attiva sia nella passiva; anche nei tempi progressivi

• *Smithers bought out his partners and took control of the firm.* Smithers ha rilevato la parte dei suoi soci e ha assunto il controllo dell'azienda.

buy out of

buy sb. out of st.

pagare per ottenere il congedo dalle forze armate [*GB*]
sia nella forma attiva sia nella passiva; solitamente non nei tempi progressivi

• *William was bought out of the army by his parents.* I genitori di William gli pagarono il congedo dalle forze armate.

buy up

buy up st. = buy st. up

acquistare grandi quantità di qualcosa (*spesso tutto ciò che è disponibile*)
sia nella forma attiva sia nella passiva; anche nei tempi progressivi

• *During the war, people bought up stocks of food whenever they appeared in the shops.* Durante la guerra, la popolazione faceva incetta di generi alimentari non appena comparivano nei negozi.

C

call

calls, called, called, calling

call away

call away sb. = call sb. away

chiamare qualcuno (*solitamente per lavoro*)
anche nella forma attiva, ma più spesso nella passiva; solitamente non nei tempi progressivi

• *The manager was called away on urgent business.* Il direttore venne chiamato per una faccenda urgente.

call back

call back

call back sb. = call sb. back

♦ richiamare qualcuno che ci ha telefonato
non nella forma passiva; anche nei tempi progressivi

• *If Mr Simes phones, tell him that I'll call back when I have all the data.* Se telefona il signor Simes, digli che lo richiamerò quando avrò tutti i dati.

♦ chiamare qualcuno al telefono per la seconda volta
non nella forma passiva; anche nei tempi progressivi

• *Oh, it's you, Mary. I'm busy now. Can you call back in half an hour?* Oh, sei tu, Mary. Ora sono occupata. Puoi richiamare fra mezzora?

call for

call for sb.

passare a prendere qualcuno [*prevalentemente GB e Australia*]
non nella forma passiva; solitamente non nei tempi progressivi

• *I'll call for you at nine o'clock.* Passerò a prenderti alle nove in punto.

call for st.

meritare o richiedere qualcosa
non nella forma passiva; non nei tempi progressivi

• *I've been promoted! This calls for a celebration!* Ho avuto una promozione! Bisogna festeggiare!

• *This work calls for concentration.* Questo lavoro richiede concentrazione.

esigere o richiedere che qualcosa venga fatto (*detto di persona o di cosa*)
sia nella forma attiva sia nella passiva; anche nei tempi progressivi

• *The coroner called for an autopsy.* Il coroner richiese un'autopsia.

• *Tougher sentences for repeat offenders have been called for.* Sono state invocate pene più pesanti per i criminali con precedenti penali.

be called for

essere necessario, opportuno o conveniente
sempre to be + participio passato; non nei tempi progressivi

• *Losing your temper like that was hardly called for!* Non c'era davvero bisogno che tu perdessi le staffe in quel modo!

call forth

call forth st. = call st. forth

suscitare sentimenti o comportamenti [*formale*]
sia nella forma attiva sia nella passiva; solitamente non nei tempi progressivi

• *The announced increase in the price of electric power has called forth vehement protests from consumer groups.* L'annunciato aumento del prezzo dell'energia elettrica ha suscitato veementi proteste da parte di gruppi di consumatori.

call in

call in

♦ recarsi in un luogo o fare visita a una persona (*per breve tempo e solitamente di passaggio*) [*GB e Australia*]
non nella forma passiva; solitamente non nei tempi progressivi [*solitamente + avverbio e/o preposizione e/o aggettivo*]

• *I'll call in at the supermarket on my way home and get some food for dinner.* Tornando a casa passerò dal supermercato e prenderò qualcosa per cena.

• *I must call in on my accountant to pick up the documents.* Devo passare dal mio commercialista per ritirare i documenti.

telefonare al lavoro per spiegare il perché della propria assenza
non nella forma passiva; solitamente non nei tempi progressivi

• *The secretary has called in to say she'll be late.* La segretaria ha telefonato per dire che arriverà in ritardo.

call in sb. = call sb. in

chiamare qualcuno (*per ottenere aiuto professionale*)
sia nella forma attiva sia nella passiva; solitamente non nei tempi progressivi

• *Bobby's got a high temperature. Let's call in the doctor.* Bobby ha la febbre alta. Chiamiamo il medico.

call off

call off sb./st. = call sb./st. off

richiamare una persona o un cane affinché smetta di assalire
sia nella forma attiva sia nella passiva; solitamente non nei tempi progressivi

• *The general ordered the commanding officer to call off the soldiers.* Il generale ordinò all'ufficiale comandante di richiamare i soldati.

call off st. = call st. off

♦ annullare o disdire qualcosa che si era programmato in precedenza (*matrimonio, incontro sportivo, viaggio, programma di lavoro*)
sia nella forma attiva sia nella passiva; solitamente non nei tempi progressivi

• *Steve and Doris have called off their wedding.* Steve e Doris hanno disdetto il loro matrimonio.

• *The game has been called off because of the poor weather conditions.* La partita è stata annullata a causa del maltempo.

call on/upon

call on/upon sb.

♦ fare una visita (*sociale o di lavoro*) a qualcuno [*formale con upon*]
non nella forma passiva; solitamente non nei tempi progressivi

• *I'd like to call on/upon Naomi when I go to New York.* Mi piacerebbe far visita a Naomi quando andrò a New York.

chiedere formalmente l'intervento di qualcuno (*solitamente, un'unità di soccorso, l'esercito o la polizia*) [*formale sia con on sia con upon*]
anche nella forma attiva, ma più spesso nella passiva; solitamente non nei tempi progressivi

• *The dog units are always called on/upon to inspect the baggage whenever drug trafficking is suspected.* Le unità cinofile vengono sempre fatte intervenire quando si sospetta che vi sia un traffico di droga.

call on/upon sb. for st.

rivolgersi a qualcuno per avere qualcosa [*formale con upon*]
sia nella forma attiva sia nella passiva; solitamente non nei tempi progressivi

• *Don't call on/upon Tom for an answer. He never takes a position.* Non rivolgerti a Tom per avere una risposta. Lui non prende mai posizione.

call on/upon sb. to do st.

chiamare qualcuno (*o rivolgersi, o appellarsi a qualcuno*) affinché faccia qualcosa [*formale con upon*]
sia nella forma attiva sia nella passiva; solitamente non nei tempi progressivi

• *The Association for Maimed Children called on/upon the international authorities to stop the supply of weapons to developing countries involved in civil wars.* L'Associazione per i Bambini Mutilati si appellò alle autorità internazionali perché facessero cessare la fornitura di armi ai paesi in via di sviluppo coinvolti in guerre civili.

call on/upon st.

fare appello alle proprie qualità o risorse [*formale sia con on sia con upon*]
non nella forma passiva; anche nei tempi progressivi

• *The polar explorers had to call on/upon all their mental and physical resources to survive.* Gli esploratori polari dovettero fare appello a tutte le proprie risorse mentali e fisiche per sopravvivere.

call out

call out sb. = call sb. out

chiedere l'aiuto professionale di una persona o un'organizzazione
sia nella forma attiva sia nella passiva; solitamente non nei tempi progressivi

• *The firemen were called out three times during the night.* I vigili del fuoco vennero chiamati tre volte durante la notte.

proclamare lo sciopero
sia nella forma attiva sia nella passiva; solitamente non nei tempi progressivi

• *The trade union will call out all the workers unless their demands are met.* Il sindacato proclamerà lo sciopero generale a meno che le sue richieste non vengano accolte.

call out

call out st. = call st. out

♦ gridare o alzare la voce per richiamare l'attenzione di qualcuno

non nella forma passiva; anche nei tempi progressivi

• *The drowning man called out and somebody heard him.* L'uomo che stava annegando gridò e qualcuno lo udì.

sia nella forma attiva sia nella passiva quando c'è il complemento oggetto; anche nei tempi progressivi

• *The teacher called out the pupils' names.* La maestra chiamò a voce alta i bambini per nome.

call over

call over

fare una breve visita a qualcuno che abita vicino
non nella forma passiva; solitamente non nei tempi progressivi

• *My sister often calls over on Sundays.* Mia sorella passa spesso da me la domenica.

call over sb. = call sb. over

chiamare qualcuno di lontano (*per invitarlo a fare qualcosa*) [*GB e Australia*]
sia nella forma attiva sia nella passiva; anche nei tempi progressivi

• *If you're ready to order, I'll call over the waiter.* Se sei pronta a ordinare, chiamo il cameriere.

call round

call round

♦ fare una breve visita a qualcuno [*GB e Australia*]
non nella forma passiva; solitamente non nei tempi progressivi

• *Call round any time!* Passa in qualunque momento!

call up

call up sb. = call sb. up

chiamare qualcuno alle armi
anche nella forma attiva, ma più spesso nella passiva; solitamente non nei tempi progressivi

• *All the veterans under forty have been called up.* Tutti i veterani sotto i quarant'anni sono stati richiamati.

call up

call up sb. = call sb. up

♦ telefonare a qualcuno

non nella forma passiva; solitamente non nei tempi progressivi

• *Why don't you call up later?* Perché non telefoni più tardi?

sia nella forma attiva sia nella passiva quando c'è il complemento oggetto; solitamente non nei tempi progressivi

• *She called up her husband to tell him the news.* Telefonò al marito per raccontargli la novità.

call up st. = call st. up

far apparire un dato o un documento sul video di un computer
sia nella forma attiva sia nella passiva; anche nei tempi progressivi

• *The computer operator called up the documents and printed them out.* L'operatore richiamò i documenti dal computer e li stampò.

evocare un ricordo
sia nella forma attiva sia nella passiva; solitamente non nei tempi progressivi

• *Whenever I see the sea it calls up memories of my childhood.* Ogni volta che vedo il mare mi tornano in mente ricordi della mia infanzia.

call upon sb. → call on/upon sb.

call upon sb. for st. → call on/upon sb. for st.

call upon sb. to do st. → call on/upon sb. to do st.

call upon st. → call on/upon st.

calm

calms, calmed, calmed, calming

calm down

calm down

calm down sb. = calm sb. down

♦ calmarsi o calmare qualcuno

non nella forma passiva; anche nei tempi progressivi

• *After a good cry she calmed down.* Dopo un bel pianto si calmò.

sia nella forma attiva sia nella passiva quando c'è il complemento oggetto; anche nei tempi progressivi

• *I gave her a glass of water and tried to calm her down.* Le diedi un bicchiere d'acqua e cercai di calmarla.

calm down

calm down st. = calm st. down

tornare alla pace o alla normalità (*detto di una situazione*)

non nella forma passiva; anche nei tempi progressivi

• *The situation in the Middle East doesn't seem to have calmed down at all.* La situazione in Medio Oriente non sembra essersi affatto normalizzata.

sia nella forma attiva sia nella passiva quando c'è il complemento oggetto; anche nei tempi progressivi

• *The police were called in to calm things down when the team was relegated to the second division.* La polizia venne chiamata a calmare la situazione quando la squadra fu retrocessa in serie B.

care

cares, cared, cared, caring

care for

care for sb.

♦ assistere qualcuno che è troppo giovane, vecchio o malato per poter badare a sé stesso

sia nella forma attiva sia nella passiva; anche nei tempi progressivi

• *Mary gave up her job to care for her elderly parents.* Mary ha lasciato il lavoro per assistere i vecchi genitori.

care for oneself

preoccuparsi per sé
sempre nella forma riflessiva; non nei tempi progressivi

• *Lola cares only for herself.* Lola si preoccupa solo per sé stessa.

care for st.

avere cura di qualcosa per non sciuparlo
non nella forma passiva; solitamente non nei tempi progressivi

• *Rose cares for her clothes and sends them to the dry-cleaner's very often.* Rose ha cura dei propri indumenti e li manda in tintoria molto spesso.

volere qualcosa [*formale*]
sempre nella forma interrogativa, diretta o indiretta; non nella forma passiva; non nei tempi progressivi

• *Would you care for a sherry before dinner?* Gradirebbe uno sherry prima di cena?

piacere (*impersonale*) [*formale*]
sempre nella forma interrogativa, diretta o indiretta; non nella forma passiva; non nei tempi progressivi

• *Ms Davenport, do you care for chamber music?* Signora Davenport, le piace la musica da camera?

not to care for sb./st.

non piacere o non essere gradito (*detto di qualcuno o qualcosa*) [*formale*]
sempre nella forma negativa; non nella forma passiva; non nei tempi progressivi

• *The prince married the woman of his dreams even though his family didn't care for her.* Il principe sposò la donna dei suoi sogni sebbene non fosse gradita alla sua famiglia.

carry

carries, carried, carried, carrying

carry away

be carried away

♦ lasciarsi trasportare da un sentimento forte, talora perdendo il controllo di sé
sempre to be + participio passato; non nei tempi progressivi

• *I'm always carried away when I listen to a Beethoven symphony.* Provo sempre un grande trasporto quando ascolto una sinfonia di Beethoven.

carry forward

carry forward sb. = carry sb. forward

far progredire qualcuno
sia nella forma attiva sia nella passiva; anche nei tempi progressivi

• *His first victory carried him forward in his political career.* La sua prima vittoria lo fece progredire nella carriera politica.

carry forward st. = carry st. forward

far proseguire un'attività
sia nella forma attiva sia nella passiva; anche nei tempi progressivi

• *We need more funding to carry forward our research programme.* Abbiamo bisogno di altri fondi per portare avanti il nostro programma di ricerca.

carry off

carry off st. = carry st. off

riuscire a portare a termine qualcosa di difficile
sia nella forma attiva sia nella passiva; solitamente non nei tempi progressivi

• *The lecture was carried off brilliantly by the young researcher.* La conferenza venne portata a termine brillantemente dal giovane ricercatore.

vincere un premio
sia nella forma attiva sia nella passiva; solitamente non nei tempi progressivi

• *The Scottish team carried off the trophy.* La squadra scozzese si portò via il trofeo.

portare via qualcosa (*solitamente senza il consenso del proprietario*)
sia nella forma attiva sia nella passiva; anche nei tempi progressivi

• *Thieves broke into the apartment and carried off the silver.* I ladri penetrarono nell'appartamento e portarono via l'argenteria.

carry on

carry on

♦ proseguire in qualcosa [*prevalentemente GB e Australia*]
non nella forma passiva; solitamente non nei tempi progressivi

• *Mary stopped half way through the French course, but Patricia carried on.* Mary si fermò a metà del corso di francese, ma Patricia proseguì.

♦ continuare a condurre la solita vita (*nonostante ci si trovi in una situazione difficile*) [*prevalentemente GB e Australia*]
non nella forma passiva; solitamente non nei tempi progressivi

• *In spite of the bombings, life carries on as usual.* Nonostante i bombardamenti, la vita scorre come di consueto.

• *If it weren't for you, darling, I don't know how I could carry on.* Se non fosse per te, tesoro, non so come potrei andare avanti.

carry on st. = carry st. on

continuare il lavoro iniziato da qualcun altro [*prevalentemente GB e Australia*]
sia nella forma attiva sia nella passiva; anche nei tempi progressivi

• *If the leading actor decides to leave the company, who will carry on his role?* Se il primo attore decide di lasciare la compagnia, chi porterà avanti il suo ruolo?

continuare o mantenere vivo qualcosa (*una conversazione, un dibattito, una tradizione*)
sia nella forma attiva sia nella passiva; anche nei tempi progressivi

• *It's so noisy in this restaurant that we can't even carry on a conversation.* Questo ristorante è così rumoroso che non si riesce nemmeno a tenere una conversazione.

carry on with

carry on with sb.

avere una relazione con qualcuno [*informale*]
non nella forma passiva; solitamente nei tempi progressivi

• *Olivia's been carrying on with her boss for years.* Olivia se la intende col suo capo da anni.

carry out

carry out st. = carry st. out

◆ fare o completare qualcosa (*solitamente impegnativo*)
sia nella forma attiva sia nella passiva; solitamente non nei tempi progressivi

• *How can you carry out your work with all this noise and confusion?* Come fai a continuare a lavorare con tutto questo rumore e questa confusione?

◆ agire o comportarsi seguendo istruzioni o ordini
sia nella forma attiva sia nella passiva; anche nei tempi progressivi

• *If you carry out the instructions to the letter, you can't go wrong.* Se segui le istruzioni alla lettera, non puoi sbagliare.

mettere in atto una minaccia
sia nella forma attiva sia nella passiva; solitamente non nei tempi progressivi

• *I am convinced that the terrorists will carry out their threats.* Sono convinto che i terroristi metteranno in atto le loro minacce.

carry over from

carry over from st.

provenire da un tempo passato (*detto di un'abitudine*)
non nella forma passiva; non nei tempi progressivi

• *His habit of cutting meat into tiny bites carries over from his childhood.* La sua abitudine di tagliare la carne in bocconcini minuscoli gli viene dall'infanzia.

carry over into

carry over st. into st.

riversare problemi o sentimenti nella propria attività
sia nella forma attiva sia nella passiva; anche nei tempi progressivi

• *Try not to carry over your personal problems into your work.* Cerca di non riversare i problemi personali sul lavoro.

carry through

carry sb. through
carry sb. through st.

aiutare qualcuno a superare una situazione difficile
non nella forma passiva; anche nei tempi progressivi

• *When her husband died, her unshakeable faith carried her through.* Quando suo marito morì, la sua fede incrollabile l'aiutò ad andare avanti.

carry through st. = carry st. through

portare a compimento qualcosa con successo
sia nella forma attiva sia nella passiva; solitamente non nei tempi progressivi

• *It won't be easy, but we must try to carry through our program of reforms.* Non sarà facile, ma dobbiamo cercare di portare a termine il nostro programma di riforme.

cast

casts, cast, cast, casting

cast about/around/round

cast about/around/round

guardarsi intorno (*ansiosamente*) cercando qualcosa [*formale*]
non nella forma passiva; anche nei tempi progressivi [*solitamente* + *for*]

• *He cast about/around/round for a way to escape, but in vain.* Si guardò intorno in cerca di una via di scampo, ma invano.

pensare intensamente cercando qualcosa (*una soluzione o una risposta*) [*formale*]
non nella forma passiva; anche nei tempi progressivi [*solitamente* + *for*]

• *I've been casting about/around/round for a suitable answer, but nothing has come to my mind.* Ho riflettuto in cerca di una risposta adatta, ma non mi è venuto in mente nulla.

cast aside

cast aside sb./st. = cast sb./st. aside

abbandonare qualcuno o qualcosa perché non interessa più [*formale*]
sia nella forma attiva sia nella passiva; solitamente non nei tempi progressivi

• *I thought Dennis was in love with me, but he cast me aside when he met Ursula.* Pensavo che Dennis fosse innamorato di me, ma quando ha incontrato Ursula mi ha lasciata.

cast aside st. = cast st. aside

mettere da parte sentimenti o pensieri negativi (*come dubbi, preoccupazioni, pregiudizi, inibizioni*) [*formale*]
sia nella forma attiva sia nella passiva; solitamente non nei tempi progressivi

• *Cast aside your prejudices and consider the situation carefully, Mr Thompson.* Accantoni i pregiudizi e consideri attentamente la situazione, signor Thompson.

cast away

be cast away

essere gettato a riva (*detto di sopravvissuto a un naufragio*)
sempre to be + participio passato; non nei tempi progressivi [*solitamente* + *on*]

• *After the shipwreck the survivors were cast away by the waves on a desert island in the Pacific.* Dopo il naufragio i sopravvissuti vennero gettati dalle onde su un'isola deserta del Pacifico.

cast off

cast off

sciogliere gli ormeggi
non nella forma passiva; anche nei tempi progressivi

• *We jumped into the boat and cast off.* Saltammo in barca e sciogliemmo gli ormeggi.

cast off st. = cast st. off

sbarazzarsi di qualcosa di vecchio, che non piace più o non serve più (*abitudini, tradizioni, indumenti*) [*formale*]
sia nella forma attiva sia nella passiva; solitamente non nei tempi progressivi

• *My sister casts off clothes as soon as they begin to go out of fashion.* Mia sorella smette gli abiti appena cominciano ad andare fuori moda.

calare (*lavorando a maglia*) [*prevalentemente GB*]
sia nella forma attiva sia nella passiva; anche nei tempi progressivi

• *Cast off two stitches at the end of the next two rows.* Calate due maglie alla fine dei due ferri successivi.

liberarsi rapidamente degli abiti [*formale*]
non nella forma passiva; solitamente non nei tempi progressivi

• *The boy cast off his T-shirt and shorts and plunged into the sea.* Il ragazzo si liberò rapidamente della maglietta e dei calzoncini e si tuffò in mare.

liberarsi di qualcosa di sgradevole (*specialmente sentimenti negativi*)
sia nella forma attiva sia nella passiva; solitamente non nei tempi progressivi

• *Cast off your worries!* Dimentica le preoccupazioni!

• *The children's laughter helped her to cast off her gloom.* Le risate dei bambini la aiutarono a liberarsi della malinconia.

cast on

cast on st. = cast st. on

mettere su i punti (*di un lavoro a maglia*)
sia nella forma attiva sia nella passiva; anche nei tempi progressivi

• *Cast on two stitches at the end of the next two rows.* Metti su due punti alla fine dei due prossimi ferri.

cast out

cast out sb. = cast sb. out

scacciare qualcuno dalla casa, dalla famiglia, dal gruppo sociale
sia nella forma attiva sia nella passiva; solitamente non nei tempi progressivi

• *After endless differences of opinion with his son, Lord Ramsbottom cast him out of the family without a penny.* Dopo interminabili divergenze di opinione con il figlio, lord Ramsbottom lo bandì dalla famiglia senza un soldo.

cast round → cast about/around/round

cast up

cast up st. = cast st. up

gettare qualcosa a riva o sulla spiaggia (*detto delle onde o della corrente*)
sia nella forma attiva sia nella passiva; anche nei tempi progressivi

• *The sea cast up the dead bodies of the sailors.* Il mare gettò sulla spiaggia i cadaveri dei marinai.

catch

catches, caught, caught, catching

catch at

catch at st.

afferrare qualcuno (*solitamente per la mano*)
non nella forma passiva; solitamente non nei tempi progressivi

• *I caught at her hand and pulled her back from the edge of the cliff.* La afferrai per la mano e la tirai indietro dall'orlo della scogliera.

trattenere qualcuno per gli abiti (*detto di persona o di cosa*)
non nella forma passiva; solitamente non nei tempi progressivi

• *The thorns caught at their clothes as they pushed their way through the wood.* Le spine si impigliavano nei loro abiti mentre essi avanzavano faticosamente attraverso il bosco.

aggrapparsi a qualcosa
non nella forma passiva; solitamente non nei tempi progressivi

• *When the boat capsized, we caught at the lifebelts.* Quando la barca si capovolse ci aggrappammo ai salvagente.

catch on

catch on

capire qualcosa (*dopo qualche tempo*)
non nella forma passiva; solitamente non nei tempi progressivi

• *You have to explain everything to him in simple language before he catches on.* Devi spiegargli ogni cosa in parole semplici prima che afferri l'idea.

entrare nell'uso corrente
non nella forma passiva; anche nei tempi progressivi

• *Miniskirts really caught on in the Sixties.* Le minigonne erano davvero molto diffuse negli anni Sessanta.

catch out

catch out sb. = catch sb. out

cogliere in fallo qualcuno (*uno studente o un appassionato di una materia, in merito alle sue conoscenze*)
sia nella forma attiva sia nella passiva; solitamente non nei tempi progressivi

• *The students protested because the examiners tried to catch them out instead of trying to understand how much they knew.* Gli studenti hanno protestato perché gli esaminatori tentavano di coglierli in fallo invece di cercare di capire quanto sapessero.

cogliere in fallo qualcuno (*un malfattore o una persona che si comporta male*)
sia nella forma attiva sia nella passiva; solitamente non nei tempi progressivi

• *He had been embezzling funds for years before they caught him out.* Si era appropriato indebitamente di fondi per anni prima che lo cogliessero.

trovarsi improvvisamente in una situazione difficile (*a causa di un imprevisto*) [*GB e Australia*]
sia nella forma attiva sia nella passiva; solitamente non nei tempi progressivi

• *I was caught out by the hailstorm while driving home.* Venni colto dalla grandinata mentre tornavo a casa in auto.

catch up

catch up

♦ portarsi alla pari con altri
non nella forma passiva; anche nei tempi progressivi

• *Bobby is rather behind in reading and must work really hard to catch up.* Bobby è abbastanza indietro nella lettura e deve impegnarsi davvero molto per recuperare.

catch up [*GB; Australia; USA*]
catch sb. up [*GB; Australia*]

♦ raggiungere qualcuno che si trova più avanti
non nella forma passiva; anche nei tempi progressivi

• *Go ahead. I'll catch up/I'll catch you up in a minute.* Va' avanti. Ti raggiungerò fra un minuto.

catch up [*GB; Australia; USA*]
catch up sb. = catch sb. up

farsi raccontare, o raccontare, le ultime notizie su qualcosa
non nella forma passiva; anche nei tempi progressivi [*solitamente + on*]

• *Paula phoned her friend Gladys to catch up on the latest gossip.* Paula telefonò alla sua amica Gladys per farsi raccontare gli ultimi pettegolezzi.

• *I'll catch you up on the latest news this afternoon.* Ti aggiornerò sulle ultime novità oggi pomeriggio.

catch up in

be caught up in st.

rimanere coinvolto in una situazione (*negativa*)
sempre to be + participio passato; non nei tempi progressivi

• *I don't want to get caught up* (= *to be caught up*) *in an argument between you and your parents.* Non voglio rimanere invischiato in una discussione fra te e i tuoi genitori.

rimanere coinvolto in una situazione tale da non potersi muovere o procedere (*anche in senso figurato*)
sempre to be + participio passato; non nei tempi progressivi

• *I'm sorry I'm late. I was caught up in the traffic.* Mi dispiace essere in ritardo. Sono rimasto bloccato nel traffico.

catch up on
catch up with

catch up on st.
catch up with st.

fare qualcosa che non si aveva avuto il tempo o la possibilità di fare in precedenza
non nella forma passiva; anche nei tempi progressivi

• *I'm going to bed early tonight. I want to catch up on/catch up with my sleep.* Vado a letto presto stasera. Voglio recuperare il sonno perduto.

catch up with

catch up with sb.

♦ raggiungere qualcuno che si trova più avanti
non nella forma passiva; anche nei tempi progressivi

• *Go ahead. I'll catch up with you later.* Va' avanti. Ti raggiungerò più tardi.

risentire delle conseguenze di qualcosa che si è fatto o commesso in passato
non nella forma passiva; anche nei tempi progressivi

• *Smoking forty cigarettes a day for years caught up with Ian in the end.* Alla fine Ian ha pagato le conseguenze di aver fumato quaranta sigarette al giorno per anni.

catturare l'autore di un'azione delittuosa (*detto della polizia*)
non nella forma passiva; solitamente non nei tempi progressivi

• *He had already killed three people when the police caught up with him.* Aveva già ucciso tre persone quando la polizia lo catturò.

scambiare notizie con qualcuno (*solitamente, una persona che non si incontra da tempo*)
non nella forma passiva; anche nei tempi progressivi

• *I'm looking forward to catching up with my old schoolmates.* Non vedo l'ora di incontrare i miei vecchi compagni di scuola..

change

changes, changed, changed, changing

change around/round

change around/round sb./st. = change sb./st. around/round

cambiare posto a persone o oggetti
sia nella forma attiva sia nella passiva; anche nei tempi progressivi

• *The department store manageress changed around/round the staff before Christmas, putting more assistants in the toy department.* La direttrice del grande magazzino cambiò posto al personale prima di Natale, assegnando un maggior numero di commesse al reparto giocattoli.

change down

change down

passare a una marcia più bassa (*guidando un veicolo*) [*GB e Australia*]
non nella forma passiva; solitamente non nei tempi progressivi

• *You must change down before the curve, not after.* Devi scalare marcia prima della curva, non dopo.

change over

change over

alternarsi in un'attività
non nella forma passiva; solitamente non nei tempi progressivi

• *You drive for two hours and then we'll change over.* Guidi tu per due ore e poi ci daremo il cambio.

change over
change st. over

♦ cambiare qualcosa con qualcos'altro o passare da qualcosa a qualcos'altro
non nella forma passiva; solitamente non nei tempi progressivi

• *«Why don't you get gas fired central heating?» «Because my mother refuses to change over.»* «Perché non ti fai mettere il riscaldamento centralizzato a gas?» «Perché mia madre rifiuta di cambiare.»

change over/round

change over/round

scambiarsi i posti [*GB e Australia*]
non nella forma passiva; anche nei tempi progressivi

• *Can we change over/round? I'd like to sit in the shade for a while, too.* Possiamo scambiarci i posti? Anch'io vorrei stare seduto all'ombra per un po'.

change st. over/round

scambiare il posto di due cose [*GB e Australia*]
sia nella forma attiva sia nella passiva; anche nei tempi progressivi

• *If the words are changed over/round, the sentence sounds more emphatic.* Se le parole vengono scambiate di posto, la frase acquista efficacia.

change round sb./st. = change sb./st. round → change around/round sb./st. = change sb./st. around/round

change up

change up

passare a una marcia più alta (*guidando un veicolo*) [*GB e Australia*]
non nella forma passiva; solitamente non nei tempi progressivi

• *Put the car into first gear but change up as soon as you draw away from the pavement.* Metti la prima ma passa a una marcia più alta non appena ti sarai staccato dal marciapiede.

check

checks, checked, checked, checking

check in

check in

♦ registrarsi (*in un aeroporto o un porto*); presentarsi all'accettazione; fare il check-in
non nella forma passiva; anche nei tempi progressivi

• *The clerk will give you your boarding pass when you check in.* Quando vi registrerete all'aeroporto l'impiegato vi darà la carta d'imbarco.

check in sb./st. = check sb./st. in

♦ registrare un passeggero in partenza (*in aeroporto*) o un cliente in arrivo (*in albergo*) o il loro bagaglio
sia nella forma attiva sia nella passiva; anche nei tempi progressivi

• *The receptionist checked Mr Thompson in and showed him to his room.* Il receptionist ha registrato l'arrivo del signor Thompson in albergo e poi gli ha mostrato la sua stanza.

check in
check in at
check into

check in
check in at st.
check into st.

♦ registrarsi in arrivo (*in albergo*); prendere possesso di una camera d'albergo
non nella forma passiva; anche nei tempi progressivi

• *After checking in, I went to unpack my suitcase straight away.* Dopo aver preso possesso della camera, andai immediatamente a disfare la valigia.

check into

check into st.

verificare fatti o circostanze
sia nella forma attiva sia nella passiva; anche nei tempi progressivi

• *I can't write the report until I've checked into the facts.* Non posso redigere il rapporto finché non avrò verificato i fatti.

indagare in eventi del passato
sia nella forma attiva sia nella passiva; anche nei tempi progressivi

• *The past of everyone involved in the case was checked into by the police.* La polizia indagò nel passato di tutti coloro che erano coinvolti nel caso.

check off

check off st. = check st. off

spuntare i nomi che compaiono in una lista
sia nella forma attiva sia nella passiva; anche nei tempi progressivi

• *I'll read out the names of the students and you can check them off on your list.* Io leggerò i nomi degli studenti a voce alta e tu potrai spuntarli sulla tua lista.

check on

check on sb./st.

sorvegliare qualcuno o controllare qualcosa
sia nella forma attiva sia nella passiva; anche nei tempi progressivi

• *Even when the baby's sleeping, I always check on her from time to time.* Anche quando la bambina sta dormendo, le do sempre un'occhiata di tanto in tanto.

check out

check out

♦ pagare il conto e lasciare libera una stanza d'albergo
non nella forma passiva; anche nei tempi progressivi

• *We have been asked to check out by 10 a.m.* Ci hanno chiesto di saldare il conto e lasciare libera la stanza entro le dieci del mattino.

check out sb. = check sb. out

indagare su qualcuno
sia nella forma attiva sia nella passiva; anche nei tempi progressivi

• *The local authorities checked out the building contractor before accepting his tender.* Le autorità locali indagarono sull'imprenditore edile prima di accettare la sua offerta d'appalto.

check out st. = check st. out

controllare qualcosa
sia nella forma attiva sia nella passiva; anche nei tempi progressivi

• *The newspaper checked out all the details of the story before publishing it.* Il quotidiano controllò tutti i dettagli della storia prima di pubblicarla.

check over

check over sb. = check sb. over

sottoporre qualcuno, o sottoporsi, a un esame medico completo
sia nella forma attiva sia nella passiva; anche nei tempi progressivi

• *Harriet didn't seem to be hurt in the accident, but the doctor checked her over all the same.* Harriet non sembrava aver riportato danni nell'incidente, ma il medico la sottopose ugualmente a una visita completa.

check over st. = check st. over

verificare attentamente qualcosa
sia nella forma attiva sia nella passiva; anche nei tempi progressivi

• *I always check over my translations before sending them to the agency.* Rivedo sempre accuratamente le mie traduzioni prima di inviarle all'agenzia.

check up

check up

accertarsi di avere informazioni esatte (*riguardo a qualcosa*)
non nella forma passiva; anche nei tempi progressivi

• *I'm not sure what time the plane leaves; I'd better check up.* Non so con certezza a che ora parte l'aereo; è meglio che controlli.

check up sb. = check sb. up

sottoporre qualcuno a un esame medico completo
sia nella forma attiva sia nella passiva; anche nei tempi progressivi

• *All the members of the team are checked up at the sports medical centre at least once a month.* Almeno una volta al mese tutti i componenti della squadra vengono sottoposti a un approfondito esame medico presso il centro di medicina dello sport.

check up on

check up on sb.

♦ controllare gli spostamenti, l'operato o la posizione di una persona
sia nella forma attiva sia nella passiva; anche nei tempi progressivi

• *Rose has to go straight home after school because her father always checks up on her.* Rose deve andare direttamente a casa dopo la scuola perché suo padre la controlla sempre.

cheer

cheers, cheered, cheered, cheering

cheer on

cheer on sb./st. = cheer sb./st. on

incoraggiare con grida un giocatore, un concorrente, una squadra
sia nella forma attiva sia nella passiva; anche nei tempi progressivi

• *The old lady cheered on the wrestler Mick McManus almost hysterically.* La vecchia signora faceva un tifo quasi isterico per il lottatore Mick McManus.

• *We turned out in thousands to cheer on our team.* Accorremmo a migliaia per incitare la nostra squadra.

cheer up

cheer up

cheer up sb. = cheer sb. up

♦ tirarsi su di morale o tirare su di morale qualcuno

non nella forma passiva; solitamente non nei tempi progressivi

• *Stop crying and cheer up, for goodness sake!* Per l'amor del cielo, smettila di piangere e fatti animo!

sia nella forma attiva sia nella passiva quando c'è il complemento oggetto; solitamente non nei tempi progressivi

• *Old Bill is in hospital again; let's smuggle him in a bottle of beer to cheer him up!* Il vecchio Bill è di nuovo in ospedale; portiamogli di nascosto una bottiglia di birra per tirarlo su di morale!

chop

chops, chopped, chopped, chopping

chop down

chop down st. = chop st. down

♦ abbattere un albero, un bosco, una foresta
sia nella forma attiva sia nella passiva; anche nei tempi progressivi

• *They chopped down all the trees in the avenue to stop the spread of Dutch elm disease.* Hanno abbattuto tutti gli alberi del viale per impedire che si diffondesse la grafiosi dell'olmo.

chop up

chop up st. = chop st. up

♦ tagliare a pezzi qualcosa
sia nella forma attiva sia nella passiva; anche nei tempi progressivi

• *Chop up the vegetables into small pieces and put them in the saucepan.* Tagliate le verdure a pezzetti e mettetele nella casseruola.

clean

cleans, cleaned, cleaned, cleaning

clean out

clean out sb. = clean sb out

lasciare qualcuno senza soldi [*informale*]
sia nella forma attiva sia nella passiva; solitamente non nei tempi progressivi

• *Joe was cleaned out by Jack at the poker game on Saturday.* Sabato Joe è stato spennato da Jack a poker.

clean out st. = clean st. out

♦ pulire l'interno di qualcosa
sia nella forma attiva sia nella passiva; anche nei tempi progressivi

• *Agnes and I have spent three hours cleaning out the cupboards.* Agnes e io abbiamo passato tre ore a far pulizia negli armadi.

svuotare una casa (*detto dei ladri*)
sia nella forma attiva sia nella passiva; anche nei tempi progressivi

• *Last month Jane's house was cleaned out by burglars.* Il mese scorso la casa di Jane venne ripulita dai ladri.

pulire una ferita
sia nella forma attiva sia nella passiva; anche nei tempi progressivi

• *I must carefully clean out the cut in my hand that I got when I was gardening.* Devo pulire accuratamente il taglio che mi sono fatta alla mano mentre lavoravo in giardino.

clean up

clean up sb./st. = clean sb./st. up

♦ mettere in ordine e pulire qualcuno o qualcosa
sia nella forma attiva sia nella passiva; anche nei tempi progressivi

• *Clean up the children when they come back from the park.* Rimetti in ordine i bambini quando rientrano dal parco.

clear

clears, cleared, cleared, clearing

clear away

clear away
clear away sb./st. = clear sb./st. away

liberare un luogo dalla presenza di qualcuno o di qualcosa

non nella forma passiva; anche nei tempi progressivi

• *«Please clear away» said the policeman to the onlookers.* «Per favore, sgombrare» disse il poliziotto agli spettatori.

sia nella forma attiva sia nella passiva quando c'è il complemento oggetto; anche nei tempi progressivi

• *After the accident, the police cleared the crowd away.* Dopo l'incidente, la polizia fece allontanare la folla.

clear away
clear away st.

♦ sparecchiare
non nella forma passiva; anche nei tempi progressivi

• *Meg, help your mother to clear away!* Meg, aiuta tua madre a sparecchiare!

clear off

clear off

andare via velocemente [*prevalentemente GB; informale*]
non nella forma passiva; non nei tempi progressivi

• *Let's clear off, the police are coming!* Filiamocela, sta arrivando la polizia!

clear st. off st.
clear off st. from st.

sparecchiare
sia nella forma attiva sia nella passiva; anche nei tempi progressivi

• *We cleared the supper things off the table and went to watch TV.* (= *We cleared off the supper things from the table and went to watch TV.*) Sparecchiammo la tavola e andammo a guardare la televisione.

sgombrare qualcosa (*un tavolo o una scrivania*)
sia nella forma attiva sia nella passiva; anche nei tempi progressivi

• *I cleared the papers off my desk and unfolded the map.* (= *I cleared off the papers from my desk and unfolded the map.*) Sgombrai la scrivania dai documenti e spiegai la carta geografica.

clear out

clear out
clear out sb./st. = clear sb./st. out
andare via, o mandare via qualcuno, da un luogo [*informale*]

non nella forma passiva; anche nei tempi progressivi

• *At last the squatters have cleared out.* Finalmente gli occupanti abusivi se ne sono andati.

sia nella forma attiva sia nella passiva quando c'è il complemento oggetto; anche nei tempi progressivi

• *The police are clearing out all the condemned houses.* La polizia sta sgombrando tutte le case da demolire.

clear out st. = clear st. out
pulire e riordinare un luogo portando via ciò che non serve
sia nella forma attiva sia nella passiva; anche nei tempi progressivi

• *Agnes is clearing out the cellar.* Agnes sta sgombrando la cantina.

clear up

clear up
mettersi al bello (*detto del tempo*)
non nella forma passiva; anche nei tempi progressivi

• *Rain is expected in the morning, but the weather should clear up in the afternoon.* Al mattino è previsto che piova, ma nel pomeriggio il tempo dovrebbe mettersi al bello.

passare (*detto di una malattia o di un sintomo*)
non nella forma passiva; anche nei tempi progressivi

• *If that cough doesn't clear up soon, you'd better go to the doctor.* Se quella tosse non passa presto faresti meglio ad andare dal medico.

clear up st. = clear st. up
chiarire un problema o un malinteso
sia nella forma attiva sia nella passiva; anche nei tempi progressivi

• *I have called this meeting in order to clear up one or two problems.* Ho indetto questa riunione per chiarire un paio di problemi.

clear up
clear up st. = clear st. up

mettere in ordine (*in casa*)

non nella forma passiva; anche nei tempi progressivi

• *I will go shopping after I have finished clearing up.* Andrò a fare spese dopo aver finito di rassettare la casa.

sia nella forma attiva sia nella passiva quando c'è il complemento oggetto; anche nei tempi progressivi

• *Sandra told the children to clear up their toys.* Sandra disse ai bambini di mettere in ordine i loro giocattoli.

close

closes, closed, closed, closing

close down

close down

terminare le trasmissioni radiofoniche o televisive (*alla fine della giornata*) [*GB e Australia*]
non nella forma passiva; solitamente non nei tempi progressivi

• *Channel Nineteen closes down at midnight.* Channel Nineteen chiude le trasmissioni a mezzanotte.

close down
close down st. = close st. down

♦ cessare un'attività (*temporaneamente o definitivamente*)

non nella forma passiva; anche nei tempi progressivi

• *The old pub is closing down next month to be refurbished.* Il vecchio pub chiude il mese prossimo per il rinnovo dei locali.

sia nella forma attiva sia nella passiva quando c'è il complemento oggetto; anche nei tempi progressivi

• *The village school has been closed down by the Ministry of Education for lack of students.* La scuola del villaggio è stata chiusa dal Ministero della pubblica istruzione per mancanza di alunni.

close in

close in

avvicinarsi (*a qualcuno o qualcosa*) circondandolo
non nella forma passiva; anche nei tempi progressivi

• *The army closed in and took the village.* L'esercito circondò il villaggio e lo conquistò.

calare (*detto delle tenebre*)
non nella forma passiva; anche nei tempi progressivi

• *I want to be home before night closes in.* Voglio essere a casa prima che cali la notte.

avvicinarsi (*detto di una perturbazione atmosferica*)
non nella forma passiva; anche nei tempi progressivi

• *We managed to drive home before the storm closed in.* Riuscimmo ad arrivare a casa prima che il temporale ci raggiungesse.

close off

close off st. = close st. off

chiudere una stanza o una parte di un edificio affinché nessuno possa usarla o entrarvi
sia nella forma attiva sia nella passiva; solitamente non nei tempi progressivi

• *The East wing of the castle has been closed off, but the Duke's Apartments can be visited.* L'ala orientale del castello è stata chiusa, ma gli Appartamenti del Duca possono essere visitati.

chiudere l'accesso a una strada, un'area, un edificio
sia nella forma attiva sia nella passiva; solitamente non nei tempi progressivi

• *The path across the hill has been closed off because of a landslide.* Il sentiero che attraversa la collina è stato chiuso a causa di una frana.

close up

close up

rimarginarsi (*detto di una ferita*)
non nella forma passiva; anche nei tempi progressivi

• *If the cat keeps licking at the wound, it will never close up.* Se il gatto continua a leccarsi la ferita, questa non si rimarginerà mai.

close up
close up sb. = close sb. up

detto di persone, avvicinarsi le une alle altre, oppure essere fatte avvicinare

non nella forma passiva; solitamente non nei tempi progressivi

• *The commuters closed up to let more people get onto the train.* I pendolari si strinsero per permettere ad altre persone di salire sul treno.

sia nella forma attiva sia nella passiva quando c'è il complemento oggetto; solitamente non nei tempi progressivi

• *The photographer closed up the children to get them all into the shot.* Il fotografo fece avvicinare i bambini perché stessero tutti nell'inquadratura.

close up st.

avvicinare due o più oggetti (*per eliminare gli spazi intermedi*)
non nella forma passiva; anche nei tempi progressivi

• *If you close up the two tables we can all sit together.* Se unite i due tavoli potremo sederci tutti insieme.

close up st. = close st. up

chiudere una busta
sia nella forma attiva sia nella passiva; anche nei tempi progressivi

• *Betty, don't forget to close up the envelope before posting your letter to Santa Claus.* Betty, non dimenticare di chiudere la busta prima di impostare la tua lettera per Babbo Natale.

close up
close up st. = close st. up

chiudere un negozio, un ufficio, una banca, un museo, la propria casa (*per un certo periodo*)

non nella forma passiva; anche nei tempi progressivi

• *The shop usually closes up at 6 p.m.* Solitamente il negozio chiude alle sei del pomeriggio.

sia nella forma attiva sia nella passiva quando c'è il complemento oggetto; anche nei tempi progressivi

• *We couldn't visit the museum because it had been closed up for renovations.* Non potemmo visitare il museo perché era stato chiuso per restauri.

come

comes, came, come, coming

come about

come about

♦ accadere
non nella forma passiva; non nei tempi progressivi

• *How did that come about?* Com'è accaduto?

• *The discovery came about quite by chance.* La scoperta avvenne del tutto casualmente.

verificarsi (*detto di un errore o un cambiamento*)
non nella forma passiva; non nei tempi progressivi

• *I have no idea how the mistake came about.* Non ho idea di come l'errore si sia verificato.

crearsi (*detto di una situazione*)
non nella forma passiva; non nei tempi progressivi

• *This situation came about because of a misunderstanding.* Questa situazione si è creata a causa di un malinteso.

come across

come across

dare l'impressione di possedere determinate caratteristiche
non nella forma passiva; solitamente non nei tempi progressivi

• *I don't know why, but I think Harry would come across well on television.* Non so perché, ma credo che Harry verrebbe bene in televisione.

emergere con chiarezza da uno scritto, un film, una musica, un discorso (*detto di un concetto o un'emozione*)
non nella forma passiva; solitamente non nei tempi progressivi

• *His unhappy childhood comes across clearly in his novels.* La sua infanzia infelice si rivela con chiarezza nei suoi romanzi.

come across sb.

♦ imbattersi in qualcuno
non nella forma passiva; non nei tempi progressivi

• *I came across an old friend going to town yesterday.* Ieri, andando in città, mi imbattei in un vecchio amico.

come across st.

♦ trovare o scoprire qualcosa casualmente
non nella forma passiva; non nei tempi progressivi

• *You'd be surprised at the things dry cleaners come across in people's pockets.* Saresti sorpreso di sapere cosa i tintori trovano nelle tasche della gente.

come after

come after sb.

inseguire qualcuno (*con intenzioni aggressive*)
non nella forma passiva; anche nei tempi progressivi

• *Let me in! The police are coming after me!* Fammi entrare! I poliziotti mi inseguono!

• *Father will come after you if he finds out that you took the money from his wallet.* Papà ti correrà dietro se scoprirà che gli hai preso i soldi dal portafoglio.

come along

come along

♦ arrivare in qualche posto
non nella forma passiva; solitamente non nei tempi progressivi

• *I had been waiting half an hour before the bus finally came along.* Aspettai mezzora prima che l'autobus finalmente arrivasse.

♦ andare in qualche posto con qualcuno
non nella forma passiva; anche nei tempi progressivi

• *We're going to the cinema. Are you coming along, too?* Noi andiamo al cinema. Vieni anche tu?

• *If you go to the exhibition, can I come along?* Se andate alla mostra, posso venire anch'io?

♦ cominciare ad esistere o a essere disponibile (*detto di cose*)
non nella forma passiva; non nei tempi progressivi

• *In some countries life has thoroughly changed since the computer came along.* In alcuni paesi la vita è cambiata integralmente dall'avvento del computer.

be coming along

fare progressi
non nella forma passiva; sempre nei tempi progressivi

• *The translation's coming along well; I'll finish it tonight, I think.* La traduzione sta procedendo bene; la finirò stasera, credo.

come apart

come apart

♦ andare a pezzi (*in senso proprio e figurato*)
non nella forma passiva; solitamente non nei tempi progressivi

• *The teapot came apart in my hands and I scalded myself.* La teiera mi si è rotta in mano e io mi sono scottata.

come around/round

come around/round

♦ andare a casa di qualcuno
non nella forma passiva; solitamente non nei tempi progressivi

• *James came around/round last night.* Ieri sera è venuto a trovarci James.

concordare su un'opinione che in precedenza si rifiutava (*per avere riflettuto o per essere stati convinti da qualcuno*)
non nella forma passiva; anche nei tempi progressivi

• *Mother's against the idea, but I think she'll come around/round.* La mamma è contraria, ma penso che si convincerà.

riprendere i sensi
non nella forma passiva; anche nei tempi progressivi

• *The boxer didn't come around/round for five minutes.* Il pugile non rinvenne che dopo cinque minuti.

ripetersi con cadenza regolare (*detto di un evento*)
non nella forma passiva; solitamente non nei tempi progressivi

• *The crafts exhibition comes around/round every May.* La mostra dell'artigianato si tiene sempre a maggio.

pervenire ai destinatari (*detto di una lettera o un comunicato spediti a più persone*)
non nella forma passiva; anche nei tempi progressivi

• *A leaflet came around/round advertising the new supermarket.* È arrivato un volantino pubblicitario del nuovo supermercato.

come at

come at sb.

avvicinarsi a qualcuno con intenzioni aggressive
non nella forma passiva; anche nei tempi progressivi

• *The bull came at him, ready to gore him.* Il toro si avventò su di lui, pronto a incornarlo.

essere bersagliato di proteste, domande, informazioni (*tanto da restare confuso*)
non nella forma passiva; anche nei tempi progressivi

• *Protests came at him from the whole audience.* Gli piovvero addosso proteste da tutto il pubblico.

come at st.

arrivare a scoprire qualcosa
non nella forma passiva; solitamente non nei tempi progressivi

• *The investigation was difficult, but in the end we came at the truth.* L'indagine fu difficile, ma alla fine giungemmo alla verità.

affrontare qualcosa da un certo punto di vista [*sempre + avverbio e/o preposizione e/o aggettivo*]
non nella forma passiva; anche nei tempi progressivi

• *If you want to understand the problem, you must come at it from our competitors' point of view.* Se vuoi capire il problema devi esaminarlo dal punto di vista dei nostri concorrenti.

come away

come away

staccarsi (*detto di una parte di un oggetto dal tutto*)
non nella forma passiva; anche nei tempi progressivi [*spesso + from*]

• *The lining is coming away from the inside of the bag.* La fodera sta venendo via dall'interno della borsa.

come back

come back

♦ fare ritorno in un luogo
non nella forma passiva; anche nei tempi progressivi

• *Mr Smith isn't in at the moment. Could you come back later?* Ora il signor Smith non è in casa. Potrebbe tornare più tardi?

tornare a manifestarsi (*detto di malattia*)
non nella forma passiva; anche nei tempi progressivi

• *My cough came back as soon as I stopped taking the medicine.* La tosse mi è tornata non appena ho smesso di prendere la medicina.

♦ tornare di moda
non nella forma passiva; anche nei tempi progressivi

• *Mini skirts are coming back again.* Le minigonne stanno tornando di moda.

tornare (*detto di ricordi o pensieri*)
non nella forma passiva; anche nei tempi progressivi

• *When I saw him again, pleasant memories came back.* Quando lo rividi, mi tornarono alla mente piacevoli ricordi.

come back to

come back to st.

tornare a qualcosa (*di cui si parlava o che si possedeva in precedenza*)
non nella forma passiva; solitamente non nei tempi progressivi

• *Can we possibly come back to the matter under discussion, please?* Possiamo tornare all'argomento in discussione, per favore?

• *The generals wanted to come back to power.* I generali volevano tornare al potere.

come before

come before sb./st.

comparire davanti a un'autorità, un giudice, una corte di giustizia, un comitato
non nella forma passiva; solitamente non nei tempi progressivi

• *The students who disobeyed the school rules will come before the headmaster tomorrow morning.* Gli studenti che hanno contravvenuto alle regole della scuola compariranno davanti al preside domani mattina.

come between

come between sb.

intromettersi fra due persone determinandone l'allontanamento (*detto di un'altra persona o di un evento*)
non nella forma passiva; solitamente non nei tempi progressivi

• *Margaret broke off her engagement when she realized her future mother-in-law would always come between her and Jonathan.* Margaret ruppe il fidanzamento quando si rese conto che la futura suocera si sarebbe sempre intromessa fra lei e Jonathan.

come by

come by st.

riuscire a procurarsi qualcosa (*che non è facile ottenere*)
non nella forma passiva; non nei tempi progressivi

• *Domestic help is hard to come by nowadays.* Oggigiorno è difficile trovare aiuto domestico.

• *How did you come by this fantastic job of yours?* Come hai fatto a procurarti questo tuo fantastico lavoro?

come down

come down

♦ cadere al suolo
non nella forma passiva; anche nei tempi progressivi

• *The older trees may come down if there is a gale.* Gli alberi più vecchi potrebbero venire giù se si levasse un vento forte.

precipitare (*detto di velivolo*)
non nella forma passiva; anche nei tempi progressivi

• *Why the plane came down will not be clear until they have recovered the black box.* Perché l'aereo sia precipitato non sarà chiaro fino a quando non avranno recuperato la scatola nera.

tramandarsi o passare di generazione in generazione (*detto di un racconto, una tradizione, un oggetto*)
non nella forma passiva; non nei tempi progressivi

• *This tradition comes down from generations back.* Questa tradizione si è tramandata attraverso le generazioni.

essere impartiti da un superiore (*detto di ordini o istruzioni*)
non nella forma passiva; non nei tempi progressivi

• *The order came down from the General himself.* L'ordine venne impartito dal generale stesso.

diminuire (*detto di cosa*)
non nella forma passiva; anche nei tempi progressivi

• *Surprisingly, the price of petrol came down that summer.* Sorprendentemente, quell'estate il prezzo della benzina diminuì.

scendere nella considerazione altrui (*detto di persona*)
non nella forma passiva; non nei tempi progressivi

• *After seeing how he behaves towards his family, he has come down in my opinion.* Vedere come si comporta verso la sua famiglia lo ha sminuito ai miei occhi.

ridurre una richiesta
non nella forma passiva; solitamente non nei tempi progressivi

• *He'll have to come down a bit if he wants to sell the house.* Dovrà ridurre un po' la sua richiesta se vorrà vendere la casa.

cessare di provare il senso di eccitazione prodotto da un'esperienza esaltante o dall'assunzione di alcol, droga, farmaci
non nella forma passiva; anche nei tempi progressivi

• *The atmosphere at the pop concert was electric, but when we came down we all felt slightly depressed.* L'atmosfera al concerto pop era elettrizzante, ma quando tornammo alla normalità ci sentimmo tutti un po' depressi.

schierarsi a favore, o a sfavore, di qualcuno o qualcosa [*sempre + avverbio e/o preposizione e/o aggettivo*]
non nella forma passiva; solitamente non nei tempi progressivi

• *The government will probably come down on the side of the industrialists.* È probabile che il governo prenda posizione a fianco degli industriali.

dare un aiuto economico
non nella forma passiva; solitamente non nei tempi progressivi [*spesso + with*]

• *Do you think that your parents will come down with some cash to help us to buy a new car?* Pensi che i tuoi genitori ci daranno un po' di soldi per aiutarci a comprare un'auto nuova?

arrivare dal nord del paese
non nella forma passiva; anche nei tempi progressivi

• *When is Sean coming down from Scotland* Quand'è che Sean scende dalla Scozia?

come down on

come down on sb.

essere molto severo con qualcuno
non nella forma passiva; solitamente non nei tempi progressivi

• *When the headmaster discovered that Andre had sold ecstasy pills to his schoolmates, h came down on him.* Quando il preside scoprì ch Andrew aveva venduto pastiglie di ecstasy a suoi compagni di scuola, lo punì severamente.

come down to

come down to st.

ridursi all'essenza (*detto di una questione, una situazione, un problema, un dilemma*)
non nella forma passiva; solitamente non nei tempi progressivi

• *The whole story comes down to a conflict be tween the brothers for their grandfather's in heritance.* Tutta la storia si riduce a un contra sto fra i fratelli per l'eredità del nonno.

come down with

come down with st.

ammalarsi (*solitamente di una malattia non grave*) [*informale*]
non nella forma passiva; anche nei tempi progressivi

• *Margaret comes down with hay fever ever spring.* A Margaret viene la febbre da fieno o gni primavera.

come for

come for sb./st.

♦ passare a prendere qualcuno o qualcosa
non nella forma passiva; anche nei tempi progressivi

• *A taxi came for the businessman and took hi to the airport.* Un taxi venne a prendere l'uom d'affari e lo portò all'aeroporto.

come forth

come forth

farsi avanti [*formale*]
non nella forma passiva; anche nei tempi progressivi

• *The post was advertised in the specialize press and several suitable candidates cam forth.* Il posto di lavoro era stato pubblicizzat sulla stampa specializzata, e si fecero avanti pa recchi candidati adatti al compito.

come forth with

come forth with st.

fare una proposta o un'offerta [*formale*]
non nella forma passiva; solitamente non nei tempi progressivi

• *The committee failed to come forth with any valid proposal.* Il comitato non fu in grado di avanzare una proprosta valida.

dare un'informazione, un'indicazione, un consiglio [*formale*]
non nella forma passiva; solitamente non nei tempi progressivi

• *The police have invited the general public to come forth with any relevant information.* La polizia ha invitato la cittadinanza a dare qualsiasi informazione attinente al caso.

come forward

come forward

♦ farsi avanti (*rispondendo a un appello o a un invito*)
non nella forma passiva; anche nei tempi progressivi

• *After the train crash, the authorities asked all blood donors to come forward.* Dopo lo scontro ferroviario, le autorità chiesero che tutti i donatori di sangue si facessero avanti.

come from

come from st.

derivare etimologicamente da una parola o da una lingua
non nella forma passiva; non nei tempi progressivi

• *Many scientific terms, like «dinosaur», come from Greek.* Molti termini scientifici, come «dinosauro», derivano dal greco.

provenire da un certo ambiente socio-economico
non nella forma passiva; non nei tempi progressivi

• *Margaret Thatcher became Prime Minister although she came from a middle class family.* Margaret Thatcher divenne Primo Ministro sebbene provenisse da una famiglia del ceto medio.

discendere da qualcuno (*solitamente, una famiglia con qualche caratteristica distintiva*)
non nella forma passiva; non nei tempi progressivi

• *Sebastian comes from a family of musicians.* Sebastian discende da una famiglia di musicisti.

come from st.
come from doing st.

essere la conseguenza di qualcosa (*un'azione o un comportamento*)
non nella forma passiva; non nei tempi progressivi

• *What do you expect to come from all your efforts to be nice to such people?* Quali risultati ti aspetti da tutti i tuoi sforzi di essere gentile con persone simili?

come from swh.

♦ provenire da un luogo (*in cui si è nati e vissuti*)
non nella forma passiva; non nei tempi progressivi

• *The new teacher comes from Singapore.* Il nuovo insegnante è di Singapore.

♦ provenire da un luogo (*in cui qualcosa viene prodotto o fabbricato*)
non nella forma passiva; non nei tempi progressivi

• *In my opinion, the best ham comes from Parma.* Secondo me, il prosciutto migliore è quello di Parma.

come in

come in

♦ entrare in una stanza
non nella forma passiva; anche nei tempi progressivi

• *Can I come in?* Posso entrare?

• *I knocked on the door and a voice said, «Come in.»* Bussai alla porta e una voce disse, «Si accomodi.»

♦ arrivare a destinazione (*detto di un mezzo di trasporto*)
non nella forma passiva; anche nei tempi progressivi

• *The Bristol train comes in at 10.15 on platform 6.* Il treno proveniente da Bristol arriva alle 10.15 al binario 6.

♦ arrivare nel luogo in cui si vive o si lavora
non nella forma passiva; anche nei tempi progressivi

• *What time did you come in last night?* A che ora sei rientrato ieri notte?

andare da qualcuno per eseguire un lavoro
non nella forma passiva; solitamente non nei tempi progressivi [*spesso + to do st.*]

• *Hello. This is the plumber. I'll come in tomorrow morning to fix the dripping tap.* Salve. Sono l'idraulico. Verrò domani mattina a sistemare il rubinetto che perde.

arrivare (*detto di notizie, lettere, telefonate*)
non nella forma passiva; anche nei tempi progressivi

• *Reports came in of a train crash in India.* Giunsero notizie di uno scontro ferroviario in India.

arrivare in un luogo, solitamente un negozio, o essere disponibile (*detto di cose*)
non nella forma passiva; solitamente non nei tempi progressivi [*solitamente + avverbio e/o preposizione e/o aggettivo*]

• *The new winter stocks usually come in in October.* Di solito le nuove forniture invernali arrivano in ottobre.

• *Thanks to new conservation techniques, exotic fruits come in nearly all year round.* Grazie alle nuove tecniche di conservazione, la frutta esotica è disponibile quasi tutto l'anno.

classificarsi in una competizione o una gara
non nella forma passiva; solitamente non nei tempi progressivi

• *Robert came in third in this year's marathon.* Robert si è piazzato terzo nella maratona di quest'anno.

dare risultati (*soddisfacenti o non*)
non nella forma passiva; solitamente non nei tempi progressivi

• *The results came in much better than expected.* I risultati furono molto migliori del previsto.

arrivare (*detto di ordinazioni o di richieste di collaborazione*)
non nella forma passiva; anche nei tempi progressivi

• *Plenty of orders came in after the prices were lowered.* Dopo la riduzione dei prezzi arrivarono moltissimi ordini.

montare (*detto della marea*)
non nella forma passiva; anche nei tempi progressivi

• *Here the tide comes in twice a day.* Qui la marea sale due volte al giorno.

avere un ruolo (*in un'attività futura che si sta progettando*)
non nella forma passiva; solitamente non nei tempi progressivi

• *Where do I come in in this project?* Quale ruolo ho in questo progetto?

essere utile per qualcosa
non nella forma passiva; non nei tempi progressivi

• *These old clothes will come in for the church jumble sale.* Questi vestiti verranno utili per la vendita di beneficenza della chiesa.

come in for

come in for st.

andare incontro a biasimo, lodi, difficoltà (*detto di qualcuno o qualcosa*)
non nella forma passiva; solitamente non nei tempi progressivi

• *The export department came in for a lot of criticism.* Il settore delle esportazioni fu oggetto di numerose critiche.

come into

come into st.

arrivare nel luogo in cui si lavora o si studia
non nella forma passiva; anche nei tempi progressivi

• *The manager often comes into the office early in the morning.* Spesso il direttore arriva presto in ufficio.

ereditare qualcosa (*denaro, titolo*)
non nella forma passiva; solitamente non nei tempi progressivi

• *When his father died, he came into the earldom.* Alla morte del padre ereditò il titolo di conte.

come into it

avere a che fare con qualcosa
non nella forma passiva; solitamente non nei tempi progressivi

• *Money doesn't come into it at all.* Il denaro non c'entra affatto.

esercitare un'influenza su una situazione (*detto di un sentimento o una qualità di qualcuno*)
non nella forma passiva; solitamente non nei tempi progressivi

• *Janyce loved her husband for his innate quali-ties, although perhaps his immense fortun[e] came into it, too.* Janyce amava il marito per l[e] sue qualità innate, sebbene anche la sua immen-sa fortuna avesse forse il suo peso.

come into swh.

♦ entrare in una stanza o un edificio
non nella forma passiva; anche nei tempi progressivi

• *He came into the room and sat down.* Entr[ò] nella stanza e sedette.

come of

come of st.

accadere come risultato di una situazione o un evento
non nella forma passiva; non nei tempi progressivi

• *Did anything come of your blind date?* È ve-nuto fuori qualcosa dal tuo appuntamento all[a] cieca?

• *Nothing good ever comes of envy.* Dall'invidi[a] non può scaturire nulla di buono.

come off

come off

come off st.

♦ staccarsi o staccarsi da qualcosa
non nella forma passiva; anche nei tempi progressivi

• *Does the hood come off?* Si può staccare i[l] cappuccio?

come off

avere successo (*detto di un evento, nonostante le avversità*)
non nella forma passiva; non nei tempi progressivi

• *The party came off in spite of the rain.* La fe-sta è riuscita nonostante la pioggia.

dare i risultati sperati
non nella forma passiva; non nei tempi progressivi

• *The meeting came off as planned.* L'incontr[o] si svolse secondo i piani.

avvenire
non nella forma passiva; non nei tempi progressivi

• *The meeting with the rebel leader didn't com[e] off.* L'incontro con il capo dei ribelli non av-venne.

come off st.

smettere di assumere farmaci o sostanze stupefacenti
non nella forma passiva; anche nei tempi progressivi

• *The sleeping pills are doing Mary no good a[t] all, but she finds it impossible to come off them.* I sonniferi non fanno affatto bene a Mary, m[a] lei trova impossibile smettere di prenderli.

come on

come on

venire
non nella forma passiva; anche nei tempi progressivi

• *I'm coming on in a couple of hours.* Verrò fra un paio d'ore.

essere in arrivo (*detto di qualche cosa di negativo*)
non nella forma passiva; solitamente nei tempi progressivi

• *Bad weather is coming on.* Sta arrivando il maltempo.

entrare in funzione (*all'istante, detto di un apparecchio elettrico*)
non nella forma passiva; non nei tempi progressivi

• *The street lamps come on automatically at sunset.* I lampioni si accendono automaticamente al calar del sole.

essere erogato (*detto del gas o dell'acqua*)
non nella forma passiva; solitamente non nei tempi progressivi

• *I turned the tap, but the gas/the water didn't come on.* Ho aperto il rubinetto, ma non c'era gas/acqua.

cominciare (*detto di programma televisivo o radiofonico*)
non nella forma passiva; solitamente non nei tempi progressivi

• *The news comes on every hour on the hour.* Il notiziario viene trasmesso ogni ora esatta.

• *The sports programme comes on after midnight.* La trasmissione sportiva comincia dopo mezzanotte.

fare progressi o migliorare una capacità
non nella forma passiva; anche nei tempi progressivi

• *Her skiing has come on tremendously this winter.* La sua abilità nello sci è progredita tremendamente questo inverno.

cominciare a manifestarsi (*detto di una malattia*)
non nella forma passiva; anche nei tempi progressivi

• *I think I've got a cold coming on.* Penso di avere un raffreddore in arrivo.

avvicinarsi (*detto di una stagione o un periodo*)
non nella forma passiva; anche nei tempi progressivi

• *Winter came on very early this year.* L'inverno è arrivato presto quest'anno.

entrare in scena (*a teatro, al circo, sul set di un film*)
non nella forma passiva; solitamente non nei tempi progressivi

• *The television crew looked worried when the tiger came on.* La troupe televisiva apparve preoccupata quando entrò in scena la tigre.

apparire sullo schermo (*televisivo o cinematografico*)
non nella forma passiva; solitamente non nei tempi progressivi

• *When the monster came on, Tommy clung t his father's arm.* Quando il mostro apparve sul lo schermo, Tommy si aggrappò al braccio c suo padre.

come on st.

venire al telefono
non nella forma passiva; anche nei tempi progressivi

• *Jackie's mother came on the phone to ask everything was all right.* La madre di Jacki venne al telefono per chiedere se tutto andav bene.

come on to

come on to sb.

mostrare a qualcuno che si prova attrazione sessuale nei suoi confronti [*informale*]
non nella forma passiva; anche nei tempi progressivi

• *Who was that woman coming on to you at th party?* Chi era quella donna che ti faceva dell avances alla festa?

come out

come out

♦ uscire da una stanza o un edificio
non nella forma passiva; anche nei tempi progressivi

• *Students are not allowed in the teachers' com mon room; come out at once!* Gli studenti no sono ammessi in sala professori; uscite subito!

♦ uscire (*per svago*)
non nella forma passiva; solitamente non nei tempi progressivi

• *Would you like to come out with me tonight.* Vorresti uscire con me stasera?

♦ uscire dalla prigione o dall'ospedale
non nella forma passiva; solitamente non nei tempi progressivi

• *He was sentenced to ten years' imprisonmen but came out after seven for good behaviour* Era stato condannato a dieci anni di carcere, m uscì dopo sette per buona condotta.

♦ uscire (*detto di un libro, un film, un disco*)
non nella forma passiva; solitamente non nei tempi progressivi

• *His new novel came out last week.* Il suo nuo vo romanzo è uscito la settimana scorsa.

venire via (*detto di una macchia*)
non nella forma passiva; anche nei tempi progressivi

• *The coffee stain will come out if you wash i immediately in cold water.* La macchia di caff verrà via se la lavi subito in acqua fredda.

stingere
non nella forma passiva; anche nei tempi progressivi

• *If you wash that T-shirt in hot water, the col our may come out.* Se lavi quella T-shir nell'acqua calda, il colore potrebbe stingere.

essere accertata (*detto della verità*)
non nella forma passiva; solitamente non nei tempi progressivi

• *The truth will never come out.* La verità non verrà mai a galla.

essere resi noti (*detto di risultati o informazioni*)
non nella forma passiva; solitamente non nei tempi progressivi

• *The exam results come out next week.* I risultati degli esami verranno esposti la settimana prossima.

dare un risultato [*sempre + avverbio e/o preposizione e/o aggettivo*]
non nella forma passiva; solitamente non nei tempi progressivi

• *The roast goose came out really well.* L'oca arrosto è riuscita proprio bene.

emergere (*detto di una caratteristica o un problema, in riferimento a qualcuno o qualcosa*)
non nella forma passiva; anche nei tempi progressivi

• *Her lack of self-confidence always comes out when she has to meet new people.* La sua mancanza di fiducia in sé affiora ogni volta che deve incontrare persone nuove.

apparire nel cielo (*detto del sole o della luna*)
non nella forma passiva; anche nei tempi progressivi

• *The sun came out and dried up all the puddles.* Il sole spuntò e prosciugò tutte le pozzanghere.

sbocciare
non nella forma passiva; anche nei tempi progressivi

• *Daffodils usually come out late in March.* Le giunchiglie sbocciano solitamente a marzo inoltrato.

riuscire (*in fotografia*)
non nella forma passiva; non nei tempi progressivi

• *I never come out well in pictures.* Io non riesco mai bene nelle foto.

riuscire (*detto di una fotografia*)
non nella forma passiva; non nei tempi progressivi

• *The photos of our journey came out badly because the light was too bright.* Le foto del nostro viaggio sono riuscite male perché la luce era troppo viva.

produrre un certo effetto
non nella forma passiva; non nei tempi progressivi

• *Terence wanted to compliment Jane on her appearance, but his comment came out very trite.* Terence voleva fare a Jane un complimento per il suo aspetto, ma il suo commento suonò molto banale.

rivelare di essere un omosessuale
non nella forma passiva; non nei tempi progressivi

• *After years of hiding his homosexuality, Jack decided to come out.* Dopo anni che teneva segreta la sua omosessualità, Jack decise di uscire allo scoperto.

come out in

come out in st.

ricoprirsi di foruncoli, orticaria, chiazze
non nella forma passiva; anche nei tempi progressivi

• *Strawberries make me come out in a rash.* Le fragole mi fanno venire l'orticaria.

come out of

come out of st.

essere il risultato di qualcosa (*un processo o un avvenimento*)
non nella forma passiva; non nei tempi progressivi

• *A lot of brilliant ideas came out of the meetings with the graduate students.* Dagli incontri con gli specializzandi sono scaturite parecchie idee brillanti.

uscire da una condizione particolare
non nella forma passiva; anche nei tempi progressivi

• *The director persuaded the actress to come out of her self-imposed isolation and take part in the film.* Il regista persuase l'attrice a uscire dall'isolamento che si era imposta e prendere parte al film.

come out of swh.

essere prodotto in un certo luogo (*in senso figurato*)
non nella forma passiva; non nei tempi progressivi

• *The young novelist is one of the few successful writers to come out of Africa in the last few years.* Il giovane romanziere è uno dei pochi scrittori di successo prodotti dall'Africa negli ultimi anni.

come out with

come out with st.

dire qualcosa d'impeto
non nella forma passiva; solitamente non nei tempi progressivi

• *Mark came out with the most insulting comments.* Mark proruppe nei commenti più insultanti.

rendere disponibile sul mercato
non nella forma passiva; anche nei tempi progressivi

• *The firm is coming out with its new line of products in September.* L'azienda farà uscire la sua nuova linea di prodotti in settembre.

come over

come over

♦ avvicinarsi a qualcuno (*dall'altro capo di un ambiente interno o esterno: stanza, strada, prato, chiesa, stadio*)
non nella forma passiva; anche nei tempi progressivi

• *I waved to John and he came over to talk to me.* Salutai John con un cenno e lui mi si avvicinò per parlarmi.

• *Hi, Robert! Could you come over here?* Ciao, Robert! Potresti venire da questa parte?

arrivare da un altro paese (*solitamente di là dal mare*)
non nella forma passiva; solitamente non nei tempi progressivi

• *We first came over to the States in the Eighties.* Venimmo per la prima volta negli Stati Uniti negli anni Ottanta.

fare visita a qualcuno (*nella sua casa*)
non nella forma passiva; solitamente non nei tempi progressivi

• *Marge is going to come over for a chat after work.* Marge verrà da noi a fare due chiacchiere dopo il lavoro.

cambiare opinione o posizione politica
non nella forma passiva; anche nei tempi progressivi [*talvolta + from*]

• *Many soldiers are coming over from the government troops to join the rebels.* Numerosi soldati delle truppe governative stanno passando ai ribelli.

giungere chiaramente al destinatario (*detto della voce di qualcuno attraverso un mezzo di trasmissione*)
non nella forma passiva; anche nei tempi progressivi

• *«Can you hear me?» «Yes, your voice is coming over well enough.»* «Mi senti?» «Sì, la tua voce arriva abbastanza bene.»

giungere chiaramente al destinatario (*detto di concetti, idee, sentimenti espressi in un film, un romanzo, una musica, un articolo*)
non nella forma passiva; solitamente non nei tempi progressivi

• *His childhood sufferings came over clearly in his first book.* Le sofferenze patite durante l'infanzia emersero chiaramente nel suo primo libro.

dare una certa impressione
non nella forma passiva; solitamente non nei tempi progressivi

• *Jane Payne comes over better on the stage than on the screen.* Jane Payne figura meglio sul palcoscenico che sullo schermo.

come over sb.

succedere a qualcuno
non nella forma passiva; anche nei tempi progressivi

• *What came over you? Usually you are so sweet!* Che cosa ti è preso? Solitamente sei così dolce!

essere provata da qualcuno (*detto di una sensazione*)
non nella forma passiva; anche nei tempi progressivi

• *A feeling of great calm came over her when she realized that there was nothing she could do.* Un senso di grande calma scese su di lei quando si rese conto che non c'era nulla che potesse fare.

come over st.

diventare o sentirsi (*seguito dall'indicazione di uno stato mentale o fisico; il cambiamento è solitamente improvviso*) [*sempre + aggettivo; GB e Australia; informale*]
non nella forma passiva; solitamente non nei tempi progressivi

• *I came over dizzy and had to sit down.* Mi vennero le vertigini e dovetti sedermi.

• *Marge comes over faint at the sight of blood.* Marge si sente svenire alla vista del sangue.

• *Peter comes over all shy when a girl talks to him.* Peter diventa timidissimo quando una ragazza gli parla.

come round → come around/round

come through

come through

essere ricevuto (*detto di un'informazione, un messaggio, un documento, una telefonata, un pagamento*)
non nella forma passiva; solitamente non nei tempi progressivi

• *Planning permission won't come through fo another month.* La licenza edilizia non arriver prima di un altro mese.

passare da una stanza a un'altra
non nella forma passiva; solitamente non nei tempi progressivi [*spesso + to*]

• *Would you come through to my office, Ms Da vies?* Vuole passare nel mio ufficio, signor Davies?

trasparire da un comportamento, uno scritto, un film, una musica (*detto di un'idea o un'emozione*)
non nella forma passiva; non nei tempi progressivi

• *When you first walk into the classroom, yo must not let your anxiety come through.* Quand entri in classe per la prima volta, non devi la sciar trasparire la tua ansietà.

come through
come through st.

superare una malattia, un esame, una crisi, una situazione difficile
non nella forma passiva; solitamente non nei tempi progressivi

• *The final exams will be extremely hard, but I'n sure you'll come through.* Gli esami finali saran no durissimi, ma sono certo che li supererai.

• *It will be difficult to come through this eco nomic crisis.* Questa crisi economica sarà diffi cile da superare.

come to

come to

♦ riprendere i sensi
non nella forma passiva; anche nei tempi progressivi

• *She's coming to! Let's give her a glass of wa ter!* Sta riprendendo i sensi! Diamole un bic chiere d'acqua!

♦ risvegliarsi da un sonno lungo e profondo (*indotto da un sonnifero*)
non nella forma passiva; anche nei tempi progressivi

• *After taking those sleeping pills I went to slee and didn't come to for twelve hours.* Dopo ave preso quel sonnifero mi addormentai e non ria prii gli occhi che dodici ore dopo.

come to sb.

venire in mente (*all'improvviso, detto di un ricordo, un pensiero, una soluzione*)
non nella forma passiva; non nei tempi progressivi

• *I knew his face but I couldn't remember hi name, then it suddenly came to me.* Conoscev la sua faccia ma non riuscivo a ricordare il su nome, poi, all'improvviso, mi venne in mente.

come to st.

♦ ammontare a una certa cifra, cui concorrono più elementi
non nella forma passiva; non nei tempi progressivi

• *«How much does tea, toast and marmalade come to?» «It comes to £ 2 including the service charge.»* «Quanto fa un tè con pane tostato e marmellata d'arance?» «Due sterline compreso il servizio.»

• *Your bill comes to £ 20.* Il conto è di venti sterline.

come under

come under st.

essere oggetto di una particolare azione (*aggressione, indagine, critica, pressione, revisione; detto di qualcuno o qualcosa*)
non nella forma passiva; solitamente non nei tempi progressivi

• *The workers have come under pressure to increase production.* I lavoratori hanno subito pressioni affinché aumentassero la produzione.

• *The report will come under scrutiny at the meeting next week.* Il rapporto verrà analizzato nella riunione della prossima settimana.

competere a un'autorità
non nella forma passiva; solitamente non nei tempi progressivi

• *Motorway maintenance does not come under the local authorities.* La manutenzione delle autostrade non compete alle autorità locali.

essere elencato sotto una certa voce
non nella forma passiva; non nei tempi progressivi

• *Computer sellers come under «Personal computer and accessories» in the yellow pages.* I venditori di computer sono elencati sotto la voce «Personal computers e accessori» nelle pagine gialle.

come up

come up

♦ avvicinarsi a qualcuno o a qualcosa
non nella forma passiva; anche nei tempi progressivi

• *After the ceremony the guests came up and congratulated the bride and the bridegroom.* Dopo la cerimonia gli ospiti si avvicinarono e si congratularono con la sposa e lo sposo.

♦ affacciarsi nel corso di una conversazione (*detto di un argomento*)
non nella forma passiva; solitamente non nei tempi progressivi

• *The question of unemployment came up at the meeting.* Il problema della disoccupazione venne sollevato durante l'incontro.

♦ presentarsi (*detto di un'occasione, una possibilità, un lavoro*)
non nella forma passiva; non nei tempi progressivi

• *When the opportunity to become personnel manager came up, she jumped at it.* Quando si presentò la possibilità di diventare capo del personale, lei la colse al volo.

♦ presentarsi (*detto di difficoltà o ostacoli*)
non nella forma passiva; non nei tempi progressivi

• *If any problems come up, phone me right away.* Se si presentasse qualche problema, telefonami immediatamente.

♦ essere menzionato (*detto di un argomento*)
non nella forma passiva; solitamente non nei tempi progressivi

• *If any comments on my black eye come up, I won't know what to say.* Se qualcuno facesse commenti sul mio occhio nero, non saprei cosa dire.

venire bene (*detto di un oggetto a cui si sta lavorando*) [*GB e Australia*] [*sempre+avverbio e/o preposizione e/o aggettivo*]
non nella forma passiva; anche nei tempi progressivi

• *This table will come up well if you polish it with bee's wax.* Questo tavolo verrà bene se lo lucidi con cera d'api.

• *This embroidery work is coming up beautifully.* Questo ricamo sta venendo davvero bello.

accendersi (*aumentando di intensità a poco a poco, detto delle luci in un teatro o un cinema*)
non nella forma passiva; anche nei tempi progressivi

• *When the lights came up the audience started to make for the exit.* Quando si accesero le luci il pubblico cominciò ad avviarsi verso l'uscita.

sorgere (*detto degli astri*)
non nella forma passiva; anche nei tempi progressivi

• *It's cold at night, but when the sun comes up it gets quite hot.* Di notte fa freddo, ma quando sorge il sole si mette a fare parecchio caldo.

essere discusso in tribunale (*detto di una causa legale*)
non nella forma passiva; solitamente non nei tempi progressivi

• *Blogg's case comes up in court next Tuesday.* La causa di Blogg verrà discussa in tribunale il prossimo martedì.

comparire sullo schermo del computer
non nella forma passiva; anche nei tempi progressivi

• *I think my computer may have a virus; the icons took five minutes to come up.* Credo che il mio computer possa avere un virus; le icone hanno messo cinque minuti a comparire.

essere estratto (*di un numero in un gioco*)
non nella forma passiva; solitamente non nei tempi progressivi

• *Edna's number came up in the church lottery and she won a chicken.* Il numero di Edna è stato estratto alla lotteria parrocchiale e lei ha vinto un pollo.

spuntare dalla terra (*detto di una piantina*)
non nella forma passiva; anche nei tempi progressivi

• *Mother refuses to take a holiday just when her snowdrops are coming up.* Mamma rifiuta di prendersi una vacanza proprio mentre i suoi bucaneve cominciano a spuntare.

be coming up

stare per accadere (*detto di un evento*)
non nella forma passiva; sempre nei tempi progressivi

• *Christmas is coming up soon and I haven't even started my Christmas shopping.* Natale sta per arrivare e non ho nemmeno cominciato a fare gli acquisti.

come up against

come up against sb.

confrontarsi con un avversario agguerrito (*solitamente in una competizione sportiva*)
non nella forma passiva; solitamente non nei tempi progressivi

• *When Max Winters came up against Bobby Stopes in the men's fencing championship it was an exhausting duel.* Quando Max Winters affrontò Bobby Stopes nel campionato maschile di scherma fu un duello sfibrante.

come up against sb./st.

dover affrontare l'opposizione o la disapprovazione di qualcuno
non nella forma passiva; solitamente non nei tempi progressivi

• *The borough council wants to restore the old town centre, but it will come up against the local shopkeepers.* Il consiglio comunale vuole ristrutturare il centro storico, ma dovrà vedersela con i negozianti della zona.

come up for

come up for st.

essere messo all'asta o in vendita
non nella forma passiva; solitamente non nei tempi progressivi

• *It was very sad to see that the old lady's manor house had come up for auction.* Fu molto triste vedere che la villa di campagna della vecchia signora era stata messa all'asta.

essere presentato come tema di dibattito (*in un'assemblea di persone autorevoli*)
non nella forma passiva; solitamente non nei tempi progressivi

• *The problem of immigration quotas will come up for discussion in Parliament.* Il problema delle quote di immigrazione verrà presentato per la discussione in Parlamento.

essere giunto alla scadenza (*e quindi dover essere rinnovato o riconfermato*)
non nella forma passiva; solitamente non nei tempi progressivi

• *The offices are in rented premises and the contract comes up for renewal next year.* I locali in cui si trovano gli uffici sono in affitto e il contratto dovrà essere rinnovato il prossimo anno.

come up to

come up to st.

essere all'altezza di qualcosa
solitamente nella forma negativa; non nella forma passiva; solitamente non nei tempi progressivi

• *The quality of the merchandise does not come up to the usual standard.* La qualità della merce non raggiunge il livello consueto.

be coming up to st.

avvicinarsi (*detto di un particolare momento, ora, epoca, età*)
non nella forma passiva; sempre nei tempi progressivi

• *It was just coming up to tea time, so I called the children in.* Si stava avvicinando l'ora del tè, cosicché chiamai i bambini perché rientrassero.

come up with

come up with st.

♦ produrre (*un progetto, un'idea, una risposta, una soluzione*)
non nella forma passiva; solitamente non nei tempi progressivi

• *Our new copywriter came up with a brilliant advertising slogan during the last meeting.* Il nostro nuovo creativo ha ideato un brillante slogan pubblicitario durante l'ultima riunione.

fornire qualcosa di cui qualcuno ha bisogno o che è stato richiesto
non nella forma passiva; solitamente non nei tempi progressivi

• *The sponsors came up with £ 30,000 in aid of the basketball team.* Gli sponsor sono venuti in aiuto della squadra di pallacanestro con trentamila sterline.

come upon

come upon sb.

colpire qualcuno (*detto di qualcosa di sgradevole*) [*formale*]
non nella forma passiva; solitamente non nei tempi progressivi

• *He knew that a heavy punishment would come upon him for his heinous crime.* Sapeva che gli sarebbe stata inflitta una pena severa per il suo crimine efferato.

come upon sb./st.

imbattersi in qualcuno o in qualcosa [*formale*]
non nella forma passiva; non nei tempi progressivi

• *I have never before come upon such an obstinate person.* Non avevo mai incontrato una persona così ostinata.

---

connect

connects, connected, connected, connecting

connect up

connect up st. = connect st. up

collegare un filo o una macchina a un altro filo, a una fonte di energia, a un sistema centrale, a un'altra macchina (*l'accezione è molto ampia*)
sia nella forma attiva sia nella passiva; anche nei tempi progressivi

• *Are the two wires already connected up?* I due fili sono già collegati?

consist

consists, consisted, consisted, consisting

consist of

consist of sb./st.

♦ essere formato da qualcuno o composto da qualcosa

non nella forma passiva; non nei tempi progressivi

• *The team consisted of a palaeontologist, three students and five technicians.* La squadra era formata da un paleontologo, tre studenti e cinque tecnici.

cool

cools, cooled, cooled, cooling

cool down/off

cool down/off

cool down/off sb. = cool sb. down/off

calmarsi o fare in modo che qualcuno si calmi

non nella forma passiva; anche nei tempi progressivi

• *Let's give him a couple of hours to cool down/off, and then we can start looking for a solution.* Diamogli un paio d'ore per calmarsi, e poi potremo cominciare a cercare una soluzione.

sia nella forma attiva sia nella passiva quando c'è il complemento oggetto; anche nei tempi progressivi

• *The sheriff threw all those involved in the brawl into jail for one night to cool them down/off.* Lo sceriffo schiaffò in prigione per una notte tutti coloro che erano coinvolti nella rissa perché si calmassero.

cool down/off

cool down/off st. = cool st. down/off

♦ raffreddarsi (*detto di cibi o bevande*)

non nella forma passiva; anche nei tempi progressivi

• *Let the soup cool down/off for a while before giving it to Timmy.* Lascia che la minestra si raffreddi per un po' prima di darla a Timmy.

sia nella forma attiva sia nella passiva quando c'è il complemento oggetto; anche nei tempi progressivi

Tea can be quickly cooled down/off by putting some ice cubes in it. Il tè può essere fatto raffreddare rapidamente mettendovi dentro dei cubetti di ghiaccio.

raffreddarsi (*detto di una persona o di un suo sentimento*)

non nella forma passiva; anche nei tempi progressivi

• *She said she would be happy to put me up as long as I needed, but now she seems to be cooling down/off a bit.* Disse che sarebbe stata felice di ospitarmi fino a quando ne avessi avuto bisogno, ma ora sembra che si stia un po' raffreddando.

sia nella forma attiva sia nella passiva quando c'è il complemento oggetto; anche nei tempi progressivi

• *His enthusiasm for the holiday will immediately be cooled down/off when he sees the cost.* Il suo entusiasmo per la vacanza si raffredderà immediatamente quando vedrà il costo.

count

counts, counted, counted, counting

count among

count sb./st. among st.

comprendere qualcuno o qualcosa in un gruppo

sia nella forma attiva sia nella passiva; non nei tempi progressivi

• *I've never been so ingenuous as to count her among my friends.* Non sono mai stata così ingenua da annoverarla fra i miei amici.

count down

count down

count down st. = count st. down

fare il conto alla rovescia in attesa di un evento importante (*in senso proprio e figurato*)

non nella forma passiva; anche nei tempi progressivi

• *«Is it true that you are going to retire at the end of the month?» «Yes, it is true, and I've already started to count down.»* «È vero che vai in pensione alla fine del mese?» «Sì, è vero, e ho già cominciato il conto alla rovescia.»

sia nella forma attiva sia nella passiva quando c'è il complemento oggetto; anche nei tempi progressivi

• *«So, you're looking forward to leaving for London?» «Yes, I'm literally counting down the hours.»* «Così, non vedi l'ora di partire per Londra?» «Sì, sto letteralmente contando le ore.»

count on/upon

count on/upon sb.

contare su qualcuno [*formale con upon*]
sia nella forma attiva sia nella passiva; anche nei tempi progressivi

• *You know you can always count on/upon me.* Sai di poter sempre contare su di me.

count on/upon st.

count on/upon doing st.

aspettarsi che qualcosa avvenga (*e fare i relativi progetti*) [*formale con upon*]
non nella forma passiva; anche nei tempi progressivi

• *We are all counting on/upon a fine day for our picnic. The weather forecast is good.* Tutti noi contiamo su una bella giornata per il nostro picnic. Le previsioni del tempo sono buone.

cut

cuts, cut, cut, cutting

cut across

cut across st.

scegliere il percorso più breve
non nella forma passiva; solitamente non nei tempi progressivi

• *The boys cut across the park to get home more quickly.* I ragazzi tagliarono attraverso il parco per arrivare a casa più in fretta.

cut back

cut back

♦ ridurre il consumo di cibi, bevande, tabacco
non nella forma passiva; anche nei tempi progressivi

• *You eat too many sweets. You should really cut back.* Tu mangi troppi dolci. Dovresti davvero limitarti.

cut back st. = cut st. back

potare una pianta
sia nella forma attiva sia nella passiva; anche nei tempi progressivi

• *The more you cut back the roses, the more they bloom.* Più poti le rose, più fioriscono.

• *Geraniums must be cut back every spring.* I gerani devono essere potati ogni primavera.

cut back

cut back st. = cut st. back

ridurre le spese (*o ciò che comporta spese*)

non nella forma passiva; anche nei tempi progressivi

• *We've overdrawn on our account again. We'll have to cut back next month!* Il conto in banca è di nuovo in rosso. Dovremo dare un taglio il prossimo mese!

sia nella forma attiva sia nella passiva quando c'è il complemento oggetto; anche nei tempi progressivi

• *If this is how things are, the firm will have to cut back the staff drastically as soon as possible.* Se le cose stanno così, l'azienda dovrà dare un drastico taglio al personale al più presto.

cut down

cut down

♦ ridurre il consumo di cibi, bevande, tabacco
non nella forma passiva; anche nei tempi progressivi

• *Thirty cigarettes a day are too many. I'm going to cut down, starting tomorrow.* Trenta sigarette al giorno sono troppe. Darò un taglio a partire da domani.

cut down sb. = cut sb. down

uccidere qualcuno (*specialmente con un'arma da fuoco*)
anche nella forma attiva, ma più spesso nella passiva; solitamente non nei tempi progressivi

• *The Red Baron was eventually cut down by an RAF pilot.* Alla fine, il Barone Rosso venne abbattuto da un pilota della RAF.

cut down st. = cut st. down

abbattere un albero o tagliare un cespuglio alla base
sia nella forma attiva sia nella passiva; anche nei tempi progressivi

• *After the epidemic they have cut down all the plane-trees in the avenue.* Dopo l'epidemia hanno abbattuto tutti i platani del viale.

ridurre il numero o la quantità di qualcosa
sia nella forma attiva sia nella passiva; anche nei tempi progressivi

• *All the small manufacturing firms are cutting down overtime to a minimum.* Tutte le piccole fabbriche stanno riducendo al minimo il lavoro straordinario.

cut in

cut in

tagliare la strada (*guidando un veicolo*)
non nella forma passiva; solitamente non nei tempi progressivi

• *Martin's car was smashed when he cut in right in front of a lorry which couldn't slow down in time.* L'auto di Martin è andata completamente distrutta quando ha tagliato la strada a un autocarro che non è riuscito a rallentare in tempo.

mettersi davanti a qualcuno che sta facendo la fila
non nella forma passiva; solitamente non nei tempi progressivi

• *I was in the queue, waiting my turn, when a woman cut in right in front of me.* Ero in fila, in attesa del mio turno, quando una donna si piazzò davanti a me.

interrompere una conversazione altrui interloquendo
non nella forma passiva; solitamente non nei tempi progressivi

• *I was talking to my mother when Robert rudely cut in saying that it was time to go home.* Stavo parlando con mia madre quando Robert si intromise sgarbatamente dicendo che era ora di andare a casa.

cut in sb. = cut sb. in

includere qualcuno in una raccolta di denaro, un gioco, un affare [*informale*]
non nella forma passiva; solitamente non nei tempi progressivi

• *Are you collecting for Mary's present? You can cut me in.* State raccogliendo i soldi per il regalo di Mary? Partecipo anch'io.

cut off

cut off sb. = cut sb. off

♦ interrompere l'erogazione di un servizio (*telefono, acqua, gas, elettricità*) a qualcuno
sia nella forma attiva sia nella passiva; solitamente non nei tempi progressivi

• *We forgot to pay the phone bill, so they have cut us off.* Abbiamo dimenticato di pagare la bolletta del telefono, così ci hanno interrotto il servizio.

♦ interrompere una conversazione telefonica altrui
anche nella forma attiva, ma più spesso nella passiva; solitamente non nei tempi progressivi

• *I don't know what happened. We were cut off in the middle of our conversation!* Non so che cosa sia successo. Ci hanno tolto la linea a metà conversazione!

rompere i rapporti con qualcuno (*familiari o amici*)
sia nella forma attiva sia nella passiva; solitamente non nei tempi progressivi

• *When Edward decided to marry a divorcée his family cut him off.* Quando Edward decise di sposare una divorziata la sua famiglia ruppe i rapporti con lui.

interrompere una persona mentre sta parlando
sia nella forma attiva sia nella passiva; solitamente non nei tempi progressivi

• *He cut off his mother in the middle of her protests and left the house.* Interruppe la madre nel bel mezzo delle sue proteste e uscì di casa.

escludere qualcuno dal proprio testamento
sia nella forma attiva sia nella passiva; solitamente non nei tempi progressivi

• *Gloria Featheringstone Cholmondley cut off her only daughter and left all her money to her cat.* Gloria Featheringstone Cholmondley escluse dal testamento la sua unica figlia e lasciò tutto il denaro al gatto.

cut off sb./st. = cut sb./st. off

isolare qualcuno o un luogo (*detto di una tempesta di neve, una frana, una valanga o simili*)
sia nella forma attiva sia nella passiva; solitamente non nei tempi progressivi

• *We couldn't get home that night because a landslide cut us off.* Quella notte una frana ci impedì di arrivare a casa.

• *After the heavy snowfall, the village was cut off by an avalanche.* Dopo l'intensa nevicata, il villaggio venne isolato da una valanga.

cut off st. = cut st. off

tagliare l'assistenza, i rifornimenti o i servizi
sia nella forma attiva sia nella passiva; solitamente non nei tempi progressivi

• *Following the embargo they have cut off medical assistance.* In seguito all'embargo hanno interrotto l'assistenza medica.

be cut off

essere isolato (*detto di persona, in senso fisico e non*)
sempre to be + participio passato; non nei tempi progressivi

• *When we lived in the country we were completely cut off.* Quando vivevamo in campagna eravamo completamente tagliati fuori.

cut out

cut out

smettere improvvisamente di funzionare
non nella forma passiva; non nei tempi progressivi

• *While crossing the river, the Land Rover engine cut out.* Mentre attraversavamo il fiume, il motore della Land Rover si fermò.

fare un brusco spostamento laterale (*detto di un veicolo che avanza in fila*)
non nella forma passiva; solitamente non nei tempi progressivi

• *It's dangerous to suddenly cut out on a motorway.* È pericoloso deviare bruscamente in autostrada.

cut out sb. = cut sb. out

escludere qualcuno dalla condivisione di qualcosa
sia nella forma attiva sia nella passiva; anche nei tempi progressivi

• *They have chosen to keep their prices high, so customers from the middle and lower income brackets have been cut out.* Hanno scelto di tenere i prezzi alti, così la clientela delle fasce di reddito media e bassa è rimasta tagliata fuori.

cut out st. = cut st. out

♦ eliminare (*totalmente*) cibi, bevande, tabacco
sia nella forma attiva sia nella passiva; solitamente non nei tempi progressivi

• *I really must cut out alcohol or I'll lose my job.* Devo proprio eliminare gli alcolici, o perderò il lavoro.

♦ ritagliare articoli o immagini da giornali o riviste
sia nella forma attiva sia nella passiva; anche nei tempi progressivi [*solitamente + of*]

• *Johnny spends hours cutting articles and pictures out of magazines.* Johnny trascorre ore ritagliando articoli e fotografie dalle riviste.

ritagliare una sagoma da un pezzo di stoffa o di carta
sia nella forma attiva sia nella passiva; anche nei tempi progressivi

• *We still have to cut out lots of paper lanterns to hang up at the party.* Dobbiamo ancora ritagliare parecchie lanterne di carta da appendere per la festa.

eliminare una parte di uno scritto
sia nella forma attiva sia nella passiva; anche nei tempi progressivi

• *They cut out some important parts of the speech when it was televised.* Hanno tagliato alcune parti importanti del discorso quando lo hanno trasmesso alla televisione.

impedire il passaggio delle luce
sia nella forma attiva sia nella passiva; anche nei tempi progressivi

• *The pine tree in the front garden cuts out all the light.* Il pino del giardino davanti a casa toglie tutta la luce.

be cut out to do st.

be cut out for st.

♦ possedere le qualità necessarie per svolgere un compito o un'attività
sempre to be + participio passato; non nei tempi progressivi

• *Sean left the seminary because he didn't think he was cut out to be a priest.* Sean ha lasciato il seminario perché non si sentiva tagliato per il sacerdozio.

cut through

cut through st.

procedere speditamente sull'acqua
sia nella forma attiva sia nella passiva; anche nei tempi progressivi

• *The Cutty Sark was a tea clipper which cut through the waves at an incredible speed.* Il Cutty Sark fu un clipper adibito al trasporto del tè che solcava le onde a incredibile velocità.

procedere speditamente attraverso il traffico
non nella forma passiva; anche nei tempi progressivi

• *Tom cuts through the traffic in no time on his scooter.* Sul suo scooter, Tom riesce a districarsi dal traffico in un baleno.

abbreviare le formalità
non nella forma passiva; anche nei tempi progressivi

• *Can't we cut through all this bureaucracy and get the project approved in a fortnight?* Non possiamo abbreviare tutte queste formalità burocratiche e farci approvare il progetto in una quindicina di giorni?

cut up

cut up sb.

♦ tagliare la strada a qualcuno (*guidando un veicolo*) [*GB*]
non nella forma passiva; anche nei tempi progressivi

• *When he cut the cops up, they arrested him for dangerous driving.* Quando tagliò la strada ai poliziotti, questi lo arrestarono per guida pericolosa.

cut up st. = cut st. up

tagliare qualcosa a pezzi (*solitamente del cibo*)
sia nella forma attiva sia nella passiva; anche nei tempi progressivi

• *To make an Irish stew you first have to cut up the meat, the potatoes and the onions.* Per fare uno stufato irlandese bisogna innanzitutto tagliare a pezzi la carne, le patate e le cipolle.

be cut up

essere addolorato, ferito o fortemente turbato da un avvenimento [*informale*]
sempre to be + participio passato; non nei tempi progressivi

• *William was badly cut up when his wife ran away with his best friend.* William rimase profondamente ferito quando la moglie fuggì col suo amico più intimo.

venire ferito da qualcosa che taglia [*informale*]
sempre to be + participio passato; non nei tempi progressivi

• *Two policemen were cut up by the hooligans' knives.* Due poliziotti furono feriti a coltellate dai teppisti.

D

dash

dashes, dashed, dashed, dashing

dash away/off

dash away/off

♦ andare via in gran fretta [*informale*]
non nella forma passiva; anche nei tempi progressivi

• *Jack had to dash away/off because he had an appointment with his doctor.* Jack è dovuto scappare perché aveva un appuntamento con il suo medico.

dawn

dawns, dawned, dawned, dawning

dawn on/upon

dawn on/upon sb.

♦ diventare evidente (*detto di qualcosa di cui non ci si era resi conto in precedenza*) [*formale con upon*]
non nella forma passiva; non nei tempi progressivi

• *It suddenly dawned on/upon me that I had made a big mistake.* All'improvviso mi apparve chiaro che avevo commesso un grosso errore.

deal

deals, dealt, dealt, dealing

deal in

deal in st.

commerciare in qualcosa
non nella forma passiva; solitamente non nei tempi progressivi

• *Mr Simes deals in used cars.* Il signor Simes commercia in automobili di seconda mano.

occuparsi (*professionalmente*) di qualcosa [*informale*]
non nella forma passiva; solitamente non nei tempi progressivi

• *NBC deals in the latest news worldwide.* La NBC si occupa delle ultimissime notizie da tutto il mondo.

deal with

deal with sb.

avere a che fare con qualcuno per il proprio lavoro
sia nella forma attiva sia nella passiva; anche nei tempi progressivi

• *We deal with an average of four hundred people a day in this office, and we can't remember them all.* Trattiamo con una media di quattrocento persone al giorno in questo ufficio, e non possiamo ricordarle tutte.

deal with sb./st.

♦ fare affari con una persona, un'azienda, un paese straniero
sia nella forma attiva sia nella passiva; anche nei tempi progressivi

• *You can expect trouble if you deal with a crook.* Ci si possono aspettare guai se si fanno affari con un imbroglione.

deal with st.

♦ occuparsi di qualcosa (*specialmente di un problema o di un lavoro*)
sia nella forma attiva sia nella passiva; anche nei tempi progressivi

• *Mr Johnson's secretary deals with his correspondence.* La segretaria del signor Johnson si occupa della sua corrispondenza.

---

depend

depends, depended, depended, depending

depend on/upon

depend on/upon sb./st.

♦ fare affidamento su qualcuno o qualcosa [*formale con upon*]
sia nella forma attiva sia nella passiva; anche nei tempi progressivi

• *A skilled craftsman depends on/upon the quality of his tools.* Un artigiano esperto fa affidamento sulla qualità dei suoi strumenti.

♦ dipendere da qualcuno o qualcosa (*una certa situazione o condizione*) [*formale con upon*]
non nella forma passiva; non nei tempi progressivi

• *My going to university only depends on/upon my father.* Che io vada all'università dipende solo da mio padre.

---

die

dies, died, died, dying

die for

be dying for st.

desiderare fortemente qualcosa [*informale*]
non nella forma passiva; sempre nei tempi progressivi

• *I'm dying for a good Italian coffee.* Ho una voglia matta di un buon caffè all'italiana.

die off

die off

morire in rapida successione (*detto di persone, animali o piante*)
non nella forma passiva; spesso nei tempi progressivi

• *The chimpanzees in the zoo were dying off from disease.* Gli scimpanzé dello zoo stavano morendo di malattia l'uno dopo l'altro.

die out

die out

estinguersi
non nella forma passiva; anche nei tempi progressivi

• *The snow leopard is in danger of dying out.* Il leopardo delle nevi è in pericolo di estinzione.

scomparire (*detto di usanze o dialetti*)
non nella forma passiva; anche nei tempi progressivi

• *Dialects and many old customs are rapidly dying out in these parts.* I dialetti e molte vecchie usanze stanno scomparendo rapidamente da queste parti.

dispose

disposes, disposed, disposed, disposing

dispose of

dispose of sb./st.

sconfiggere un avversario (*persona, animale o squadra*)
sia nella forma attiva sia nella passiva; anche nei tempi progressivi

• *It took only one round for the young boxer to dispose of the elderly title-holder.* Al giovane pugile occorse solo una ripresa per sconfiggere l'anziano detentore del titolo.

dispose of st.

♦ disfarsi di qualcosa [*formale*]
sia nella forma attiva sia nella passiva; anche nei tempi progressivi

• *I wonder if the way nuclear waste is disposed of is really safe.* Mi domando se il modo in cui le scorie nucleari vengono smaltite sia veramente sicuro.

divide

divides, divided, divided, dividing

divide by

divide by st.

essere divisibile per un numero (*detto di un altro numero*)
non nella forma passiva; non nei tempi progressivi

• *Will fifteen divide by three?* Quindici è divisibile per tre?

• *Fifteen divides by three and five.* Quindici è divisibile per tre e per cinque.

divide st. by st.

dividere un numero per un altro numero
sia nella forma attiva sia nella passiva; anche nei tempi progressivi

• *«No, Timmy,» the teacher said. «You have divided the figure by six instead of seven.»* «No, Timmy,» disse la maestra. «Hai diviso il numero per sei invece che per sette.»

divide into

divide st. into st.

dividere qualcosa in parti
sia nella forma attiva sia nella passiva; anche nei tempi progressivi

• *I divided the cake into equal slices and gave them to the children.* Divisi la torta in fette uguali e le diedi ai bambini.

divide up

divide up st. = divide st. up

dividere qualcosa fra un certo numero di persone o di gruppi di persone
sia nella forma attiva sia nella passiva; anche nei tempi progressivi

• *The foreman divided up the work among the teams.* Il caposquadra suddivise il lavoro fra le squadre.

spartire un territorio
sia nella forma attiva sia nella passiva; anche nei tempi progressivi

• *After the end of the war, the two neighbouring countries agreed to divide up the territory.* Dopo la fine della guerra i due paesi confinanti convennero di spartirsi il territorio.

divide up

divide up st. = divide st. up

separarsi (*detto delle persone che formano un gruppo*), o suddividere un gruppo di persone in gruppi più piccoli

non nella forma passiva; anche nei tempi progressivi

• *We had better not divide up on the way to the hotel, or some of us may get lost.* Sarebbe meglio che non ci separassimo nel tornare in albergo, o qualcuno di noi potrebbe perdersi.

sia nella forma attiva sia nella passiva quando c'è il complemento oggetto; anche nei tempi progressivi

• *The group was divided up into smokers and non-smokers before the tourists got on the buses.* Il gruppo venne diviso in fumatori e non fumatori prima che i turisti salissero sui pullman.

do

does, did, done, doing

do away with

do away with sb./st.

uccidere una persona o un animale [*informale*]
sia nella forma attiva sia nella passiva; solitamente non nei tempi progressivi

• *In his new thriller, James Bradley does away with a croupier, six gamblers and a barman in the first five pages!* Nel suo nuovo poliziesco James Bradley fa fuori un croupier, sei giocatori d'azzardo e un barista nelle prime cinque pagine!

do away with st.

disfarsi di qualcosa che non serve più
sia nella forma attiva sia nella passiva; anche nei tempi progressivi

• *We would like to do away with our old sofa and buy a new one.* Ci piacerebbe sbarazzarci del vecchio sofà e comprarne uno nuovo.

ingannare qualcuno [*GB; informale*]
sia nella forma attiva sia nella passiva; anche nei tempi progressivi

• *Ever since he was at school he has always tried to do people down.* Fin dai tempi della scuola ha sempre cercato di fregare la gente.

do for

do for sb.

uccidere qualcuno (*detto di una persona o della droga, dell'alcol, di una cattiva abitudine, di una fatalità*) [*prevalentemente GB; informale*]
sia nella forma attiva sia nella passiva; solitamente non nei tempi progressivi

• *He said that when he gets out of prison, he'll do for his former friend who testified against him.* Ha detto che quando uscirà di prigione farà fuori l'ex amico che ha testimoniato contro di lui.

fare i lavori di casa per qualcuno [*GB; informale*]
non nella forma passiva; anche nei tempi progressivi

• *We are fond of Agnes. She has been coming in and doing for us since our daughters were born.* Siamo molto affezionati ad Agnes. Viene a casa a fare i lavori dalla nascita delle nostre figlie.

sconfiggere qualcuno [*prevalentemente GB; informale*]
sia nella forma attiva sia nella passiva; non nei tempi progressivi

• *I was hoping for promotion, but the mistake in the accounts did for me.* Speravo in una promozione, ma l'errore nella contabilità mi ha rovinato.

do for st.

danneggiare gravemente qualcosa (*impedendone l'utilizzazione*) [*prevalentemente GB; informale*]
sia nella forma attiva sia nella passiva; non nei tempi progressivi

• *The lightning has done for my television set; I'll have to buy a new one.* Il fulmine mi ha messo fuori uso il televisore; dovrò comprarmene uno nuovo.

• *After two months of trekking my shoes were just about done for.* Dopo due mesi di trekking le mie scarpe erano quasi da buttar via.

do for oneself

provvedere a sé stesso [*informale*]
sempre nella forma riflessiva; anche nei tempi progressivi

• *I'm accustomed to doing for myself.* Sono abituato a cavarmela da me.

do in

do in sb. = do sb. in

sfinire qualcuno (*detto di uno sforzo o di una forte emozione*) [*informale*]
sia nella forma attiva sia nella passiva; anche nei tempi progressivi

• *Taking four children to the zoo has done me in.* Accompagnare allo zoo quattro bambini mi ha stesa.

uccidere qualcuno [*informale*]
sia nella forma attiva sia nella passiva; solitamente non nei tempi progressivi

• *The serial killer has already done in ten people.* Il pluriomicida ha già fatto fuori dieci persone.

rovinare qualcuno [*informale*]
sia nella forma attiva sia nella passiva; anche nei tempi progressivi

• *The awful thing is that he was done in by his best friend.* La cosa tremenda è che è stato rovinato dal suo amico più caro.

do out

do out st. = do st. out

pulire una stanza [*GB e Australia*]
sia nella forma attiva sia nella passiva; anche nei tempi progressivi

• *Johnny, you're not going out till you've done out your room!* Johnny, tu non esci finché non hai fatto pulizia nella tua stanza!

dipingere una stanza di bianco o di altro colore, oppure tappezzarla [*GB e Australia*]
sia nella forma attiva sia nella passiva; anche nei tempi progressivi

• *We're doing out the living room this weekend.* Tinteggeremo/Tappezzeremo il soggiorno questo fine settimana.

do sb. out of st.

sottrarre qualcosa a qualcuno (*con l'inganno*) [*informale*]
sia nella forma attiva sia nella passiva; anche nei tempi progressivi

• *The shopkeeper did me out of one pound when he gave me the change.* Il negoziante mi ha fregato una sterlina nel darmi il resto.

do up

do up

chiudersi (*detto di una cerniera lampo o di una chiusura con il velcro®*) [*GB*]
non nella forma passiva; non nei tempi progressivi

• *The dress did up with a long zip at the back.* L'abito si chiudeva di dietro con una lunga cerniera lampo.

do up st. = do st. up

♦ allacciare (*le scarpe*)
sia nella forma attiva sia nella passiva; anche nei tempi progressivi

• *I did up my son's shoes until he was five.* Ho allacciato le scarpe a mio figlio fino a cinque anni.

♦ abbottonare un indumento
sia nella forma attiva sia nella passiva; anche nei tempi progressivi

• *Do up your coat; it's cold outside.* Abbottonati il cappotto; fuori fa freddo.

fare un nodo
sia nella forma attiva sia nella passiva; anche nei tempi progressivi

• *If the knot is not done up tightly, it'll soon get loose.* Se il nodo non è stato stretto bene, si allenterà presto.

avvolgere qualcosa nella carta
sia nella forma attiva sia nella passiva; anche nei tempi progressivi

• *The shop assistant did up the gift in pretty wrapping paper.* La commessa avvolse il regalo in una bella carta.

acconciarsi i capelli (*lunghi, che vengono tirati su*)
sia nella forma attiva sia nella passiva; anche nei tempi progressivi

• *When they go to a party, Josie and Sandra do up each others' hair.* Quando vanno a una festa, Josie e Sandra si fanno l'acconciatura a vicenda.

do oneself up

farsi bello [*informale*]
sempre nella forma riflessiva; anche nei tempi progressivi

• *He really likes doing himself up!* Gli piace così tanto farsi bello!

• *She always does herself up like a Christmas tree, just to come to work!* Si agghinda sempre come un albero di Natale, solo per venire al lavoro!

be done up

essere sfinito [*GB; informale*]
sempre to be + participio passato; non nei tempi progressivi

• *After spending the whole afternoon in the museum I was completely done up.* Dopo aver trascorso l'intero pomeriggio al museo ero a pezzi.

do up in

be done up in st.

indossare un abito o un costume (*in entrambi i casi, qualcosa che non passa inosservato*) [*GB; informale*]
sempre to be + participio passato; non nei tempi progressivi

• *She was done up in a splendid evening gown.* Indossava un magnifico abito da sera lungo.

• *Bobby will be done up in a skeleton costume for the Halloween party.* Bobby indosserà un costume da scheletro per la festa di Halloween.

do with

do with sb./st.

assumere un comportamento nei confronti di una persona o di un animale [*informale*]
sia nella forma attiva sia nella passiva; solitamente non nei tempi progressivi

• *I really don't know what to do with this naughty child.* Non so davvero cosa fare di questo bambino disobbediente.

• *What can be done with the goldfish now that we are going on holiday?* Cosa possiamo fare del pesce rosso ora che andiamo in vacanza?

do with st.

♦ fare di qualcosa (*che si è messo in qualche posto*)
sia nella forma attiva sia nella passiva; non nei tempi progressivi

• *I can't remember what I've done with my mobile phone; perhaps I left it in the office.* Non riesco a ricordare cosa ho fatto del mio telefonino; forse l'ho lasciato in ufficio.

♦ avere una ragione per essere in possesso di qualcosa
sempre nella forma interrogativa, diretta o indiretta; non nella forma passiva; sempre nei tempi progressivi

• *What are you doing with that knife, Peggy? Put it down immediately!* Cosa stai facendo con quel coltello, Peggy? Posalo subito!

do st. with oneself

passare il tempo [*informale*]
sempre nella forma riflessiva; non nei tempi progressivi

• *I was bored to tears on holiday; I never knew what to do with myself.* Mi sono annoiato a morte in vacanza; non sapevo mai cosa fare.

can do with sb./st.
could do with sb./st.

avere bisogno di qualcuno o di qualcosa (*riferito a persona o cosa*) [*informale*]
non nella forma negativa; non nella forma passiva; non nei tempi progressivi

• *I can do with somebody to give me a hand.* Ho bisogno che qualcuno mi dia una mano.

• *I could do with somebody to give me a hand.* Avrei bisogno che qualcuno mi desse una mano.

can't do with sb./st.
can't be doing with sb./st.

non riuscire più a sopportare qualcuno o qualcosa [*GB; informale*]
sempre nella forma negativa; non nella forma passiva

• *Joanna says she can't do/she can't be doing with her neighbour's child and his endless whining.* Joanna dice di non riuscire più a sopportare il bambino della vicina e i suoi interminabili piagnistei.

can't do with st.
can't be doing with st.

non riuscire più a fare qualcosa perché è diventato troppo gravoso [*GB; informale*]
sempre nella forma negativa; non nella forma passiva

• *I can't do with this garden;/ I can't be doing with this garden; it's too much work for me.* Non ce la faccio più con questo giardino; mi dà troppo lavoro.

do without

do without
do without sb./st.

fare a meno di qualcuno o di qualcosa

non nella forma passiva; solitamente non nei tempi progressivi

• *«Do you need a hand?» «No, thanks, I can do without.»* «Hai bisogno di una mano?» «No, grazie, posso fare senza.»

sia nella forma attiva sia nella passiva quando c'è il complemento oggetto; solitamente non nei tempi progressivi

• *Now that she's had twins, she can't do without her mother.* Ora che ha avuto due gemelli non può fare a meno della madre.

can do without st.
can do without doing st.
can do without sb. doing st.
could do without st.
could do without doing st.
could do without sb. doing st.

fare volentieri a meno di qualcosa (*che ci disturba*) [*informale*]
non nella forma negativa; sia nella forma attiva sia nella passiva; non nei tempi progressivi

• *Don't invite Bill to the party. We can do without his silly jokes.* Non invitare Bill alla festa. Possiamo fare a meno delle sue barzellette stupide.

drag

drags, dragged, dragged, dragging

drag down

drag down sb. = drag sb. down

rendere infelice qualcuno
sia nella forma attiva sia nella passiva; anche nei tempi progressivi

• *All this bad news is dragging me down.* Tutte queste brutte notizie mi abbattono.

drag down st. = drag st. down

trascinare qualcosa verso il basso (*in senso figurato*)
sia nella forma attiva sia nella passiva; anche nei tempi progressivi

• *The rise in inflation is dragging down the economy.* L'aumento dell'inflazione sta deprimendo l'economia.

drag in/into

drag in sb./st. = drag sb./st. in

drag sb./st. into st.

coinvolgere qualcuno o qualcosa in una situazione difficile o sgradevole
sia nella forma attiva sia nella passiva; anche nei tempi progressivi

• *I refuse to be dragged down into another argument between you and your parents!* Rifiuto di rimanere coinvolto in un'altra discussione fra te e i tuoi genitori!

nel corso di una discussione, parlare di qualcuno o di qualcosa che non ha una connessione diretta con l'argomento
sia nella forma attiva sia nella passiva; anche nei tempi progressivi

• *Why drag in people we met and things that happened thirty years ago?* Perché tirare in ballo gente che incontrammo e cose che accaddero trent'anni fa?

drag on

drag on

protrarsi (*detto di una riunione, un'attività, un discorso, una situazione difficile o sgradevole*)
non nella forma passiva; anche nei tempi progressivi

• *This meeting is dragging on much more that I had bargained for.* Questa riunione si sta protraendo molto più di quanto avessi previsto.

drag out

drag out

drag out st. = drag st. out

protrarsi (*detto di una riunione, un discorso, un'attività, una situazione difficile o sgradevole*) o protrarre le stesse, o ancora, protrarre intenzionalmente un'attività perché non si vuol fare ciò che viene dopo [*spesso + for*]

non nella forma passiva; anche nei tempi progressivi

• *This situation has been dragging out for too long. We must do something.* Questa situazione si è protratta troppo a lungo. Dobbiamo fare qualcosa.

sia nella forma attiva sia nella passiva quando c'è il complemento oggetto; anche nei tempi progressivi

• *The detectives are dragging out the inquiry in the hope of finding new evidence.* Gli investigatori stanno prolungando l'inchiesta nella speranza di trovare nuove prove.

drag out of

drag st. out of sb.

costringere qualcuno a rivelare qualcosa

sia nella forma attiva sia nella passiva; anche nei tempi progressivi

• *At first Cindy refused to say anything, but her mother finally dragged some information out of her.* All'inizio Cindy non voleva dire niente, ma alla fine sua madre le ha strappato qualche informazione.

dress

dresses, dressed, dressed, dressing

dress up

dress up

♦ vestirsi con eleganza

non nella forma passiva; solitamente non nei tempi progressivi

• *It's a very formal dinner party, so we should dress up.* È una cena molto formale, quindi dovremmo vestirci in modo elegante.

dress up

dress up sb. = dress sb. up

travestirsi o travestire qualcuno [*solitamente + as*]

non nella forma passiva; solitamente non nei tempi progressivi

• *For Halloween, the children dressed up as ghosts and witches.* Per Halloween, i bambini si sono travestiti da fantasmi e streghe.

sia nella forma attiva sia nella passiva quando c'è il complemento oggetto; solitamente non nei tempi progressivi

• *Matt wants to be dressed up as Zorro for carnival pageant.* Matt vuole essere travestito da Zorro per la sfilata di carnevale.

drift

drifts, drifted, drifted, drifting

drift apart

drift apart

allontanarsi a poco a poco (*detto di due persone*)
non nella forma passiva; anche nei tempi progressivi

• *We were best friends at school, but later drifted apart when we went off to college.* Eravamo amici per la pelle a scuola, ma poi ci siamo allontanati quando siamo andati all'università.

drive

drives, drove, driven, driving

drive at

be driving at st.

mirare a qualcosa [*informale*]
sempre nella forma interrogativa, diretta o indiretta; non nella forma passiva; sempre nei tempi progressivi

• *I wonder what she is driving at.* Mi domando che intenzioni abbia.

drive away

drive away sb. = drive sb. away

allontanare qualcuno da un luogo (*solitamente turisti, clienti, avventori*)
sia nella forma attiva sia nella passiva; anche nei tempi progressivi

• *«What about the customers you usually have this season?» «They have been driven away by the bad weather.»* «Cosa è stato dei clienti che di solito hai in questa stagione?» «Sono stati messi in fuga dal maltempo.»

drive away sb./st. = drive sb./st. away

scacciare una persona, un animale o un cattivo sentimento
sia nella forma attiva sia nella passiva; anche nei tempi progressivi

• *The natives were driven away by the stronger and more aggressive newcomers.* Gli indigeni vennero scacciati dai nuovi arrivati, più forti e aggressivi.

drive away at

drive away at st.

lavorare assiduamente a qualcosa [*informale*]
non nella forma passiva; anche nei tempi progressivi

• *We have been driving away at this project all month, but there is still a long way to go.* Abbiamo lavorato sodo a questo progetto per tutto il mese, ma c'è ancora molta strada da fare.

drive into

drive st. into sb.

imprimere qualcosa nella mente di qualcuno (*con fatica*) [*informale*]
sia nella forma attiva sia nella passiva; anche nei tempi progressivi

• *I've given up all hope of driving good manners into my teenage children!* Ho perso la speranza di inculcare le buone maniere nei miei figli adolescenti!

drive off

drive off sb. = drive sb. off

portare via qualcuno con un veicolo
sia nella forma attiva sia nella passiva; anche nei tempi progressivi

• *The police arrived and drove them off in a Black Maria.* La polizia arrivò e li portò via su un furgone cellulare.

drive off sb./st. = drive sb./st. off

respingere qualcuno o qualcosa (*un aggressore o un attacco*)
sia nella forma attiva sia nella passiva; anche nei tempi progressivi

• *Ronnie has a powerful right. Just think, he single-handedly drove off the three thugs who had attacked him!* Ronnie ha un potente destro. Pensa che lui da solo ha messo in fuga i tre teppisti che lo avevano aggredito!

drive out

drive out sb. = drive sb. out

scacciare qualcuno
sia nella forma attiva sia nella passiva; anche nei tempi progressivi

• *The nomads were driven out again as soon as they crossed the border.* I nomadi furono di nuovo scacciati non appena attraversarono il confine.

drive out st. = drive st. out

scacciare un animale
sia nella forma attiva sia nella passiva; anche nei tempi progressivi

• *«Drive those monkeys out!» the Indian cook shouted to the young servant.* «Caccia via quelle scimmie!» urlò il cuoco indiano al giovane servitore.

stanare un animale
sia nella forma attiva sia nella passiva; anche nei tempi progressivi

• *The pack of hounds drove out a poor, terrified fox.* La muta di cani da caccia stanò una povera volpe terrorizzata.

drive up to

drive up to sb./st.

accostarsi con un veicolo a qualcuno o a qualcosa
non nella forma passiva; anche nei tempi progressivi

• *While I was at the traffic lights, a woman drove up to me to ask for some information.* Mentre ero fermo al semaforo una donna mi si accostò con l'auto per chiedere informazioni.

drop

drops, dropped, dropped, dropping

drop around/round

drop around/round

fare una visita informale a casa di qualcuno [*prevalentemente GB e Australia; informale*]
non nella forma passiva; solitamente non nei tempi progressivi

• *Do drop around/round some time!* Dài, vieni a trovarmi una volta o l'altra!

drop around/round st. = drop st. around/round

recapitare qualcosa (*non ingombrante*) [*informale*]
sia nella forma attiva sia nella passiva; solitamente non nei tempi progressivi

• *Drop the photos around/round this afternoon if you've got time.* Se hai tempo, passa a portare le foto questo pomeriggio.

drop away

drop away

diminuire gradualmente [*prevalentemente GB e Australia*]
non nella forma passiva; anche nei tempi progressivi

• *Unless we think up some new fund-raising initiatives, contributions will drop away.* Se non studiamo nuove iniziative per la raccolta di fondi, i contributi si assottiglieranno.

andarsene un po' alla volta [*prevalentemente GB e Australia*]
non nella forma passiva; anche nei tempi progressivi

• *Many of the party's supporters have dropped away over the last two years.* Molti dei sostenitori del partito se ne sono andati negli ultimi due anni.

diventare ripido (*detto del terreno*) [*prevalentemente GB e Australia*]
non nella forma passiva; non nei tempi progressivi

• *Unluckily the car went off the road where the river bank drops away.* Sfortunatamente l'auto è uscita di strada nel punto in cui la sponda del fiume diventa scoscesa.

drop back

drop back

restare indietro (*rispetto a un gruppo*)
non nella forma passiva; anche nei tempi progressivi

• *I dropped back because old Aunt Grace needed some help.* Rimasi indietro perché la vecchia zia Grace aveva bisogno di aiuto.

drop behind

drop behind

drop behind sb./st.

restare indietro (*rispetto a un gruppo*)
non nella forma passiva; anche nei tempi progressivi

• *The little boy couldn't run as fast as his elder brother and soon dropped behind.* Il bambino non poteva correre alla stessa velocità del fratello maggiore e in breve tempo rimase indietro.

restare indietro (*nella scuola o nel lavoro*) [*GB e Australia*]
non nella forma passiva; anche nei tempi progressivi

• *Mary dropped behind in her work when she came down with flu.* Mary rimase indietro col lavoro quando prese l'influenza.

drop by

drop by

fare una visita informale a casa di qualcuno [*informale*]
non nella forma passiva; solitamente non nei tempi progressivi

• *Drop by whenever you like; I'm always pleased to see you.* Passa ogni volta che vuoi; mi fa sempre piacere vederti.

drop in

drop in

♦ fare una breve visita, solitamente non programmata, a casa di qualcuno [*informale*]
non nella forma passiva; solitamente non nei tempi progressivi

• *John, your brother said that he might drop in on his way home.* John, tuo fratello ha detto che forse passa da noi mentre va a casa.

drop sb. in it

mettere qualcuno nei pasticci [*GB e Australia; informale*]
sia nella forma attiva sia nella passiva; anche nei tempi progressivi

• *The cleaning woman dropped me in it when she told my boss that I had forgotten to lock his office.* La donna delle pulizie mi ha messa nelle grane andando a raccontare al mio capo che avevo dimenticato di chiudere a chiave la porta del suo ufficio.

drop in
drop in at
drop into

drop in

drop in at swh.

drop into swh.

andare in un luogo e intrattenervisi brevemente [*GB e Australia; informale*]
non nella forma passiva; solitamente non nei tempi progressivi

• *I have to pick up my overcoat at the dry-cleaner's. I'll drop in this afternoon.* Devo ritirare il mio cappotto dalla tintoria. Passerò un attimo oggi pomeriggio.

drop in at
drop into

drop st. in at swh.

drop st. into swh.

portare qualcosa in un luogo (*facendo un passaggio veloce*) [*GB e Australia; informale*]
sia nella forma attiva sia nella passiva; solitamente non nei tempi progressivi

• *I dropped the lamp in at the electrician's/I dropped the lamp into the electrician's this morning, and it will be ready this afternoon.* Stamattina ho portato la lampada dall'elettricista, e sarà pronta oggi pomeriggio.

drop off

drop off

♦ addormentarsi non profondamente [*informale*]
non nella forma passiva; solitamente non nei tempi progressivi

• *If I don't have a cup of strong coffee after lunch, I tend to drop off.* Se non prendo una tazza di caffè forte dopo pranzo tendo ad assopirmi.

diminuire (*detto del numero, o della quantità o della qualità di qualcosa*)
non nella forma passiva; anche nei tempi progressivi

• *Sales always drop off after Christmas.* Le vendite calano sempre dopo Natale.

drop off sb. = drop sb. off

♦ far scendere dal proprio veicolo qualcuno a cui si è dato un passaggio
sia nella forma attiva sia nella passiva; anche nei tempi progressivi

• *Can you give me a lift and drop me off at the library?* Puoi darmi un passaggio e lasciarmi alla biblioteca?

• *Where do you want to be dropped off?* Dove vuoi che ti faccia scendere?

drop off st. = drop st. off

consegnare qualcosa mentre si sta andando altrove
sia nella forma attiva sia nella passiva; anche nei tempi progressivi

• *John, could you drop off the office keys at the manager's s house after work?* John, dopo il lavoro potresti portare le chiavi dell'ufficio a casa del direttore?

drop out

drop out

interrompere gli studi o un corso che si stava frequentando
non nella forma passiva; solitamente non nei tempi progressivi

• *I had enrolled in a patchwork course, but I dropped out because I really didn't have time.* Mi ero iscritta a un corso di patchwork, ma l'ho abbandonato perché non avevo proprio tempo.

non fare qualcosa che si era programmato, o smettere di fare qualcosa che si era iniziato
non nella forma passiva; solitamente non nei tempi progressivi

• *Mary had a date with Ralph, but she dropped out at the last minute.* Mary aveva un appuntamento con Ralph, ma all'ultimo momento decise di non andarci.

drop over

drop over

fare una breve visita a casa di qualcuno (*solitamente non programmata*) [*informale*]
non nella forma passiva; solitamente non nei tempi progressivi

• *I might drop over one of these days. Are you usually in in the afternoon?* Forse capiterò da te uno di questi giorni. Di solito sei in casa nel pomeriggio?

drop round → drop around/round

drop round st. = drop st. round → drop around/round st. = drop st. around/round

E

eat

eats, ate, eaten, eating

eat away

eat away st. = eat st. away

distruggere gradualmente qualcosa danneggiandolo costantemente o prelevandone delle piccole quantità
sia nella forma attiva sia nella passiva; anche nei tempi progressivi

• *The river continued to eat away the land until the banks were built.* Il fiume continuò a erodere il terreno finché non vennero eretti gli argini.

• *Inflation has eaten away our profits.* L'inflazione ha ridotto i nostri profitti.

corrodere un metallo
sia nella forma attiva sia nella passiva; anche nei tempi progressivi

• *Rust has eaten away the railings.* La ruggine ha corroso la cancellata.

eat in

eat in

mangiare a casa propria
non nella forma passiva; anche nei tempi progressivi

• *We usually eat in during the week.* Durante la settimana di solito mangiamo a casa.

eat out

eat out

♦ mangiare fuori di casa
non nella forma passiva; anche nei tempi progressivi

• *We spent a lot in London because we ate out every evening.* Abbiamo speso parecchio a Londra perché mangiavamo fuori ogni sera.

eat up

eat up sb. = eat sb. up

consumare qualcuno (*detto di un sentimento quale l'amarezza, la gelosia, il rimorso, il rancore, la vergogna, l'odio*)
anche nella forma attiva, ma più spesso nella passiva; solitamente non nei tempi progressivi

- *He was eaten up by his remorse for the dreadful deed.* Era divorato dal rimorso per la sua azione orribile.
- *After being betrayed by her husband she began to be eaten up by bitterness.* Dopo essere stata tradita dal marito cominciò a essere consumata dall'amarezza.

eat up st. = eat st. up

♦ mangiare tutto il proprio cibo
sia nella forma attiva sia nella passiva; solitamente non nei tempi progressivi

- *After you've eaten up your bread and cheese we'll go to the park, Betty.* Dopo che avrai mangiato tutto il pane e formaggio andremo al parco, Betty.

portare via gran parte di qualcosa cui si attribuisce valore (*profitti, risparmi, affari, tempo libero, spazio*)
sia nella forma attiva sia nella passiva; anche nei tempi progressivi

- *The new shop opposite ours is eating up our business.* Il nuovo negozio di fronte al nostro ci sta portando via gli affari.
- *Correcting homework eats up a lot of a teacher's time.* Correggere i compiti a casa porta via molto tempo a un insegnante.

consumare grandi quantità di carburante [*informale*]
sia nella forma attiva sia nella passiva; anche nei tempi progressivi

- *The old stove gives out very little heat but eats up an awful lot of coal.* La vecchia stufa scalda pochissimo ma divora una quantità spaventosa di carbone.

---

edit

edits, edited, edited, editing

edit out

edit out st. = edit st. out

eliminare da uno scritto o da una registrazione parole ed espressioni indesiderate (*prima della pubblicazione o della diffusione radiotelevisiva*)
sia nella forma attiva sia nella passiva; anche nei tempi progressivi

- *This expression is too crude. We'd better edit it out.* Questa espressione è troppo cruda. Sarebbe meglio espungerla.

embark

embarks, embarked, embarked, embarking

embark on/upon

embark on/upon st.

intraprendere qualcosa (*specialmente qualcosa di nuovo, importante o difficile*) [*formale con upon*]
non nella forma passiva; anche nei tempi progressivi

• *I want to be well informed before embarking on/upon this new project.* Voglio essere ben documentato prima di imbarcarmi in questo nuovo progetto.

embroider

embroiders, embroidered, embroidered, embroidering

embroider on

embroider on st.

aggiungere dettagli non veri o esagerati a una descrizione o a un racconto per renderli più interessanti
non nella forma passiva; anche nei tempi progressivi

• *I confess to embroidering on the facts a bit.* Confesso di avere un po' ricamato sui fatti.

end

ends, ended, ended, ending

end in

end in st.

♦ finire in un certo modo (*solitamente sfavorevole o negativo*)
non nella forma passiva; solitamente non nei tempi progressivi

• *Their marriage ended in divorce.* Il loro matrimonio finì in un divorzio.

• *Their partnership ended in disaster.* Il loro sodalizio finì in un disastro.

end up

end up

♦ finire, di solito accidentalmente, in un determinato posto (*detto di persone o cose*)
non nella forma passiva; non nei tempi progressivi [*sempre + avverbio e/o preposizione e/o aggettivo*]

• *They missed the motorway exit and ended up in Manchester.* Mancarono l'uscita dell'autostrada e finirono a Manchester.

• *I dropped my contact lens in the bathroom this morning and it ended up down the plughole.* Stamattina, in bagno, ho lasciato cadere la mia lente a contatto, che è finita giù per il buco del lavandino.

♦ finire per diventare qualcosa (*positivo o negativo*)
non nella forma passiva; non nei tempi progressivi

• *Against all odds, he ended up the winner.* Contro ogni aspettativa, risultò vincitore.

• *He inherited a fortune but lost it gambling, and ended up as poor as a church mouse.* Ha ereditato una fortuna ma l'ha persa al gioco, ed è finito povero in canna (*testualmente: povero come un topo di chiesa*).

♦ finire per trovarsi in una certa condizione o situazione negativa (*detto di persone o animali*) [*sempre + avverbio e/o preposizione e/o aggettivo*]
non nella forma passiva; non nei tempi progressivi

• *Don't drink any more rum or you'll end up drunk.* Non bere altro rum o finirai per ubriacarti.

• *The juvenile delinquent ended up in an approved school.* Il delinquente minorenne finì in riformatorio.

end up doing st.

♦ finire per fare qualcosa (*positivo o negativo*)
non nella forma passiva; non nei tempi progressivi

• *He never dreamed he would end up making such an important scientific discovery.* Non aveva mai immaginato che avrebbe finito per fare una scoperta scientifica di tale importanza.

F

face

faces, faced, faced, facing

face up to

face up to st.

♦ affrontare qualcosa (*un pericolo, una responsabilità, un evento negativo*)
non nella forma passiva; anche nei tempi progressivi

• *Ruth has never wanted to face up to her responsibilities, even though she is over thirty now.* Ruth non ha mai voluto affrontare le sue responsabilità, anche se ora ha più di trent'anni.

fade

fades, faded, faded, fading

fade away

fade away

♦ affievolirsi o svanire (*detto di suoni, luce, sensazioni, sentimenti*)
non nella forma passiva; anche nei tempi progressivi

• *The sound of the car engine faded away as it moved off down the street.* Mentre l'auto si allontanava lungo la strada, il rumore del motore si affievoliva.

deperire (*detto di una persona*)
non nella forma passiva; anche nei tempi progressivi

• *Poor aunt Harriet is fading away day by day.* La povera zia Harriet deperisce di giorno in giorno.

fade out

fade out

fade out st. = fade st. out

scomparire, o far scomparire qualcosa, a poco a poco (*detto di un'immagine o di un suono*)
non nella forma passiva; anche nei tempi progressivi

• *Something's wrong with the TV. The picture keeps fading out.* Qualcosa non va nel televisore. L'immagine continua a svanire.

• *The sound engineer faded out the music as the curtain went down.* Il tecnico del suono smorzò la musica mentre il sipario si abbassava.

fall

falls, fell, fallen, falling

fall about

fall about

fall about laughing

ridere a crepapelle [*GB e Australia; informale*]
non nella forma passiva; anche nei tempi progressivi

• *The boys fell about/fell about laughing when the maths master fell off his bike.* I ragazzi risero a crepapelle quando il professore di matematica cadde dalla bici.

fall apart

fall apart

rompersi o andare in pezzi
non nella forma passiva; solitamente non nei tempi progressivi

• *The cracked teapot fell apart in my hands.* La teiera incrinata mi si ruppe fra le mani.

perdere la funzionalità, l'efficacia o l'efficienza (*detto di un accordo, un sodalizio, un sistema, un'organizzazione*)
non nella forma passiva; anche nei tempi progressivi

• *Without the guest stars the TV programme will fall apart.* Senza le star ospiti il programma televisivo non reggerà più.

rompere i rapporti con qualcuno
non nella forma passiva; solitamente non nei tempi progressivi

• *Dora and Sandra used to be good friends at school, but they fell apart when they both fell in love with the same boy.* Dora e Sandra erano buone amiche a scuola, ma ruppero i rapporti quando entrambe si innamorarono dello stesso ragazzo.

fall away

fall away

staccarsi (*molto spesso, ma non sempre, cadendo; è detto solitamente della tappezzeria, delle piastrelle, dell'intonaco, delle tegole, oppure di rocce e massi*)
non nella forma passiva; anche nei tempi progressivi

• *The wall is damp and the plaster is falling away.* La parete è umida e l'intonaco si sta staccando.

fall back

fall back

indietreggiare (*dinanzi a un pericolo*)
non nella forma passiva; solitamente non nei tempi progressivi

• *The demonstrators fell back when the police opened the fire hoses on them.* I dimostranti indietreggiarono quando la polizia aprì gli idranti su di loro.

ripiegare (*detto di un esercito*)
non nella forma passiva; anche nei tempi progressivi

• *When the soldiers saw they were heavily outnumbered by the enemy, they fell back.* Quando i soldati videro che i nemici erano molto più numerosi ripiegarono.

fall behind

fall behind sb./st.

♦ segnare meno punti dell'avversario (*concorrente o squadra*)
non nella forma passiva; anche nei tempi progressivi

• *Just ten minutes into the game, Tottenham had already fallen behind Arsenal.* Dopo soli dieci minuti di gioco il Tottenham era già in svantaggio rispetto all'Arsenal.

♦ non mantenere lo stesso ritmo di sviluppo o non raggiungere lo stesso livello conseguito da altri
non nella forma passiva; anche nei tempi progressivi

• *The teacher says she doesn't understand why Patrick has fallen behind his twin brother.* La maestra dice di non capire perché Patrick sia rimasto indietro rispetto al suo gemello.

fall behind

fall behind sb.

♦ restare indietro rispetto a un gruppo
non nella forma passiva; anche nei tempi progressivi

• *«Where's Edna?» «Oh, you know, she's always falling behind!»* «Dov'è Edna?» «Oh, sai, lei resta sempre indietro!»

fall down

fall down

♦ cadere al suolo
non nella forma passiva; solitamente non nei tempi progressivi

• *The little girl tripped and fell down.* La bambina inciampò e cadde.

be falling down

essere in pessime condizioni (*detto di un edificio*)
non nella forma passiva; sempre nei tempi progressivi

• *The house next door has been empty for twenty years and is now falling down.* La casa accanto è rimasta vuota per vent'anni e ora è in rovina.

fall for

fall for sb./st.

♦ essere fortemente attratto da qualcuno o qualcosa (*il sottinteso è vagamente negativo*) [*informale*]
non nella forma passiva; solitamente non nei tempi progressivi

• *Rebecca went to study in Sweden and fell for a tall, fair-haired young man, who was unfortunately already married.* Rebecca è andata a studiare in Svezia e si è presa una cotta per un giovane alto e biondo, che sfortunatamente era già sposato.

fall for st.

♦ credere a qualcosa (*non vero*) [*informale*]
non nella forma passiva; anche nei tempi progressivi

• *You certainly aren't falling for his promises, are you?* Mica ti lascerai abbindolare dalle sue promesse, vero?

fall in

fall in

crollare (*detto di una struttura di un edificio*)
non nella forma passiva; anche nei tempi progressivi

• *Thirty people were injured when the floor fell in.* Trenta persone furono ferite quando cedette il pavimento.

fall into

fall into st.

cadere (*repentinamente*) in uno stato particolare (*detto di persone o cose*)
non nella forma passiva; solitamente non nei tempi progressivi

• *Mrs Collins mistook the dosage of the pills and fell into a coma.* La signora Collins sbagliò il dosaggio delle pillole e andò in coma.

cadere (*gradualmente*) in uno stato particolare (*detto di persone o cose*)
non nella forma passiva; anche nei tempi progressivi

• *People closed an eye to the prince's irresponsible behaviour at first, but I think that little by little he's falling into disfavour with the public.* All'inizio la gente chiudeva un occhio sul comportamento irresponsabile del principe, ma penso che un po' alla volta egli stia perdendo il favore del pubblico.

appartenere a un particolare gruppo di cose che hanno caratteristiche simili
non nella forma passiva; non nei tempi progressivi

• *Our market research falls into three different categories of consumers.* La nostra ricerca di mercato si articola su tre diverse categorie di consumatori.

fall off

fall off

diminuire (*detto della quantità, qualità, o livello di qualcosa*)
non nella forma passiva; anche nei tempi progressivi

• *I' m sorry I have to say that the standard of your work has fallen off recently.* Sono spiacente di dover dire che il livello del tuo lavoro si è abbassato recentemente.

fall on

fall on st.

ricorrere in un particolare giorno o in una particolare data
non nella forma passiva; non nei tempi progressivi

• *Prince Charles' birthday falls on the 14th November.* Il compleanno del principe Carlo ricorre il 14 novembre.

fall on/upon

fall on/upon sb.

essere responsabilità di qualcuno (*detto di un compito, un lavoro, un dovere*) [*formale con upon*]
non nella forma passiva; non nei tempi progressivi

• *Household organization usually falls on/upon the wife.* L'organizzazione domestica ricade solitamente sulla moglie.

fall out

fall out

♦ litigare con qualcuno (*e rompere i rapporti*)
non nella forma passiva; solitamente non nei tempi progressivi

• *Jeremy and Joanna have fallen out again, and I'll have to hear their recriminations once more.* Jeremy e Joanna hanno rotto un'altra volta, e io dovrò di nuovo sentire le loro recriminazioni.

♦ cadere (*detto dei denti o dei capelli, spontaneamente o per eventi traumatici*)
non nella forma passiva; anche nei tempi progressivi

• *His hair began to fall out when he was in his thirties and at forty he was already bald.* I capelli cominciarono a cadergli quando era sulla trentina e a quarant'anni era già calvo.

fall over

fall over

♦ cadere al suolo (*detto di persona*)
non nella forma passiva; solitamente non nei tempi progressivi

• *The little boy tripped over his shoelaces and fell over.* Il ragazzino inciampò nei lacci delle scarpe e cadde.

cadere di fianco (*detto di cosa*)
non nella forma passiva; solitamente non nei tempi progressivi

• *The pile of books was too high and fell over.* La pila di libri era troppo alta e cadde.

fall over st.

♦ inciampare in un ostacolo e cadere
non nella forma passiva; solitamente non nei tempi progressivi

• *Every time I walk into the children's room I fall over their toys.* Ogni volta che entro nella camera dei bambini inciampo nei loro giocattoli e finisco a terra.

fall through

fall through

♦ fallire (*detto di un progetto o un accordo*)
non nella forma passiva; non nei tempi progressivi

• *Our holiday plans fell through because of the bad weather.* I nostri progetti per le vacanze andarono a monte per il cattivo tempo.

fall under

fall under st.

rientrare in una categoria
non nella forma passiva; non nei tempi progressivi

• *Computer software and printer cartridges fall under «Office Supplies».* I software per computer e le cartucce per stampanti si trovano sotto la voce «Forniture per ufficio».

cadere sotto il dominio di qualcosa
non nella forma passiva; non nei tempi progressivi

• *During the war, the armaments factories fell under government control.* Durante la guerra le fabbriche di armi passarono sotto il controllo governativo.

fall upon sb. → **fall on/upon sb.**

feel
feels, felt, felt, feeling

feel up

feel up to st.

feel up to doing st.

♦ sentirsi fisicamente e mentalmente in grado di fare qualcosa
non nella forma passiva; anche nei tempi progressivi

• *Do you feel up to a ten-mile hike in the woods?* Te la senti di fare una camminata di dieci miglia in mezzo ai boschi?

• *I have a temperature. I don't feel up to going out.* Ho la febbre. Non me la sento di uscire.

fight
fights, fought, fought, fighting

fight back

fight back

♦ difendersi da un attacco altrui (*fisico o non*)
non nella forma passiva; anche nei tempi progressivi

• *If someone bullies you at school, you've got to fight back.* Se qualcuno ti maltratta a scuola, ti devi difendere.

fight back st.

reprimere un'emozione o la sua espressione
non nella forma passiva; anche nei tempi progressivi

• *There are circumstances in which you must fight back anger and remain calm.* Vi sono circostanze in cui si deve reprimere l'ira e restare calmi.

figure
figures, figured, figured, figuring

figure out

figure out sb. = figure sb. out

capire qualcuno (*compiendo uno sforzo*)
non nella forma passiva; solitamente non nei tempi progressivi

• *I've tried hard to figure James out, but I'm afraid he's a closed book for me.* Ho fatto del mio meglio per capire James, ma temo che per me sia un libro chiuso.

figure out st. = figure st. out

♦ trovare una risposta a qualcosa (*compiendo uno sforzo*)
sia nella forma attiva sia nella passiva; solitamente non nei tempi progressivi

• *You're the one who must figure out the problems in your life, not me!* Sei tu che devi trovare una risposta ai problemi della tua vita, non io!

fill

fills, filled, filled, filling

fill in

fill in sb. = fill sb. in

informare qualcuno
sia nella forma attiva sia nella passiva; anche nei tempi progressivi

• *«What's your new job like?» «Let's meet for a coffee, so I can fill you in.»* «Com'è il tuo nuovo lavoro?» «Incontriamoci per prendere un caffè, così potrò raccontarti tutto.»

fill in st. = fill st. in

♦ compilare un modulo, un questionario, un assegno
sia nella forma attiva sia nella passiva; anche nei tempi progressivi

• *I filled in the application form and sent it off.* Compilai la domanda di assunzione e la spedii.

riempire con un materiale un foro o una fenditura
sia nella forma attiva sia nella passiva; anche nei tempi progressivi

• *The dog digs holes in the garden and then I have to fill them in.* Il cane scava buche in giardino e poi io devo riempirle.

riempire di colore delle figure disegnate
sia nella forma attiva sia nella passiva; anche nei tempi progressivi

• *Betty loves filling in the pictures in her colouring book.* A Betty piace tanto colorare le figure del suo album.

fill out

fill out

ingrassare
non nella forma passiva; anche nei tempi progressivi

• *The boy filled out during the holiday and on his return to school couldn't get into his uniform.* Il ragazzo ingrassò durante le vacanze e al rientro a scuola non riuscì a indossare l'uniforme.

diventare più grosso e più forte (*detto del corpo di qualcuno*)
non nella forma passiva; anche nei tempi progressivi

• *Bobby was tiny till he was four, but now is filling out before my very eyes.* Bobby è stato minuto fino a quattro anni, ma ora si sta irrobustendo a vista d'occhio.

fill out st. = fill st. out

♦ compilare un modulo, un questionario, un assegno [*prevalentemente USA*]
sia nella forma attiva sia nella passiva; anche nei tempi progressivi

• *To enrol on the course we had to fill out a form.* Per iscriverci al corso dovemmo compilare un modulo.

• *Our market research team asks consumers to fill out long questionnaires.* Il nostro gruppo di ricerche di mercato chiede ai consumatori di riempire lunghi questionari.

fill up

fill up

riempirsi (*detto di una stanza o un locale pubblico*)
sia nella forma attiva sia nella passiva; anche nei tempi progressivi

• *This restaurant fills up after midnight.* Questo ristorante si riempie dopo mezzanotte.

fill up sb. = fill sb. up

saziare (*detto di un cibo*)
sia nella forma attiva sia nella passiva; solitamente non nei tempi progressivi

• *I couldn't swallow another crumb. This rice pudding has really filled me up.* Non potrei inghiottire un'altra briciola. Questo budino di riso mi ha proprio rimpinzato.

fill up st. = fill st. up

compilare un modulo o un questionario [*prevalentemente GB*]
sia nella forma attiva sia nella passiva; anche nei tempi progressivi

• *I spent all the morning filling up forms.* Ho passato tutta la mattina a compilare moduli.

colmare una palude o uno stagno
sia nella forma attiva sia nella passiva; anche nei tempi progressivi

• *A century ago this was a marsh, but my grandfather filled it up with earth and stones.* Un secolo fa questa era una palude, ma mio nonno la colmò di terra e pietre.

fill up

fill up st. = fill st. up

♦ riempire un serbatoio o un recipiente

non nella forma passiva; anche nei tempi progressivi

• *We must fill up before leaving for Newcastle.* Dobbiamo fare il pieno prima di partire per Newcastle.

• *Fill it up, please.* (= *Fill her up, please.*) Faccia il pieno, per favore.

sia nella forma attiva sia nella passiva quando c'è il complemento oggetto; anche nei tempi progressivi [*talvolta* + *with*]

• *Rupert filled up the flask with water and put it in his rucksack.* Rupert riempì d'acqua la borraccia e la mise nello zaino.

find

finds, found, found, finding

find against

find against sb./st.

pronunciarsi contro l'imputato (*persona o organizzazione*)
non nella forma passiva; solitamente non nei tempi progressivi

• *The evidence of environmental damage is overwhelming, and the judge will certainly find against the tannery.* Le prove del danno ambientale sono schiaccianti, e il giudice si pronuncerà sicuramente contro la conceria.

find for

find for sb.

pronunciarsi a favore dell'imputato
non nella forma passiva; solitamente non nei tempi progressivi

• *I think the jury will find for the accused, considering that his guilt is not proven beyond all reasonable doubt.* Penso che la giuria emetterà un verdetto favorevole all'imputato, considerando che la sua colpevolezza non è dimostrata oltre ogni ragionevole dubbio.

find out

find out sb. = find sb. out

smascherare un colpevole
sia nella forma attiva sia nella passiva; solitamente non nei tempi progressivi

• *Ah! I've found you out at last!* Ah! Finalmente ti ho pescato!

venire a galla (*detto solitamente di peccati o responsabilità*)
non nella forma passiva; anche nei tempi progressivi

• *Sooner or later his lies will find him out!* Presto o tardi le sue bugie verranno a galla!

find out

find out st. = find st. out

♦ venire a sapere o scoprire qualcosa

non nella forma passiva; solitamente non nei tempi progressivi

• *I borrowed Dad's car, but I parked it in the same position so that he wouldn't find out.* Ho preso l'auto di papà ma l'ho parcheggiata nella stessa posizione in modo che non se ne accorgesse.

sia nella forma attiva sia nella passiva quando c'è il complemento oggetto; solitamente non nei tempi progressivi

• *You can phone the information service to find out the times of trains.* Per sapere gli orari dei treni puoi telefonare all'ufficio informazioni.

finish

finishes, finished, finished, finishing

finish off

finish off

concludere qualcosa (*un pasto o un'attività*)
non nella forma passiva; anche nei tempi progressivi

• *«Are the wedding guests still here?» «Yes, sir, they are finishing off, but we still have to serve coffee and liqueurs.»* «Gli ospiti del banchetto di matrimonio sono ancora qui?» «Sì, signore, stanno finendo, ma dobbiamo ancora servire il caffè e i liquori.»

finish off sb. = finish sb. off

rendere qualcuno così stanco, debole o infelice da non poter più continuare a svolgere le proprie attività (*detto di eventi*) [*informale*]
sia nella forma attiva sia nella passiva; solitamente non nei tempi progressivi

• *The last ten kilometres of the marathon have finished me off.* Gli ultimi dieci chilometri della maratona mi hanno ridotto a uno straccio.

• *The loss of his wife in the car accident finished off Anthony, who has taken a leave of absence.* La perdita della moglie nell'incidente automobilistico ha distrutto Anthony, che ha preso un'aspettativa.

finish off sb./st. = finish sb./st. off

uccidere una persona o un animale (*già gravemente feriti o morenti*)
sia nella forma attiva sia nella passiva; solitamente non nei tempi progressivi

• *The wounded soldier begged his comrades to finish him off.* Il soldato ferito implorò i commilitoni di finirlo.

finish off st. = finish st. off

♦ finire qualcosa che si sta mangiando, bevendo o facendo
sia nella forma attiva sia nella passiva; anche nei tempi progressivi

• *«Mother! Johnny's finishing off all the popcorn!» «Johnny! I thought I told you to share the popcorn with your brother!»* «Mamma! Johnny sta finendo tutto il popcorn!» «Johnny! Pensavo di averti detto di dividere il popcorn con tuo fratello!»

finish up

finish up

finire in un certo posto, o condizione, o stato, o situazione (*solitamente senza averlo programmato*) [*sempre + avverbio e/o preposizione e/o aggettivo; prevalentemente GB e Australia*]
non nella forma passiva; non nei tempi progressivi

• *The thief finished up in prison.* Il ladro finì in prigione.

• *After years of drinking too much she finished up badly.* Dopo anni in cui aveva bevuto troppo finì malamente.

• *If you keep worrying so much, you will finish up a nervous wreck.* Se continui a preoccuparti così tanto, finirai con i nervi a pezzi.

finish up

finish up st. = finish st. up

finire di mangiare o di bere tutto ciò che si ha nel piatto o nel bicchiere

non nella forma passiva; solitamente non nei tempi progressivi

• *If you don't finish up, Charlie, you'll never grow up to be as big as Daddy.* Se non finisci tutto, Charlie, non diventerai mai grande come papà.

sia nella forma attiva sia nella passiva quando c'è il complemento oggetto; solitamente non nei tempi progressivi

• *Finish up your drinks, lads, it's closing time.* Vuotate il bicchiere, ragazzi, è l'ora di chiusura.

finish up doing st.

finire per fare qualcosa (*solitamente senza averlo previsto*) [*GB e Australia*]
non nella forma passiva; non nei tempi progressivi

• *The flights to Zanzibar were all booked up, so I finished up going to Riccione for my holiday.* I voli per Zanzibar erano tutti prenotati, sicché finii per andare in vacanza a Riccione.

finish up with

finish up with st.

finire con qualcosa
non nella forma passiva; solitamente non nei tempi progressivi

• *The school year will finish up with a speech to the students followed by a dinner party.* L'anno scolastico si concluderà con un discorso agli studenti seguito da un pranzo.

finire per ottenere o conquistare qualcosa [*informale*]
non nella forma passiva; non nei tempi progressivi

• *I'm so happy! I finished up with the contract, at last!* Sono così felice! Alla fine ho avuto il contratto!

• *Have you heard? He finished up with first prize!* Hai sentito? Ha finito per aggiudicarsi il primo premio!

finish with

finish with sb.

porre fine a un rapporto sentimentale con qualcuno [*GB e Australia; informale*]
non nella forma passiva; solitamente non nei tempi progressivi

• *Pamela has finished with her new boyfriend already; I wonder how long the next one will last.* Pamela ha già chiuso con il suo nuovo ragazzo; mi domando quanto durerà il prossimo.

smettere di avere a che fare con qualcuno
non nella forma passiva; solitamente non nei tempi progressivi

• *The doctor said: «I'll vaccinate the women as soon as I've finished with the men.»* Il dottore disse: «Vaccinerò le donne non appena avrò finito con gli uomini.»

finish with st.

♦ finire di usare qualcosa (*e non averne più bisogno*)
non nella forma passiva; solitamente non nei tempi progressivi

• *When Sheila had finished with Robert's razor, the blade was completely blunt.* Quando Sheila ebbe finito di usare il rasoio di Robert, la lama aveva completamente perso il filo.

fit

*fits, fitted (*USA talvolta anche fit*), fitted (*USA talvolta anche fig*), fitting*

fit in

fit in

♦ trovarsi a proprio agio con il prossimo
non nella forma passiva; solitamente non nei tempi progressivi

• *What luck! He always fits in so well with everybody!* Che fortuna! Lui si trova sempre così bene con tutti!

armonizzare (*detto di due oggetti o colori*)
non nella forma passiva; solitamente non nei tempi progressivi [*spesso + with*]

• *Hmmm, I'm afraid that this red bag doesn't fit in with the green flowered dress. Either I buy another bag or I buy another dress.* Uhm, ho paura che questa borsa rossa non vada bene col vestito verde a fiori. O compro un'altra borsa, o compro un altro vestito.

entrare in gioco nella realizzazione di un progetto
non nella forma passiva; solitamente non nei tempi progressivi

• *If everything goes well, within one year we'll need somebody who speaks perfect English, and that's where you fit in.* Se tutto va bene, entro un anno avremo bisogno di qualcuno che parli perfettamente l'inglese, ed è lì che entri in gioco tu.

fit in sb./st. = fit sb./st. in

♦ trovare il tempo di incontrare qualcuno o di fare qualcosa
non nella forma passiva; solitamente non nei tempi progressivi

• *I know the doctor is very busy, but I have a terrible toothache. Couldn't you fit me in as soon as possible?* So che il dottore è molto impegnato, ma io ho un mal di denti terribile. Non potrebbe farmi ricevere al più presto?

fit in with

fit in with st.

coincidere dando luogo a una situazione favorevole (*detto di due eventi*)
non nella forma passiva; solitamente non nei tempi progressivi

• *The chance to buy the little adjoining apartment fitted in with the birth of our twins, so we took it like a shot.* L'occasione di acquistare il piccolo appartamento confinante coincise con la nascita dei nostri gemelli, cosicché lo prendemmo al volo.

fit in st. with st. = fit st. in with st.

far coincidere due eventi
non nella forma passiva; solitamente non nei tempi progressivi

• *I'll try to fit in my business trip to Paris with your holidays, darling.* Cercherò di far coincidere il mio viaggio d'affari a Parigi con le tue vacanze, tesoro.

fit out

fit out sb./st. = fit sb./st. out

equipaggiare una persona (*solitamente un soldato o uno sportivo*) o una cosa (*solitamente una nave*) del necessario
sia nella forma attiva sia nella passiva; anche nei tempi progressivi

• *We must fit Timmy out before the school tennis tournament begins.* Dobbiamo equipaggiare Timmy prima che cominci il torneo scolastico di tennis.

• *The ship will be fitted out to face a transoceanic journey.* La nave verrà attrezzata per affrontare un viaggio transoceanico.

fit up

fit up sb. = fit sb. up

addossare un reato a un innocente [*GB; informale*]
sia nella forma attiva sia nella passiva; solitamente non nei tempi progressivi

• *I didn't open that safe, I swear. Somebody is trying to fit me up!* Non ho aperto quella cassaforte, lo giuro. Qualcuno sta cercando di incastrarmi!

fit up sb./st. = fit sb./st. up

provvedere una persona o un luogo (*spesso una casa o una stanza*) del necessario per uno specifico scopo [*prevalentemente GB e Australia*]
sia nella forma attiva sia nella passiva; anche nei tempi progressivi [*spesso + with*]

• *The actress asked her film producer to be fitted up with a white limousine.* L'attrice chiese al suo produttore di dotarla di una limousine bianca.

• *We should fit up the children's room with some shelves to keep their toys tidy.* Dovremmo attrezzare la stanza dei bambini di qualche scaffale per tenere in ordine i loro giocattoli.

---

fix

fixes, fixed, fixed, fixing

fix up

fix up st. = fix st. up

fissare un appuntamento
sia nella forma attiva sia nella passiva; anche nei tempi progressivi

• *I'd like to fix up a meeting with our client to discuss the new project.* Vorrei fissare un incontro con il nostro cliente per parlare del nuovo progetto.

sistemare qualcosa (*per migliorarlo, o affinché risponda a uno scopo preciso*)
sia nella forma attiva sia nella passiva; anche nei tempi progressivi

• *Bob and Jane are fixing up their old cottage in East Anglia.* Bob e Jane stanno sistemando il loro vecchio cottage in East Anglia.

fix sb. up with st.

preparare qualcosa per qualcuno (*solitamente un pasto o un letto*)
non nella forma passiva; anche nei tempi progressivi

• *Would you like me to fix you up with something to eat?* Vuoi che ti prepari qualcosa da mangiare?

• *Can you fix me up with a bed for tonight?* Puoi sistemarmi per questa notte?

flag

flags, flagged, flagged, flagging

flag down

flag down st. = flag st. down

fermare un veicolo (*dal ciglio della strada, agitando le braccia*)
sia nella forma attiva sia nella passiva; anche nei tempi progressivi

• *We'd got a flat tyre and had to flag down a passing vehicle.* Avevamo una gomma a terra, e abbiamo dovuto fermare un veicolo di passaggio.

flare

flares, flared, flared, flaring

flare up

flare up

scoppiare o divampare (*detto di ira, disputa, violenza, panico, tumulto, rivolta*)
non nella forma passiva; anche nei tempi progressivi

• *Living conditions in the prison are very bad, and the warders are afraid that a riot could flare up.* Le condizioni di vita nella prigione sono pessime, e i secondini temono che possa scoppiare una rivolta.

flash

flashes, flashed, flashed, flashing

flash back

flash back

ricordare improvvisamente un avvenimento o un periodo del passato
non nella forma passiva; non nei tempi progressivi [*solitamente + to*]

• *When I chanced on Jane in the underground, my mind flashed back to our school days in Eastbourne.* Quando mi imbattei in Jane nella metropolitana, mi tornarono in mente i nostri giorni di scuola a Eastbourne.

flood

floods, flooded, flooded, flooding

flood in
flood into

flood in
flood into st.

arrivare in grande quantità (*detto della posta*)
non nella forma passiva; anche nei tempi progressivi

• *Ever since that article in the local paper about the new power station project, protest letters to the mayor have been flooding in.* Da quando sul giornale locale è comparso quell'articolo sul progetto di una nuova centrale elettrica, il sindaco è stato inondato di lettere di protesta.

fold

folds, folded, folded, folding

fold away

fold away
fold away st. = fold st. away

piegarsi (*detto di una sedia, un tavolo, un letto, una cuccetta, un treppiede, una bicicletta*) o piegare qualcosa (*solitamente gli stessi*)

non nella forma passiva; non nei tempi progressivi

• *In the cabin the bunks fold away and it becomes a small lounge.* Nella cabina le cuccette si chiudono ed essa si trasforma in un salottino.

sia nella forma attiva sia nella passiva quando c'è il complemento oggetto; anche nei tempi progressivi

• *The gardener folded away the deckchairs and stacked them up in the garage.* Il giardiniere piegò le sedie a sdraio e le impilò nel garage.

fold in
fold into

fold in st. = fold st. in
fold st. into st.

aggiungere un ingrediente a un composto mescolando in modo tale da conservare l'aria che vi è contenuta
sia nella forma attiva sia nella passiva; anche nei tempi progressivi

• *To obtain a very light sponge cake, beat the egg whites stiff and then fold in the flour slowly with a wooden spoon.* Per ottenere un pan di Spagna molto soffice, montate a neve gli albumi e poi incorporate lentamente la farina con un cucchiaio di legno.

fold up

fold up
fold up st. = fold st. up

♦ piegarsi (*detto solitamente di stoffa, carta o sedie*) o piegare qualcosa (*solitamente le stesse*)

non nella forma passiva; solitamente non nei tempi progressivi

• *The pram wheels fold up, and it can be used as a baby's cot.* Le ruote della carrozzina si ripiegano, e può essere usata come lettino.

sia nella forma attiva sia nella passiva quando c'è il complemento oggetto; anche nei tempi progressivi

Mary folded up the clothes and put them into her suitcase. Mary piegò gli abiti e li mise nella valigia.

• *The sheets were folded up by the maid and put away.* Le lenzuola vennero piegate dalla cameriera e messe al loro posto.

follow

follows, followed, followed, following

follow up

follow up st. = follow st. up

far seguire qualcosa a qualcos'altro

sia nella forma attiva sia nella passiva; anche nei tempi progressivi

• *The leader followed up his attack on the Minister by demanding his resignation.* Il leader fece seguire all'attacco al ministro la richiesta che si dimettesse.

G

get

*gets, got, got (*USA gotten*), getting*

get about

get about

♦ viaggiare [*prevalentemente GB e Australia*]
non nella forma passiva; anche nei tempi progressivi

• *She works for the United Nations and she gets about quite a lot.* Lavora per le Nazioni Unite e viaggia moltissimo.

♦ spostarsi (*senza difficoltà, detto specialmente di anziani o convalescenti*) [*prevalentemente GB e Australia*]
non nella forma passiva; anche nei tempi progressivi

• *Grandmother doesn't get about very much now.* Ora la nonna non va molto in giro.

get about swh.

get sb. about swh.

♦ spostarsi (*in città*) [*prevalentemente GB e Australia*]
non nella forma passiva; anche nei tempi progressivi

• *I get about Bologna by bike; by car it's almost impossible.* Mi sposto per Bologna in bici; in auto è quasi impossibile.

get across

get across st. = get st. across

riuscire a comunicare un'idea, un'opinione, un messaggio
non nella forma passiva; solitamente non nei tempi progressivi

• *I tried to make him understand that I didn't want to go out with him, but I don't think I got the message across.* Ho cercato di fargli capire che non volevo uscire con lui, ma non credo che il mio messaggio sia stato recepito.

get after

get after sb.

assillare qualcuno (*affinché faccia o non faccia qualcosa*) [*informale*]
non nella forma passiva; anche nei tempi progressivi

• *I want to get after my boss to persuade him to give me a rise.* Voglio stare appresso al mio capo per persuaderlo a darmi un aumento.

get ahead

get ahead

fare progressi nella propria attività
non nella forma passiva; anche nei tempi progressivi

• *If you don't work hard, you'll never get ahead.* Se non lavori alacremente, non andrai mai avanti.

get ahead of

get ahead of sb./st.

superare la concorrenza (*persona o azienda*)
non nella forma passiva; anche nei tempi progressivi

• *On the international market, the Italian fashion industry has got ahead of many competitors.* Sul mercato internazionale, l'industria italiana della moda ha superato numerosi concorrenti.

fare il sorpasso di un avversario politico (*persona, partito, corrente*)
non nella forma passiva; anche nei tempi progressivi

• *I wonder if at last we'll get ahead of our opponents in this election.* Mi domando se in queste elezioni faremo finalmente il sorpasso dei nostri avversari.

get along

get along

andare d'accordo, o avere rapporti amichevoli, con qualcuno
non nella forma passiva; anche nei tempi progressivi

• *Cats and dogs get along fine if they grow up together.* Gatti e cani vanno d'accordo se crescono insieme.

riuscire in qualcosa
non nella forma passiva; anche nei tempi progressivi

• *Julia got along very well in the interview, and they offered her the job.* Julia se l'è cavata molto bene nel colloquio e le hanno offerto il lavoro.

be getting along

andare via da un luogo (*solitamente perché si ha qualcosa da fare*)
non nella forma passiva; sempre nei tempi progressivi

• *I must be getting along now, or I'll miss the train.* Ora devo proprio andare, o perderò il treno.

procedere (*detto della vita o delle attività di qualcuno*)
non nella forma passiva; sempre nei tempi progressivi

• *How are you getting along?* Come te la passi?

• *How is your work getting along?* Come va il lavoro?

get around

get around

♦ spostarsi (*senza difficoltà, detto specialmente di anziani o convalescenti*)
non nella forma passiva; anche nei tempi progressivi

• *My grandmother is in her nineties now and still gets around easily.* Mia nonna ha una novantina di anni ora e ancora va in giro senza difficoltà.

circolare (*in città*)
non nella forma passiva; anche nei tempi progressivi

• *How can we get around without a car?* Come facciamo a spostarci senza auto?

viaggiare
non nella forma passiva; anche nei tempi progressivi

• *Now that Nigel has retired, he and June are really getting around.* Adesso che Nigel è in pensione, lui e June viaggiano davvero spesso.

diffondersi (*detto di informazioni o notizie*)
non nella forma passiva; anche nei tempi progressivi

• *The actress didn't want the news of her illness to get around.* L'attrice non voleva che la notizia della sua malattia si diffondesse.

get around sb.

convincere qualcuno con le buone
non nella forma passiva; solitamente non nei tempi progressivi

• *Stuart's mother is quite strict, but he knows how to get around her.* La madre di Stuart è molto severa, ma lui sa come prenderla.

get around st.

♦ aggirare un ostacolo (*difficoltà o legge*)
sia nella forma attiva sia nella passiva; solitamente non nei tempi progressivi

• *Perhaps the lawyer will know how to get around this obstacle.* Forse l'avvocato saprà come aggirare questo ostacolo.

get around swh.

get sb. around swh.

spostarsi (*in città*)
non nella forma passiva; anche nei tempi progressivi

• *How can we get around Los Angeles without a car?* Come facciamo a spostarci a Los Angeles senza auto?

get at

get at sb.

perseguitare qualcuno con le proprie critiche [*GB; informale*]
sia nella forma attiva sia nella passiva; solitamente nei tempi progressivi

• *Stop getting at me! I'm doing my best!* Smetti di darmi addosso! Sto facendo del mio meglio!

• *Samantha hates the new school. She says she's always being got at.* Samantha detesta la nuova scuola. Dice che la perseguitano sempre.

get at st.

arrivare a impadronirsi di qualcosa o ad averne la disponibilità
sia nella forma attiva sia nella passiva; solitamente non nei tempi progressivi

• *We have to put everything edible in the fridge otherwise the cat gets at it.* Dobbiamo mettere in frigo qualsiasi cosa sia commestibile altrimenti il gatto ci mette le grinfie.

get away

get away

♦ allontanarsi da una persona, un luogo o un'attività (*che rendono difficile una situazione*)
non nella forma passiva; anche nei tempi progressivi

• *When Mrs Smith buttonholes you, it's very difficult to get away.* Quando la signora Smith ti attacca un bottone, è molto difficile liberarsi.

♦ fuggire
non nella forma passiva; solitamente non nei tempi progressivi

• *The serial killer got away just before the police arrived.* Il pluriomicida fuggì appena prima dell'arrivo della polizia.

prendersi una vacanza (*generalmente perché si ha bisogno di riposare*) [*informale*]
non nella forma passiva; solitamente non nei tempi progressivi

• *You'll have a nervous breakdown if you don't get away for a bit.* Avrai un esaurimento nervoso se non te ne andrai via per un po'.

get away from

get away from st.

sottrarsi a qualcosa di consueto o prevedibile
sia nella forma attiva sia nella passiva; solitamente non nei tempi progressivi

• *That actress would like to get away from her image as a sexy bombshell.* A quell'attrice piacerebbe sottrarsi alla propria immagine di bomba sexy.

can't get away from st.
couldn't get away from st.

non poter negare qualcosa
sempre nella forma negativa; sia nella forma attiva sia nella passiva; non nei tempi progressivi

• *I couldn't get away from the fact that he was a very strange chap.* Non potei negare che fosse un tipo molto strano.

get away with

get away with st.

get away with doing st.

♦ farla franca
non nella forma passiva; solitamente non nei tempi progressivi

• *Theft looks like an easy way to make money, but not many people get away with it.* Il furto sembra un modo facile di fare soldi, ma non molti riescono a farla franca.

ottenere un risultato soddisfacente con mezzi di ripiego
non nella forma passiva; solitamente non nei tempi progressivi

• *Do you think that we must buy something new for Alice or can we get away with one of the five flowerpots we received as a wedding present?* Pensi che dobbiamo proprio comprare qualcosa di nuovo per Alice o possiamo cavarcela con uno dei cinque vasi da fiori che abbiamo ricevuto come regalo di nozze?

get back

get back

get back swh.

♦ fare ritorno in un luogo
non nella forma passiva; solitamente non nei tempi progressivi

• *What time will you get back home tomorrow?* A che ora tornerai a casa domani?

• *I must be getting back now.* Ora devo proprio rientrare.

get sb. back

vendicarsi di qualcuno (*nel linguaggio infantile*) [*informale*]
non nella forma passiva; anche nei tempi progressivi

• *«I'll get you back sooner or later,» Tommy said to his little brother.* «Prima o poi me la pagherai,» disse Tommy al fratellino.

get back st. = get st. back

♦ riavere qualcosa in restituzione
sia nella forma attiva sia nella passiva; solitamente non nei tempi progressivi

• *I often lend friends books but sometimes I don't get them back.* Spesso presto libri agli amici ma talvolta non me li restituiscono.

get back at

get back at sb.

vendicarsi di qualcuno
non nella forma passiva; anche nei tempi progressivi

• *He showed me up in front of the boss, but I'll find a way to get back at him.* Mi ha fatto fare una brutta figura davanti al capo, ma troverò il modo di fargliela pagare.

get back in

get back in

tornare al potere
non nella forma passiva; solitamente non nei tempi progressivi

• *He hasn't been elected this time but I bet he'll get back in next year.* Questa volta non è stato eletto ma scommetto che tornerà al potere il prossimo anno.

get back into

get back into st.

get back into doing st.

riprendere a fare qualcosa che non si faceva da qualche tempo
non nella forma passiva; solitamente non nei tempi progressivi

• *He taught at university for a while, and then decided to get back into research.* Per un po' insegnò all'università, e poi decise di tornare alla ricerca.

get back to

get back to st.

tornare a qualcosa (*che si stava dicendo o facendo*)
non nella forma passiva; solitamente non nei tempi progressivi

• *And now, let's get back to the point!* E ora torniamo all'argomento!

get behind

get behind

♦ rimanere indietro (*nel fare qualcosa o nell'effettuare pagamenti*)
non nella forma passiva; anche nei tempi progressivi

• *If funding doesn't come through for the research programme, I'm afraid we'll get behind.* Se non riceveremo il finanziamento per il programma di ricerca rimarremo indietro, temo.

get between

get between sb.

interporsi fra una persona e i suoi interessi [*sempre + and st.*]
non nella forma passiva; solitamente non nei tempi progressivi

• *Nothing will ever get between me and the theatre!* Nulla si frapporrà mai tra me e il teatro!

get between sb./st.

interporsi fra, o cercare di separare, persone o animali (*in contesa o in pericolo*)
non nella forma passiva; solitamente non nei tempi progressivi

• *When Brian saw Jack threatening the girl with a knife, he bravely got between them.* Quando Brian vide che Jack stava minacciando la ragazza con un coltello, si frappose coraggiosamente tra loro.

get beyond

get beyond sb.

diventare troppo difficile da capire o da fare
non nella forma passiva; anche nei tempi progressivi

• *This book is really getting beyond me.* Questo libro sta diventando davvero troppo difficile per me.

get beyond st.

oltrepassare un certo stadio
non nella forma passiva; solitamente non nei tempi progressivi

• *I started to study modern Greek but I didn't get beyond lesson five.* Ho cominciato a studiare il greco moderno ma non sono andato oltre la quinta lezione.

get by

get by

♦ avere risorse, economiche o non, appena sufficienti a tirare avanti
non nella forma passiva; solitamente non nei tempi progressivi

• *My salary isn't very high but I get by.* Il mio stipendio non è molto alto ma ce la faccio.

♦ affrontare una situazione con mezzi appena sufficienti
non nella forma passiva; solitamente non nei tempi progressivi

• *I don't know how we'll get by if they cut down further on staff.* Non so come ce la caveremo se ridurranno ulteriormente il personale.

get down

get down

♦ mettersi giù (*abbassandosi, inginocchiandosi o stendendosi a terra*)
non nella forma passiva; anche nei tempi progressivi

• *Get down! There's a sniper hiding behind the ruins!* A terra! C'è un cecchino nascosto dietro le rovine!

get sb. down

rendere qualcuno infelice, depresso, malinconico
non nella forma passiva; anche nei tempi progressivi

• *All these worries are getting me down.* Tutte queste preoccupazioni mi stanno deprimendo.

• *His gloominess gets me down.* La sua tetraggine mi immalinconisce.

get down st. = get st. down

prendere nota di qualcosa
non nella forma passiva; anche nei tempi progressivi

• *Rose gets down every single word the professor says.* Rose prende nota di ogni singola parola detta dal professore.

riuscire a ingoiare qualcosa (*con difficoltà*)
non nella forma passiva; anche nei tempi progressivi

• *After having my tonsils out the only thing I could get down was ice cream.* Dopo essermi fatta togliere le tonsille l'unica cosa che riuscivo a ingoiare era il gelato.

get down to

get down to st.

get down to doing st.

♦ mettersi a fare qualcosa (*con serietà e impegno*)
non nella forma passiva; anche nei tempi progressivi

• *I can't get down to work until I've had two nice cups of coffee.* Non riesco a mettermi a lavorare con impegno finché non ho bevuto due buone tazze di caffè.

get in

get in

♦ arrivare a casa o nel luogo di lavoro
non nella forma passiva; solitamente non nei tempi progressivi

• *I can never fall asleep until my daughter gets in.* Non riesco mai ad addormentarmi finché mia figlia non rientra.

♦ arrivare (*detto di un mezzo di trasporto*)
non nella forma passiva; solitamente non nei tempi progressivi

• *What time does the London train get in?* A che ora arriva il treno proveniente da Londra?

• *The plane got in three hours late.* L'aereo è arrivato con tre ore di ritardo.

♦ riuscire a entrare in un appartamento o un edificio
non nella forma passiva; solitamente non nei tempi progressivi

• *I forgot the keys and now I don't know how to get in.* Ho dimenticato le chiavi e ora non so come entrare in casa.

riuscire a farsi accettare da un'università o da una scuola
non nella forma passiva; solitamente non nei tempi progressivi

• *He applied to Harvard but didn't get in.* Fece domanda a Harvard ma non venne accettato.

get in sb. = get sb. in

richiedere la collaborazione di qualcuno al proprio domicilio
non nella forma passiva; solitamente non nei tempi progressivi

• *Let's get the doctor in. Bobby's temperature is up again.* Chiamiamo il dottore. La temperatura di Bobby è di nuovo alta.

get in st. = get st. in

fare provvista di qualcosa
non nella forma passiva; anche nei tempi progressivi

• *I must get in extra bread today because the baker's will be closed tomorrow.* Oggi devo comprare del pane in più perché domani la panetteria sarà chiusa.

riuscire a dire qualcosa interloquendo
non nella forma passiva; solitamente non nei tempi progressivi

• *I couldn't get in a word during the whole meeting.* Non sono riuscito a dire una parola durante tutta la riunione.

get in on

get in on st.

prendere parte a un'attività che altri stanno già svolgendo (*spesso senza essere stati invitati a farlo*) [*informale*]
non nella forma passiva; anche nei tempi progressivi

• *They are privatizing the national oil industry and many multinationals would like to get in on the business.* Stanno privatizzando l'industria nazionale del petrolio e parecchie multinazionali vorrebbero entrare nell'affare.

get in with

get in with sb.

fare amicizia, o entrare in confidenza, con qualcuno (*in genere interessatamente*) [*informale*]
non nella forma passiva; anche nei tempi progressivi

• *He thinks that if he gets in with the boss's daughter it will increase his chance of promotion.* Lui pensa che entrare in confidenza con la figlia del capo aumenterà le sue possibilità di essere promosso.

get into

get into sb./st.

avere effetto sul comportamento di una persona o di un animale [*informale*]
non nella forma passiva; solitamente non nei tempi progressivi

• *What's got into you, now?* Che cosa ti ha preso adesso?

• *What's got into that dog? It won't stop barking.* Che cos'ha quel cane? Non vuole smettere di abbaiare.

get into st.

get sb. into st.

♦ mettersi, o mettere qualcuno, in una situazione difficile (*spesso involontariamente*)
non nella forma passiva; anche nei tempi progressivi

• *He got into a fight on Saturday night.* Sabato notte è rimasto coinvolto in una rissa.

• *He is getting badly into debt with his weakness for gambling.* Si sta cacciando in un mare di debiti con il suo debole per il gioco.

get into st.

entrare in un diverso stato d'animo
non nella forma passiva; anche nei tempi progressivi

• *He's too quick to get into a temper.* È troppo pronto ad adirarsi.

mettersi in una certa condizione
non nella forma passiva; anche nei tempi progressivi

• *«How did Kevin get into gambling debts?» «I think he got into bad company.»* «Com'è che Kevin ha contratto dei debiti di gioco?» «Penso che si sia messo con cattive compagnie.»

riuscire a farsi accettare da un'università o da una scuola
non nella forma passiva; non nei tempi progressivi

• *Did Catherine get into university?* Catherine è riuscita a farsi ammettere all'università?

accedere a un certo genere di lavoro
non nella forma passiva; non nei tempi progressivi

• *I'd like to get into advertising when I finish university.* Mi piacerebbe entrare in pubblicità quando avrò finito l'università.

prendere una nuova abitudine
non nella forma passiva; anche nei tempi progressivi

• *My friend Harriet has got into the habit of studying at night.* La mia amica Harriet ha preso l'abitudine di studiare di notte.

riuscire a indossare i propri abiti [*informale*]
solitamente nella forma negativa; non nella forma passiva; solitamente non nei tempi progressivi

• *I couldn't get into my jeans after washing them in hot water.* Non potei più infilarmi i jeans dopo averli lavati in acqua calda.

get into st.

get into doing st.

iniziare un'attività o prendere interesse per un'attività (*di lavoro o di svago*)
non nella forma passiva; anche nei tempi progressivi

• *I got into yoga after my first journey to the Far East.* Cominciai a interessarmi allo yoga dopo il mio primo viaggio in Estremo Oriente.

get into swh.

arrivare in un luogo (*detto di un treno, un aereo, un natante*) o far arrivare gli stessi in un luogo
non nella forma passiva; solitamente non nei tempi progressivi

• *What time does this train get into Manchester?* A che ora questo treno arriva a Manchester?

• *The small Cessna got into the airport safely in spite of the hailstorm.* Il piccolo Cessna arrivò sano e salvo in aeroporto nonostante la tempesta di grandine.

get off

get off

♦ partire
non nella forma passiva; anche nei tempi progressivi

• *We got off at five and covered a hundred miles before breakfast.* Siamo partiti alle cinque e abbiamo percorso cento miglia prima di colazione.

♦ andare via da un luogo
non nella forma passiva; anche nei tempi progressivi

• *I must be getting off now, or I'll be late.* Ora devo andarmene, o sarò in ritardo.

get off
get sb. off
get off st.
get sb. off st.

♦ evitare di essere punito o accusato, o aiutare qualcuno a farlo
non nella forma passiva; solitamente non nei tempi progressivi

• *He wouldn't have got off if it hadn't been for his father.* Non ne sarebbe venuto fuori se non fosse stato per suo padre.

get off
get off st.

♦ scendere da un mezzo di trasporto o da un animale
non nella forma passiva; solitamente non nei tempi progressivi

• *Excuse me, I have to get off at the next stop.* Scusi, devo scendere alla prossima fermata.

♦ uscire dal luogo in cui si lavora (*solitamente al termine della giornata lavorativa*)
non nella forma passiva; non nei tempi progressivi

• *If I can get off early, I'll come with you to the doctor's.* Se potrò uscire presto, verrò con te dal dottore.

get on

get on

♦ andare d'accordo o avere rapporti amichevoli con qualcuno [*prevalentemente GB e Australia*]
non nella forma passiva; anche nei tempi progressivi

• *How are you and your new colleague getting on?* Come va tra te e la tua nuova collega?

cavarsela in una data situazione
non nella forma passiva; spesso nei tempi progressivi

• *Judy is getting on nicely at school.* Judy se la cava bene a scuola.

continuare a fare qualcosa (*soprattutto il proprio lavoro o i compiti*)
non nella forma passiva; anche nei tempi progressivi [*solitamente + with*]

• *Betty, stop talking and get on with your homework!* Betty, smetti di chiacchierare e va' avanti con i compiti!

avere successo nel lavoro [*prevalentemente GB e Australia*]
non nella forma passiva; anche nei tempi progressivi

• *You won't get on unless you stop criticizing the boss.* Non andrai avanti se non smetterai di criticare il capo.

get on

get on st.

♦ salire su un mezzo di trasporto o su un animale
non nella forma passiva; anche nei tempi progressivi

• *The ferry is already here. Let's get on.* Il traghetto è già qui. Saliamo.

be getting on

essere avanti con gli anni [*informale*]
non nella forma passiva; sempre nei tempi progressivi

• *Granddad's getting on but he's still very active.* Il nonno è avanti con gli anni ma è ancora molto attivo.

trascorrere (*detto del tempo*) [*prevalentemente GB e Australia; informale*]
non nella forma passiva; sempre nei tempi progressivi

• *Time's getting on and Charlie still hasn't appeared.* Il tempo passa e Charlie non si è ancora visto.

get on at

get on at sb.

criticare pesantemente qualcuno
non nella forma passiva; anche nei tempi progressivi

• *You're always getting on at me; in your opinion, I can never do anything right.* Sono continuamente bersagliata dalle tue critiche; secondo te, non riesco mai a farne una giusta.

get on for

be getting on for st.

♦ avvicinarsi a un certo numero (*elevato*), a una certa quantità (*elevata*) o a una certa ora (*tarda*) [*GB e Australia*]
non nella forma passiva; sempre nei tempi progressivi

• *There were getting on for twenty thousand spectators at the football match.* C'erano quasi ventimila spettatori alla partita di calcio.

get on to

get onto

get on to sb.

get onto sb.

rivolgersi a qualcuno (*affinché faccia qualcosa per conto nostro*)
non nella forma passiva; solitamente non nei tempi progressivi

• *If you need a hand with the translation, get on to/get onto Gabby; she's perfectly bilingual.* Se hai bisogno di una mano per la traduzione, rivolgiti a Gabby; lei è perfettamente bilingue.

get on to sb./st.

get onto sb./st.

da parte di un'autorità, identificare gli autori di attività clandestine o comportamenti illeciti, o scoprire tali attività o comportamenti
non nella forma passiva; solitamente non nei tempi progressivi

• *The drug squad has got on to/got onto the pushers, but it is unlikely they can get on to/get onto drug-traffickers.* La squadra narcotici ha identificato gli spacciatori, ma è improbabile che possano risalire ai trafficanti.

get on to st.

get onto st.

passare o arrivare a un argomento
non nella forma passiva; solitamente non nei tempi progressivi

• *At dinner I was sitting near the manager and would have wanted to speak to him about a rise in my salary, but I didn't know how to get on to/get onto that subject.* A cena ero seduto accanto al direttore e avrei voluto parlargli del mio aumento di stipendio, ma non sapevo come passare a quell'argomento.

diventare membro di un comitato o un'organizzazione
non nella forma passiva; solitamente non nei tempi progressivi

• *How did Smith get on to/get onto the committee?* Come ha fatto Smith a entrare nel comitato?

get out

get out

♦ scendere da un automezzo
non nella forma passiva; anche nei tempi progressivi

• *The coach stopped at a motorway restaurant and we all got out to have a coffee and to stretch our legs.* Il pullman si fermò a un autogrill e tutti scendemmo per prendere un caffè e sgranchirci le gambe.

♦ uscire di casa (*per svago*)
non nella forma passiva; anche nei tempi progressivi

• *Aunt Amanda doesn't get out much now because of her arthritis.* Ora la zia Amanda non esce molto per via della sua artrite.

trapelare (*detto di informazioni o notizie che si vorrebbero tenere segrete*)
non nella forma passiva; anche nei tempi progressivi

• *The authorities didn't want the news of the nuclear accident to get out.* Le autorità non volevano che la notizia dell'incidente nucleare trapelasse.

get out

get sb./st. out

♦ uscire o fuggire da un posto, o aiutare una persona o un animale a farlo
non nella forma passiva; anche nei tempi progressivi

• *Shut the door when you come in; I don't want the cat to get out.* Chiudi la porta quando entri; non voglio che il gatto scappi.

get out st. = get st. out

smacchiare un tessuto
sia nella forma attiva sia nella passiva; anche nei tempi progressivi

• *Coffee stains can be got out by soaking the tablecloth in cold water.* Le macchie di caffè possono essere tolte dalla tovaglia mettendola a bagno nell'acqua fredda.

riuscire a dire qualcosa (*specialmente quando, per qualche ragione, è difficile*)
non nella forma passiva; solitamente non nei tempi progressivi

• *Jennifer was crying so much that she could hardly get the words out.* Jennifer piangeva tanto da non riuscire quasi a parlare.

rendere disponibile un prodotto sul mercato o presentarlo al pubblico
non nella forma passiva; solitamente non nei tempi progressivi

• *The publisher wants to get the book out for Christmas.* L'editore vuole far uscire il libro per Natale.

get out of

get sb. out of st.

aiutare qualcuno a evitare qualcosa di sgradevole
sia nella forma attiva sia nella passiva; solitamente non nei tempi progressivi

• *I'll make one or two phone calls to the right people to see if I can get you out of this embarrassing situation.* Farò un paio di telefonate alle persone giuste per vedere se posso evitarti questa situazione imbarazzante.

get st. out of sb.

♦ persuadere o costringere qualcuno a dire o a dare qualcosa
sia nella forma attiva sia nella passiva; anche nei tempi progressivi

• *Johnny knows how to get whatever he wants out of his mother.* Johnny sa come ottenere dalla madre qualsiasi cosa voglia.

get out of st.

perdere un'abitudine
non nella forma passiva; anche nei tempi progressivi

• *I used to get up very early, but now I've got out of it.* Una volta avevo l'abitudine di alzarmi molto presto, ma ora l'ho persa.

get out of st.

get out of doing st.

♦ evitare qualcosa (*un compito o un dovere*)
non nella forma passiva; solitamente non nei tempi progressivi

• *Ivan always manages to get out of his share of the work.* Ivan riesce sempre a evitare la sua parte di lavoro.

get st. out of st.

get st. out of doing st.

trarre piacere o utilità da qualcosa
sia nella forma attiva sia nella passiva; anche nei tempi progressivi

• *The computer course was expensive, but I think we got a lot out of it.* Il corso di computer era costoso, ma penso che ci sia stato molto utile.

get over

get over sb.

smettere di pensare costantemente a una persona dalla quale ci si è dovuti separare
non nella forma passiva; anche nei tempi progressivi

• *It took me months to get over the boy I had met during the summer holiday.* Mi ci sono voluti mesi per dimenticare il ragazzo che avevo conosciuto durante la vacanza estiva.

get over st.

♦ sentirsi meglio dopo una triste esperienza
non nella forma passiva; solitamente non nei tempi progressivi

• *How will these children ever be able to get over their experience of war?* Come potranno mai questi bambini superare l'esperienza della guerra?

♦ sentirsi meglio dopo una malattia
non nella forma passiva; solitamente non nei tempi progressivi

• *It took me a few weeks to get over my influenza.* Mi ci vollero alcune settimane per riprendermi dall'influenza.

trovare una soluzione a un problema
non nella forma passiva; solitamente non nei tempi progressivi

• *They'll have to get over a number of technical problems if they want to shoot an action-packed film in the city centre.* Dovranno risolvere un certo numero di problemi tecnici se vogliono girare un film d'azione in centro.

superare una difficoltà psicologica
non nella forma passiva; solitamente non nei tempi progressivi

• *You'll have to get over your shyness if you want to sing in public.* Dovrai vincere la tua timidezza se vorrai cantare in pubblico.

get over st. = get st. over

riuscire a comunicare idee o concetti
non nella forma passiva; solitamente non nei tempi progressivi

• *He has the ability to get over his ideas using humour instead of long speeches.* Ha la capacità di comunicare le proprie idee servendosi dell'umorismo invece che di lunghi discorsi.

get over st.

get over sb. doing st.

passare sopra qualcosa (*che ci dispiace o ci addolora, o che disapproviamo*)
sia nella forma attiva sia nella passiva; solitamente non nei tempi progressivi

• *Wendy can't get over her husband's passion for poker.* Wendy non riesce a digerire la passione di suo marito per il poker.

can't get over st.

can't get over doing st.

couldn't get over st.

couldn't get over doing st.

stentare a credere a qualcosa (*che ci appare sorprendente o assurdo*) [*informale*]
sempre nella forma negativa; non nella forma passiva; non nei tempi progressivi

• *I can't get over how tall this little girl has become!* È incredibile quanto è diventata alta questa bambina!

get over with

get st. over with

fare e completare qualcosa di difficile o spiacevole (*ma pressoché inevitabile*)
non nella forma passiva; solitamente non nei tempi progressivi

• *I can't wait to get the spring cleaning over with.* Non vedo l'ora di finire le pulizie primaverili.

get round

get round

diffondersi (*detto di notizie o informazioni*) [*prevalentemente GB e Australia*]
non nella forma passiva; spesso nei tempi progressivi

• *The news of the actors'secret wedding got round in no time.* La notizia del matrimonio segreto tra i due attori si è diffusa in un lampo.

get round st.

♦ aggirare un ostacolo (*difficoltà o legge*) [*prevalentemente GB e Australia*]
sia nella forma attiva sia nella passiva; solitamente non nei tempi progressivi

• *Our project will work if the question of the permits can be got round.* Il nostro progetto funzionerà se la questione dei permessi potrà essere aggirata.

get somewhere

get somewhere
get sb. somewhere

raggiungere un risultato positivo o condurre a un risultato positivo [*informale*]
non nella forma passiva; anche nei tempi progressivi

• *I am so happy about your promotion, Owen! I was sure you would get somewhere!* Sono così contenta della tua promozione, Owen! Ero sicura che avresti dato una buona riuscita!

get through

get through

♦ riuscire a mettersi in comunicazione telefonica con qualcuno
non nella forma passiva; solitamente non nei tempi progressivi

• *I've been trying to phone our Tokyo office, but I still can't get through.* Ho cercato di telefonare al nostro ufficio di Tokyo, ma non sono ancora riuscito a mettermi in comunicazione.

get through st.

finire qualcosa (*solitamente cibi, bevande o denaro*) o usarlo in grande quantità [*prevalentemente GB e Australia*]
non nella forma passiva; solitamente non nei tempi progressivi

• *He said he wasn't hungry but he got through a huge bag of chips.* Ha detto di non avere fame ma si è mangiato un enorme pacchetto di patatine fritte.

get through st.
get sb. through st.

♦ superare un'esperienza difficile o sgradevole, o aiutare qualcuno a farlo
non nella forma passiva; solitamente non nei tempi progressivi

• *The weaker animals will not get through the winter.* Gli animali più deboli non supereranno l'inverno.

get through st.
get sb./st. through st.

♦ riuscire in un esame o in una competizione, o aiutare qualcuno a farlo
non nella forma passiva; solitamente non nei tempi progressivi

• *Sheila got through her driving test the first time and was very proud of it.* Sheila superò l'esame di guida la prima volta che lo diede e ne fu molto orgogliosa.

get through
get through st.
get st. through st.

essere approvata (*detto di una legge o di una proposta*) o adoprarsi affinché una legge o una proposta venga approvata
non nella forma passiva; solitamente non nei tempi progressivi

• *I'm sure that my proposal will get through.* Sono sicuro che la mia proposta passerà.

• *The law got through Parliament in record time.* La legge venne approvata dal Parlamento in tempo record.

get through to

get through to sb.

comunicare con qualcuno (*in senso figurato*)
solitamente nella forma negativa; non nella forma passiva; solitamente non nei tempi progressivi

• *I can't get through to my son any more.* Non riesco più a comunicare con mio figlio.

get through to st.

riuscire a superare uno stadio in una competizione (*sportiva o non, raggiungendo il successivo*)
non nella forma passiva; solitamente non nei tempi progressivi

• *He won the match and got through to the semifinal.* Ha vinto il match ed è entrato in semifinale.

• *There were nine applicants for the position. I got through to the second interview but not through to the third.* I candidati al posto erano nove. Io sono arrivato al secondo colloquio ma non al terzo.

get st. through to sb.

far capire qualcosa a qualcuno
solitamente nella forma negativa; non nella forma passiva; solitamente non nei tempi progressivi

• *I tried to explain my point of view but I couldn't get it through to them.* Ho cercato di spiegare il mio punto di vista ma non sono riuscito a farglielo capire.

get to

get to

essere andato a finire (*detto di qualcuno che si aspettava e che non è arrivato o di qualcosa che non si trova più*) [*informale*]
sempre nella forma interrogativa, diretta o indiretta; non nella forma passiva; solitamente non nei tempi progressivi

• *Where did you get to? I was looking for you high and low!* Dove ti eri cacciato? Ti ho cercato per mare e per terra!

• *I wonder where Malcolm has got to. He should have been home an hour ago.* Mi domando dove sia finito Malcolm. Avrebbe dovuto essere a casa un'ora fa.

get to sb.

irritare o infastidire qualcuno (*detto di persona o cosa*) [*informale*]
non nella forma passiva; solitamente non nei tempi progressivi

• *His way of interrupting gets to me.* Il suo modo di interrompere mi esaspera.

get to doing st.

cominciare a fare qualcosa
non nella forma passiva; non nei tempi progressivi

• *When do you think you can get to mending the fence, Joe?* Quando pensi di poterti mettere a riparare la staccionata, Joe?

get together

get together

dare inizio a un rapporto sentimentale
non nella forma passiva; solitamente non nei tempi progressivi

• *Why don't you and Jerry get together? You're made for each other.* Perché tu e Jerry non vi mettete insieme? Siete fatti l'uno per l'altra.

get together

get together sb. = get sb. together

♦ incontrarsi, o far incontrare qualcuno, per svolgere un'attività o per trascorrere il tempo insieme
non nella forma passiva; solitamente non nei tempi progressivi

• *Next time you come to town, we must get together and have a drink.* La prossima volta che vieni in città, dobbiamo incontrarci e andare a bere qualcosa.

get together st. = get st. together

riunire più oggetti
sia nella forma attiva sia nella passiva; anche nei tempi progressivi

• *Get your things together; we must leave at once.* Raccogli le tue cose; dobbiamo andarcene immediatamente.

raccogliere del materiale
sia nella forma attiva sia nella passiva; anche nei tempi progressivi

• *The police are getting together the evidence against him.* La polizia sta raccogliendo le prove contro di lui.

racimolare il denaro necessario per fare qualcosa
sia nella forma attiva sia nella passiva; anche nei tempi progressivi

• *If we can get the money together, we'll go to Australia for our holidays.* Se riusciamo a racimolare il denaro, andremo in Australia per le vacanze.

get oneself together

riprendere il controllo delle proprie emozioni
sempre nella forma riflessiva; solitamente non nei tempi progressivi

• *Stop crying and get yourself together. I'm sure we'll be able to find a way out.* Smetti di piangere e controllati. Sono certo che riusciremo a trovare una via di uscita.

get up

get up

♦ alzarsi in piedi
non nella forma passiva; anche nei tempi progressivi

• *The boy got up and offered his seat to the elderly lady.* Il ragazzo si alzò e offrì il posto a sedere all'anziana signora.

get sb. up

travestire qualcuno [*informale*]
sia nella forma attiva sia nella passiva; solitamente non nei tempi progressivi [*solitamente + as*]

• *We got Dad up as a dinosaur for the children's party.* Per la festa dei bambini abbiamo travestito papà da dinosauro.

get up

get sb. up

♦ alzarsi dal letto, o far alzare qualcuno dal letto (*dopo il risveglio o dopo una malattia*)

non nella forma passiva; anche nei tempi progressivi

• *I usually get up at seven o'clock sharp.* Solitamente mi alzo alle sette in punto.

sia nella forma attiva sia nella passiva quando c'è il complemento oggetto; anche nei tempi progressivi

• *Diana always has a cup of coffee before she gets the children up.* Diana prende sempre una tazza di caffè prima di far alzare i bambini.

get up st. = get st. up

organizzare o preparare qualcosa
sia nella forma attiva sia nella passiva; anche nei tempi progressivi

• *What about getting up a party for your birthday?* Che ne dici di organizzare una festa per il tuo compleanno?

get oneself up

vestirsi in modo eccessivamente elegante (*talvolta rendendosi ridicoli*) [*informale*]
sempre nella forma riflessiva; solitamente non nei tempi progressivi

• *There was no need to get yourself up. We're only going to eat a pizza!* Non era necessario che ti mettessi in ghingheri. Andiamo solo a mangiare una pizza!

get up to

get up to st.

♦ fare o architettare una marachella (*detto di bambini, giovani o animali domestici*) [*prevalentemente GB e Australia*]
non nella forma passiva; anche nei tempi progressivi

• *I always know the children are getting up to something when they're so quiet.* Quando i bambini sono così tranquilli so sempre che stanno architettando qualche bricconata.

arrivare a un certo punto di qualcosa (*e fermarsi lì*)
non nella forma passiva; solitamente non nei tempi progressivi

• *I got up to the last chapter before discovering that the last two pages were missing.* Sono arrivato all'ultimo capitolo prima di accorgermi che mancavano le ultime due pagine.

give

gives, gave, given, giving

give away

give away sb. = give sb. away

denunciare qualcuno
sia nella forma attiva sia nella passiva; solitamente non nei tempi progressivi

• *His accomplices gave Raoul away to the police.* I suoi complici denunciarono Raoul alla polizia.

condurre la sposa all'altare
sia nella forma attiva sia nella passiva; anche nei tempi progressivi

• *As her father was ill, the bride was given away by her eldest brother.* Poiché il padre era malato, la sposa venne accompagnata all'altare dal fratello maggiore.

give away sb./st. = give sb./st. away

♦ tradirsi (*attraverso un'azione o un atteggiamento*) o rivelare qualcosa – che, spesso, si voleva tenere segreto – riguardante qualcuno (*detto di un'azione o un atteggiamento*)
sia nella forma attiva sia nella passiva; anche nei tempi progressivi

• *The alien was given away by his red eyes.* L'alieno venne tradito dai suoi occhi rossi.

• *She pretended to be self-confident, but her stammering gave her away.* Fingeva di avere fiducia in sé, ma il fatto che si fosse messa a balbettare la tradì.

affidare a qualcuno un bambino piccolo o un animale affinché lo tenga con sé e lo allevi [*GB e Australia; informale*]
sia nella forma attiva sia nella passiva; solitamente non nei tempi progressivi

• *In the past, many unmarried mothers were practically forced to give away their children.* In passato, molte madri nubili erano praticamente costrette a dar via i propri bambini.

• *I'm trying to give away two of the four puppies of the new litter.* Sto cercando di dar via due dei quattro piccoli della nuova cucciolata.

give away st. = give st. away

♦ dare gratuitamente qualcosa a qualcuno
sia nella forma attiva sia nella passiva; anche nei tempi progressivi

• *The petrol station is giving away travelling bags as a promotion.* Al distributore di benzina regalano borse da viaggio a scopo promozionale.

rivelare (*spesso inavvertitamente*) qualcosa che sarebbe dovuto restare segreto
sia nella forma attiva sia nella passiva; anche nei tempi progressivi

• *We had organized a surprise party, but Mary gave it away.* Avevamo organizzato una festa a sorpresa, ma Mary ha raccontato tutto.

give back

give sb. back st.

give st. back to sb.

♦ restituire qualcosa a qualcuno
non nella forma passiva; solitamente non nei tempi progressivi

• *Can you give me back the scarf I lent you last month?* Puoi restituirmi la sciarpa che ti prestai il mese scorso?

give sb. st. back

give sb. back st.

♦ restituire a qualcuno ciò che ha perso (*detto in senso figurato*)
sia nella forma attiva sia nella passiva; solitamente non nei tempi progressivi

• *Rehabilitation couldn't give him the use of his legs back.* La riabilitazione non poté restituirgli l'uso delle gambe.

give in

give in

♦ cedere alle richieste di qualcuno (*solitamente dopo aver rifiutato a lungo*)
non nella forma passiva; solitamente non nei tempi progressivi

• *When Doris asked her father to buy her a scooter, at first he refused but in the end he gave in.* Quando Doris chiese a suo padre di comprarle uno scooter, da principio lui rifiutò ma alla fine cedette.

♦ accettare di essere stato sconfitto in un confronto intellettuale o fisico
non nella forma passiva; solitamente non nei tempi progressivi

• *No, I don't know the answer. I give in. Tell me.* No, non so la risposta. Mi arrendo. Dimmela.

• *Molly's parents tried to reason with her, but she wouldn't give in.* I genitori di Molly cercarono di ragionare con lei, ma lei non si lasciò convincere.

give in st. = give st. in

♦ consegnare uno scritto (*come un compito, un documento o un modulo*)
sia nella forma attiva sia nella passiva; anche nei tempi progressivi

• *I must give in my homework tomorrow morning.* Devo consegnare il mio compito a casa domattina.

• *Sharon will give in her resignation at the end of the month.* Sharon rassegnerà le dimissioni alla fine del mese.

give in to

give in to st.

abbandonarsi a un'emozione, a un desiderio, al destino
non nella forma passiva; solitamente non nei tempi progressivi

• *When Max lost his job, he almost gave in to despair and depression.* Quando Max perse il lavoro, fu prossimo ad abbandonarsi alla disperazione e alla depressione.

give off

give off st. = give st. off

emettere luce, calore, gas, fumo, odore
sia nella forma attiva sia nella passiva; anche nei tempi progressivi

• *The old car gave off clouds of black exhaust fumes.* La vecchia auto emetteva nuvole di fumo nero di scappamento.

lasciar trasparire qualcosa di sé
non nella forma passiva; solitamente non nei tempi progressivi

• *As a teenager she used to be shy and awkward, but now she gives off an air of self-confidence.* Da adolescente era timida e impacciata, ma ora lascia trasparire la fiducia che ha in sé.

give on/onto/upon

give on/onto/upon st.

affacciarsi su un luogo (*detto di una porta, una finestra o una stanza*) [*formale con upon; prevalentemente GB e Australia*]
non nella forma passiva; non nei tempi progressivi

• *The French windows give on/onto/upon a big garden, while the kitchen door gives on/onto/upon a little courtyard.* Le portefinestre si affacciano su un ampio giardino, mentre la porta della cucina dà su un piccolo cortile.

give out

give out

esaurirsi (*detto di provviste o delle risorse mentali o fisiche di qualcuno*)
non nella forma passiva; anche nei tempi progressivi

• *During Amundsen's expedition the food supplies gave out and the men had to kill and eat the dogs.* Durante la spedizione di Amundsen le scorte di cibo finirono e gli uomini dovettero uccidere i cani e nutrirsene.

smettere di funzionare (*detto di qualcosa che è esaurito, troppo vecchio, danneggiato, logoro*)
non nella forma passiva; anche nei tempi progressivi

• *My cellphone battery gave out in the middle of the conversation.* La batteria del mio cellulare si è scaricata nel bel mezzo della conversazione.

• *The clutch of the old van gave out half way up the hill.* La frizione del vecchio furgone si guastò a metà della salita.

give out st. = give st. out

♦ distribuire qualcosa a più persone
sia nella forma attiva sia nella passiva; anche nei tempi progressivi

• *The supermarket is giving out free ballpoint pens on Saturdays.* Ogni sabato il supermercato distribuisce penne a sfera in omaggio.

dare una comunicazione al pubblico
anche nella forma attiva, ma più spesso nella passiva; solitamente non nei tempi progressivi

• *The news won't be given out until next week.* La notizia non verrà resa nota fino alla prossima settimana.

give over to

give over sb./st. to sb. = give sb./st. over to sb.

affidare a qualcuno (*che se ne assume la responsabilità*) una persona o una cosa
sia nella forma attiva sia nella passiva; solitamente non nei tempi progressivi

• *When they divorced, the children were given over to their mother.* Quando divorziarono, i bambini vennero affidati alla madre.

give oneself over to st.

give oneself over to doing st.

dedicarsi totalmente a qualcosa
sempre nella forma riflessiva; non nei tempi progressivi

• *I want to give myself over to total relaxation next holiday.* Alla prossima vacanza voglio darmi al riposo totale.

be given over to st.

be given over to doing st.

essere dedicato allo svolgimento di una certa attività
sempre to be + participio passato; non nei tempi progressivi

• *The new wing of the hospital has been given over to the paediatric department.* La nuova ala dell'ospedale è stata adibita a reparto pediatrico.

give up

give up

♦ rinunciare a trovare la risposta a una domanda o a un indovinello
non nella forma passiva; non nei tempi progressivi

• *If you can answer the question correctly you get two points, but if you answer wrongly or give up you lose three.* Se riesci a rispondere correttamente alla domanda guadagni due punti, ma se sbagli o rinunci ne perdi tre.

give up sb. = give sb. up

affidare a qualcuno il proprio figlio (*affinché lo allevi e lo educhi*)
sia nella forma attiva sia nella passiva; solitamente non nei tempi progressivi

• *I won't give up my children to someone else's care.* Non lascerò i miei figli alle cure di un'altra persona.

mettere fine a una relazione sentimentale con qualcuno
sia nella forma attiva sia nella passiva; solitamente non nei tempi progressivi

• *Sheila gave up Frank because of his bad temper.* Sheila lasciò Frank a causa del suo cattivo carattere.

mettere fine a un'amicizia con qualcuno
sia nella forma attiva sia nella passiva; solitamente non nei tempi progressivi

• *Alice wanted Robert to give up all his friends before they got married.* Alice pretese che Robert si allontanasse da tutti i suoi amici prima del matrimonio.

give up st. = give st. up

dedicare il proprio tempo alla prestazione di un servizio (*di utilità pubblica o non*)
sia nella forma attiva sia nella passiva; anche nei tempi progressivi

• *Shannon gave up her whole weekend to help us when we moved house.* Shannon dedicò l'intero fine settimana ad aiutarci quando traslocammo.

smettere di possedere o di usare qualcosa
sia nella forma attiva sia nella passiva; solitamente non nei tempi progressivi

• *We'll have to give up the second car now that the price of petrol has increased again.* Dovremo rinunciare alla seconda auto ora che il prezzo della benzina è di nuovo aumentato.

give up st. = give st. up

give up doing st.

♦ abbandonare un'attività svolta regolarmente
sia nella forma attiva sia nella passiva; solitamente non nei tempi progressivi

• *After having the baby, she gave up her job.* Dopo avere avuto il bambino, lei lasciò il suo lavoro.

give up

give up st. = give st. up

give up doing st.

♦ perdere una cattiva abitudine o smettere di fare qualcosa nocivo per la salute
non nella forma passiva; solitamente non nei tempi progressivi

• *No whisky for me, thanks. I've given up.* Niente whisky per me, grazie. Ho smesso.

♦ rinunciare a qualcosa (*solitamente perché troppo difficile da fare o da ottenere*)
non nella forma passiva; solitamente non nei tempi progressivi

• *The athlete had to give up because he tripped and sprained his ankle.* L'atleta dovette abbandonare perché inciampò e si slogò la caviglia.

give oneself up

♦ consegnarsi a un'autorità
sempre nella forma riflessiva; solitamente non nei tempi progressivi

• *His conscience troubled him so much that he decided to give himself up.* La sua coscienza lo tormentava a tal punto che decise di consegnarsi.

give upon st. → give on/onto/upon st.

go

goes, went, gone, going

go about

go about

diffondersi (*detto di una malattia*) [*prevalentemente GB*]
non nella forma passiva; solitamente nei tempi progressivi

• *There are always a lot of colds going about in October.* In ottobre c'è sempre in giro parecchio raffreddore.

diffondersi (*detto di una notizia o di una voce*) [*prevalentemente GB*]
non nella forma passiva; solitamente nei tempi progressivi

• *Disquieting rumours are going about regarding the millionaire's mysterious death.* Si stanno diffondendo voci inquietanti sulla misteriosa morte del miliardario.

andare in giro vestito in un certo modo [*sempre + avverbio e/o preposizione e/o aggettivo; prevalentemente GB*]
non nella forma passiva; anche nei tempi progressivi

• *In Rome last March everyone went about in jackets.* A Roma, lo scorso marzo, tutti andavano in giro con la giacca.

go about doing st.

andare in giro comportandosi in modo sgradevole per il prossimo [*prevalentemente GB*]
non nella forma passiva; solitamente non nei tempi progressivi

• *Greta goes about spreading rumours all the time.* Greta non smette mai di diffondere pettegolezzi.

go about st.

go about doing st.

cominciare a fare qualcosa o a occuparsi di qualcosa
spesso nella forma interrogativa, diretta o indiretta; non nella forma passiva; solitamente non nei tempi progressivi

• *Can you help me? I don't know how to go about this job.* Puoi aiutarmi? Non so come affrontare questo lavoro.

go about together
go about with

go about together

go about with sb.

uscire regolarmente con qualcuno [*prevalentemente GB*]
non nella forma passiva; anche nei tempi progressivi

• *The three brothers always go about together at weekends.* I tre fratelli escono sempre insieme i fine settimana.

go after

go after sb.

♦ rincorrere qualcuno (*per raggiungerlo*)
non nella forma passiva; anche nei tempi progressivi

• *Joan left the room sobbing, but her fiancé went after her immediately.* Joan lasciò la stanza singhiozzando, ma il suo fidanzato la rincorse immediatamente.

go against

go against sb./st.

opporsi ai desideri o ai consigli di qualcuno
non nella forma passiva; solitamente non nei tempi progressivi

• *If you go against your boss, you'll never get promotion.* Se ti metti contro il tuo capo, non otterrai mai una promozione.

go against st.

essere contrario o comportarsi in modo contrario a una regola o a un principio
non nella forma passiva; non nei tempi progressivi

• *The referee's decision went against the football league regulations, and was later contested.* La decisione dell'arbitro era contraria alle regole della federazione calcistica, e in seguito venne contestata.

go ahead

go ahead

♦ andare avanti con qualcosa (*a volte, dopo aver superato qualche difficoltà*)
non nella forma passiva; anche nei tempi progressivi

• *«If you're all ready we'll go ahead, ladies,» said the chorus master.* «Se siete tutte pronte proseguiamo, signore,» disse il maestro del coro.

♦ si dice per dare a una persona il permesso di fare qualcosa [*informale*]
non nella forma passiva; solitamente non nei tempi progressivi

• *«Can I switch on the TV? «Of course, go ahead.»* «Posso accendere la tivù?» «Ma certo, fai pure.»

♦ svolgersi (*detto di un evento, nonostante le difficoltà*)
non nella forma passiva; anche nei tempi progressivi

• *The summit conference is going ahead in spite of the thousands of demonstrators in the square.* La conferenza al vertice si sta svolgendo nonostante le migliaia di dimostranti nella piazza.

♦ progredire
non nella forma passiva; anche nei tempi progressivi

• *Is this work going ahead?* Questo lavoro progredisce?

go along

go along

♦ recarsi in un luogo (*solitamente senza averlo programmato*)
non nella forma passiva; anche nei tempi progressivi

• *«Mary's in hospital; she's just had her baby.» «Oh, lovely! I'll go along on my lunch break and take her some flowers.»* «Mary è all'ospedale; ha appena avuto il bambino.» «Oh, magnifico! Andrò a trovarla durante la pausa pranzo e le porterò dei fiori.»

procedere [*sempre + avverbio e/o preposizione e/o aggettivo*]
non nella forma passiva; spesso nei tempi progressivi

• *«How are you getting on with the new boss?» «Things are going along all right for the moment, thanks.»* «Come va con il nuovo capo?» «Le cose procedono bene per il momento, grazie.»

go along with

go along with sb./st.

concordare con qualcuno, o adeguarsi alle sue opinioni o seguirne i consigli
non nella forma passiva; solitamente non nei tempi progressivi

• *I go along with you on this matter.* Concordo con te su questa faccenda.

go around

go around

far visita a qualcuno nel luogo in cui abita o lavora [*sempre + avverbio e/o preposizione e/o aggettivo; prevalentemente USA*]
non nella forma passiva; anche nei tempi progressivi

• *We're going around before dinner to see if they need anything.* Prima di cena andremo a vedere se hanno bisogno di qualcosa.

essercene a sufficienza per tutti (*detto di qualsiasi cosa si debba dividere fra più persone o animali*) [*prevalentemente USA*]
non nella forma passiva; non nei tempi progressivi

• *Is there enough beer to go around or shall I open another couple of bottles?* C'è abbastanza birra per tutti o devo aprire un altro paio di bottiglie?

vestirsi o comportarsi in un certo modo [*sempre + avverbio e/o preposizione e/o aggettivo; prevalentemente USA*]
non nella forma passiva; anche nei tempi progressivi

• *Mary's boss wants her to go around in high heels and tight skirts, but she would like to go around in jeans and gym shoes.* Il capo di Mary vuole che metta i tacchi alti e le gonne strette, ma a lei piacerebbe andare in jeans e scarpe da ginnastica.

go around

go around swh.

diffondersi (*detto di una malattia*) [*prevalentemente USA*]
non nella forma passiva; anche nei tempi progressivi

• *The whole population of the area was vaccinated to stop the illness from going around.* L'intera popolazione dell'area venne vaccinata per impedire che la malattia si diffondesse.

diffondersi (*detto di una voce, una notizia, una novità*) [*prevalentemente USA*]
non nella forma passiva; anche nei tempi progressivi

• *In small communities gossip goes around in no time.* Nelle piccole comunità i pettegolezzi si diffondono in un lampo.

go around doing st.

andare in giro comportandosi in modo sgradevole per il prossimo [*prevalentemente USA*]
non nella forma passiva; anche nei tempi progressivi

• *The hooligans got drunk and then went around destroying everything they came across.* I teppisti si ubriacarono e poi andarono in giro a distruggere tutto ciò che capitò loro sottomano.

go around together
go around with

go around together

go around with sb.

uscire regolarmente con qualcuno
non nella forma passiva; anche nei tempi progressivi

• *When we were young, we used to go around together for whole afternoons.* Quando eravamo giovani, avevamo l'abitudine di andare in giro insieme per interi pomeriggi.

go at

go at sb.

aggredire qualcuno (*fisicamente o verbalmente se detto di una persona, solo fisicamente se detto di un animale*) [*informale*]
non nella forma passiva; anche nei tempi progressivi

• *When the boy tried to mug the old lady, she went at him with her umbrella.* Quando il ragazzo tentò di derubare la vecchia signora, lei lo prese a ombrellate.

go away

go away

♦ andare via da un luogo
non nella forma passiva; anche nei tempi progressivi

• *Our guests will go away after dinner.* I nostri ospiti andranno via dopo cena.

♦ andare via di casa (*per un viaggio o una vacanza, oppure per studiare o lavorare altrove*)
non nella forma passiva; solitamente non nei tempi progressivi [*spesso + avverbio e/o preposizione e/o aggettivo*]

• *We always go away for a month in the summer.* Andiamo sempre via per un mese in estate.

♦ scomparire (*detto di qualcosa di spiacevole*)
non nella forma passiva; anche nei tempi progressivi

• *My headache didn't go away until I managed to go to sleep.* Il mio mal di testa non passò finché non riuscii ad addormentarmi.

go back

go back

♦ fare ritorno (*in un luogo*)
non nella forma passiva; anche nei tempi progressivi

• *The Pilgrim Fathers left England and never went back.* I Padri Pellegrini lasciarono l'Inghilterra e non fecero più ritorno.

go back st.

avere rapporti di conoscenza da un certo numero di anni [*informale*]
non nella forma passiva; non nei tempi progressivi

• *We go back more than ten years.* Ci conosciamo da più di dieci anni.

risalire a un'epoca lontana
non nella forma passiva; non nei tempi progressivi

• *In this country, the tendency to tribal warfare goes back centuries.* In questo paese, la tendenza alla guerra tribale risale a secoli fa.

ritornare con la mente a un tempo passato
non nella forma passiva; solitamente non nei tempi progressivi

• *Going back only twenty years, this built-up area was all meadows.* Solo vent'anni fa, quest'area densamente urbanizzata era tutta prati.

go back on

go back on st.

venir meno a una promessa o a un impegno
non nella forma passiva; solitamente non nei tempi progressivi

• *But you said you'd help me! You can't go back on your promise right now!* Ma avevi detto che mi avresti aiutato! Non puoi rimangiarti la tua promessa proprio adesso!

go back over

go back over st.

riesaminare qualcosa che si è fatto
non nella forma passiva; anche nei tempi progressivi

• *Where have I put my keys? Let me go back over my actions in the last ten minutes.* Dove ho messo le chiavi? Lasciami ripensare a ciò che ho fatto negli ultimi dieci minuti.

go back to

go back to sb.

tornare da qualcuno con cui si aveva una relazione affettiva o sentimentale (*dopo averla interrotta*)
non nella forma passiva; solitamente non nei tempi progressivi

• *Suzie ran away from home at sixteen and swore she would never go back to her parents.* Suzie fuggì di casa a sedici anni e giurò che non sarebbe mai tornata dai genitori.

go back to st.

riprendere un'attività che si era interrotta
non nella forma passiva; solitamente non nei tempi progressivi

• *She went back to university after her divorce.* Dopo il divorzio riprese a frequentare l'università.

tornare su qualcosa di cui si era trattato in precedenza
non nella forma passiva; solitamente non nei tempi progressivi

• *I would like to go back to the previous point before closing the meeting.* Vorrei tornare sul punto precedente prima di concludere la riunione.

tornare allo stato precedente
non nella forma passiva; anche nei tempi progressivi

• *Things will never go back to the way they were before.* Le cose non torneranno mai come prima.

pensare a come qualcosa era in un tempo passato
non nella forma passiva; non nei tempi progressivi

• *If you go back to the prewar period, the standard of living was much lower than today.* Se pensi al periodo prebellico, il tenore di vita era molto inferiore a quello attuale.

datare a un tempo passato
non nella forma passiva; non nei tempi progressivi

• *The town's cathedral goes back to the Middle Ages.* La cattedrale della cittadina risale al Medioevo.

go before

go before

essersi verificato in precedenza
sempre nei tempi passati; non nella forma passiva; non nei tempi progressivi

• *In judging her reactions, you must consider what has gone before.* Nel giudicare le sue reazioni, devi considerare ciò che è accaduto prima.

go before sb./st.

comparire dinanzi a un'autorità (*persona o gruppo di persone*)
non nella forma passiva; solitamente non nei tempi progressivi

• *The juvenile delinquent had to go before the local magistrate.* Il delinquente minorenne dovette comparire al cospetto del magistrato locale.

go beyond

go beyond st.

go beyond doing st.

superare qualcosa (*per qualità, impegno, serietà, dettagli*)
non nella forma passiva; non nei tempi progressivi

• *His tasks go far beyond normal secretarial duties.* I suoi compiti vanno ben oltre i normali doveri di un segretario.

go by

go by

♦ passare (*detto del tempo*)
non nella forma passiva; anche nei tempi progressivi

• *As time went by, the old gentleman's memory deteriorated.* Col trascorrere del tempo, la memoria dell'anziano signore si deteriorò.

♦ passare davanti a qualcuno (*a piedi o in auto*)
non nella forma passiva; anche nei tempi progressivi

• *Jeff always goes by in his car at exactly 4 o'clock.* Jeff passa sempre con la sua auto alle quattro in punto.

passare senza essere colta (*detto di una possibilità o un'occasione*)
non nella forma passiva; non nei tempi progressivi

• *I can't let such a good opportunity go by. Who knows when another one might come along?* Non posso lasciar sfumare un'occasione così bella. Chissà quando se ne potrebbe presentare un'altra!

go by st.

♦ seguire istruzioni o indicazioni
non nella forma passiva; anche nei tempi progressivi

• *If you go by the instructions, you can't go wrong.* Se segui le istruzioni, non puoi sbagliare.

osservare le regole
non nella forma passiva; anche nei tempi progressivi

• *You'll get on all right in the Navy only if you go by the rules.* Ti troverai bene in Marina solo se osserverai le regole.

go down

go down

♦ diminuire (*detto di prezzo, valore, livello, intensità, stima, posizione sociale*)
non nella forma passiva; anche nei tempi progressivi

• *The price of air tickets has gone down considerably because of deregulation.* Il prezzo dei biglietti aerei è considerevolmente diminuito a causa della deregolamentazione.

♦ sgonfiarsi (*detto di pneumatici, palloncini, salvagente*)
non nella forma passiva; anche nei tempi progressivi

• *The child risked drowning when his lifebelt went down.* Il bambino rischiò di annegare quando il suo salvagente si sgonfiò.

♦ spegnersi a poco a poco (*detto del fuoco quando non è alimentato*)
non nella forma passiva; anche nei tempi progressivi

• *The fire is going down; let's put on another log.* Il fuoco si sta spegnendo; mettiamoci un altro ceppo.

♦ diminuire gradualmente di intensità fino a spegnersi (*detto della luce*)
non nella forma passiva; anche nei tempi progressivi

• *Let's get to our seats before the lights go down.* Andiamo ai nostri posti prima che le luci si spengano.

♦ tramontare (*detto del sole*)
non nella forma passiva; anche nei tempi progressivi

• *After the sun goes down, the forest comes alive with the sounds of nocturnal animals.* Dopo il calare del sole, la foresta si riempie dei rumori degli animali notturni.

♦ scendere gradualmente (*detto di qualcosa che comincia in alto e finisce in basso*)
non nella forma passiva; non nei tempi progressivi

• *This path goes down to the seaside.* Questo sentiero scende fino alla spiaggia.

• *The bride's wedding veil went down to the ground.* Il velo della sposa scendeva fino a terra.

♦ precipitare (*detto di un oggetto o un animale volante*)
non nella forma passiva; anche nei tempi progressivi

• *The glider risked going down on the hills.* L'aliante rischiò di precipitare sulle colline.

♦ affondare (*detto di un natante*)
non nella forma passiva; anche nei tempi progressivi

• *The ship caught fire and went down in the middle of the Atlantic.* La nave prese fuoco e affondò in mezzo all'Atlantico.

sgonfiarsi (*detto di preparazioni alimentari*)
non nella forma passiva; anche nei tempi progressivi

• *Serve the soufflé at once! It has already started to go down!* Porta subito il soufflé in tavola! Ha già cominciato a sgonfiarsi!

sgonfiarsi (*detto di una parte del corpo*)
non nella forma passiva; anche nei tempi progressivi

• *The wounded arm was swollen, but when the patient was given antibiotics the swelling went down.* Il braccio ferito era tumefatto, ma quando al paziente vennero somministrati degli antibiotici si sgonfiò.

peggiorare (*detto della qualità di qualcosa*)
non nella forma passiva; anche nei tempi progressivi

• *My Spanish has really gone down since I've been living in Italy.* Il mio spagnolo è proprio peggiorato da quando vivo in Italia.

essere ingoiato (*detto di cibo, bevanda, farmaco*)
non nella forma passiva; anche nei tempi progressivi [*solitamente + well*]

• *Pills go down better with some water.* Le pillole vanno giù meglio con un po' d'acqua.

essere gradito (*detto di bevanda o di cibo*)
non nella forma passiva; anche nei tempi progressivi [*solitamente + well*]

• *After shopping, a nice cup of tea always goes down well.* Dopo aver fatto spese si prende sempre volentieri una buona tazza di tè.

lasciare l'università (*specialmente Oxford e Cambridge, e per aver terminato gli studi*) [*GB; formale*]
non nella forma passiva; solitamente non nei tempi progressivi

• *Oliver went down last year and joined his father's firm.* Oliver ha terminato l'università l'anno scorso ed è entrato nell'azienda del padre.

essere mandato in prigione [*GB e Australia; informale*]
non nella forma passiva; solitamente non nei tempi progressivi

• *He went down for five years.* Lo hanno messo dentro per cinque anni.

bloccarsi (*detto di un computer*)
non nella forma passiva; non nei tempi progressivi

• *The computers have gone down again. That's the third time this week!* I computer si sono di nuovo bloccati. È la terza volta che capita questa settimana!

go down with

go down with st.

ammalarsi (*solitamente di una malattia non grave*) [*GB; informale*]
non nella forma passiva; solitamente non nei tempi progressivi

• *Half of the children are absent from school. They've all gone down with measles.* Metà dei bambini sono assenti da scuola. Hanno preso tutti il morbillo.

go for

go for sb.

aggredire qualcuno (*fisicamente o verbalmente se detto di una persona, solo fisicamente se detto di animale*) [*informale*]
non nella forma passiva; anche nei tempi progressivi

• *The dog was trained to go for any stranger entering the house.* Il cane era addestrato a saltare addosso a qualsiasi estraneo entrasse in casa.

• *Dora's mother-in-law went for her when she said her husband was lazy.* La suocera di Dora le saltò addosso quando lei disse che il marito era pigro.

go for sb./st.

amare un certo tipo di persona o di cosa
non nella forma passiva; non nei tempi progressivi

• *Do you go for hairy men?* Ti piacciono gli uomini pelosi?

valere anche per un'altra persona o un'altra cosa (*detto di un'affermazione o un giudizio*)
solitamente al presente; non nella forma passiva; non nei tempi progressivi

• *Mary loves going to Greece on holiday, and that goes for me, too.* A Mary piace andare in vacanza in Grecia, e ciò vale anche per me.

go for st.

♦ scegliere qualcosa
non nella forma passiva; anche nei tempi progressivi

• *Don't accept the first job you are offered: go for one with prospects.* Non accettare il primo lavoro che ti viene offerto: scegline uno che ti dia qualche prospettiva.

essere venduto per un certo prezzo
non nella forma passiva; solitamente non nei tempi progressivi

• *The painting went for £1,000 at the auction sale.* Il dipinto venne venduto all'asta per mille sterline.

cercare di ottenere qualcosa
non nella forma passiva; anche nei tempi progressivi

• *I think you should go for admission to a good university.* Penso che dovresti cercare di ottenere l'ammissione a una buona università.

go forward

go forward

♦ procedere (*detto di qualcosa che si era programmato*)
non nella forma passiva; anche nei tempi progressivi

• *The Queen has just broken the bottle of champagne against the hull and the ceremony is going forward according to schedule.* La Regina ha appena infranto la bottiglia di champagne contro lo scafo e la cerimonia sta procedendo secondo il programma.

riuscire in una competizione e avere accesso allo stadio successivo
non nella forma passiva; solitamente non nei tempi progressivi [*solitamente + to*]

• *The swimmer came second in the quarterfinals and went forward to the semifinals.* Il nuotatore si piazzò secondo nei quarti di finale e passò alle semifinali.

go forward with

go forward with st.

♦ dare inizio a qualcosa che si era programmato
non nella forma passiva; solitamente non nei tempi progressivi

• *We can't go forward with the renovation work until we get planning permission.* Non potremo dare inizio alla ristrutturazione finché non avremo ottenuto la licenza edilizia.

go in

go in

♦ entrare in un luogo
non nella forma passiva; anche nei tempi progressivi

• *To everybody's surprise, Howard opened his boss' door and went in.* Con sorpresa di tutti, Howard aprì la porta del capo ed entrò.

nascondersi dietro le nuvole (*detto del sole e della luna*)
non nella forma passiva; anche nei tempi progressivi

• *The morning was hot and sunny, but after lunch the sun went in.* La mattina è stata calda e assolata, ma dopo pranzo il sole è scomparso dietro le nuvole.

intervenire militarmente
non nella forma passiva; anche nei tempi progressivi

• *If fighting breaks out again, the United Nations troops will go in.* Se scoppieranno nuovi scontri, le truppe delle Nazioni Unite interverranno.

andare a lavorare
non nella forma passiva; solitamente non nei tempi progressivi

• *The morning after the party Lola woke up with a migraine and didn't go in.* Il mattino successivo alla festa Lola si svegliò con l'emicrania e non andò a lavorare.

cominciare a lavorare
non nella forma passiva; solitamente non nei tempi progressivi

• *What time do you have to go in on Mondays?* A che ora devi cominciare a lavorare il lunedì?

farsi ricoverare in ospedale o in clinica
non nella forma passiva; solitamente non nei tempi progressivi

• *Grandfather went in for his knee operation yesterday.* Ieri il nonno si è fatto ricoverare in ospedale per la sua operazione al ginocchio.

andare in centro
non nella forma passiva; anche nei tempi progressivi

• *Parking in town has become impossible, so I always go in by bus.* Parcheggiare in città è diventato impossibile, cosicché vado sempre in centro con l'autobus.

essere capito e tenuto a mente (*detto di un concetto*) [*informale*]
non nella forma passiva; anche nei tempi progressivi

• *I talk myself hoarse trying to explain Pythagoras and Archimedes to those boys, but I often wonder how much is going in.* Mi sgolo cercando di spiegare Pitagora e Archimede a quei ragazzi, ma spesso mi domando quanto entri in testa.

entrare in rete, in buca, o nel canestro (*detto della palla, a seconda del gioco*)
non nella forma passiva; solitamente non nei tempi progressivi

• *The ball went in, and Liverpool scored the victory goal.* La palla andò in rete, e il Liverpool segnò il goal della vittoria.

go in

go in st.

stare in un contenitore
non nella forma passiva; non nei tempi progressivi

• *It's a very small suitcase. How did you manage to make all these things go in?* È una valigia molto piccola. Come hai fatto a farci stare tutta quella roba?

entrare in un foro
non nella forma passiva; non nei tempi progressivi

• *This must be the wrong key; it doesn't go in.* Dev'essere la chiave sbagliata; non entra.

go in for

go in for st.

entrare in una competizione [*prevalentemente GB e Australia*]
non nella forma passiva; solitamente non nei tempi progressivi

• *I feel ready to go in for the national championship, but my coach doesn't seem to think I am.* Io mi sento pronto a partecipare al campionato nazionale, ma il mio allenatore non sembra pensarla così.

sostenere un esame [*prevalentemente GB e Australia*]
non nella forma passiva; solitamente non nei tempi progressivi

• *If you want to go in for the Proficiency examination next year, you should start preparing now.* Se vuoi sostenere l'esame per il Proficiency il prossimo anno, dovresti cominciare a prepararti adesso.

go in for st.

go in for doing st.

amare o essere interessati a un'attività (*di qualsiasi genere*)
non nella forma passiva; solitamente non nei tempi progressivi

• *I think they go in for golf a lot in Scotland.* Penso che in Scozia amino molto il golf.

go in with

go in with sb.

diventare socio in affari di qualcuno
non nella forma passiva; anche nei tempi progressivi

• *John wants to start up his own business and has asked his brother Rick to go in with him.* John vuole avviare un'attività in proprio e ha chiesto al fratello Rick di diventare suo socio.

go into

go into st.

discutere o esaminare qualcosa dettagliatamente
sia nella forma attiva sia nella passiva; anche nei tempi progressivi

• *It's a complicated matter. I think we should go into it later.* È una faccenda complicata. Penso che dovremmo discuterne più tardi.

entrare in un'azienda o alle dipendenze di qualcuno
non nella forma passiva; solitamente non nei tempi progressivi

• *You can't go into your father's firm, Oliver, until you graduate.* Non potrai entrare nell'azienda di tuo padre, Oliver, che quando ti sarai laureato.

cominciare a svolgere un particolare tipo di lavoro
non nella forma passiva; solitamente non nei tempi progressivi

• *Her mother wants her to go into hairdressing* Sua madre vuole che lei faccia la parrucchiera.

• *When Desmond had finished university, he went into teaching.* Quando Desmond ebbe terminato l'università, cominciò a insegnare.

entrare in un certo stato o condizione (*detto di persona o di cosa; l'accezione è molto ampia*)
non nella forma passiva; solitamente non nei tempi progressivi

• *It would be wonderful if our team went at least into the semifinals!* Sarebbe meraviglioso se la nostra squadra entrasse almeno nelle semifinali!

• *This model went into production twenty years ago.* Questo modello andò in produzione vent'anni fa.

iniziare improvvisamente a compiere un movimento incontrollato (*detto di un veicolo*)
non nella forma passiva; anche nei tempi progressivi

• *The driver braked on the icy road and the car went into a spin.* Il guidatore frenò sulla strada ghiacciata e l'auto cominciò a girare su sé stessa.

andare a sbattere contro un ostacolo (*detto di un veicolo*)
non nella forma passiva; anche nei tempi progressivi

• *I lost control of the car and it went into a fence.* Ho perso il controllo dell'auto, che è andata a sbattere contro una recinzione.

detto di un numero, stare in un altro numero
non nella forma passiva; non nei tempi progressivi

• *How many times does ten go into fifty, Penny?* Quante volte il dieci sta nel cinquanta, Penny?

usare una certa quantità di risorse (*denaro, tempo, fatica*) in qualcosa
non nella forma passiva; anche nei tempi progressivi

• *Six months' work and twenty thousand euros went into this project, and now he doesn't want to hear of it!* Abbiamo investito sei mesi e ventimila euro in questo progetto, e ora lui non vuole sentirne parlare!

go into swh.

♦ entrare in un luogo
non nella forma passiva; anche nei tempi progressivi

• *The secretary knocked on the door and went into the manager's office.* La segretaria bussò alla porta ed entrò nell'ufficio del direttore.

♦ recarsi sul luogo di lavoro
non nella forma passiva; solitamente non nei tempi progressivi

• *She went into the office late this morning because she had a headache.* Stamattina è andata in ufficio tardi perché aveva mal di testa.

♦ farsi ricoverare in ospedale o in clinica
non nella forma passiva; solitamente non nei tempi progressivi

• *Did he go into hospital or into a private clinic for his operation?* Si è fatto ricoverare in ospedale o in una clinica privata per l'operazione?

♦ andare nel centro della città in cui si vive
non nella forma passiva; anche nei tempi progressivi

• *What about going into town this afternoon and doing some window-shopping?* E se oggi pomeriggio andassimo in centro a guardare qualche vetrina?

go off

go off

♦ andare via da un luogo
non nella forma passiva; anche nei tempi progressivi

• *The journey will be quite long, so we should go off at six o'clock in the morning.* Il viaggio sarà molto lungo, perciò dovremmo partire alle sei del mattino.

♦ andare a male (*detto di cibo o bevanda*) [*GB e Australia*]
non nella forma passiva; anche nei tempi progressivi

• *This fish has a funny smell; I'm afraid it has gone off.* Questo pesce ha uno strano odore; ho paura che sia andato a male.

♦ spegnersi (*detto della luce, a causa di un guasto*)
non nella forma passiva; solitamente non nei tempi progressivi

• *During the storm the lights went off.* Durante il temporale le luci si spensero.

♦ mancare (*detto dell'elettricità, a causa di un guasto*)
non nella forma passiva; solitamente non nei tempi progressivi

• *The electricity has gone off; I think there has been a short circuit.* È mancata l'elettricità; penso che ci sia stato un corto circuito.

♦ spegnersi o disattivarsi (*detto di qualcosa che è stato programmato*)
non nella forma passiva; solitamente non nei tempi progressivi

• *The heating goes off at eleven o'clock in the evening.* Il riscaldamento si spegne (*automaticamente*) alle undici di sera.

♦ mettersi a suonare (*detto di una sveglia o un allarme*)
non nella forma passiva; solitamente non nei tempi progressivi

• *Let's get some sleep; tomorrow the alarm clock will go off at six a.m.* Dormiamo; domattina la sveglia suonerà alle sei.

♦ sparare (*detto di un'arma da fuoco*)
non nella forma passiva; solitamente non nei tempi progressivi

• *The expert witness stated that the pistol had gone off twice.* Il consulente tecnico affermò che la pistola aveva sparato due volte.

♦ esplodere (*detto di bombe, mine e fuochi d'artificio*)
non nella forma passiva; solitamente non nei tempi progressivi

• *The bomb went off, killing twenty people.* La bomba esplose, uccidendo venti persone.

♦ riuscire in un certo modo
non nella forma passiva; non nei tempi progressivi [*sempre + avverbio e/o preposizione e/o aggettivo; informale*]

• *The performance didn't go off very well, but the young dancer was applauded all the same.* L'esecuzione non fu granché, ma la giovane ballerina venne ugualmente applaudita.

go off sb./st.

♦ disamorarsi di qualcuno o qualcosa [*GB e Australia*]
non nella forma passiva; anche nei tempi progressivi

• *His fans are all teenagers who go off him when they grow up a bit.* I suoi ammiratori sono tutti adolescenti che quando crescono un po' se ne disamorano.

go off with

go off with sb.

lasciare una persona con cui si aveva un rapporto sentimentale per intrecciare una relazione con qualcun altro
non nella forma passiva; solitamente non nei tempi progressivi

• *Elizabeth's husband went off with her best friend.* Il marito di Elizabeth l'ha lasciata per la sua migliore amica.

go off with st.

portarsi via qualcosa (*non restituendolo per distrazione o commettendo un vero e proprio furto*)
non nella forma passiva; solitamente non nei tempi progressivi

• *He borrowed my pen and then went off with it.* Si è fatto prestare la mia penna e poi se l'è portata via.

• *Oh no! Somebody has gone off with my bicycle!* Oh no! Qualcuno se n'è andato con la mia bici!

go on

go on

♦ riprendere a parlare (*dopo una pausa o dopo essere stati interrotti*)
non nella forma passiva; solitamente non nei tempi progressivi

• *Yes, I'm listening. Please go on.* Sì, sto ascoltando. Prosegua, prego.

♦ continuare (*a svolgersi, ad avvenire, a esistere*)
non nella forma passiva; anche nei tempi progressivi

• *The lecture went on until lunchtime.* La conferenza proseguì fino all'ora di pranzo.

♦ continuare a fare qualcosa
non nella forma passiva; solitamente non nei tempi progressivi

• *You can't go on like this.* Non si può andare avanti così.

♦ accadere
non nella forma passiva; solitamente nei tempi progressivi

• *What was going on last night? Rover was barking furiously.* Che cosa è successo ieri notte? Rover abbaiava furiosamente.

dilungarsi fastidiosamente su un argomento
non nella forma passiva; anche nei tempi progressivi

• *Dad does go on, doesn't he?* Papà la fa lunga, non ti pare?

accendersi o attivarsi (*detto di qualcosa che è stato programmato*)
non nella forma passiva; solitamente non nei tempi progressivi

• *We've programmed the electric boiler to go on at six o'clock in the morning.* Abbiamo programmato la caldaia elettrica in modo che si accenda alle sei del mattino.

riaccendersi (*detto della luce elettrica dopo un'interruzione*)
non nella forma passiva; solitamente non nei tempi progressivi

• *After the storm the lights went on again.* Passato il temporale le luci si riaccesero.

continuare a muoversi o a viaggiare in una certa direzione
non nella forma passiva; solitamente non nei tempi progressivi

• *We went on as far as Florence before stopping for the night.* Arrivammo fino a Firenze prima di fermarci per la notte.

go on

go on st.

utilizzare un'informazione per comprendere o scoprire qualcos'altro
non nella forma passiva; solitamente non nei tempi progressivi

• *The police are not very confident of catching the killer; they haven't got much to go on at the moment.* La polizia non ha grandi speranze di catturare l'assassino; in questo momento non ha molto su cui basarsi.

go on st.

go on doing st.

essere speso in qualcosa (*detto del denaro*) [*GB*]
non nella forma passiva; solitamente non nei tempi progressivi

• *Most of my salary goes on household expenses and petrol.* Gran parte del mio stipendio è assorbita dalle spese per la casa e dalla benzina.

go on to do st.

raggiungere qualcosa o mirare a qualcosa partendo da un successo già conseguito
non nella forma passiva; solitamente non nei tempi progressivi

• *If Collins wins the national championship, then he will go on to take part in the Olympics.* Se Collins vincerà il campionato nazionale, poi potrà prendere parte alle Olimpiadi.

be going on st.

stare per raggiungere una certa età [*informale*]
non nella forma passiva; sempre nei tempi progressivi

• *Aunt Dorothy is extremely lively even though she's going on seventy.* La zia Dorothy è attivissima pur essendo alle soglie dei settant'anni.

go on at

go on at sb.

criticare continuamente qualcuno [*GB e Australia*]
non nella forma passiva; anche nei tempi progressivi [*solitamente + about*]

• *I wish Dad wouldn't go on at me about my piercing; it's done now.* Vorrei che papà non continuasse a criticarmi per il mio piercing; ormai è fatto.

insistere fastidiosamente con qualcuno affinché faccia qualcosa
non nella forma passiva; anche nei tempi progressivi [*sempre + to do st.*]

• *Johnny's mother is always going on at him to study more.* La madre di Johnny lo perseguita continuamente perché studi di più.

go on to

go on to st.

dopo aver terminato qualcosa, passare a fare qualcos'altro
non nella forma passiva; solitamente non nei tempi progressivi

• *And now, let's go on to the next chapter.* E ora, passiamo al prossimo capitolo.

go on to swh.

andare in un luogo dopo essere stati in un altro
non nella forma passiva; anche nei tempi progressivi

• *We spent a week sightseeing in Rome, and then went on to Naples.* Abbiamo trascorso una settimana visitando Roma, e poi abbiamo proseguito per Napoli.

go out

go out

♦ uscire di casa
non nella forma passiva; anche nei tempi progressivi

• *Mrs O'Brian doesn't let her daughters to go out alone in the evenings.* La signora O'Brian non permette alle sue figlie di uscire da sole la sera.

♦ passare di moda o non essere più in uso
non nella forma passiva; solitamente non nei tempi progressivi

• *The crinoline went out before the end of the nineteenth century.* La crinolina è tramontata prima della fine dell'Ottocento.

♦ spegnersi (*detto di fonti luminose, in modo programmato o non*)
non nella forma passiva; solitamente non nei tempi progressivi

• *The streetlamps go out at dawn.* I lampioni si spengono all'alba.

♦ cessare di ardere
non nella forma passiva; solitamente non nei tempi progressivi

• *There was a sudden draught and the candle went out.* Vi fu un'improvvisa corrente d'aria e la candela si spense.

essere ufficialmente diramato (*detto di un avviso*)
non nella forma passiva; solitamente non nei tempi progressivi

• *When a fog alert goes out, you have to drive with your headlights on.* Quando viene diramato l'allarme nebbia, bisogna guidare con i proiettori accesi.

essere inviato (*detto di un invito o di una bolletta*)
non nella forma passiva; solitamente non nei tempi progressivi

• *The wedding invitations must go out by next Thursday.* Le partecipazioni devono essere inviate entro giovedì prossimo.

andare in onda (*detto di un programma radiofonico o televisivo*)
non nella forma passiva; solitamente non nei tempi progressivi

• *The television news goes out on the hour every hour.* Il telegiornale va in onda ogni ora esatta.

ritirarsi (*detto della marea*)
non nella forma passiva; anche nei tempi progressivi

• *We had to make the whale swim back to deep water before the tide went out.* Dovemmo fare in modo che la balena riprendesse a nuotare verso le acque profonde prima che la marea si ritirasse.

scioperare
non nella forma passiva; solitamente non nei tempi progressivi

• *The workers will go out unless they get a reasonable wage rise.* Se non otterranno un ragionevole aumento di salario, gli operai sciopereranno.

essere eliminato (*detto di un concorrente in una competizione sportiva*)
non nella forma passiva; solitamente non nei tempi progressivi

• *Murphy went out in the quarterfinals at Wimbledon.* Murphy venne eliminato nei quarti di finale a Wimbledon.

go out of

go out of sb./st.

perdere una qualità, soprattutto se positiva (*detto di qualcuno o qualcosa*)
non nella forma passiva; solitamente non nei tempi progressivi

• *All the joy of life went out of her after her husband died.* Perse tutta la gioia di vivere dopo la morte del marito.

go out of st.

cessare di trovarsi in un certo stato o condizione (*detto di persona o di cosa; l'accezione è molto ampia*)
non nella forma passiva; solitamente non nei tempi progressivi

• *The driver was dazzled by the headlights and the car went out of control.* Il guidatore fu abbagliato dai fari e perse il controllo dell'auto.

• *This vacuum cleaner went out of production five years ago.* Questo aspirapolvere è andato fuori produzione cinque anni fa.

go out to

go out to sb.

andare a qualcuno che si trova in una situazione triste o difficile (*detto di pensieri e sentimenti di partecipazione*)
non nella forma passiva; non nei tempi progressivi

• *When I heard of the car accident, my compassion immediately went out to the three orphaned children.* Quando seppi dell'incidente automobilistico, la mia compassione andò immediatamente ai tre bambini rimasti orfani.

go out to swh.

♦ trasferirsi in un altro paese (*con l'intenzione di restarvi a lungo*)
non nella forma passiva; anche nei tempi progressivi

• *The youngest son went out to America to seek his fortune.* Il figlio più giovane andò in America a cercare fortuna.

go out together
go out with

go out together
go out with sb.

♦ uscire con qualcuno (*con cui si ha un rapporto sentimentale*)
non nella forma passiva; anche nei tempi progressivi

• *It is true that we are going out together, but that doesn't mean that we are engaged to be married.* È vero che usciamo insieme, ma ciò non significa che siamo fidanzati ufficialmente.

go over

go over

♦ andare a far visita a qualcuno che abita non lontano o andare in un posto non lontano [*sempre + avverbio e/o preposizione e/o aggettivo*]
non nella forma passiva; anche nei tempi progressivi

• *Hallo, Mary! John and Jane are back from New York! Why don't we go over after dinner?* Ciao, Mary! John e Jane sono tornati da New York! Perché non andiamo a trovarli dopo cena?

• *We always go over to the local pub in the evenings.* La sera facciamo sempre un salto al pub di quartiere.

♦ andare in un altro paese (*specialmente se oltremare*)
non nella forma passiva; anche nei tempi progressivi

• *If we want to do business with a firm based in Miami, we must be prepared to go over at least three times a year.* Se vogliamo fare affari con un'azienda che ha sede a Miami, dobbiamo essere disposti ad andarci almeno tre volte l'anno.

fare buona impressione (*detto di persona o di cosa*)
non nella forma passiva; solitamente non nei tempi progressivi [*solitamente + well + with*]

• *Harry's fiancée went over well with his friends.* La fidanzata di Harry ha fatto buona impressione ai suoi amici.

essere accolto bene (*detto di persona o di cosa*)
non nella forma passiva; solitamente non nei tempi progressivi

• *Chantal went over well on her first visit to her English mother-in-law's.* Chantal è stata accolta bene la prima volta che ha fatto visita alla suocera inglese.

go over st.

♦ esaminare, rivedere, ripassare, controllare o spiegare qualcosa (*un compito, un documento, un progetto, un elenco, degli appunti, dei conti*)
sia nella forma attiva sia nella passiva; anche nei tempi progressivi

• *The committee met to go over the main implications of the proposal.* Il comitato si riunì per esaminare le principali implicazioni della proposta.

ripensare a qualcosa che è accaduto
non nella forma passiva; anche nei tempi progressivi

• *He went over the events of the day, wondering if he could have done something more.* Passò in rassegna gli avvenimenti della giornata, domandandosi se avrebbe potuto fare qualcosa di più.

ripensare a qualcosa che qualcuno ha detto
non nella forma passiva; anche nei tempi progressivi

• *She lay awake going over what her boyfriend had said to her.* Rimase a letto sveglia ripensando a ciò che il suo ragazzo le aveva detto.

perquisire qualcosa (*solitamente un edificio o un'auto*)
sia nella forma attiva sia nella passiva; anche nei tempi progressivi

• *The police went over his apartment looking for stolen property.* La polizia perquisì il suo appartamento in cerca di oggetti rubati.

go over to

go over to st.

♦ passare a un nuovo sistema o un nuovo modo di fare le cose
non nella forma passiva; anche nei tempi progressivi

• *The factory went over to automated production seventy years ago.* Lo stabilimento passò alla produzione automatizzata settant'anni fa.

passare alla parte avversa
non nella forma passiva; anche nei tempi progressivi

• *Several members of Parliament disagreed on the economic policy and went over to the opposition.* Parecchi membri del Parlamento dissentirono sulla politica economica e passarono all'opposizione.

stabilire un collegamento radiofonico o televisivo
non nella forma passiva; anche nei tempi progressivi

• *In a few minutes we'll go over to Monza for the Grand Prix.* Fra pochi minuti ci collegheremo con Monza per il Gran Premio.

go round

go round

♦ fare visita a qualcuno nel luogo in cui abita o lavora [*sempre + avverbio e/o preposizione e/o aggettivo; prevalentemente GB*]
non nella forma passiva; anche nei tempi progressivi

• *I'll go round after dinner and see if she's better.* Dopo cena andrò a vedere se sta meglio.
• *I usually go round to her office around ten, and we have coffee together.* Solitamente vado a trovarla in ufficio intorno alle dieci, e prendiamo un caffè insieme.

♦ essercene a sufficienza per tutti (*detto di qualsiasi cosa si debba dividere fra più persone o animali*) [*prevalentemente GB*]
non nella forma passiva; non nei tempi progressivi

• *Do you think that two bottles of wine will be enough to go round tonight?* Pensi che due bottiglie di vino basteranno per questa sera?

andare in giro vestito o comportandosi in un certo modo [*sempre + avverbio e/o preposizione e/o aggettivo; prevalentemente GB*]
non nella forma passiva; anche nei tempi progressivi

• *Even at the height of the summer the boss insists we all go round in dark suits and ties.* Il capo insiste che tutti indossiamo l'abito scuro e la cravatta persino in piena estate.

go round

go round swh.

diffondersi (*detto di una malattia*) [*prevalentemente GB*]
non nella forma passiva; anche nei tempi progressivi

• *My son was very ill when measles went round.* Mio figlio è stato molto malato quando c'era in giro il morbillo.

diffondersi (*detto di una voce, una notizia, una novità*) [*prevalentemente GB*]
non nella forma passiva; anche nei tempi progressivi

• *Have you heard the latest rumour that is going round about her?* Hai sentito l'ultimo pettegolezzo che circola su di lei?

go round doing st.

andare in giro comportandosi in modo sgradevole per il prossimo [*prevalentemente GB*]
non nella forma passiva; anche nei tempi progressivi

• *The youngsters went round all the evening annoying the neighbours with their blaring radios.* I ragazzi andarono in giro tutta la sera infastidendo i vicini con le radio a tutto volume.

go round together
go round with

go round together
go round with sb.

uscire regolarmente con qualcuno [*prevalentemente GB*]
non nella forma passiva; anche nei tempi progressivi

• *The Roberts twins always go round together.* I gemelli Roberts vanno sempre in giro insieme.

go through

go through

essere ottenuto (*percorrendo un iter burocratico*)
non nella forma passiva; solitamente non nei tempi progressivi

• *Our mortgage request has gone through, at last, so we'll be able to buy the house of our dreams.* La richiesta di un mutuo è stata finalmente accolta, così potremo comprarci la casa dei nostri sogni.

andare a buon fine (*detto di un affare, un accordo, un progetto*)
non nella forma passiva; solitamente non nei tempi progressivi

• *The merger went through last week.* L'accordo di fusione venne concluso la settimana scorsa.

superare la prima parte di una competizione (*ed essere eventualmente ammessi alla successiva*)
non nella forma passiva; solitamente non nei tempi progressivi [*solitamente* + *to*]

• *Last year Arsenal won the match and went through to the semifinals.* L'anno scorso l'Arsenal vinse la partita e fu ammesso alle semifinali.

go through sb./st.

passare attraverso qualcuno o qualcosa
non nella forma passiva; solitamente non nei tempi progressivi

• *Anyone who wants to speak to the general manager has to go through his secretary.* Chiunque voglia parlare con il direttore generale deve passare attraverso la sua segretaria.

go through st.

♦ attraversare un periodo di difficoltà o rischi
sia nella forma attiva sia nella passiva; anche nei tempi progressivi

• *Teenagers normally go through a rebellious phase.* Normalmente gli adolescenti attraversano una fase di ribellione.

attraversare le varie fasi di un processo fino alla sua conclusione
sia nella forma attiva sia nella passiva; anche nei tempi progressivi

• *After going through all the bureaucratic formalities the recruits had to go through a series of medical tests.* Dopo aver adempiuto tutte le formalità burocratiche le reclute dovettero sottoporsi a una serie di esami clinici.

compiere un attento esame di qualcosa
sia nella forma attiva sia nella passiva; anche nei tempi progressivi

• *We went through the files looking for the missing letter.* Setacciammo l'archivio in cerca della lettera mancante.

leggere o discutere attentamente ogni parte di un documento (*per accertarsi che sia esatto o accettabile*)
sia nella forma attiva sia nella passiva; anche nei tempi progressivi

• *We spent the weekend going through the accounts to see where the money had gone.* Abbiamo trascorso il fine settimana esaminando i conti per vedere dove fossero finiti i soldi.

spendere in breve tempo una certa somma di denaro
sia nella forma attiva sia nella passiva; solitamente non nei tempi progressivi

• *They went through £ 200 on their first weekend together.* Il primo fine settimana (*trascorso*) insieme spesero duecento sterline.

consumare qualcosa (*in tutti i sensi*)
sia nella forma attiva sia nella passiva; solitamente non nei tempi progressivi

• *Tommy goes through at least two pairs of tennis shoes every summer.* Tommy consuma almeno due paia di scarpe da tennis ogni estate.

esercitarsi a compiere correttamente una serie di movimenti o di azioni
sia nella forma attiva sia nella passiva; anche nei tempi progressivi

• *This dance is quite complicated; let's go through it again.* Questa danza è complicatissima; riproviamola.

go through

go through st.

essere approvata (*detto di una legge*)
non nella forma passiva; solitamente non nei tempi progressivi

• *Keeping poisonous snakes at home won't be allowed any more in this country if the bill goes through.* Se il disegno di legge passa, in questo paese non sarà più consentito tenere in casa serpenti velenosi.

go through with

go through with st.

♦ fare qualcosa di difficile o sgradevole perché lo si è pianificato o per tenere fede a un impegno
non nella forma passiva; anche nei tempi progressivi

• *We are going through with the strike, even though we'll lose several days' wages.* Andremo avanti con lo sciopero, anche se perderemo parecchi giorni di paga.

go to

go to sb./st.

andare a qualcuno o a qualcosa (*detto di denaro, oggetti di valore, premi*)
non nella forma passiva; solitamente non nei tempi progressivi

• *According to the old lady's will, the house will go to the daughter and the firm will go to the son.* Secondo il testamento della vecchia signora, la casa andrà alla figlia e l'azienda al figlio.

go together

go together

accompagnarsi (*detto di due o più generi di cose*)
non nella forma passiva; non nei tempi progressivi

• *In holiday advertisements, sun and sea always go together.* Nella pubblicità delle vacanze, sole e mare si accompagnano sempre.

stare bene insieme (*detto di cibi, bevande, colori, stoffe*)
non nella forma passiva; non nei tempi progressivi

• *I think that pizza and beer go together very well.* Penso che pizza e birra si accompagnino molto bene.

avere un rapporto sentimentale [*informale*]
non nella forma passiva; anche nei tempi progressivi

• *They went together for six years before getting married.* Rimasero insieme sei anni prima di sposarsi.

go towards

go towards st.

go towards doing st.

servire per far fronte a una spesa o a un impegno
non nella forma passiva; non nei tempi progressivi

• *Two-thirds of our savings will go towards renovating our house.* Due terzi dei nostri risparmi serviranno per far fronte alla ristrutturazione della nostra casa.

go under

go under

andare sott'acqua (*detto di persone*)
non nella forma passiva; anche nei tempi progressivi

• *The drowning man went under three times before the lifeguard reached him.* L'uomo che stava annegando andò sott'acqua tre volte prima che il bagnino lo raggiungesse.

immergersi (*detto di un sub, un batiscafo o simile*)
non nella forma passiva; anche nei tempi progressivi

• *The scuba diver went under to check the state of the wooden pier.* Il sub si immerse per controllare le condizioni del pontile di legno.

affondare (*detto di un natante*)
non nella forma passiva; anche nei tempi progressivi

• *The ship went under in the storm, but the whole crew was saved.* La nave affondò nella burrasca, ma l'intero equipaggio venne tratto in salvo.

go under st.

essere conosciuto con un certo nome
non nella forma passiva; solitamente non nei tempi progressivi

• *At the beginning of the war he went under the name of Faber, but at a certain point MI5 discovered he was a German spy.* All'inizio della guerra era conosciuto col nome di Faber, ma a un certo punto l'MI5 scoprì che era una spia tedesca.

go up

go up

♦ aumentare (*detto di prezzo, tasso, grado, livello, qualità, tenore*)
non nella forma passiva; anche nei tempi progressivi

• *Prices have gone up a lot recently.* I prezzi sono molto aumentati di recente.

essere edificato
non nella forma passiva; anche nei tempi progressivi

• *Huge new supermarkets are going up outside every city.* Nuovi e immensi supermercati si stanno costruendo fuori di ogni grande città.

essere innalzato (*detto di un cartellone pubblicitario, un ponteggio, un tendone, una tenda*)
non nella forma passiva; anche nei tempi progressivi

• *Scaffolding went up and the building repairs began.* Venne allestito il ponteggio e iniziarono i lavori di restauro dell'edificio.

alzarsi (*detto del sipario*)
non nella forma passiva; anche nei tempi progressivi

• *Let's sit down. The curtain is going up in five minutes.* Sediamoci. Il sipario si alzerà fra cinque minuti.

saltare in aria (*in seguito a un'esplosione*)
non nella forma passiva; solitamente non nei tempi progressivi

• *I can smell gas. Don't switch on the light! The house may go up!* Sento odore di gas. Non accendere la luce! La casa potrebbe saltare in aria!

• *The bomb went off and the car went up.* La bomba scoppiò e l'auto saltò in aria.

essere distrutto dal fuoco
non nella forma passiva; non nei tempi progressivi

• *The curtains in the camper caught fire and in half an hour the whole vehicle had gone up.* Le tendine del camper presero fuoco e nel giro di mezzora l'intero veicolo era stato distrutto dal fuoco.

levarsi (*detto di grida, applausi, acclamazioni, mormorii*)
non nella forma passiva; solitamente non nei tempi progressivi

• *Huge cheers went up when the Queen appeared.* Quando la Regina apparve si levò un'immensa ovazione.

muoversi in direzione di qualcuno o di qualcosa
non nella forma passiva; anche nei tempi progressivi

• *After the concert, a few fans went up and asked the singer for his autograph.* Dopo il concerto, alcuni ammiratori si avvicinarono al cantante e gli chiesero l'autografo.

andare in un luogo più a nord
non nella forma passiva; anche nei tempi progressivi

• *We are going up to Norway on holiday this year.* Quest'anno andremo in vacanza in Norvegia.

andare nella città (*più grande*) vicino alla quale si vive [*GB e Australia*]
non nella forma passiva; anche nei tempi progressivi [*solitamente + to swh. + to do st.*]

• *Mrs O'Connor is going up to Galway to do some Christmas shopping.* La signora O'Connor sta andando a Galway a fare spese natalizie.

go up to

go up to st.

raggiungere un certo punto (*in senso fisico o non*)
non nella forma passiva; solitamente non nei tempi progressivi [*solitamente + to*]

• *When the dam collapsed the water went up to the ceiling of the second floor.* Quando la diga cedette l'acqua arrivò al soffitto del secondo piano.

go with

go with sb.

avere una relazione sentimentale con qualcuno [*informale*]
non nella forma passiva; anche nei tempi progressivi

• *«How long has Sally been going with Robert?» «Since they both were fourteen.»* «Da quant'è che Sally fila con Robert?» «Da quando entrambi avevano quattordici anni.»

go with sb./st.

appoggiare qualcuno o le sue idee, progetti, programmi
non nella forma passiva; solitamente non nei tempi progressivi

• *The chairman is hoping that most of the committee members will go with him at the meeting.* Il presidente spera che la maggioranza dei membri del comitato sarà dalla sua alla riunione.

go with st.

♦ accompagnarsi bene (*detto di indumenti, colori, gusti*)
non nella forma passiva; non nei tempi progressivi

• *Darling, could you find me a tie that goes with this suit?* Tesoro, potresti trovarmi una cravatta che si adatti a questo completo?

accompagnarsi a qualcosa, con cui c'è spesso un rapporto di causa ed effetto (*detto di un problema, un'attività o una qualità*)
non nella forma passiva; non nei tempi progressivi

• *Many serious health problems go with smoking.* Al fumo si accompagnano spesso numerosi e gravi problemi di salute.

go without

go without

go without st.

♦ fare a meno di qualcosa (*che solitamente si aveva o a cui si era abituati*)
non nella forma passiva; solitamente non nei tempi progressivi

• *I forgot to buy bread, so we'll just have to go without.* Ho dimenticato di comprare il pane, così dovremo farne a meno.

grow

grows, grew, grown, growing

grow apart

grow apart

allontanarsi a poco a poco (*detto di persone che hanno smesso di condividere opinioni o interessi*)
non nella forma passiva; anche nei tempi progressivi

• *We were great friends as teenagers, but after she started university and I started working we began to grow apart.* Eravamo grandi amiche da adolescenti, ma dopo che lei ebbe iniziato l'università e io il lavoro cominciammo a estraniarci.

grow away from

grow away from sb.

allontanarsi a poco a poco da qualcuno (*solitamente perché si è smesso di condividere opinioni o interessi*)
non nella forma passiva; anche nei tempi progressivi

• *It is terribly sad when you realize that you have grown away from old friends.* È terribilmente triste quando ti rendi conto di esserti estraniato dai vecchi amici.

grow into

grow into st.

♦ crescere tanto da poter indossare un indumento che in precedenza era troppo grande (*detto di bambini e ragazzi*)
non nella forma passiva; solitamente non nei tempi progressivi

• *I'm not going to shorten Betty's skirt. She will have grown into it in a couple of months.* Non accorcerò la gonna di Betty. Fra un paio di mesi lei sarà cresciuta e la gonna le andrà bene.

acquistare sicurezza nello svolgere un'attività o affrontare una situazione
non nella forma passiva; anche nei tempi progressivi

• *The job was difficult for the first year, but later I grew into it.* Il lavoro fu difficile per il primo anno, ma poi acquistai sicurezza.

grow on

grow on sb.

si dice di qualcuno o qualcosa che si è giunti ad apprezzare dopo un inizio difficile
non nella forma passiva; anche nei tempi progressivi

• *Mary didn't get on well with John at first, but after a time she realized he had grown on her.* Mary non andava d'accordo con John inizialmente, ma dopo un po' si rese conto di apprezzarlo.

grow out of

grow out of st.

♦ diventare troppo grandi per poter continuare a indossare un indumento (*detto di bambini e ragazzi*)
non nella forma passiva; solitamente non nei tempi progressivi

• *Nicky is incredibly tall for his age. He has already grown out of his new overcoat after only two months.* Nicky è incredibilmente alto per la sua età. Dopo soli due mesi il cappotto nuovo gli è già diventato piccolo.

derivare o svilupparsi da qualcosa
non nella forma passiva; solitamente non nei tempi progressivi

• *The explorer's biography grew out of the interest the author had always had in the Antarctic.* La biografia dell'esploratore è stata frutto dell'interesse che l'autore aveva sempre avuto per l'Antartide.

crescendo, diventare sempre meno soggetto a una malattia
non nella forma passiva; anche nei tempi progressivi

• *When I was a child I suffered from allergic asthma, but over the years I have grown out of it.* Quand'ero bambino soffrivo di asma allergica, ma con gli anni me ne sono liberato.

grow out of st.

grow out of doing st.

crescendo, abbandonare un comportamento o un interesse
non nella forma passiva; anche nei tempi progressivi

• *Teenagers are usually irresponsible, but they grow out of it.* Solitamente gli adolescenti sono irresponsabili, ma crescendo cambiano.

grow up

grow up

♦ diventare adulto
non nella forma passiva; anche nei tempi progressivi

• *I was born in Australia and grew up in London.* Sono nato in Australia e cresciuto a Londra.

grow up on

grow up on st.

crescere mangiando qualcosa
non nella forma passiva; anche nei tempi progressivi

• *Our family was very poor, and we grew up on bread and potatoes.* La nostra famiglia era molto povera, e noi crescemmo a pane e patate.

crescere accompagnati da qualcosa
non nella forma passiva; anche nei tempi progressivi

• *My generation grew up on the music of the Beatles and Charlie Brown comics.* La mia generazione è cresciuta con la musica dei Beatles e i fumetti di Charlie Brown.

H

hand
hands, handed, handed, handing

hand around/round

hand around/round st. = hand st. around/round

♦ offrire qualcosa (*specialmente cibi o bevande*) a ciascun membro di un gruppo di persone
sia nella forma attiva sia nella passiva; anche nei tempi progressivi

• *After dinner the hostess handed around/round coffee and liqueurs.* Dopo cena la padrona di casa offrì a tutti caffè e liquori.

hand back

hand back st. = hand st. back

♦ restituire qualcosa
sia nella forma attiva sia nella passiva; solitamente non nei tempi progressivi

• *The policeman handed back the passports to the tourists after checking them.* Il poliziotto restituì i passaporti ai turisti dopo averli controllati.

hand down

hand down st. = hand st. down

♦ tramandare qualcosa (*un'usanza o un insegnamento*) alla generazione successiva
sia nella forma attiva sia nella passiva; solitamente non nei tempi progressivi [*solitamente + to*]

• *Spending Christmas together is a family tradition that I would like to hand down to my children.* Trascorrere il Natale insieme è una tradizione familiare che vorrei tramandare ai miei figli.

lasciare in eredità qualcosa (*solitamente un oggetto di valore economico e/o affettivo*)
sia nella forma attiva sia nella passiva; solitamente non nei tempi progressivi [*solitamente + to*]

• *The lace wedding dress and the diamond necklace had been handed down to her from her mother.* L'abito da sposa di pizzo e la collana di diamanti le erano stati lasciati in eredità dalla madre.

passare calzature o indumenti smessi ai membri più giovani della famiglia
sia nella forma attiva sia nella passiva; solitamente non nei tempi progressivi [*solitamente + to*]

• *In our family the older children's clothes were handed down to the younger ones.* Nella nostra famiglia gli abiti dei figli più grandi venivano passati ai più piccoli.

hand in

hand in st. = hand st. in

♦ consegnare un compito (*all'insegnante*)
sia nella forma attiva sia nella passiva; solitamente non nei tempi progressivi

• *The students must hand in their homework next lesson.* Gli studenti devono consegnare il compito a casa la prossima lezione.

♦ consegnare qualcosa (*a un'autorità*)
sia nella forma attiva sia nella passiva; solitamente non nei tempi progressivi

• *After the peace treaty was signed, the soldiers were ordered to hand their weapons in.* Dopo la firma del trattato di pace, venne ordinato ai soldati di consegnare le armi.

licenziarsi
non nella forma passiva; solitamente non nei tempi progressivi

• *Tom handed in his notice after finding a better job.* Tom si licenziò dopo aver trovato un lavoro migliore.

rassegnare le dimissioni
non nella forma passiva; solitamente non nei tempi progressivi

• *The minister threatened to hand in his resignation.* Il ministro minacciò di rassegnare le dimissioni.

hand on

hand on st. = hand st. on

passare qualcosa (*un oggetto, una carica, una responsabilità*) a qualcun altro
sia nella forma attiva sia nella passiva; anche nei tempi progressivi [*solitamente + to*]

• *After signing Robert's birthday card, hand it on to your colleague.* Dopo aver firmato il biglietto di auguri di compleanno per Robert, passalo alla tua collega.

trasmettere qualcosa (*informazioni, documenti*) a qualcun altro
sia nella forma attiva sia nella passiva; solitamente non nei tempi progressivi [*solitamente + to*]

• *In the case of controversy, the insurance company will hand on the claim documents to their legal office.* In caso di controversia, la compagnia di assicurazioni trasmetterà la richiesta di risarcimento all'ufficio legale.

tramandare qualcosa (*un'usanza o un insegnamento*) alla generazione successiva
sia nella forma attiva sia nella passiva; solitamente non nei tempi progressivi [*solitamente + to oppure + from + to*]

• *The history of the Aborigenes has been handed on from one generation to the next by word of mouth.* La storia degli aborigeni è stata tramandata oralmente di generazione in generazione.

hand out

hand out st. = hand st. out

♦ distribuire qualcosa
sia nella forma attiva sia nella passiva; solitamente non nei tempi progressivi

• *A young woman in the supermarket was handing out free samples of the new shampoo.* Al supermercato, una giovane distribuiva gratuitamente campioni del nuovo shampoo.

dare consigli, suggerimenti, indicazioni (*non richiesti*)
sia nella forma attiva sia nella passiva; anche nei tempi progressivi

• *It's easy to hand out advice, but you should practice what you preach.* È facile dispensare consigli, ma si dovrebbe mettere in pratica ciò che si predica.

hand over

hand over st. = hand st. over

♦ consegnare qualcosa a qualcuno
sia nella forma attiva sia nella passiva; solitamente non nei tempi progressivi

• *The policeman asked me to hand over my driving licence.* Il poliziotto mi chiese la patente.

• *Hands up and hand over the money!* Mani in alto e fuori i soldi!

hand round st. = hand st. round → hand around/round st. = hand st. around/round

---

hang

hangs, hung, hung, hanging

hang about/around/round

hang about/around/round

♦ perdere tempo (*mentre si sta facendo, o si dovrebbe fare, qualcosa*) [*informale*]
non nella forma passiva; anche nei tempi progressivi

• *Stop hanging about/around/round and get ready!* Smetti di cincischiare e preparati!

hang about/around/round swh.

passare il tempo in qualche luogo (*solitamente senza concludere granché*) [*informale*]
non nella forma passiva; spesso nei tempi progressivi

• *There is nothing for young people to do in town, and they spend their time hanging about/around/round in the square.* Non c'è nulla da fare in città per i giovani, ed essi trascorrono il tempo ciondolando in piazza.

hang on

hang on

♦ aspettare (*anche al telefono*) [*informale*]
non nella forma passiva; solitamente non nei tempi progressivi

• *If you hang on a minute, I'll give you a lift home.* Se aspetti un minuto, ti darò un passaggio a casa.

tenersi saldamente a qualcuno o a qualcosa
non nella forma passiva; anche nei tempi progressivi

• *You'd better hang on tight when the bus goes round the corner.* Farai bene a tenerti forte quando l'autobus svolterà l'angolo.

resistere nonostante le difficoltà o le avversità [*informale*]
non nella forma passiva; anche nei tempi progressivi

• *The soldiers at the front bravely hung on until reinforcements arrived.* I soldati al fronte resistettero coraggiosamente fino all'arrivo dei rinforzi.

hang on to
hang onto

hang on to sb./st.
hang onto sb./st.

♦ aggrapparsi a qualcuno o a qualcosa (*per non cadere, perdersi, annegare*)
non nella forma passiva; anche nei tempi progressivi

• *When we get off the ferry hang on to/hang onto me, Betty, or you'll get lost in the crowd.* Quando scenderemo dal traghetto aggrappati a me, Betty, o ti perderai nella folla.

tenersi stretto qualcuno o qualcosa (*per affezione o per convenienza*)
non nella forma passiva; anche nei tempi progressivi

• *Maisy keeps hanging on to/hanging onto Cecil, even though he is often unfaithful to her.* Maisy continua a tenersi stretto Cecil, anche se lui le è spesso infedele.

hang out

hang out

trascorrere il tempo in un luogo e/o in compagnia di qualcuno [*informale*]
non nella forma passiva; anche nei tempi progressivi

• *Is it here that your classmates hang out, Teddy?* È qui che i tuoi compagni di classe passano il tempo, Teddy?

hang out st. = hang st. out

stendere (*il bucato*)
sia nella forma attiva sia nella passiva; anche nei tempi progressivi

• *If we hang out the washing now, it will be dry by this afternoon.* Se stendiamo il bucato adesso, sarà asciutto entro questo pomeriggio.

hang over

hang over

durare nel tempo
non nella forma passiva; solitamente non nei tempi progressivi

• *The effects of the medicine may hang over for a few weeks after you stop taking it.* Gli effetti della medicina possono perdurare per qualche settimana dopo che si è smesso di prenderla.

hang over sb./st.

incombere su qualcuno o su qualcosa (*detto di una minaccia*)
non nella forma passiva; anche nei tempi progressivi

• *The threat of a serious hereditary illness is hanging over the poor child.* Sul povero bimbo incombe la minaccia di una grave malattia ereditaria.

hang round → hang about/around/round

hang round swh. → hang about/around/round swh.

hang together

hang together

restare uniti (*detto di persone che vogliono raggiungere un obiettivo comune*)
non nella forma passiva; solitamente non nei tempi progressivi

• *If we forget our differences and hang together, we will survive this difficult period.* Se dimenticheremo le nostre divergenze e resteremo uniti, sopravvivremo a questo difficile periodo.

hang up

hang up

♦ concludere una conversazione telefonica (*posando il ricevitore*)
non nella forma passiva; solitamente non nei tempi progressivi

• *Are you speaking to your sister on the phone? Please don't hang up. I want to speak to her, too.* Sei al telefono con tua sorella? Per favore non mettere giù. Voglio parlarle anch'io.

hang up st. = hang st. up

♦ appendere indumenti a un attaccapanni
sia nella forma attiva sia nella passiva; anche nei tempi progressivi

• *Hang up your new dress in the wardrobe, Marion.* Appendi il tuo vestito nuovo nel guardaroba, Marion.

have

has, had, had, having

have against

have st. against sb./st.

♦ avercela con qualcuno o qualcosa
non nella forma passiva; spesso nella forma negativa; non nei tempi progressivi

• *I don't have anything against advertsing itself, but there is too much nowadays.* Non ho nulla contro la pubblicità in sé, ma oggigiorno ce n'è troppa.

have down as

have sb. down as st.

avere una certa idea (*spesso erronea*) di qualcuno
non nella forma passiva; non nei tempi progressivi

• *I had him down as a more serious kind of man.* Mi ero fatto l'idea che fosse un tipo più serio.

• *I didn't have her down as such a clever administrator.* Non credevo che fosse un'amministratrice così abile.

have in

have in sb. = have sb. in

avere qualcuno come ospite a casa propria
non nella forma passiva; anche nei tempi progressivi

• *For Bobby's birthday party we had in all his schoolmates.* Per la festa di compleanno di Bobby invitammo tutti i suoi compagni di scuola.

far venire in casa propria o in ufficio qualcuno (*artigiano, operaio, tecnico*) affinché faccia un lavoro
non nella forma passiva; anche nei tempi progressivi

• *We had the plumber in last week, but the hot water pipe still seems to be leaking.* Abbiamo fatto venire l'idraulico la settimana scorsa, ma sembra che il tubo dell'acqua calda perda ancora.

have in st. = have st. in

avere in casa una scorta di qualcosa (*solitamente cibo o bevanda*)
non nella forma passiva; non nei tempi progressivi

• *Marty always has in enough beer to quench the thirst of an army.* Marty ha sempre in casa una scorta di birra sufficiente a dissetare un esercito.

have off

have off st. = have st. off

♦ avere un periodo di tempo libero
non nella forma passiva; solitamente non nei tempi progressivi

• *We have off all the month of August every year.* Ogni anno abbiamo tutto il mese di agosto di ferie.

have on

have st. on sb./st.

avere qualcosa (*prove, indizi, informazioni*) contro una persona o un'organizzazione [*informale*]
non nella forma passiva; non nei tempi progressivi

• *The police say they have something on the suspect, but they won't say what.* La polizia afferma di avere prove a carico del sospettato, ma non intende dire quali.

have on st. = have st. on

♦ indossare indumenti o calzature
non nella forma passiva; non nei tempi progressivi

• *Lieutenant Columbo always has on an old raincoat.* Il tenente Colombo indossa sempre un vecchio impermeabile.

♦ tenere acceso un apparecchio elettrico o a gas
non nella forma passiva; non nei tempi progressivi

• *I always have the radio on when I'm driving.* Quando guido tengo sempre la radio accesa.

have st. on sb.

♦ avere qualcosa con sé (*denaro, carte di credito, chiavi o simili, solitamente in tasca o nella borsa*)
non nella forma passiva; non nei tempi progressivi

• *I don't have my keys on me, so we can't get in.* Non ho con me le chiavi, perciò non possiamo entrare.

• *I had no cash, but he had his credit card on him.* Io non avevo contanti, ma lui aveva con sé la carta di credito.

head

heads, headed, headed, heading

head off

head off sb./st. = head sb./st. off

far deviare qualcuno o qualcosa
sia nella forma attiva sia nella passiva; anche nei tempi progressivi

• *The police headed off the peace demonstrators before they reached the Defense Ministry.* La polizia fece deviare i manifestanti per la pace prima che raggiungessero il Ministero della Difesa.

head off
head out

head off [*GB e Australia*]
head out [*USA*]

andare via da un luogo o partire per una meta
non nella forma passiva; anche nei tempi progressivi

• *As soon as the car was loaded we headed off/out.* Appena caricata l'auto ce ne andammo.

hear

hears, heard, heard, hearing

hear from

hear from sb.

♦ ricevere notizie di qualcuno (*direttamente, e di solito per telefono, posta, posta elettronica*)
sia nella forma attiva sia nella passiva; solitamente non nei tempi progressivi

• *I often hear from my brother via e-mail.* Ricevo spesso notizie di mio fratello per posta elettronica.

• *I look forward to hearing from you as soon as possible.* Attendo con ansia tue notizie appena possibile.

ascoltare qualcuno che potrebbe fornire informazioni di rilievo
non nella forma passiva; solitamente non nei tempi progressivi

• *The police would like to hear from anybody who was in the car park at around half past two p.m.* La polizia vorrebbe sentire chiunque si trovasse nel parcheggio ieri intorno alle quattordici e trenta.

hear of

have heard of sb./st.

had heard of sb./st.

♦ sapere dell'esistenza di qualcuno o qualcosa (*per averne sentito parlare*)
sempre al passato prossimo o al trapassato prossimo; spesso nella forma negativa; sia nella forma attiva sia nella passiva; non nei tempi progressivi

• *I had never even heard of the country where the meeting took place.* Non avevo mai nemmeno sentito parlare del paese in cui si è svolto il convegno.

• *«Have you ever heard of Stilton?» «Yes, it's a cheese, isn't it?»* «Hai mai sentito nominare lo Stilton?» «Sì, è un formaggio, mi pare.»

not to hear of st.
not to hear of doing st.
not to hear of sb. doing st.

♦ non voler sentir parlare di qualcosa, o del fatto che qualcuno faccia qualcosa
sempre costruito con will, oppure want, oppure would; sempre nella forma negativa; non nella forma passiva; non nei tempi progressivi

• *Mary would like to dye her hair, but her mother won't (= will not) hear of it.* A Mary piacerebbe tingersi i capelli, ma sua madre non vuole sentirne parlare.

---

help

helps, helped, helped, helping

help off with

help sb. off with st.

aiutare qualcuno a togliersi calzature o indumenti esterni
sia nella forma attiva sia nella passiva; anche nei tempi progressivi

• *Let me help you off with your overcoat.* Lascia che ti aiuti a toglierti il cappotto.

• *Can you help me off with my boots?* Puoi aiutarmi a sfilarmi gli stivali?

help on with

help sb. on with st.

aiutare qualcuno a mettersi calzature o indumenti esterni
sia nella forma attiva sia nella passiva; anche nei tempi progressivi

• *I still have to help Timmy on with his lace-up shoes.* Devo ancora aiutare Timmy a mettersi le scarpe con i lacci.

• *Can you help the children on with their gloves?* Puoi aiutare i bambini a infilarsi i guanti?

help out

help out

help out sb. = help sb. out

aiutare qualcuno che si trova in difficoltà (*specialmente con denaro oppure facendo una parte del suo lavoro*)

non nella forma passiva; anche nei tempi progressivi

• *If you need anything, I can help out.* Se hai bisogno, posso dare una mano.

sia nella forma attiva sia nella passiva quando c'è il complemento oggetto; anche nei tempi progressivi

• *Do you want me to help you out with the housework, or shall I go and do the shopping?* Vuoi che ti aiuti nei lavori domestici, o vado a fare la spesa?

help to

help sb. to st.

♦ servire (*o dare, passare, versare*) un cibo o una bevanda a qualcuno

sia nella forma attiva sia nella passiva; solitamente non nei tempi progressivi

• *Can I help you to some more roast beef?* Posso darti ancora un po' di roast beef?

• *The butler helped the baroness' guests to more champagne.* Il maggiordomo servì altro champagne agli ospiti della baronessa.

help oneself to st.

♦ servirsi (*da solo*) di un cibo o una bevanda oppure di sigarette

sempre nella forma riflessiva; anche nei tempi progressivi

• *While I'm feeding the cat, help yourself to a whisky, John!* Mentre do da mangiare al gatto, versati un whisky, John!

hide

hides, hid, hidden, hiding

hide away

hide away

rifugiarsi in un luogo (*per ritrovare la tranquillità*)

non nella forma passiva; anche nei tempi progressivi

• *The famous film star hid away on a deserted island to escape from the photographers.* La famosa stella del cinema si rifugiò in un'isola deserta per sfuggire ai fotografi.

hide out

hide out

nascondersi per sottrarsi alla cattura

non nella forma passiva; anche nei tempi progressivi [*solitamente + avverbio e/o preposizione e/o aggettivo*]

• *The criminals hid out in a cottage in the middle of the moor.* I criminali si nascosero in un cottage in mezzo alla brughiera.

hold

holds, held, held, holding

hold against

hold st. against sb.

attribuire a qualcuno la colpa di qualcosa

sia nella forma attiva sia nella passiva; solitamente non nei tempi progressivi

• *The new clerk held the reprimand against his older colleague.* Il nuovo impiegato ce l'aveva col collega più anziano perché lo riteneva responsabile della reprimenda.

hold back

hold back

hold back sb. = hold sb. back

trattenersi, o trattenere qualcuno, dal fare o dire qualcosa

non nella forma passiva; anche nei tempi progressivi

I know you don't approve of his behaviour, but if you don't hold back you will estrange him for ever. So che non approvi il suo comportamento, ma se non ti tratterrai te lo alienerai per sempre.

sia nella forma attiva sia nella passiva quando c'è il complemento oggetto; anche nei tempi progressivi

He wanted to kiss her, but something was holding him back. Voleva baciarla, ma qualcosa lo tratteneva.

hold back sb./st. = hold sb./st. back

♦ trattenere (*fisicamente*) una persona, un animale o un oggetto

sia nella forma attiva sia nella passiva; anche nei tempi progressivi

• *Red and white tape was enough to hold back the onlookers.* Il nastro rosso e bianco fu sufficiente a trattenere i curiosi.

hold back st. = hold st. back

non rivelare un'informazione (*di proposito*)

sia nella forma attiva sia nella passiva; anche nei tempi progressivi

• *The army held back some details of the attack.* L'esercito non rivelò alcuni dettagli dell'attacco.

impedirsi di manifestare un'emozione, un sentimento, un'opinione

anche nella forma attiva, ma più spesso nella passiva; anche nei tempi progressivi

• *Rose tried to hold back her tears.* Rose tentò di ricacciare le lacrime.

hold down

hold down sb./st. = hold sb./st. down

♦ tenere ferma, o tenere giù, una persona, un animale, un oggetto
sia nella forma attiva sia nella passiva; anche nei tempi progressivi

• *It was difficult to hold the cat down to give it the injection.* Fu difficile tenere fermo il gatto per fargli l'iniezione.

tenere sotto controllo persone o organizzazioni (*limitandone la libertà*)
sia nella forma attiva sia nella passiva; anche nei tempi progressivi

• *The dictatorship is strongly holding down both the intellectuals and the opposition party.* La dittatura esercita uno stretto controllo sia sugli intellettuali sia sul partito di opposizione.

hold down st. = hold st. down

contenere prezzi o limitare spese
sia nella forma attiva sia nella passiva; anche nei tempi progressivi

• *If we don't hold down prices, we will not be competitive on the market.* Se non conterremo i prezzi, non saremo competitivi sul mercato.

hold forth

hold forth

dilungarsi su un argomento (*spesso annoiando l'interlocutore*)
non nella forma passiva; anche nei tempi progressivi

• *Don't ask him about his journey, or he will hold forth for hours.* Non chiedergli del suo viaggio, o andrà avanti per ore.

hold off

hold off

non fare cattivo tempo (*solitamente riferito alla pioggia o alla neve*)
non nella forma passiva; anche nei tempi progressivi

• *I hope the rain holds off until we get home.* Spero che non si metta a piovere finché non saremo arrivati a casa.

hold off sb. = hold sb. off

respingere l'aggressione di qualcuno
sia nella forma attiva sia nella passiva; solitamente non nei tempi progressivi

• *Two brave passengers managed to hold off the terrorists who were attempting to hijack the plane.* Due coraggiosi passeggeri tennero testa ai terroristi che tentavano di dirottare l'aereo.

hold off st.

rimandare qualcosa (*una decisione, una vendita, un acquisto*)
sia nella forma attiva sia nella passiva; anche nei tempi progressivi

• *The decision was held off because not enough delegates were present.* La decisione venne rimandata perché i delegati presenti erano in numero insufficiente.

hold off doing st.

rimandare qualcosa (*una decisione, una vendita, un acquisto*)
non nella forma passiva; anche nei tempi progressivi

• *They held off selling the house in the hope that property prices would rise.* Rimandarono la vendita della casa nella speranza che i prezzi degli immobili aumentassero.

hold on

hold on

♦ aspettare (*anche al telefono*)
non nella forma passiva; solitamente non nei tempi progressivi

• *Can you hold on a moment? I'm nearly ready.* Puoi aspettare un momento? Sono quasi pronta.

• *The telephonist left me holding on for a quarter of an hour.* Il telefonista mi lasciò in attesa per un quarto d'ora.

♦ tenersi saldamente a qualcosa
non nella forma passiva; solitamente non nei tempi progressivi [*spesso* + *to*]

• *When I was an inexperienced driver I held on nervously to the wheel.* Quando ero un guidatore inesperto stringevo nervosamente il volante.

resistere nonostante le difficoltà [*informale*]
non nella forma passiva; solitamente non nei tempi progressivi

• *The survivors of the Titanic were able to hold on only for a very short time in the ice-cold water.* I superstiti del Titanic poterono resistere solo per brevissimo tempo nell'acqua gelida.

hold on to
hold onto

hold on to sb./st.
hold onto sb./st.

♦ tenersi stretto a qualcuno o a qualcosa
non nella forma passiva; solitamente non nei tempi progressivi

• *The sea was very rough, and when we went on the deck for a walk we held on to/held onto each other.* Il mare era molto agitato, e quando salimmo sul ponte per fare una passeggiata ci tenemmo stretti l'uno all'altra.

hold on to st.
hold onto st.

non rinunciare a qualcosa che si possiede
non nella forma passiva; solitamente non nei tempi progressivi

• *I would hold on to/hold onto that old bycicle; it might come in useful.* Io terrei da conto quella vecchia bici; potrebbe tornare utile.

hold out

hold out

durare per un dato periodo di tempo (*detto di provviste*)
non nella forma passiva; solitamente non nei tempi progressivi

• *I hope our supply of wine holds out until we go on holiday to France, where we will buy some more.* Spero che la nostra provvista di vino duri finché andremo in vacanza in Francia, dove ne compreremo dell'altro.

bastare (*detto di denaro*)
non nella forma passiva; solitamente non nei tempi progressivi

• *If our money holds out, we'll stay another week.* Se il denaro ci basterà, ci fermeremo un'altra settimana.

resistere a un attacco o al nemico
non nella forma passiva; solitamente non nei tempi progressivi

• *The besieged city held out for three months.* La città assediata resistette tre mesi.

hold out st.

avere la speranza che qualcosa avvenga
non nella forma passiva; anche nei tempi progressivi

• *The situation doesn't look good, but we are still holding out hope.* La situazione non appare buona, ma noi continuiamo a sperare.

hold out st. = hold st. out

♦ porgere o tendere qualcosa (*la mano, entrambe le mani, un oggetto*)
sia nella forma attiva sia nella passiva; anche nei tempi progressivi

• *I held out my hand but she ignored it.* Le tesi la mano, ma lei l'ignorò.

hold out against

hold out against st.

opporsi a qualcosa (*che non si vuole accettare*)
non nella forma passiva; anche nei tempi progressivi

• *The teachers have declared they will hold out against the reforms.* Gli insegnanti hanno dichiarato che si opporranno alle riforme.

hold out for

hold out for st.

restare in attesa di ottenere ciò che si vuole (*rifiutando di accontentarsi di qualcosa di meno*)
non nella forma passiva; anche nei tempi progressivi

• *Instead of selling now, I'll hold out for a higher price.* Invece di vendere ora, cercherò di spuntare un prezzo più alto.

hold over

hold st. over sb.

servirsi della conoscenza di un segreto per minacciare o ricattare qualcuno
sia nella forma attiva sia nella passiva; anche nei tempi progressivi

• *Her former business partner knows that she was in prison years ago, and now he is holding it over her.* Il suo ex socio in affari sa che lei era stata in prigione anni fa, e ora la sta minacciando.

hold over st. = hold st. over

rinviare una decisione o lo svolgimento di un evento
anche nella forma attiva, ma più spesso nella passiva; solitamente non nei tempi progressivi

• *The opening of the new airport will be held over for a week.* L'apertura del nuovo aeroporto verrà posticipata di una settimana.

hold to

hold sb. to st.

fare in modo che qualcuno mantenga un impegno preso
sia nella forma attiva sia nella passiva; anche nei tempi progressivi

• *I bet Joanna will try to hold him to his promise to marry her.* Scommetto che Joanna tenterà di fargli mantenere la promessa di matrimonio.

hold to st.

mantenersi fedele a una decisione o a un'idea
non nella forma passiva; anche nei tempi progressivi

• *It took me years to take this decision, and now I'm holding to it.* Mi ci sono voluti anni per prendere questa decisione, e ora mi ci attengo.

hold together

hold together

hold together st. = hold st. together

restare unito (*detto di un gruppo di persone, un paese, un'organizzazione*) o tenere unito (*un gruppo di persone, un paese, un'organizzazione*)

non nella forma passiva; anche nei tempi progressivi

In spite of the existence of two opposing factions, the country is holding together. Nonostante l'esistenza di due fazioni opposte, il paese resta unito.

sia nella forma attiva sia nella passiva quando c'è il complemento oggetto; anche nei tempi progressivi

It is the old grandmother who is holding the family together. È la vecchia nonna che tiene unita la famiglia.

hold up

hold up

mantenersi sana ed efficiente (*detto di una parte del corpo*)
non nella forma passiva; anche nei tempi progressivi

• *I hope my back holds up when I go sightseeing in Rome.* Spero che la mia schiena terrà quando andrò a visitare Roma.

mantenersi a un buon livello
non nella forma passiva; anche nei tempi progressivi

• *The tourist industry is holding up well in spite of the global recession.* Il turismo tiene bene nonostante la recessione globale.

hold up sb./st. = hold sb./st. up

♦ far ritardare qualcuno o qualcosa
anche nella forma attiva, ma più spesso nella passiva; solitamente non nei tempi progressivi

• *I was held up in a traffic jam.* Sono stata trattenuta da un ingorgo stradale.

• *The cricket match was held up by rain.* La partita di cricket venne ritardata dalla pioggia.

rapinare (*una persona, una banca, un ufficio postale, un supermercato*)
sia nella forma attiva sia nella passiva; anche nei tempi progressivi

• *Bloggs held up a businessman at gunpoint.* Bloggs ha rapinato un uomo d'affari puntandogli contro la pistola.

• *The bank was held up by four masked men.* La banca venne rapinata da quattro uomini mascherati.

hold up st. = hold st. up

assaltare un mezzo di trasporto
sia nella forma attiva sia nella passiva; anche nei tempi progressivi

• *Ned Kelly held up the stagecoach and stole the ladies' jewellery.* Ned Kelly assaltò la diligenza e rubò i gioielli delle signore.

sostenere qualcosa
sia nella forma attiva sia nella passiva; solitamente non nei tempi progressivi

• *The bridge is held up by strong concrete pillars.* Il ponte è sostenuto da robusti pilastri di cemento.

hold up as

hold up sb./st. as st. = hold sb./st. up as st.

portare qualcuno o qualcosa a esempio, o considerarlo tale
sia nella forma attiva sia nella passiva; anche nei tempi progressivi

• *Miriam always holds up Donald as an example of filial devotion.* Miriam porta sempre Donald a esempio di devozione filiale.

hurry

hurries, hurried, hurried, hurrying

hurry along

hurry sb. along

sollecitare qualcuno ad affrettarsi
sia nella forma attiva sia nella passiva; anche nei tempi progressivi

• *Every time Philip tries to hurry Sandra along, she takes even more time to get ready.* Ogni volta che Philip dice a Sandra di fare in fretta, lei ci mette ancora di più a prepararsi.

hurry st. along

far procedere più speditamente qualcosa
sia nella forma attiva sia nella passiva; anche nei tempi progressivi

• *We'd like to spend our summer holidays in our new house in Bournemouth, so we should hurry the renovation work along.* Ci piacerebbe trascorrere le vacanze estive nella nostra nuova casa di Bournemouth, perciò dovremmo sbrigarci di più con la ristrutturazione.

hurry on

hurry on

dialogando con qualcuno, aggiungere qualcosa (*una considerazione, un dettaglio, un chiarimento*) molto rapidamente (*come per evitare che l'interlocutore intervenga*)
non nella forma passiva; solitamente non nei tempi progressivi

• *«It's only a little dent, Mum», said Sarah, «and in any case our car-body repairer is never too expensive!» she hurried on.* «È solo una piccola ammaccatura, mamma», disse Sarah, «e in ogni caso il nostro carrozziere non è mai troppo caro!» si affrettò ad aggiungere.

hurry up

hurry up

♦ fare qualcosa più rapidamente
non nella forma passiva; anche nei tempi progressivi

• *I'd better hurry up or I'll be late for work.* È meglio che mi affretti o farò tardi al lavoro.

hurry up sb. = hurry sb. up

sollecitare qualcuno (*ad affrettarsi*)
non nella forma passiva; anche nei tempi progressivi

• *Sarah should hurry her daughter up in the morning. She always makes us miss the bus.* Sarah dovrebbe dire a sua figlia di sbrigarsi al mattino. Ci fa sempre perdere l'autobus.

hurry up st. = hurry st. up

♦ far procedere più speditamente qualcosa
non nella forma passiva; anche nei tempi progressivi

• *The policeman tried to hurry up the cars that were slowly crawling past the scene of the accident.* Il poliziotto tentò di far procedere più speditamente le auto che con gran lentezza superavano la scena dell'incidente.

hush

hushes, hushed, hushed, hushing

hush up

hush up st. = hush st. up

mettere a tacere (*voci o avvenimenti che non si vogliono rendere noti*)
sia nella forma attiva sia nella passiva; anche nei tempi progressivi

• *The President tried to hush up the fact that he had been informed of the terrorist attack before it happened.* Il Presidente tentò di mettere a tacere il fatto di essere stato informato dell'attacco terroristico prima che questo avvenisse.

I

identify

identifies, identified, identified, identifying

identify with

identify with sb./st.

identificarsi con qualcuno o con i sentimenti di qualcuno
non nella forma passiva; solitamente non nei tempi progressivi

• *TV personalities are the models that the most easily influenced people tend to identify with.* I personaggi televisivi sono i modelli con i quali le persone più influenzabili tendono a identificarsi.

improve

improves, improved, improved, improving

improve on/upon

improve on/upon st.

♦ migliorare qualcosa [*formale con upon*]
sia nella forma attiva sia nella passiva; anche nei tempi progressivi

• *His Russian is not very good, but with some practice he will improve on/upon it.* Il suo russo non è granché, ma con un po' di pratica lo migliorerà.

inform

informs, informed, informed, informing

inform against/on

inform against/on sb.

fornire informazioni alla polizia (*o ad altre autorità*) sull'autore di un reato
non nella forma passiva; anche nei tempi progressivi

• *Hoping to avoid prison he informed against/on the organizer of the robbery.* Sperando di sottrarsi al carcere egli denunciò l'organizzatore della rapina.

inquire

inquires, inquired, inquired, inquiring

inquire after

inquire after sb.

chiedere informazioni su qualcuno [*formale*]
non nella forma passiva; anche nei tempi progressivi

• *The firm inquired after the applicant before giving him the job.* L'azienda chiese informazioni sull'aspirante prima di dargli il posto.

inquire after sb./st.

informarsi sulla salute di qualcuno [*formale*]
non nella forma passiva; anche nei tempi progressivi

• *If you see Elizabeth, don't forget to inquire after her parents.* Se vedi Elizabeth, non dimenticare di chiederle come stanno i suoi genitori.

inquire into

inquire into st.

indagare su qualcosa [*formale*]
non nella forma passiva; anche nei tempi progressivi

• *The coroner is inquiring into the murder.* Il coroner sta indagando sul delitto.

indagare sulla possibilità di fare qualcosa che si vorrebbe [*formale*]
non nella forma passiva; anche nei tempi progressivi

• *We are inquiring into the possibility of establishing a new branch in Leghorn.* Stiamo indagando sulla possibilità di impiantare una nuova filiale a Livorno.

insist

insists, insisted, insisted, insisting

insist on/upon

insist on/upon st.
insist on/upon doing st.
insist on/upon sb. doing st.

♦ insistere per ottenere qualcosa o che qualcuno faccia qualcosa [*formale con upon*]
non nella forma passiva; anche nei tempi progressivi

• *I insist on/upon a replacement for this defective hairdrier.* Insisto sulla sostituzione di questo asciugacapelli difettoso.

• *Patrick insisted on/upon going by car, in spite of the traffic.* Patrick insisté per andare in auto, nonostante il traffico.

interest
interests, interested, interested, interesting

interest in

interest sb. in st.

destare l'interesse di qualcuno per qualcosa
non nella forma passiva; non nei tempi progressivi

• *A good teacher manages to interest his students in the subject.* Un buon insegnante riesce a interessare gli studenti alla materia.

interfere
interferes, interfered, interfered, interfering

interfere with

interfere with st.

♦ impedire che qualcosa abbia un corretto svolgimento o funzionamento
sia nella forma attiva sia nella passiva; anche nei tempi progressivi

• *She does not let her private life interfere with her work.* Lei non permette che la sua vita privata interferisca con il suo lavoro.

produrre interferenze nelle comunicazioni radiofoniche o telefoniche
sia nella forma attiva sia nella passiva; anche nei tempi progressivi

• *When we travel by plane, we should switch off cellphones and computers because they may interfere with the communications with the control tower.* Quando viaggiamo in aereo, dovremmo spegnere telefoni cellulari e computer perché possono interferire con le comunicazioni con la torre di controllo.

invite
invites, invited, invited, inviting

invite along

invite along sb. = invite sb. along

invitare qualcuno a fare qualcosa insieme o ad andare in qualche posto insieme
sia nella forma attiva sia nella passiva; anche nei tempi progressivi

• *If you are going to the cinema, why don't you invite Sandra along?* Se vai al cinema, perché non inviti Sandra?

invite around/over/round

invite around/over/round sb. = invite sb. around/over/round

invitare qualcuno a casa propria
sia nella forma attiva sia nella passiva; anche nei tempi progressivi

• *Mary invites her mother-in-law around/over/round as often as possible.* Mary invita a casa la suocera più spesso che può.

invite back

invite back sb. = invite sb. back

invitare qualcuno in casa propria dopo aver partecipato insieme a un evento
sia nella forma attiva sia nella passiva; anche nei tempi progressivi

• *Janet invited her friends back after the theatre.* Janet invitò a casa gli amici dopo il teatro.

• *Why don't you invite Monty and Ronnie back after the match?* Perché non inviti a casa Monty e Ronnie dopo la partita?

invite out

invite out sb. = invite sb. out

invitare qualcuno in qualche posto (*solitamente un ristorante, un teatro, un cinema o altro luogo in cui si svolge uno spettacolo*)
sia nella forma attiva sia nella passiva; anche nei tempi progressivi

• *Dennis invited his wife out on their wedding anniversary.* Dennis invitò fuori la moglie nel loro anniversario di matrimonio.

invite over sb. = invite sb. over → invite around/over/round sb. = invite sb. around/over/round

invite round sb. = invite sb. round → invite around/over/round sb. = invite sb. around/over/round

J

jam

jams, jammed, jammed, jamming

jam up

jam up st. = jam st. up

ostruire l'accesso a un luogo (*detto di persone o veicoli*) [*solitamente + with*]
sia nella forma attiva sia nella passiva; anche nei tempi progressivi

• *The entrance to the hotel was jammed up with the actor's fans who were waiting for him to pass by.* L'entrata dell'albergo era ostruita dagli ammiratori dell'attore che attendevano il suo passaggio.

impedire a una macchina di funzionare bene (*detto di una sua parte in cui qualcosa si è incastrato*)
sia nella forma attiva sia nella passiva; anche nei tempi progressivi

• *The thread has got entangled and has jammed up the sewing machine again!* Il filo si è aggrovigliato e ha bloccato di nuovo la macchina per cucire!

join

joins, joined, joined, joining

join in

join in
join in st.

♦ prendere parte a un'attività svolta da altri (*detto di persone o animali*)
non nella forma passiva; solitamente non nei tempi progressivi

• *When we play football, the dog always tries to join in.* Quando giochiamo a pallone, il cane tenta sempre di unirsi a noi.

• *The singer invited the audience to join in.* Il cantante invitò il pubblico a partecipare.

join up

join up

arruolarsi [*prevalentemente GB*]
non nella forma passiva; solitamente non nei tempi progressivi

• *These new recruits joined up two weeks ago.* Queste nuove reclute si sono arruolate due settimane fa.

unirsi per svolgere un'attività in comune (*detto di aziende, gruppi o persone singole*)
non nella forma passiva; solitamente non nei tempi progressivi

• *The laboratories joined up and worked together on the genetic research project.* I laboratori si unirono e lavorarono insieme al progetto di ricerca genetica.

join up st. = join st. up

collegare due o più oggetti [*prevalentemente GB e Australia*]
sia nella forma attiva sia nella passiva; solitamente non nei tempi progressivi

• *An overhead walkway joined up the two buildings.* Una passerella aerea collegava i due edifici.

unire due o più oggetti [*prevalentemente GB e Australia*]
sia nella forma attiva sia nella passiva; solitamente non nei tempi progressivi

• *The children joined up the little plastic bricks to build a castle.* I bambini unirono i mattoncini di plastica per costruire un castello.

join with

join with sb./st.

dire o fare qualcosa insieme con altri (*persone o organizzazioni*) [*formale*]
non nella forma passiva; non nei tempi progressivi

• *Scotland Yard has joined with the local police to catch the murderer.* Scotland Yard si è unita alla polizia locale per catturare l'omicida.

jump

jumps, jumped, jumped, jumping

jump at

jump at st.

accettare prontamente un'occasione che ci viene offerta (*anche sotto forma di possibilità di acquisto di un prodotto*) [*informale*]
sia nella forma attiva sia nella passiva; solitamente non nei tempi progressivi

• *I'd jump at the offer of a role in a soap opera.* Se mi offrissero un ruolo in una telenovela mi precipiterei ad accettarlo.

• *He turned down a proposal I would have jumped at.* Non accettò una proposta che io avrei colto al volo.

jump on

jump on sb.

rimproverare aspramente qualcuno per aver fatto o detto qualcosa di sbagliato [*informale*]
sia nella forma attiva sia nella passiva; anche nei tempi progressivi

• *The poor child has become very timid because his parents jump on him for the slightest mistake.* Il povero bambino è diventato molto timoroso perché i suoi genitori lo sgridano al più piccolo errore.

jump out
jump out at

jump out
jump out at sb.

colpire immediatamente l'attenzione di qualcuno
non nella forma passiva; non nei tempi progressivi

• *When I'm correcting my student's homework, most of the mistakes jump out immediately.* Quando correggo i compiti dei miei studenti, la maggior parte degli errori mi salta immediatamente all'occhio.

jump up

jump up

scattare in piedi
non nella forma passiva; solitamente non nei tempi progressivi

• *When the fire started in the cinema, everyone jumped up and made for the nearest exit.* Quando scoppiò l'incendio nel cinema, tutti scattarono in piedi e si diressero verso l'uscita più vicina.

jut

juts, jutted, jutted, jutting

jut out

jut out

sporgere o protendersi verso l'esterno
non nella forma passiva; anche nei tempi progressivi

• *The table leaf was jutting out, and little Bobby hit his head.* La prolunga del tavolo sporgeva, e il piccolo Bobby batté la testa.

K

keep

keeps, kept, kept, keeping

keep ahead

keep ahead
keep sb. ahead

mantenere, o fare in modo che qualcuno mantenga, un vantaggio su qualcun altro

non nella forma passiva; anche nei tempi progressivi

• *The Democrats have managed to keep ahead in the opinion polls, but that doesn't mean they will win the elections.* I democratici sono riusciti a mantenersi in vantaggio nei sondaggi d'opinione, ma ciò non significa che vinceranno le elezioni.

sia nella forma attiva sia nella passiva quando c'è il complemento oggetto; anche nei tempi progressivi

• *Nicky's mother makes him do extra homework to keep him ahead of his classmates.* La madre di Nicky gli fa fare compiti a casa in più perché si mantenga in vantaggio sui suoi compagni.

keep at

keep at st.

keep sb. at st.

keep sb. at doing st.

continuare a lavorare, o fare in modo che qualcuno continui a lavorare, con impegno a qualcosa (*sport, studio o altra attività*)

non nella forma passiva; solitamente non nei tempi progressivi

• *You will have to keep at it if you want to pass your examination.* Dovrai impegnarti se vuoi superare l'esame.

• *Keep at it!* Persevera!

sia nella forma attiva sia nella passiva quando c'è il complemento oggetto; anche nei tempi progressivi

• *The swimmer was kept at his training six hours a day.* Il nuotatore era impegnato negli allenamenti per sei ore al giorno.

keep away

keep away

keep away sb./st. = keep sb./st. away

♦ tenersi, o tenere una persona o un animale, lontano da qualcosa o da un luogo

non nella forma passiva; solitamente non nei tempi progressivi

• *Keep away! The firework is about to go off!* State lontano! Il fuoco d'artificio sta per esplodere!

sia nella forma attiva sia nella passiva quando c'è il complemento oggetto; anche nei tempi progressivi

• *An apple a day keeps the doctor away.* Una mela al giorno leva il medico di torno.

keep away st. = keep st. away

tener lontana una malattia

sia nella forma attiva sia nella passiva; solitamente non nei tempi progressivi

• *She thinks that taking vitamin C will help to keep away colds and flu.* Lei pensa che prendere della vitamina C l'aiuterà a evitare raffreddori e influenza.

keep back

keep back

keep back sb./st. = keep sb./st. back

♦ tenersi indietro, o tenere indietro una persona, un animale, una cosa

non nella forma passiva; solitamente non nei tempi progressivi

• *The barbecue is still hot. Tell the children to keep back.* Il barbecue è ancora molto caldo. Di' ai bambini di non avvicinarsi.

sia nella forma attiva sia nella passiva quando c'è il complemento oggetto; anche nei tempi progressivi

• *The fans were kept back by the pop star's bodyguards.* Gli ammiratori vennero trattenuti dalle guardie del corpo della pop star.

keep back st. = keep st. back

tenere da parte qualcosa per farne uso in un secondo tempo
sia nella forma attiva sia nella passiva; anche nei tempi progressivi

• *I put almost all the nuts into the cake mixture, keeping back a spoonful to decorate the top.* Ho messo quasi tutte le noci nell'impasto della torta, tenendone da parte una cucchiaiata per decorare la superficie.

keep down

keep down st. = keep st. down

♦ impedire che qualcosa (*un numero, un livello, una percentuale, un peso, un prezzo, una dimensione, una spesa*) aumenti
sia nella forma attiva sia nella passiva; non nei tempi progressivi

• *You'll never keep down your weight if you go on eating cream buns.* Non riuscirai mai a controllare il tuo peso se continuerai a mangiare pasticcini alla panna.

tenere basso il volume della voce o di un apparecchio che emette suoni
sia nella forma attiva sia nella passiva; non nei tempi progressivi

• *Keep your voice down or Dad will hear you.* Parla a bassa voce o papà ti sentirà.

• *Can't you keep down that radio? You'll wake up the baby.* Non puoi tenere bassa quella radio? Sveglierai il bambino.

keep from

keep st. from sb.

♦ non far sapere qualcosa a qualcuno
sia nella forma attiva sia nella passiva; anche nei tempi progressivi

• *The family kept the seriousness of the old lady's illness from her.* La famiglia tenne nascosta all'anziana signora la gravità della sua malattia.

keep sb. from st.

keep sb. from doing st.

impedire a qualcuno di lavorare o di studiare facendogli perdere tempo
sia nella forma attiva sia nella passiva; anche nei tempi progressivi

• *I'm going now. I don't want to keep you from your work.* Ora vado. Non voglio sottrarti al tuo lavoro.

keep sb. from doing st.

impedire che qualcuno faccia qualcosa

sia nella forma attiva sia nella passiva; non nei tempi progressivi

• *Giving young people responsibilities helps to keep them from being bored and getting into trouble.* Responsabilizzare i giovani contribuisce a impedire che si annoino e si mettano nei guai.

keep st. from doing st.

impedire che si produca un certo effetto

sia nella forma attiva sia nella passiva; solitamente non nei tempi progressivi

• *You must wash this pullover in cold water to keep it from shrinking.* Devi lavare questo pullover in acqua fredda per impedire che si restinga.

keep from doing st.

trattenersi dal fare qualcosa

sia nella forma attiva sia nella passiva; non nei tempi progressivi

• *The students tried to keep from laughing when the teacher sat on the tack.* Quando l'insegnante sedette sulla puntina da disegno, gli studenti cercarono di trattenere le risa.

keep off

keep off

non fare cattivo tempo (*solitamente in riferimento a piogge o nevicate*) [*GB*]

non nella forma passiva; anche nei tempi progressivi

• *I hope the rain keeps off; the children have got a football match this afternoon.* Spero che non si metta a piovere; i bambini hanno una partita di pallone oggi pomeriggio.

keep off st.

keep sb. off st.

non mangiare, bere o usare qualcosa di nocivo per la salute o per la linea, o impedire a qualcuno di farlo

non nella forma passiva; anche nei tempi progressivi

• *I'm keeping off whisky and chocolate until I've lost some weight.* Mi terrò lontano da whisky e cioccolato finché non avrò perso un po' di peso.

sia nella forma attiva sia nella passiva quando c'è il complemento oggetto; anche nei tempi progressivi

• *We have to keep Granddad off sugar because he is slightly diabetic.* Dobbiamo fare in modo che il nonno eviti lo zucchero perché ha un po' di diabete.

keep off

keep off st.

keep sb./st. off st.

♦ stare lontano da qualcosa, o tenere una persona, un animale o un oggetto lontano da qualcosa

non nella forma passiva; solitamente non nei tempi progressivi

• *There are signs that say «Danger, keep off!» and others that say «Keep off the grass!»* Vi sono cartelli che dicono «Pericolo, stare lontano!» e altri che dicono «Vietato calpestare l'erba!»

sia nella forma attiva sia nella passiva quando c'è il complemento oggetto; anche nei tempi progressivi

• *I always keep my children off the main road when we come home from school.* Tengo sempre i miei bambini lontano dalla strada principale quando torniamo a casa da scuola.

keep off st.

keep st. off sb.

keep st. off st.

♦ tenere (*una persona, un animale o un oggetto*) al riparo da qualcosa che potrebbe nuocergli

sia nella forma attiva sia nella passiva; solitamente non nei tempi progressivi

• *This ointment will keep off the mosquitoes.* Questa pomata allontanerà le zanzare.

• *I placed the wheelchair under the trees, so the sun was kept off Grandmother.* Sistemai la sedia a rotelle sotto gli alberi, così la nonna rimase al riparo dal sole.

keep on

keep on

continuare a parlare di qualcosa (*rendendosi fastidiosi*) [*informale*]

non nella forma passiva; solitamente non nei tempi progressivi

• *Don't mention clothes, or Joanna will keep on for hours.* Non parlare di vestiti, o Joanna andrà avanti per ore.

proseguire in una data direzione

non nella forma passiva; solitamente non nei tempi progressivi

• *If you keep on, you will reach the motorway in about half an hour.* Se proseguite in questa direzione, raggiungerete l'autostrada in una mezzoretta.

keep on sb. = keep sb. on

mantenere in servizio un dipendente

sia nella forma attiva sia nella passiva; anche nei tempi progressivi

• *The standard of living of the Beauchamp family was much lower than before the war, but they kept the old butler on.* Il tenore di vita della famiglia Beauchamp era molto più basso di prima della guerra, ma mantennero in servizio il vecchio maggiordomo.

keep on doing st.

♦ continuare a fare qualcosa

non nella forma passiva; solitamente non nei tempi progressivi

• *We kept on driving until midnight.* Continuammo a guidare fino a mezzanotte.

keep on at

keep on at sb.

non dare tregua a qualcuno (*solitamente lamentandosi di qualcosa che è stato fatto o perché qualcosa non è stato fatto*)

non nella forma passiva; non nei tempi progressivi

• *Why do you keep on at me? I told you that I didn't do it on purpose.* Perché continui a tormentarmi? Te l'ho detto che non l'ho fatto apposta.

keep out

keep out

keep out sb./st. = keep sb./st. out

♦ non entrare in un luogo, o impedire che una persona, un animale o una cosa entri in un luogo

non nella forma passiva; solitamente non nei tempi progressivi

• *Danger! Explosives! Keep out.* Pericolo! Esplosivi! Vietato l'ingresso.

sia nella forma attiva sia nella passiva quando c'è il complemento oggetto; anche nei tempi progressivi

• *The picket line is keeping the blacklegs out.* Il picchetto di scioperanti impedisce ai crumiri di entrare.

keep out of

keep out of st.

keep sb. out of st.

non lasciarsi coinvolgere in qualcosa, o non coinvolgere qualcuno in qualcosa

non nella forma passiva; anche nei tempi progressivi

• *When Robert and Jane talk about religion I always keep out of it.* Quando Robert e Jane parlano di religione non mi lascio mai coinvolgere.

sia nella forma attiva sia nella passiva quando c'è il complemento oggetto; anche nei tempi progressivi

• *I think that the children should be kept out of our arguments.* Penso che i bambini non dovrebbero essere coinvolti nelle nostre discussioni.

tenersi (*o tenere qualcuno*) fuori di una situazione sgradevole

non nella forma passiva; anche nei tempi progressivi

• *Keeping out of debt is one of my rules of action.* Non fare debiti è una delle mie regole di vita.

sia nella forma attiva sia nella passiva quando c'è il complemento oggetto; anche nei tempi progressivi

• *His younger brother is the one who keeps him out of trouble.* È il fratello minore quello che lo tiene fuori dei guai.

keep st. out of st.

tenere separate attività che si ritengono incompatibili
sia nella forma attiva sia nella passiva; anche nei tempi progressivi

• *Not to keep politics out of sport might be a serious mistake.* Non tenere la politica fuori dello sport potrebbe essere un grave errore.

keep to

keep to st.

♦ non allontanarsi da un certo argomento
non nella forma passiva; anche nei tempi progressivi

• *We haven't much time to discuss this problem, so please keep to the point.* Non abbiamo molto tempo per discutere questo problema, perciò ti prego di non divagare.

restare sulla strada che si sta già percorrendo
non nella forma passiva; anche nei tempi progressivi

• *The journey may be ten kilometres more, but you will save time if you keep to the motorway.* Può darsi che tu faccia dieci chilometri in più, ma risparmierai tempo se resterai sull'autostrada.

tener fede a una promessa o a una decisione
non nella forma passiva; anche nei tempi progressivi

• *Don't make promises if you can't keep to them.* Non fare promesse se non puoi mantenerle.

restare fedele a una religione o a un'opinione
non nella forma passiva; anche nei tempi progressivi

• *She kept to her beliefs in spite of the disapproval of her husband's family.* Rimase fedele alle proprie convinzioni nonostante la disapprovazione della famiglia del marito.

osservare le regole
non nella forma passiva; anche nei tempi progressivi

• *Keeping to the rules is not his strong point.* Il rispetto delle regole non è il suo punto forte.

rispettare i termini di un contratto
non nella forma passiva; anche nei tempi progressivi

• *Whether we like it or not, we must keep to the terms of the contract we signed.* Che ci piaccia o no, dobbiamo rispettare i termini del contratto che abbiamo firmato.

fare ciò che si era programmato
non nella forma passiva; anche nei tempi progressivi

• *If we keep to the plan, it will all be for the best.* Se ci atterremo al progetto, tutto andrà per il meglio.

procedendo (*a piedi, in bicicletta, con un automezzo*), tenere un determinato senso di marcia
non nella forma passiva; non nei tempi progressivi

• *Waiters going to and from the kitchen must always keep to the right and must never run.* I camerieri che entrano ed escono dalla cucina devono sempre tenere la destra e non devono mai correre.

keep st. to st.

mantenere qualcosa (*solitamente un numero o una spesa*) entro determinati limiti
sia nella forma attiva sia nella passiva; solitamente non nei tempi progressivi

• *If we keep the dinner guests to six, we don't need to extend the table.* Se a cena saremo non più di sei, non occorrerà allungare la tavola.

keep st. to oneself

non rivelare qualcosa ad altri
sempre nella forma riflessiva; anche nei tempi progressivi

• *I'm going to tell you a secret, but please keep it to yourself.* Ti racconterò un segreto, ma per favore tienlo per te.

keep up

keep up

♦ camminare alla stessa velocità di qualcun altro
non nella forma passiva; anche nei tempi progressivi

• *We had to stop and wait for Grandmother and Aunt Agatha because they couldn't keep up.* Dovemmo fermarci ad aspettare la nonna e la zia Agatha perché restavano indietro.

♦ rimanere alla pari con gli altri in un'attività (*solitamente studio o lavoro*)
non nella forma passiva; anche nei tempi progressivi

• *Although he is nearly one year younger than his classmates, Nicky manages to keep up.* Sebbene abbia quasi un anno meno dei compagni di classe, Nicky riesce a stare alla pari con gli altri.

aumentare alla stessa velocità di qualcos'altro (*restando quindi allo stesso livello*)
non nella forma passiva; anche nei tempi progressivi

• *Prices are rising and pensions are not keeping up.* I prezzi aumentano e le pensioni non si adeguano.

essere in grado di far fronte a qualcosa che si svolge, cambia o aumenta rapidamente
non nella forma passiva; anche nei tempi progressivi

• *There is always more work before Christmas and we will find it difficult to keep up unless we recruit more staff.* C'è sempre più lavoro prima di Natale e troveremo difficile smaltirlo tutto se non assumeremo altro personale.

keep sb. up

tenere alzato qualcuno
sia nella forma attiva sia nella passiva; solitamente non nei tempi progressivi

• *It's getting late and we don't want to keep you up any longer.* Si sta facendo tardi e non vogliamo tenervi alzati più a lungo.

keep up st. = keep st. up

mantenere alto il livello di qualcosa
sia nella forma attiva sia nella passiva; anche nei tempi progressivi

• *The drought will keep up the prices of vegetables.* La siccità terrà alti i prezzi della verdura.

tenersi in esercizio in qualcosa che si era imparato in passato
sia nella forma attiva sia nella passiva; anche nei tempi progressivi

• *He would have got the job if he had kept up his spoken English.* Avrebbe ottenuto il lavoro se si fosse tenuto in esercizio nell'inglese parlato.

mantenere un edificio in buone condizioni
sia nella forma attiva sia nella passiva; solitamente non nei tempi progressivi

• *It's a period house, beautifully kept up.* È una casa d'epoca, molto ben tenuta.

keep up

keep up st. = keep st. up

♦ continuare, o far continuare qualcosa, senza interruzioni né cambiamenti

non nella forma passiva; solitamente non nei tempi progressivi

• *The farmers are hoping that the good weather will keep up.* Gli agricoltori sperano che il bel tempo continui.

sia nella forma attiva sia nella passiva quando c'è il complemento oggetto; anche nei tempi progressivi

• *I have ordered my bank to keep up the instalments on my car.* Ho ordinato alla mia banca di pagare puntualmente le rate della mia auto.

keep it up

continuare a lavorare o a studiare con impegno
non nella forma passiva; non nei tempi progressivi

• *You're working too hard; if you keep it up much longer, you'll have a nervous breakdown.* Lavori troppo; se vai avanti così ancora a lungo, ti verrà un esaurimento nervoso.

kill

kills, killed, killed, killing

kill off

kill off sb./st. = kill sb./st. off

sterminare persone, animali, piante o altre forme di vita
sia nella forma attiva sia nella passiva; anche nei tempi progressivi

• *When they got to the village, they discovered in horror that the entire population had been killed off by plague.* Quando giunsero al villaggio, scoprirono con raccapriccio che l'intera popolazione era stata sterminata dalla peste.

kneel

kneels, knelt, knelt, kneeling

kneel down

kneel down

inginocchiarsi
non nella forma passiva; anche nei tempi progressivi

• *She knelt down to say her bedtime prayers.* Si inginocchiò per dire le preghiere prima di andare a dormire.

knock

knocks, knocked, knocked, knocking

knock about/around

knock sb. about/around

malmenare qualcuno [*informale*]
sia nella forma attiva sia nella passiva; anche nei tempi progressivi

• *He knocks his wife and his kids about/around when he drinks too much.* Quando beve troppo riempie di botte la moglie e i bambini.

knock about/around st. = knock st. about/around

giocare a pallone (*senza disputare una vera e propria partita*) [*GB; informale*]
sia nella forma attiva sia nella passiva; anche nei tempi progressivi

• *It's not a real match; we're just going to knock the ball about/around for a bit.* Non è una vera e propria partita; tireremo quattro calci al pallone per un po'.

discutere informalmente qualche idea con un gruppo di persone (*in vista di una riunione più impegnativa*) [*informale*]
sia nella forma attiva sia nella passiva; anche nei tempi progressivi

• *Let's knock about/around a few ideas before calling the meeting.* Troviamoci per mettere giù qualche idea prima di indire la riunione.

knock back

knock sb. back

sorprendere (*fortemente*) qualcuno [*GB e Australia; informale*]
sia nella forma attiva sia nella passiva; solitamente non nei tempi progressivi

• *It knocked her back when I told her I had won a million dollars at bingo.* La lasciai di stucco quando le dissi di aver vinto un milione di dollari al bingo.

knock back st. = knock st. back

bere alcolici in quantità [*informale*]
sia nella forma attiva sia nella passiva; anche nei tempi progressivi

• *Joe and Jack were knocking back gin at the pub last night.* Ieri sera, al pub, Joe e Jack stavano tracannando gin.

knock down

knock down sb. = knock sb. down

♦ investire o travolgere qualcuno con un veicolo
sia nella forma attiva sia nella passiva; solitamente non nei tempi progressivi

• *The old lady was knocked down on the zebra crossing.* L'anziana signora venne investita sulle strisce pedonali.

gettare a terra qualcuno
sia nella forma attiva sia nella passiva; solitamente non nei tempi progressivi

• *The thief knocked me down and stole my handbag and my fur coat.* Il ladro mi gettò a terra e mi portò via la borsetta e la pelliccia.

knock down st. = knock st. down

ridurre un prezzo di vendita
sia nella forma attiva sia nella passiva; solitamente non nei tempi progressivi

• *If they don't sell the yacht for four hundred thousand euros within three months, they will probably knock down the price.* Se non vendono lo yacht per quattrocentomila euro entro tre mesi, probabilmente ridurranno il prezzo.

abbattere un intero edificio o una sua parte
sia nella forma attiva sia nella passiva; anche nei tempi progressivi

• *We couldn't get permission to knock down the old manor house because it is of historical interest.* Non siamo riusciti a ottenere il permesso di abbattere il vecchio maniero perché è di interesse storico.

knock off

knock off sb. = knock sb. off

uccidere qualcuno [*gergale*]
sia nella forma attiva sia nella passiva; solitamente non nei tempi progressivi

• *It turned out that she had knocked off her first husband.* Risultò che aveva fatto fuori il primo marito.

knock off st. = knock st. off

sbrigare un lavoro rapidamente e con facilità [*informale*]
sia nella forma attiva sia nella passiva; solitamente non nei tempi progressivi

• *What a prolific writer! Up to now she has knocked off four novels a year!* Che scrittrice prolifica! Fino ad ora ha sfornato quattro romanzi all'anno!

rubare qualcosa [*GB; gergale*]
sia nella forma attiva sia nella passiva; solitamente non nei tempi progressivi

• *Don't leave the radio in the car. It'll be knocked off as soon as you turn your back.* Non lasciare la radio in macchina. Se la fregheranno appena volti la schiena.

svaligiare qualcosa (*un negozio, una banca, un supermercato, un ufficio postale*) [*GB; gergale*]
sia nella forma attiva sia nella passiva; solitamente non nei tempi progressivi

• *That shop has been knocked off three times in the last year.* Quel negozio è stato ripulito tre volte negli ultimi dodici mesi.

knock off st.

knock st. off st.

togliere una certa quantità di qualcosa (*solitamente denaro o tempo*) da una quantità iniziale [*informale*]
sia nella forma attiva sia nella passiva; solitamente non nei tempi progressivi

• *I'll buy the house if five thousand pounds is knocked off.* Acquisterò la casa se mi verranno scontate cinquemila sterline.

• *We succeeded in knocking one thousand pounds off the selling price.* Siamo riusciti a farci togliere mille sterline dal prezzo di vendita.

knock out

knock out sb. = knock sb. out

♦ mettere fuori combattimento l'avversario (*nel pugilato*)
sia nella forma attiva sia nella passiva; solitamente non nei tempi progressivi

• *The boxer knocked out his opponent in the second round.* Il pugile mise fuori combattimento l'avversario al secondo round.

far perdere i sensi a qualcuno (*anche anestetizzandolo*)
sia nella forma attiva sia nella passiva; solitamente non nei tempi progressivi

• *When she fell and hit her head she was knocked out for a few minutes.* Quando cadde battendo la testa rimase priva di sensi per qualche minuto.

• *The anaesthetic will knock you out in a few minutes and you won't feel anything.* L'anestetico ti metterà k.o. in qualche minuto e non sentirai niente.

lasciare qualcuno stordito, sbalordito, frastornato (*detto di una persona*) [*informale*]
sia nella forma attiva sia nella passiva; solitamente non nei tempi progressivi

• *What a chatterbox! I was knocked out!* Che chiacchierone! Mi ha frastornato!

• *What a cheek! She has knocked out everybody!* Che faccia tosta! Ha sbalordito tutti!

lasciare qualcuno confuso, senza parole, (*detto di una notizia*) [*informale*]
sia nella forma attiva sia nella passiva; solitamente non nei tempi progressivi

• *The news that the firm is closing down has knocked me out.* La notizia della chiusura dell'azienda mi ha lasciato di stucco.

stremare qualcuno [*informale*]
sia nella forma attiva sia nella passiva; solitamente non nei tempi progressivi

• *The children were knocked out by the day in the mountains, and fell asleep on the bus.* I bambini erano distrutti dalla giornata (*trascorsa*) in montagna, e in autobus caddero addormentati.

knock out sb./st. = knock sb./st. out

eliminare qualcuno (*un concorrente o una squadra*) da una competizione sportiva
sia nella forma attiva sia nella passiva; anche nei tempi progressivi

• *If Sally wins this set, she will knock out Arianna.* Se Sally vincerà questo set, eliminerà Arianna.

knock out st. = knock st. out

danneggiare o distruggere armi, veicoli o equipaggiamenti militari
sia nella forma attiva sia nella passiva; solitamente non nei tempi progressivi

• *The anti-aircraft guns knocked out half of the enemy planes before being knocked out themselves by the other half.* I cannoni antiaerei abbatterono metà degli aerei nemici prima di essere messi fuori combattimento essi stessi dall'altra metà.

fare qualcosa (*specialmente del lavoro*) alla svelta e con poca cura per i dettagli [*informale*]
sia nella forma attiva sia nella passiva; anche nei tempi progressivi

• *He knocked out a first draft of the translation while he was on holiday.* Buttò giù una prima stesura della traduzione mentre era in vacanza.

knock out of

knock st. out of sb.

privare qualcuno di una qualità (*negativa o positiva*) con metodi duri [*informale*]
sia nella forma attiva sia nella passiva; anche nei tempi progressivi

• *«I'll knock the cheek out of you!» shouted her father.* «Ti farò passare la voglia di fare la sfacciata!» urlò suo padre.

malmenare qualcuno affinché riveli qualcosa [*informale*]
sia nella forma attiva sia nella passiva; anche nei tempi progressivi

• *He said that the secret service had knocked his companions' names out of him.* Disse che il servizio segreto gli aveva estorto i nomi dei compagni a suon di botte.

knock over

knock over sb. = knock sb. over

investire o travolgere qualcuno con un veicolo
sia nella forma attiva sia nella passiva; solitamente non nei tempi progressivi

• *The car knocked him over while he was crossing the road.* L'auto lo investì mentre attraversava la strada.

knock over sb./st. = knock sb./st. over

♦ urtare (*di solito accidentalmente*) qualcuno o qualcosa, facendolo cadere di fianco
sia nella forma attiva sia nella passiva; solitamente non nei tempi progressivi

• *Larry bumped into me and almost knocked me over when we both were running to catch the train.* Larry mi ha urtato facendomi quasi cadere mentre entrambi correvamo per prendere il treno.

knock together/up

knock together/up st. = knock st. together/up

improvvisare un pasto o un piatto [*informale*]
sia nella forma attiva sia nella passiva; solitamente non nei tempi progressivi

• *Tell your friends to come in, George! I'll knock together/up a bit of lunch.* Di' ai tuoi amici di entrare, George! Improvviserò qualcosa per pranzo.

knock up

knock up sb. = knock sb. up

svegliare qualcuno bussando alla porta di casa o della camera da letto [*GB; informale*]
sia nella forma attiva sia nella passiva; anche nei tempi progressivi

• *The doctor was knocked up at three in the morning because Mrs Smith had gone into labour.* Il dottore venne svegliato alle tre del mattino (*bussando alla sua porta*) perché la signora Smith aveva iniziato il travaglio.

knock up st. = knock st. up → knock together/up st. = knock st. together/up

---

know

knows, knew, known, knowing

know of

know of sb./st.

♦ aver sentito parlare di qualcuno o di qualcosa (*ma non tanto da averne una conoscenza approfondita*)
sia nella forma attiva sia nella passiva; non nei tempi progressivi

• *She's known of, but hardly anyone has ever met her.* Si è sentito parlare di lei, ma pochissini l'hanno conosciuta.

• *Did you know of the firm's takeover?* Hai saputo che l'azienda è stata rilevata?

L

lay

lays, laid, laid, laying

lay aside

lay aside st. = lay st. aside

interrompere un lavoro per farne un altro (*e poi riprendere il primo*)
sia nella forma attiva sia nella passiva; solitamente non nei tempi progressivi

• *Josephine laid aside the translation of the book to study a couple of scientific articles on the same subject.* Josephine interruppe la traduzione del libro per studiare un paio di articoli scientifici sullo stesso argomento.

mettere da parte divergenze, responsabilità, progetti, speranze, pregiudizi
sia nella forma attiva sia nella passiva; solitamente non nei tempi progressivi

• *It's good to lay responsibilities aside after retiring!* È bello mettere da parte le responsabilità dopo il pensionamento!

lay aside/by

lay aside/by st. = lay st. aside/by

mettere da parte, o risparmiare, del denaro
sia nella forma attiva sia nella passiva; anche nei tempi progressivi

• *I try to lay aside/by 10% of my salary every month.* Cerco di mettere da parte il 10% del mio stipendio ogni mese.

lay down

lay down st. = lay st. down

♦ stabilire norme, regole, condizioni, limiti
sia nella forma attiva sia nella passiva; solitamente non nei tempi progressivi

• *The authorities have laid down precise regulations regarding hygiene standards in restaurants.* Le autorità hanno stabilito regole precise riguardo agli standard di igiene nei ristoranti.

deporre le armi
non nella forma passiva; solitamente non nei tempi progressivi

• *Lay down your weapons and surrender!* Deponete le armi e arrendetevi!

lay in

lay in st. = lay st. in

mettere in serbo qualcosa per il futuro (*detto di persone o animali*)
sia nella forma attiva sia nella passiva; anche nei tempi progressivi

• *The squirrel lays in a store of nuts for the winter.* Lo scoiattolo fa provvista di nocciole per l'inverno.

lay off

lay off sb. = lay sb. off

sospendere i dipendenti per mancanza di lavoro [*informale*]
anche nella forma attiva, ma più spesso nella passiva; solitamente non nei tempi progressivi

• *After the fire, half of the workers of the factory were laid off.* Dopo l'incendio, metà degli operai della fabbrica fu lasciata a casa.

lay on

lay on st. = lay st. on

fornire qualcosa a un gruppo di persone [*GB e Australia*]
sia nella forma attiva sia nella passiva; anche nei tempi progressivi

• *They've laid a bus service on while the railway line is being repaired.* Hanno allestito un servizio di autobus per il periodo in cui la linea ferroviaria viene riparata.

lay it on

esagerare nel raccontare, lodare o descrivere qualcosa [*informale*]
non nella forma passiva; anche nei tempi progressivi

• *She said she was desperate, but I think she was laying it on a bit.* Ha detto di essere disperata, ma penso che stesse esagerando un po'.

lay out

lay out sb. = lay sb. out

comporre una salma
sia nella forma attiva sia nella passiva; anche nei tempi progressivi

• *The undertaker laid out the body and put it in the coffin.* L'impresario di pompe funebri compose la salma e la mise nella bara.

colpire qualcuno così forte da farlo cadere privo di sensi [*informale*]
sia nella forma attiva sia nella passiva; solitamente non nei tempi progressivi

• *Morgan gave Robinson an uppercut and laid him out for seven seconds.* Morgan colpì Robinson con un montante e lo mise al tappeto per sette secondi.

lay oneself out

darsi un gran daffare
sempre nella forma riflessiva, anche nei tempi progressivi

• *Aunt Maggie was always willing to lay herself out to give a hand to all members of the family.* La zia Maggie era sempre disposta a farsi in quattro per dare una mano a tutti i membri della famiglia.

lay out st. = lay st. out

♦ disporre qualcosa su una superficie piana
sia nella forma attiva sia nella passiva; anche nei tempi progressivi

• *Mrs O'Hara laid out the plates, the glasses and the cutlery for Sunday lunch.* La signora O'Hara dispose i piatti, i bicchieri e le posate per il pranzo domenicale.

distendere qualcosa su una superficie piana
sia nella forma attiva sia nella passiva; anche nei tempi progressivi

• *Alice laid the shirt out on the table in order to fold it properly.* Alice stese la camicetta sul tavolo per piegarla per benino.

progettare un edificio, un giardino, una città
sia nella forma attiva sia nella passiva; anche nei tempi progressivi

• *Mr Wilson, the architect, is laying out the house we are going to have built in the country.* Il signor Wilson, l'architetto, sta progettando la casa che ci faremo costruire in campagna.

descrivere e spiegare qualcosa con chiarezza, soprattutto per scritto
sia nella forma attiva sia nella passiva; non nei tempi progressivi

• *The document lays out the details of the proposal for the expansion of our branch in York.* Il documento espone i dettagli della proposta per lo sviluppo della nostra filiale a York.

lay up

lay up st. = lay st. up

comportarsi in modo tale da crearsi problemi o difficoltà in futuro
non nella forma passiva; solitamente nei tempi progressivi

• *The parents don't discipline the boy at all. I think they are laying up trouble.* I genitori non impongono alcuna disciplina al ragazzo. Penso che si stiano attirando dei guai.

be laid up

essere costretto a letto [*informale*]
sempre to be + participio passato; non nei tempi progressivi

• *When Josephine caught flu, she was laid up for a week.* Quando Josephine prese l'influenza, dovette restare a letto per una settimana.

---

lead

leads, led, led, leading

lead into

lead into st.

entrare in argomento (*detto di persona*) o condurre a un altro argomento (*detto di qualcosa di cui si sta parlando*)
non nella forma passiva; solitamente non nei tempi progressivi

• *Jonathan wanted to ask Jennifer to go out with him, but he didn't know how to lead into it.* Jonathan voleva chiedere a Jennifer di uscire con lui, ma non sapeva come entrare in argomento.

lead sb. into st.

condurre qualcuno verso una condizione sfavorevole, negativa, pericolosa (*detto di una persona o un comportamento; l'accezione è molto ampia*)
sia nella forma attiva sia nella passiva; anche nei tempi progressivi

• *Your behaviour may lead your younger brothers into trouble too, Jeff!* Il tuo comportamento, Jeff, potrebbe mettere nei guai anche i tuoi fratelli più giovani!

lead off

lead off

lead off st. = lead st. off

dare inizio a qualcosa (*un convegno, un dibattito, una trasmissione televisiva, le danze*)

non nella forma passiva; solitamente non nei tempi progressivi

• *The personnel manager was supposed to give a brief introduction at the meeting, but the sales manager led off instead.* Il direttore del personale avrebbe dovuto pronunciare una breve introduzione all'incontro, che invece venne aperto dal direttore commerciale.

sia nella forma attiva sia nella passiva quando c'è il complemento oggetto; solitamente non nei tempi progressivi

• *Uncle Sean and Aunt Kathleen always lead off the singing at the pub on Saturday evenings.* Lo zio Sean e la zia Kathleen danno sempre inizio ai canti al pub il sabato sera.

lead on

lead on sb. = lead sb. on

indurre qualcuno a fare qualcosa (*che, di propria iniziativa, non avrebbe fatto*)
sia nella forma attiva sia nella passiva; anche nei tempi progressivi

• *I didn't want to go on the roller coaster, but my children led me on.* Io non volevo andare sulle montagne russe, ma mi hanno spinta i miei figli.

indurre qualcuno a credere a una falsità (*ingannandolo o circuendolo*)
sia nella forma attiva sia nella passiva; anche nei tempi progressivi

• *The director told her that he would make her a Hollywood star, but he was leading her on.* Il regista le disse che l'avrebbe fatta diventare una stella hollywoodiana, ma la stava circuendo.

lead on to

lead on to st.

detto di cosa, condurre a qualcos'altro [*prevalentemente GB e Australia*]
non nella forma passiva; anche nei tempi progressivi

• *We hope the disagreement between the management and the union won't lead on to a strike.* Ci auguriamo che il disaccordo fra la dirigenza e il sindacato non conduca a uno sciopero.

lead to

lead to st.

lead sb. to st.

♦ detto di un'azione, un evento o un comportamento, condurre qualcuno a una conseguenza o un risultato (*positivo o negativo*)
non nella forma passiva; non nei tempi progressivi

• *The law on the compulsory use of safety belts has led to a marked decrease in road accident deaths.* La legge sull'uso obbligatorio delle cinture di sicurezza ha condotto a una considerevole diminuzione dei decessi per incidente stradale.

lead up to

lead up to st.

detto di un evento, condurre a un altro evento (*ed esserne la causa*)
non nella forma passiva; anche nei tempi progressivi

• *The young couple told no one what had led up to their decision to get divorced.* La giovane coppia non disse a nessuno che cosa l'avesse condotta alla decisione di divorziare.

---

leak

leaks, leaked, leaked, leaking

leak out

leak out

leak out st.

trapelare (*detto di una notizia o un'informazione segreta*), o far trapelare una notizia o un'informazione segreta

non nella forma passiva; anche nei tempi progressivi

• *When the news of the takeover leaked out, the workers staged a protest.* Quando la notizia dell'acquisizione trapelò, gli operai inscenarono una protesta.

sia nella forma attiva sia nella passiva quando c'è il complemento oggetto; anche nei tempi progressivi

• *He was accused of leaking out classified information.* Venne accusato di aver fatto trapelare informazioni riservate.

lean

leans, leant/leaned, leant/leaned, leaning

lean on

lean on sb.

fare affidamento su una persona o su un gruppo di persone
non nella forma passiva; anche nei tempi progressivi

• *It's a comfort to know I can lean on you.* È un sollievo sapere di poter contare su di te.

lean towards

lean towards sb./st.

lean towards doing st.

propendere per qualcuno, per qualcosa, o per fare qualcosa
non nella forma passiva; solitamente nei tempi progressivi

• *The voters seem to be leaning towards the new candidate.* Sembra che gli elettori propendano per il nuovo candidato.

leave

leaves, left, left, leaving

leave aside

leave aside st. = leave st. aside

non tenere conto di qualcosa (*per potersi occupare di altro*)
sia nella forma attiva sia nella passiva; anche nei tempi progressivi

• *Leaving aside the question of the cost, do you think we really need to go on a cruise with your mother?* Non considerando la questione del costo, pensi davvero che abbiamo bisogno di andare in crociera con tua madre?

leave behind

leave sb./st. behind

♦ andare via da un luogo lasciandovi persone, animali o cose
sia nella forma attiva sia nella passiva; solitamente non nei tempi progressivi

• *He went to Germany to work, but had to leave his wife and children behind.* Andò in Germania a lavorare, ma dovette lasciare dietro di sé moglie e figli.

progredire molto più rapidamente di altri (*persone o Paesi*) che in tal modo vengono lasciati indietro
sia nella forma attiva sia nella passiva; anche nei tempi progressivi

• *Gwen has really put her nose to the grindstone and has left her schoolfriends behind.* Gwen si è davvero messa a sgobbare senza sosta, e ha lasciato indietro i compagni di scuola.

leave off

leave off

leave off st.

leave off doing st.

finire (*detto di cosa*) o smettere di fare qualcosa (*detto di persona*)
non nella forma passiva; solitamente non nei tempi progressivi

• *«Where did we leave off yesterday evening, Penny?» «Just when the bad witch appeared, Mummy!»* «Dove eravamo rimaste ieri sera, Penny?» «Al momento in cui compariva la strega cattiva, mammina!»

leave out

leave out sb. = leave sb. out

♦ escludere qualcuno da un evento o da un gruppo
sia nella forma attiva sia nella passiva; solitamente non nei tempi progressivi

• *If we organize an office party, we can't leave the manager out, I'm afraid.* Se organizziamo una festa aziendale, non possiamo escludere il direttore, temo.

leave out st. = leave st. out

♦ tralasciare o dimenticare qualcosa
sia nella forma attiva sia nella passiva; anche nei tempi progressivi

• *When I put the sewing machine back together again, I left a vital screw out.* Quando ho rimontato la macchina per cucire, ho dimenticato una vite essenziale per il funzionamento.

leave over

be left over

♦ essere avanzato (*detto di cibo, materiale, denaro, tempo*)
sempre to be + participio passato; non nei tempi progressivi

• *After the party there was so much food left over that I didn't have to cook for three days.* Dopo la festa c'era così tanta roba da mangiare avanzata che non ho dovuto cucinare per tre giorni.

essersi formato in seguito a un evento accaduto in un tempo precedente
sempre to be + participio passato; non nei tempi progressivi

• *This beautiful lake was left over when the glacier retreated.* Questo bellissimo lago si è formato con il ritiro del ghiacciaio.

restare (*nelle operazioni matematiche*)
sempre to be + participio passato; non nei tempi progressivi

• *If you divide twenty-two by four, two is left over.* Se dividi ventidue per quattro, resta due.

leave to

leave sb. to st.

leave sb. to do st.

lasciare che qualcuno faccia qualcosa da sé
sia nella forma attiva sia nella passiva; anche nei tempi progressivi

• *When I was four years old my mother showed me how to tie up my shoelaces, and then left me to it.* Quando avevo quattro anni mia madre mi mostrò come allacciarmi le scarpe, e poi mi lasciò a fare da me.

---

let

lets, let, let, letting

let down

let down sb. = let sb. down

♦ deludere qualcuno (*non mantenendo una promessa o facendolo sentire trascurato*)
sia nella forma attiva sia nella passiva; anche nei tempi progressivi

• *The Member of Parliament couldn't keep his promises, and let his electorate down.* Il parlamentare non riuscì a mantenere le promesse, e deluse il suo elettorato.

• *You can rely on me. I won't let you down.* Puoi contare su di me. Non ti pianterò in asso.

let down sb./st. = let sb./st. down

determinare l'insuccesso di qualcuno o di qualcosa (*detto di una prestazione al disotto delle aspettative*)
sia nella forma attiva sia nella passiva; anche nei tempi progressivi

• *I would have won the race if my knee hadn't let me down.* Avrei vinto la corsa se il mio ginocchio non mi avesse tradito.

let down st. = let st. down

sgonfiare qualcosa (*un pallone, un salvagente, le gomme di un'auto*) [*prevalentemente GB e Australia*]
sia nella forma attiva sia nella passiva; anche nei tempi progressivi

• *If you have to drive on ice, let the tires down a little.* Se devi guidare sul ghiaccio, sgonfia un po' le gomme.

• *Let your inflatable dolphin down and put it away, Peter!* Fa' uscire l'aria dal tuo delfino gonfiabile e mettilo via, Peter!

allungare un indumento
sia nella forma attiva sia nella passiva; anche nei tempi progressivi

• *I'll have to let Johnny's trousers down again. He's growing so fast!* Dovrò allungare di nuovo i calzoni di Johnny. Sta crescendo così in fretta!

let in

let in sb./st. = let sb./st. in

♦ far entrare una persona o un animale in una stanza, un appartamento o un edificio
sia nella forma attiva sia nella passiva; anche nei tempi progressivi

• *Let me in!* Fammi entrare!
«*The police are at the door.*» «*Don't let them in!*» «La polizia è alla porta.» «Non farli entrare!»
• *Don't let in the dog; he's all muddy!* Non lasciar entrare il cane; è tutto infangato!»

let in st. = let st. in

♦ lasciar entrare acqua, aria o luce
non nella forma passiva; anche nei tempi progressivi

• *The roof needs mending; it lets the rain in.* Il tetto ha bisogno di essere riparato; lascia passare la pioggia.

let in for

let sb. in for st.

mettere qualcuno in una situazione difficile o sgradevole [*informale*]
non nella forma passiva; anche nei tempi progressivi

• *Do you realize what you let me in for when you arranged my date with Ronald?* Ti rendi conto del guaio in cui mi hai cacciato quando mi hai organizzato l'appuntamento con Ronald?

let in on

let sb. in on st.

mettere qualcuno a parte di un segreto [*informale*]
sia nella forma attiva sia nella passiva; anche nei tempi progressivi

• *All right. You can come to the nightclub with us, but don't let your mother in on it.* D'accordo. Puoi venire con noi al night, ma non andare a raccontarlo a tua madre.

far partecipare qualcuno a ciò che si sta facendo o si sta per fare [*informale*]
sia nella forma attiva sia nella passiva; solitamente non nei tempi progressivi

• *If you let Robbie in on this business, he will want to lay down the law to everybody.* Se fai entrare Robbie in questo affare, pretenderà di dettar legge con tutti.

let into

let sb. into st.

mettere qualcuno a parte di un segreto [*GB e Australia*]
sia nella forma attiva sia nella passiva; anche nei tempi progressivi

• *If I let you into a secret, will you promise not to tell anyone?* Se ti racconto un segreto, prometti di non dirlo a nessuno?

let sb./st. into st.

♦ far entrare una persona o un animale in una stanza, un appartamento o un edificio
sia nella forma attiva sia nella passiva; anche nei tempi progressivi

• *No one will be let into the offices without a pass.* Nessuno entrerà negli uffici senza un lasciapassare.

let st. into st.

sistemare qualcosa (*come una finestra*) in una parete o un muro, in modo tale che non sporga [*GB e Australia*]
sia nella forma attiva sia nella passiva; anche nei tempi progressivi

• *Why don't we let a picture window into this wall? There would be a spectacular view.* Perché non apriamo una finestra panoramica in questo muro? Ci sarebbe una vista spettacolare.

sistemare qualcosa in uno spazio vuoto in modo tale che non sporga
sia nella forma attiva sia nella passiva; anche nei tempi progressivi

• *I want to let a small food lift into the wall behind the kitchen.* Voglio far sistemare un piccolo montavivande nella parete dietro la cucina.

let off

let off sb. = let sb. off

♦ non punire, o non punire con la debita severità, chi ha commesso un reato o un'azione riprovevole
sia nella forma attiva sia nella passiva; anche nei tempi progressivi

• *I'm letting you off this time, Timmy, but you must promise you'll never take any money from my wallet again without telling me.* Per questa volta non ti punisco, Timmy, ma devi promettere che non prenderai mai più dei soldi dal mio portafoglio senza dirmelo.

let off sb. = let sb. off

let sb. off st.

let sb. off doing st.

♦ esonerare qualcuno da un dovere, da un compito, dal lavoro
sia nella forma attiva sia nella passiva; solitamente non nei tempi progressivi

• *The boss let me off today because I worked until past midnight yesterday.* Oggi il capo mi ha lasciato libero perché ieri ho lavorato fin dopo mezzanotte.

let off st. = let st. off

sparare uno o più colpi con un'arma da fuoco
sia nella forma attiva sia nella passiva; anche nei tempi progressivi

• *Careful with that gun! Don't let it off!* Attento con quella pistola! Non far partire un colpo!

far esplodere bombe o fuochi d'artificio
sia nella forma attiva sia nella passiva; anche nei tempi progressivi

• *They carefully transported the bomb out of the built-up area and let it off without harm.* Trasportarono con cautela la bomba fuori dell'abitato e la fecero esplodere senza danno.

let on

let on

rivelare un segreto [*informale*]
non nella forma passiva; solitamente non nei tempi progressivi

• *Sally knew all about the affair, but she didn't let on.* Sally sapeva tutto della tresca, ma non si lasciò sfuggire nulla.

let out

let out sb. = let sb. out

lasciare libero qualcuno, non coinvolgendolo in una situazione difficile o sgradevole o dispensandolo da un compito o da un impegno
sia nella forma attiva sia nella passiva; solitamente non nei tempi progressivi

• *«Rebecca said that she won't need any help for the children's party.» «Well, luckily that lets us out!»* «Rebecca ha detto che non avrà bisogno di aiuto per la festa dei bambini.» «Per fortuna, così noi ne siamo fuori!»

let out sb./st. = let sb./st. out

♦ fare uscire o lasciare uscire una persona o un animale da un luogo (*solitamente aprendo una porta chiusa o chiusa a chiave*)
sia nella forma attiva sia nella passiva; solitamente non nei tempi progressivi

• *«Let me out! Let me out! The toilet door is stuck!»* «Fatemi uscire! Fatemi uscire! La porta del gabinetto si è bloccata!»

• *Thanks for the lift. Can you let me out at the corner, please?* Grazie per il passaggio. Puoi farmi scendere (= *uscire dall'auto*) all'angolo, per favore?

♦ scarcerare qualcuno o dimettere qualcuno dall'ospedale
sia nella forma attiva sia nella passiva; solitamente non nei tempi progressivi

• *He was let out on good behaviour.* Lo fecero uscire per buona condotta.

let out st. = let st. out

♦ far uscire un gas o un liquido dal suo recipiente
sia nella forma attiva sia nella passiva; anche nei tempi progressivi

• *«Henry, this inflatable cushion is too hard!» «Let out a little air, Mabel.»* «Henry, questo cuscino gonfiabile è troppo duro!» «Fa' uscire un po' d'aria (= *sgonfialo un po'*), Mabel.»

♦ dare in affitto un immobile [*GB e Australia*]
sia nella forma attiva sia nella passiva; solitamente non nei tempi progressivi

• *We are thinking of letting our house out to summer tourists in July, when we ourselves are on holiday.* Stiamo pensando di dare la nostra casa in affitto a turisti estivi in luglio, quando noi stessi siamo in vacanza.

♦ allargare un capo di abbigliamento (*scucendolo, ricuperando parte della stoffa ripiegata all'interno e ricucendolo*)
sia nella forma attiva sia nella passiva; anche nei tempi progressivi

• *If the skirt is too tight, the dressmaker will let it out.* Se la gonna è troppo stretta, la sarta l'allargherà.

• *The jacket fits, but the trousers will have to be let out a little.* La giacca va bene, ma i pantaloni dovranno essere allargati un pochino.

♦ emettere un suono (*grido di gioia o di dolore, gemito, lamento, sospiro*)
non nella forma passiva; solitamente non nei tempi progressivi

• *Mum let a sigh out when she saw how much ironing there was to do.* La mamma emise un sospiro vedendo quanta roba c'era da stirare.

lasciarsi sfuggire un segreto
non nella forma passiva; solitamente non nei tempi progressivi

• *If I tell you the news I heard about Cindy, you won't let it out, will you?* Se ti racconto la novità che ho sentito riguardo a Cindy, tu non andrai a spifferarla, vero?

lasciare che una fiamma si spenga
non nella forma passiva; solitamente non nei tempi progressivi

• *Don't let the fire out, please. Put on another log when the first has burnt down.* Non lasciare che il fuoco si spenga, per favore. Metti un altro ceppo quando il primo si è consumato.

dare sfogo a una forte emozione
non nella forma passiva; anche nei tempi progressivi

• *Try not to let your anger out just while you are driving.* Cerca di non sfogare l'ira proprio mentre stai guidando.

let up

let up

cessare a poco a poco (*detto del maltempo*) [*informale*]
non nella forma passiva; anche nei tempi progressivi

• *I hope the rain lets up before it's time to go out.* Spero che smetta di piovere prima che sia ora di uscire.

attenuarsi (*detto di un fenomeno negativo*) [*informale*]
non nella forma passiva; anche nei tempi progressivi

• *According to the economists, the recession won't let up before Christmas.* Secondo gli economisti, la recessione non rallenterà prima di Natale.

smettere di fare qualcosa (*che in qualche modo disturba altre persone*) [*informale*]
non nella forma passiva; solitamente non nei tempi progressivi

• *Our next door neighbour is practising the trumpet again. I do wish he would let up!* Il nostro vicino si sta di nuovo esercitando alla tromba. Come vorrei che la piantasse!

lie

lies, lay, lain, lying

lie about/around

lie about/around

oziare (*per lo più sdraiato o seduto*) [*informale*]
non nella forma passiva; anche nei tempi progressivi

• *Why don't you give me a hand instead of lying about/around all day watching TV?* Perché non mi dai una mano invece di stare sdraiato tutto il giorno a guardare la tivù?

lie about/around

lie about/around swh.

♦ essere sparsi qua e là, in disordine (*detto di oggetti*)
non nella forma passiva; solitamente nei tempi progressivi

• *Of course you always lose things! You leave everything lying about/around!* Certo che perdi sempre le cose! Lasci tutto buttato qua e là!

lie ahead

lie ahead

♦ essere in vista nel futuro (*detto di eventi positivi o negativi*)
non nella forma passiva; non nei tempi progressivi

• *When he decided to open a second restaurant downtown, he had no idea of the difficult times that lay ahead.* Quando decise di aprire un secondo ristorante in centro, non immaginava quali difficoltà lo stessero aspettando.

lie around → lie about/around
lie around - lie around swh. → lie about/around - lie about/around swh.

lie back

lie back

♦ passare dalla posizione seduta a quella semisdraiata o sdraiata
non nella forma passiva; solitamente non nei tempi progressivi

• *I lay back in the deckchair and enjoyed the sun for two hours running.* Mi adagiai sulla sedia a sdraio e mi godetti il sole per due ore filate.

lie before

lie before sb./st.

essere in vista nel futuro (*detto di eventi positivi o negativi*)
non nella forma passiva; non nei tempi progressivi

• *Ah, the holidays! Three weeks of sun and sand lie before me!* Ah, le ferie! Ho davanti a me tre settimane di sole e sabbia!

lie behind

lie behind st.

essere la (*vera*) ragione che sta dietro a qualcosa (*una situazione, una decisione, una proposta, un comportamento, uno stato d'animo*)
non nella forma passiva; non nei tempi progressivi

• *Perfectly good reasons lie behind my decision.* Dietro alla mia decisione vi sono validissime ragioni.

• *Do you realize what lies behind her proposal?* Ti rendi conto di che cosa c'è dietro la sua proposta?

lie down

lie down

♦ stare giù, a terra, disteso, coricato (*anche per riposare o dormire, detto di persona o animale*)
non nella forma passiva; anche nei tempi progressivi

• *I didn't feel tired, but when I lay down I fell asleep straight away.* Non mi sentivo stanco, ma quando mi coricai caddi subito addormentato.

lie in

lie in

restare a letto più a lungo del solito [*GB e Australia*]
non nella forma passiva; anche nei tempi progressivi

• *We're going to a party on Friday evening, so we'll definitely lie in till late on Saturday morning.* Andiamo a una festa venerdì sera, quindi è certo che sabato mattina resteremo a letto fino a tardi.

lie in sb.

lie in st.

lie in doing st.

risiedere in qualcuno o in qualcosa (*detto di una qualità o una caratteristica*)
non nella forma passiva; non nei tempi progressivi

• *The dictator's one weakness lies in his only daughter. He loves her too much.* La sola debolezza del dittatore risiede nella sua unica figlia. Lui l'ama troppo.

lie up

lie up

restare nascosto (*solitamente per sottrarsi alla ricerca della polizia o dell'esercito*) [*GB*]
non nella forma passiva; anche nei tempi progressivi

• *The police thought the gangster had fled abroad, but he was actually lying up in his comfortable hiding place below the cellar.* La polizia pensava che il malvivente fosse fuggito all'estero, ma in realtà lui restava nascosto nel suo comodo rifugio sotto la cantina.

lie with

lie with sb.

essere responsabilità di qualcuno (*detto di un evento negativo*)
non nella forma passiva; non nei tempi progressivi

• *The airline company spokesman declared that the responsibility for the disaster did not lie with the pilot.* Il portavoce della linea aerea dichiarò che la responsabilità del disastro non doveva essere attribuita al pilota.

light

lights, lighted/lit, lighted/lit, lighting

light on/upon

light on/upon st.

trovare casualmente qualcosa (*di bello*) [*formale sia con on sia con upon*]
non nella forma passiva; solitamente non nei tempi progressivi

• *While I was cleaning up the attic I lighted/lit on/upon a little bundle containing my great-grandmother's forgotten jewellery.* Mentre facevo pulizia in soffitta trovai per caso un fagottino contenente i gioielli dimenticati della bisnonna.

essere improvvisamente colpito da un'idea o dalla soluzione di un problema [*formale sia con on sia con upon*]
non nella forma passiva; non nei tempi progressivi

• *The author lighted/lit on/upon a brilliant idea for the beginning of his new novel when he was hit by his son's model aeroplane.* L'autore ebbe improvvisamente una brillante idea per l'inizio del suo nuovo romanzo quando venne colpito dall'aeroplanino di suo figlio.

light up

light up

accendersi (*detto della spia luminosa di una macchina*)
non nella forma passiva; solitamente non nei tempi progressivi

• *If you press this lever, the left indicator will light up.* Se spingi questa leva, la spia di sinistra si accenderà.

illuminarsi (*detto dello schermo di un computer*)
non nella forma passiva; anche nei tempi progressivi

• *This old computer is so slow; it takes five minutes for the screen to light up.* Questo vecchio computer è così lento; ci vogliono cinque minuti perché lo schermo si illumini.

light up st. = light st. up

illuminare qualcosa
sia nella forma attiva sia nella passiva; anche nei tempi progressivi

• *The borough council has decided to light up all the monuments of the centre in summer.* Il consiglio comunale ha deciso di illuminare tutti i monumenti del centro in estate.

rischiarare o rallegrare un ambiente con colori alle pareti
sia nella forma attiva sia nella passiva; solitamente non nei tempi progressivi

• *Painting the walls white will help to light up this small dark room a bit.* Dipingere le pareti di bianco aiuterà a rischiarare un po' questa stanzetta buia.

light up

light up st.

illuminarsi (*detto di un volto*) o illuminare un volto (*detto solitamente di un sorriso o un sentimento*)

non nella forma passiva; solitamente non nei tempi progressivi

• *The little girl's face lighted/lit up when she saw her father coming back from work.* Il viso della bimba si illuminò quando vide il padre di ritorno dal lavoro.

sia nella forma attiva sia nella passiva quando c'è il complemento oggetto; solitamente non nei tempi progressivi

• *A big smile lighted/lit up Teddy's face when his mother told him she would take him to the funfair.* Un gran sorriso illuminò il volto di Teddy quando sua madre gli disse che lo avrebbe accompagnato al luna park.

accendere una sigaretta, un sigaro, la pipa

non nella forma passiva; anche nei tempi progressivi

• *Stop, Frank! You can't light up until we're out of the theatre!* Fermati, Frank! Non puoi accendere finché non siamo usciti dal teatro!

sia nella forma attiva sia nella passiva quando c'è il complemento oggetto; anche nei tempi progressivi

• *As soon as she got out of the room, Rebecca lighted/lit up a cigarette.* Appena uscita dalla stanza, Rebecca accese una sigaretta.

light upon st. → light on/upon st.

---

line

lines, lined, lined, lining

line up

line up

line up sb./st. = line sb./st. up

♦ mettersi in fila, o mettere qualcuno in fila

non nella forma passiva; anche nei tempi progressivi

• *People are lining up to get on the bus.* La gente si sta mettendo in fila per salire sull'autobus.

sia nella forma attiva sia nella passiva quando c'è il complemento oggetto; anche nei tempi progressivi

• *The teacher lined the children up before leaving the classroom.* L'insegnante mise i bambini in fila prima di lasciare l'aula.

line up st. = line st. up

effettuare un allineamento (*specialmente in tipografia*)
sia nella forma attiva sia nella passiva; anche nei tempi progressivi

• *Make sure the text is lined up with the photos.* Assicurati che il testo sia allineato con le foto.

line up against

line up against sb./st.

schierarsi contro qualcuno o qualcosa
non nella forma passiva; anche nei tempi progressivi

• *Even the President's old friends are lining up against him.* Persino i vecchi amici del Presidente si stanno schierando contro di lui.

listen

listens, listened, listened, listening

listen in

listen in

ascoltare in segreto una conversazione telefonica
non nella forma passiva; anche nei tempi progressivi

• *Be careful with what you're saying! Somebody might be listening in.* Attento a ciò che dici! Qualcuno potrebbe essere in ascolto.

ascoltare un programma radiofonico
non nella forma passiva; anche nei tempi progressivi [*spesso + to*]

• *I often listen in to the classical music programme when I'm stuck in traffic. It relaxes me a bit.* Quando sono bloccata nel traffico, spesso ascolto il programma di musica classica alla radio. Mi rilassa un po'.

live

lives, lived, lived, living

live by

live by st.

vivere secondo determinate regole o principi
non nella forma passiva; anche nei tempi progressivi

• *Father tried to make us live by his rigid principles.* Papà tentò di farci vivere secondo i suoi rigidi principi.

live down

live down st. = live st. down

con il tempo, far dimenticare o farsi perdonare i propri errori
non nella forma passiva; solitamente non nei tempi progressivi

• *Once you have a bad reputation it is difficult to live it down.* Una volta che tu abbia una cattiva reputazione è difficile far sì che venga dimenticata.

live for

live for sb./st.

vivere per qualcuno o per qualcosa
non nella forma passiva; solitamente non nei tempi progressivi

• *Muriel seems to live only for her children.* Muriel sembra vivere solo per i suoi figli.

live in

live in

vivere nel luogo in cui si studia o si lavora [*prevalentemente GB e Australia*]
non nella forma passiva; anche nei tempi progressivi

• *There is a hall of residence, but only a limited number of students can live in.* C'è un collegio universitario, ma può trovarvi posto solo un numero limitato di studenti.

live off

live off sb.

vivere a spese altrui
non nella forma passiva; anche nei tempi progressivi

• *Mary is desperately looking for a job. She hates living off her parents.* Mary sta cercando disperatamente un lavoro. Detesta vivere alle spalle dei genitori.

live off/on

live off/on st.

nutrirsi solo o prevalentemente di un certo tipo di cibo (*detto sia di persone sia di animali*)
non nella forma passiva; anche nei tempi progressivi

• *The inhabitants of this island live off/on fresh fish and coconuts.* Gli abitanti di quest'isola vivono di pesce fresco e noci di cocco.

riuscire, o non, a vivere con i proventi di una data attività
non nella forma passiva; anche nei tempi progressivi

• *The Smiths will have to economize now that they must live off/on one salary instead of two.* Gli Smith dovranno fare economia ora che devono vivere con uno stipendio invece di due.

vivere attingendo a una riserva di denaro
non nella forma passiva; anche nei tempi progressivi

• *Kate was dismissed three months ago, and she has been living off/on her savings since.* Kate è stata licenziata tre mesi fa, e da allora vive con i suoi risparmi.

live on

live on

continuare a vivere (*detto di persona*)
non nella forma passiva; solitamente non nei tempi progressivi

• *The only survivor lived on for three days after the dreadful accident.* L'unico scampato visse ancora per tre giorni dopo lo spaventoso incidente.

continuare a esistere (*solitamente a lungo, detto di una tradizione o un ricordo*)
non nella forma passiva; solitamente non nei tempi progressivi

• *He was a great benefactor; his memory will live on in our hearts forever.* Era un grande benefattore; il suo ricordo vivrà nel nostro cuore per sempre.

live on st.

vivere con una certa somma di denaro
non nella forma passiva; anche nei tempi progressivi

• *Dorian lives on £ 200 a week and saves most of his salary.* Dorian vive con duecento sterline la settimana e risparmia gran parte del suo stipendio.

live out

live out

vivere in un luogo diverso da quello in cui si studia o si lavora [*GB e Australia*]
non nella forma passiva; anche nei tempi progressivi

• *I think the rules of this hall of residence are absurd; I'm definitely going to live out.* Penso che le regole di questo collegio universitario siano assurde; è certo che andrò ad abitare altrove.

live out st.

trascorrere il resto della vita in un luogo [*solitamente + avverbio e/o preposizione e/o aggettivo*]
sia nella forma attiva sia nella passiva; solitamente non nei tempi progressivi

• *Grandfather won't hear of living out the rest of his days in an old people's home.* Il nonno non vuol saperne di vivere il resto dei suoi giorni in una casa di riposo per anziani.

trascorrere il resto della vita in una certa condizione [*solitamente + avverbio e/o preposizione e/o aggettivo*]
sia nella forma attiva sia nella passiva; solitamente non nei tempi progressivi

• *The rag-and-bone man will have no pension... I wonder how he will live out the rest of his days.* Lo straccivendolo non avrà pensione... Mi domando come vivrà il resto dei suoi giorni.

live out of

live out of st.

tenere tutto ciò di cui si ha bisogno in valigia (*che spesso non viene nemmeno disfatta perché ci si ferma in un posto per troppo poco tempo o perché la sistemazione è provvisoria*)
non nella forma passiva; anche nei tempi progressivi

• *If you are a war correspondent, you are obliged to live out of a suitcase for most of the year.* Se fai l'inviato di guerra, sei costretto a vivere con la valigia pronta per gran parte dell'anno.

• *If we want to do up the floors, we must be prepared to live out of suitcases at my sister's for one month.* Se vogliamo rifare i pavimenti, dobbiamo essere disposti a vivere accampati a casa di mia sorella per un mese.

live through

live through st.

avere vissuto una situazione difficile (*ed essere scampato*)
non nella forma passiva; solitamente non nei tempi progressivi

• *The explorers lived through two years of dire hardship before they managed to come back to civilization.* Gli esploratori vissero due anni di sofferenze spaventose prima di riuscire a tornare alla civiltà.

live together

live together

♦ convivere
non nella forma passiva; anche nei tempi progressivi

• *Many young people decide to live together without getting married nowadays.* Oggi, molti giovani decidono di convivere senza sposarsi.

live up

live it up

godersi la vita [*informale*]
non nella forma passiva; anche nei tempi progressivi

• *«Hallo, Josie! This is Wendy speaking. What was your holiday in Paris like?» «Oh, we really lived it up there! I wish we could have stayed longer!»* «Ciao, Josie! Sono Wendy. Com'è andata la vostra vacanza a Parigi?» «Oh, ce la siamo davvero goduta! Mi sarebbe piaciuto poterci fermare di più!»

live up to

live up to st.

♦ essere o mantenersi all'altezza di qualcosa (*solitamente, la propria reputazione o le aspettative altrui*)
non nella forma passiva; solitamente non nei tempi progressivi

• *The most famous sports people should live up to their reputation because youngsters often take them as models.* Gli sportivi più famosi dovrebbero mantenersi all'altezza della loro reputazione perché i giovani li prendono spesso a modello.

• *The holiday didn't live up to our expectations.* La vacanza non fu all'altezza delle nostre aspettative.

live with

live with sb.

♦ vivere con qualcuno
non nella forma passiva; anche nei tempi progressivi

• *Herbert asked Sandra to live with him, but she wanted to get married.* Herbert chiese a Sandra di convivere, ma lei voleva sposarsi.

live with st.

convivere con qualcosa di sgradevole
non nella forma passiva; anche nei tempi progressivi

• *He has a defective mitral valve and has to live with this sword of Damocles hanging over him.* Ha la valvola mitrale difettosa, e deve vivere con questa spada di Damocle che incombe su di lui.

---

liven

livens, livened, livened, livening

liven up

liven up

animarsi (*detto di una persona*)
non nella forma passiva; solitamente non nei tempi progressivi

• *Jack livened up when I asked him about his new boat.* Jack si è animato quando gli ho chiesto della sua nuova barca.

liven up

liven up st. = liven st. up

animarsi (*detto di una festa o di una serata*) o animare una festa o una serata

non nella forma passiva; solitamente non nei tempi progressivi

• *The party livened up as soon as the music started.* La festa si è animata non appena è cominciata la musica.

sia nella forma attiva sia nella passiva quando c'è il complemento oggetto; anche nei tempi progressivi

• *We enjoyed our stay at the holiday resort because there was live entertainment to liven up the evening.* Ci siamo divertiti durante le vacanze al villaggio turistico perché c'era sempre qualche spettacolo dal vivo che animava la serata.

---

lock

locks, locked, locked, locking

lock away

lock away sb. = lock sb. away

rinchiudere qualcuno in prigione o in manicomio

sia nella forma attiva sia nella passiva; solitamente non nei tempi progressivi

• *They can't lock you away for a slip like that!* Non possono metterti in prigione per una mancanza tanto lieve!

lock oneself away

chiudersi in un luogo (*stanza o edificio*) per isolarsi dal mondo o per dedicarsi indisturbati alle proprie occupazioni

sempre nella forma riflessiva; non nei tempi progressivi

• *When she turned sixty, the once beautiful actress felt that she could no longer face the photographers and locked herself away.* Dopo i sessant'anni l'attrice, un tempo molto bella, sentì di non poter più affrontare i fotografi e si isolò dal mondo.

lock away/up

lock away/up st. = lock st. away/up

mettere qualcosa (*oggetti di valore oppure pericolosi*) in un luogo sicuro (*in quanto chiuso a chiave*)

sia nella forma attiva sia nella passiva; anche nei tempi progressivi

• *Before leaving, the nurse locked away/up the morphine.* Prima di andarsene, l'infermiera mise sottochiave la morfina.

• *When our grandchildren are around, we lock away/up the gun and the rat poison.* Quando ci sono in giro i nostri nipotini, mettiamo sottochiave la pistola e il veleno per i topi.

lock in

lock in sb./st. = lock sb./st. in

chiudere a chiave un edificio o una stanza, impedendo a chi si trova dentro (*persona o animale*) di uscire
sia nella forma attiva sia nella passiva; anche nei tempi progressivi

• *The children died in the fire because their parents had locked them in and gone away with the keys.* I bambini perirono nell'incendio perché i loro genitori li avevano rinchiusi e se n'erano andati con le chiavi.

lock onto

lock onto st.

localizzare e inseguire un bersaglio mobile per distruggerlo (*detto di un missile*)
sia nella forma attiva sia nella passiva; non nei tempi progressivi

• *«I've locked onto the enemy fighter!» the top gun informed the base.* «Ho agganciato il caccia nemico!» comunicò il top gun alla base.

lock out

lock out sb. = lock sb. out

attuare una serrata
non nella forma passiva; solitamente non nei tempi progressivi

• *When the strikers decided to go back to work, the management decided to lock them out.* Quando gli scioperanti decisero di tornare al lavoro, la direzione decise di attuare una serrata.

lock out sb./st. = lock sb./st. out

♦ chiudere a chiave un edificio o una stanza, impedendo a chi si trova fuori (*persona o animale*) di entrare
sia nella forma attiva sia nella passiva; anche nei tempi progressivi

• *The students' residence closes at midnight and the caretaker locks out anyone arriving later.* Il residence per studenti chiude a mezzanotte e il custode lascia fuori chiunque arrivi più tardi.

lock oneself out

♦ chiudersi accidentalmente fuori di casa o della propria auto
sempre nella forma riflessiva; anche nei tempi progressivi

• *Oh, dear! I've locked myself out again!* Povero me! Mi sono di nuovo chiuso fuori!

lock up

lock up sb. = lock sb. up

rinchiudere qualcuno in prigione o in manicomio
sia nella forma attiva sia nella passiva; anche nei tempi progressivi

• *The police arrested the man for being drunk and disorderly and locked him up for the night.* La polizia arrestò l'uomo per ubriachezza molesta e lo tenne sottochiave per la notte.

lock up

lock up st. = lock st. up

♦ chiudere tutte le porte e le finestre di un edificio prima di andare via

non nella forma passiva; anche nei tempi progressivi

• *Can the last person to leave please lock up?* L'ultimo ad andarsene può chiudere, per favore?

sia nella forma attiva sia nella passiva quando c'è il complemento oggetto; anche nei tempi progressivi

• *When they locked up the shop in the evening, they didn't know that thieves were hiding in the back-room.* Quando la sera chiusero il negozio, non sapevano che c'erano dei ladri nascosti nel retrobottega.

be locked up

essere investito, e quindi non immediatamente disponibile (*detto di denaro*)

sempre to be + participio passato; non nei tempi progressivi

• *I can't lend you any money because all I have is locked up.* Non posso prestarti del denaro perché tutto quello che ho è investito.

lock up st. = lock st. up → lock away/up st. = lock st. away/up

---

log

logs, logged, logged, logging

log in/on

log into/onto

log in/on

log into/onto st.

♦ nell'utilizzare un computer, avviare la procedura di accesso a un sistema che prevede l'inserimento di una password

non nella forma passiva; anche nei tempi progressivi

• *Before checking your e-mail account, you first have to log in/on.* Prima di controllare la posta elettronica, devi fare la connessione.

• *Can you log into/onto the Internet from this computer?* Ci si può collegare a Internet da questo computer?

log off

log off st.

♦ utilizzando un computer, uscire da un sistema nel quale si era entrati con una password

sia nella forma attiva sia nella passiva; anche nei tempi progressivi

• *I forgot to log off the Internet, and that was three hours ago!* Mi sono dimenticato di scollegarmi da Internet, ed è stato tre ore fa!

log off/out

log off/out

♦ utilizzando un computer, uscire da un sistema nel quale si era entrati con una password
non nella forma passiva; anche nei tempi progressivi

• *Remember to log off/out when you've finished using the computer.* Ricordati di scollegarti quando hai finito di usare il computer.

look

looks, looked, looked, looking

look after

look after sb./st.

♦ prendersi cura di una persona, un animale, un oggetto
sia nella forma attiva sia nella passiva; anche nei tempi progressivi

• *Can you look after the children while I am at the hairdresser's?* Puoi badare ai bambini mentre io sono dal parrucchiere?

look after st.

occuparsi di qualcosa (*assumendosene la responsabilità*)
sia nella forma attiva sia nella passiva; anche nei tempi progressivi

• *Our department looks after all the paperwork.* Il nostro compartimento si occupa di tutto il lavoro d'ufficio.

badare a una cosa altrui affinché non venga rubata o danneggiata, o non vada perduta
sia nella forma attiva sia nella passiva; anche nei tempi progressivi

• *Can you look after my bike while I pop into this shop?* Puoi dare un'occhiata alla mia bici mentre faccio un salto in questo negozio?

look ahead

look ahead

pensare al futuro (*per pianificarlo*)
non nella forma passiva; anche nei tempi progressivi

• *It is a very up-to-date firm, and the managing director always looks ahead.* È un'azienda molto moderna ed efficiente, e l'amministratore delegato guarda sempre al futuro.

look around/round

look around/round

guardarsi intorno in cerca di qualcosa che occorre
non nella forma passiva; anche nei tempi progressivi

• *I have to buy a pair of shoes. Why don't you come and look around/round with me?* Devo comprarmi un paio di scarpe. Perché non vieni con me a dare un'occhiata ?

look around/round

look around/round swh.

♦ girare per un luogo guardandosi intorno
non nella forma passiva; anche nei tempi progressivi

• *The plane stopped in Jidda for refuelling, but we were not allowed to look around/round.* L'aereo si fermò a Gedda per fare rifornimento di carburante, ma non ci concessero di andarcene in giro.

look at

look at st.

dare una rapida occhiata a qualcosa (*senza soffermarsi troppo*)
non nella forma passiva; anche nei tempi progressivi

• *Just look at the envelopes before sending those letters, Jenny. I'm not sure I've put stamps on all of them.* Da' solo un'occhiata alle buste prima di spedire quelle lettere, Jenny. Non sono sicura di aver messo i francobolli su tutte.

riflettere su qualcosa per prendere una decisione
sia nella forma attiva sia nella passiva; anche nei tempi progressivi

• *A job in Munich? Look carefully at the advantages and disadvantages before taking a decision.* Un lavoro a Monaco? Valuta attentamente vantaggi e svantaggi prima di prendere una decisione.

esaminare una parte del corpo di un paziente
sia nella forma attiva sia nella passiva; anche nei tempi progressivi

• *Have you ever asked a doctor to look at your son's feet?* Hai mai chiesto a un medico di esaminare i piedi di tuo figlio?

esaminare un apparecchio o un impianto che non funziona (*detto di un tecnico o di un addetto alle riparazioni*)
sia nella forma attiva sia nella passiva; anche nei tempi progressivi

• *«Don't try to fix the air conditioner by yourself. Get the repairman to look at it.» «But it was looked at last week!»* «Non tentare di aggiustare da te il condizionatore. Fallo vedere da un tecnico.» «Ma è stato visto la settimana scorsa!»

considerare qualcosa da un certo punto di vista
non nella forma passiva; anche nei tempi progressivi

• *If you look at the situation from my point of view, you'll see why I'm worried.* Se consideri la situazione dal mio punto di vista, capirai perché sono preoccupato.

not to look at sb./st.

non provare interesse per qualcuno o per qualcosa (*perché lo si ritiene inadeguato o inaccettabile*)
sempre nella forma negativa; non nella forma passiva; solitamente non nei tempi progressivi

• *After losing his wife he never looked at any other woman.* Dopo aver perso la moglie non ha mai provato interesse per nessun'altra donna.

look back

look back

pensare a un evento passato
non nella forma passiva; anche nei tempi progressivi

• *We've taken our decision, so there's no point in looking back now.* Abbiamo preso la nostra decisione, perciò non vedo il motivo di voltarsi indietro.

look bad

look bad

sembrare di cattivo carattere (*detto di persone o animali*)
non nella forma passiva; non nei tempi progressivi

• *These teenagers with their leather jackets and bovver boots look bad, but many are actually kind at heart.* Questi giovani con la giacca di pelle e gli scarponi chiodati sembrano minacciosi, ma in realtà molti, in fondo, sono buoni.

avere un brutto aspetto (*detto di persona*)
non nella forma passiva; non nei tempi progressivi

• *The reason why Chuck can't get a job is that he looks so bad with his front teeth missing and his nails bitten to the quick!* La ragione per cui Chuck non riesce a trovare un lavoro è che ha un così brutto aspetto con i denti anteriori che gli mancano e le unghie rosicchiate fino alla carne viva!

sembrare andato a male (*detto di cibo*)
non nella forma passiva; non nei tempi progressivi

• *This chicken leg looks bad! How long has it been in the fridge?* Questa coscia di pollo sembra andata a male! Da quanto tempo è in frigo?

offrire poche speranze
non nella forma passiva; anche nei tempi progressivi

• *In spite of the promotional campaign, sales are looking very bad this year.* Nonostante la campagna promozionale, le vendite si prospettano male quest'anno.

promettere male (*detto del tempo*)
non nella forma passiva; anche nei tempi progressivi

• *We wanted to go to the seaside last weekend, but the weather looked so bad!* Volevamo andare al mare lo scorso fine settimana, ma il tempo non prometteva nulla di buono!

stare male (*detto di qualcosa che appare sbagliato sul piano estetico o comportamentale*)
non nella forma passiva; non nei tempi progressivi

• *Don't speak with your mouth full, Stevie! It looks bad!* Non parlare con la bocca piena, Stevie! Sta male!

look down on

look down on sb./st.

♦ tenere in scarsa considerazione qualcuno o qualcosa
sia nella forma attiva sia nella passiva; solitamente non nei tempi progressivi

• *When he became rich, he started to look down on his relatives.* Quando diventò ricco, cominciò a guardare dall'alto in basso i suoi parenti.

look for

look for sb./st.

♦ cercare qualcuno o qualcosa (*perché non lo si trova più o perché se ne ha bisogno*)
non nella forma passiva; anche nei tempi progressivi

• *The distraught mother looked desperately for her little boy in the crowded underground station.* La madre sconvolta cercava disperatamente il suo bambino nell'affollata stazione della metropolitana.

look for st.

♦ cercare una soluzione a un problema o una risposta a un interrogativo
non nella forma passiva; anche nei tempi progressivi [*solitamente* + *to*]

• *The government is looking for a solution to the economic crisis.* Il governo sta cercando una soluzione alla crisi economica.

comportarsi in modo tale da attirarsi qualcosa di sgradevole
non nella forma passiva; solitamente nei tempi progressivi

• *«Look, Henry! This wonderful stiletto with semi-precious stones set in the handle would be the perfect souvenir for your brother!» «Yes, Mabel. But getting on the plane with that would be looking for trouble.»* «Guarda, Henry! Questo magnifico stiletto con pietre dure incastonate nell'impugnatura sarebbe il souvenir perfetto per tuo fratello!» «Già, Mabel. Ma salire sull'aereo con quello sarebbe andarsi a cercare guai.»

look forward to

look forward to st.

look forward to doing st.

♦ attendere con impazienza qualcosa o di poter fare qualcosa
non nella forma passiva; anche nei tempi progressivi

• *The children always look forward to Christmas.* I bambini attendono sempre con impazienza il Natale.

look good

look good

sembrare di buon carattere (*detto di persone o animali*)
non nella forma passiva; non nei tempi progressivi

• *Doesn't Fluffy look good, purring on my lap! But at the sight of a mouse she becomes a merciless killer.* Fluffy sembra così dolce quando mi fa le fusa in grembo! Ma alla vista di un topo diventa un'assassina spietata.

avere un bell'aspetto (*detto di persona*)
non nella forma passiva; anche nei tempi progressivi

• *With that beautiful tan you really look good dressed in white.* Con quella bella abbronzatura stai veramente bene vestita di bianco.

avere un aspetto attraente (*detto di cibo*)
non nella forma passiva; non nei tempi progressivi

• *«Mmh... this paella looks so good!» «Well, it's an experiment. I hope it tastes as good as it looks!»* «Mmh... questa paella ha proprio un bell'aspetto!» «Beh, è un esperimento. Spero che sia buona quanto bella!»

offrire buone speranze
non nella forma passiva; anche nei tempi progressivi

• *«How is the election campaign going?» «So far it looks good!»* «Come sta andando la campagna elettorale?» «Fino ad ora sembra promettente!»

promettere bene (*detto del tempo*)
non nella forma passiva; anche nei tempi progressivi

• *The weather looked so good yesterday morning, but when everything was ready for the picnic it started pouring with rain!* Il tempo sembrava così promettente ieri mattina, ma quando tutto fu pronto per il picnic cominciò a piovere a rovesci!

stare bene (*detto di qualcosa che appare appropriato sul piano estetico o comportamentale*)
non nella forma passiva; non nei tempi progressivi

• *Don't pick your nose, Teddy. It doesn't look good!* Non metterti le dita nel naso, Teddy! Non sta bene!

• *Victoria's mother insisted on her getting married in white just because it looked good.* La madre di Victoria insistette affinché lei si sposasse in abito bianco solo per l'estetica.

look in

look in

fare una breve visita a qualcuno (*spesso, ma non sempre, mentre si sta andando altrove*)
non nella forma passiva; solitamente non nei tempi progressivi

• *I'd like to have a chat with you. Why don't you look in one of these days?* Mi piacerebbe fare due chiacchiere con te. Perché non fai un salto da me uno di questi giorni?

look into

look into st.

♦ indagare su qualcosa
sia nella forma attiva sia nella passiva; anche nei tempi progressivi

• *The police are looking into the matter of the missing money.* La polizia sta indagando sulla faccenda del denaro mancante.

esaminare in modo attento e accurato qualcosa
sia nella forma attiva sia nella passiva; anche nei tempi progressivi

• *The petrol company is looking into the possibility of drilling in Antarctica.* La compagnia petrolifera sta vagliando la possibilità di fare trivellazioni in Antartide.

look on

look on

assistere a un'attività o a un evento (*senza intervenire*)
non nella forma passiva; anche nei tempi progressivi

• *We looked on helplessly while the burning plane crashed to the ground.* Restammo a guardare senza poter fare nulla mentre l'aereo in fiamme si schiantava al suolo.

look on/upon

look on/upon sb./st.

considerare qualcuno o qualcosa in un certo modo [*formale con upon*]
sia nella forma attiva sia nella passiva; solitamente non nei tempi progressivi [*solitamente + as*]

• *They look on/upon the boy as a son.* Considerano il ragazzo come un figlio.

• *I look on/upon this offer as my last chance.* Considero quest'offerta come la mia ultima possibilità.

look out

look out st. = look st. out

cercare qualcosa (*il sottinteso è che si è certi di trovarlo, o perlomeno determinati a farlo*)
non nella forma passiva; anche nei tempi progressivi [*GB e Australia*]

• *I'll look out that book and I'll send it to you.* Troverò quel libro e te lo spedirò.

• *«I have to be in New York on Wednesday at 10 a. m., Gloria.» «Yes, Mr Turner. I'm already looking out a suitable flight.»* «Devo essere a New York mercoledì mattina alle dieci, Gloria.» «Sì, signor Turner. Sto già cercando un volo che vada bene .»

look out for

look out for sb.

prendersi cura di qualcuno e fare ciò che è meglio per lui
non nella forma passiva; solitamente non nei tempi progressivi

• *The two brothers always looked out for each other.* I due fratelli hanno sempre avuto cura l'uno dell'altro.

look out for sb./st.

guardarsi intorno attentamente in cerca di qualcuno o di qualcosa
non nella forma passiva; anche nei tempi progressivi

• *If you go to the swimming pool on Saturday, look out for Mary and John; they are usually there.* Se vai in piscina di sabato, cerca Mary e John; generalmente ci sono.

look over

look over sb./st. = look sb./st. over

fare un rapido esame di una persona, un animale o una cosa
sia nella forma attiva sia nella passiva; anche nei tempi progressivi

• *Lady Barronsfield looked over her daughter's new boyfriend and decided not to invite him to dinner.* Lady Barronsfield diede una rapida occhiata al nuovo ragazzo della figlia e decise di non invitarlo a cena.

esaminare attentamente una persona, un animale o una cosa
sia nella forma attiva sia nella passiva; anche nei tempi progressivi

• *The manager said he wanted to look over both the candidates and their qualifications.* Il direttore ha detto di voler esaminare attentamente sia i candidati sia le loro qualifiche.

ispezionare un immobile
sia nella forma attiva sia nella passiva; anche nei tempi progressivi

• *We had better look over the offices once again before deciding whether to rent them.* È meglio che ispezioniamo ancora una volta gli uffici prima di decidere se prenderli in affitto.

look round → look around/round

look round - look round swh. → look around/round - look around/round swh.

look through

look through sb.

guardare qualcuno senza vederlo (*perché si è soprappensiero*), oppure fingendo di non vederlo
non nella forma passiva; solitamente non nei tempi progressivi

• *I didn't mean to look through you. I was thinking of something else and I just didn't see you.* Non intendevo ignorarti. Stavo pensando a qualcos'altro e, semplicemente, non ti ho visto.

look through st.

cercare un oggetto in mezzo a un certo numero di altri
non nella forma passiva; anche nei tempi progressivi

• *I've looked through all the documents but I can't find the contract.* Ho cercato fra tutti i documenti ma non riesco a trovare il contratto.

cercare un oggetto all'interno di qualcosa (*un armadio, uno schedario, un cassetto, una scatola*)
non nella forma passiva; anche nei tempi progressivi

• *If you look through your wardrobe, I'm sure you'll find something suitable to wear.* Se cerchi bene nel tuo armadio, sono certa che troverai qualcosa di adatto da metterti.

dare una rapida lettura a uno scritto
non nella forma passiva; anche nei tempi progressivi

• *«Have you read the paper?» «No, I've just looked through it.»* «Hai letto il giornale?» «No, gli ho solo dato una scorsa.»

esaminare accuratamente uno scritto
non nella forma passiva; anche nei tempi progressivi

• *The solicitor took the contract from the printer and looked through it.* L'avvocato prese il contratto dalla stampante e lo lesse attentamente.

look to

look to sb. to do st.

confidare che qualcuno faccia un lavoro per noi (*o ci aiuti a farlo*)
non nella forma passiva; anche nei tempi progressivi

• *They always look to me to give them a hand.* Fanno sempre affidamento su di me perché dia loro una mano.

look to for

look to sb. for st.

confidare che qualcuno ci fornisca qualcosa di cui abbiamo bisogno
non nella forma passiva; anche nei tempi progressivi

• *She looked to her mother for support.* Confidava nell'appoggio di sua madre.

look up

look up

migliorare (*detto di una situazione*) [*informale*]
non nella forma passiva; anche nei tempi progressivi

• *Things didn't look up until the war had finished.* Le cose non migliorarono fino alla fine della guerra.

look up sb. = look sb. up

andare (*o venire*) a trovare qualcuno che non si vedeva da tempo passando per il luogo in cui abita
non nella forma passiva; solitamente non nei tempi progressivi

• *Don't forget to look me up if you come to this part of the world.* Non dimenticare di passare a trovarmi se vieni da queste parti.

• *When she went back to her hometown, she looked up her old schoolfriends.* Quando tornò nella propria città natale, andò a trovare i vecchi compagni di scuola.

look up st. = look st. up

♦ consultare una fonte (*un dizionario, una guida, un elenco, una tabella, un computer*) in cerca di un'informazione
non nella forma passiva; anche nei tempi progressivi

• *Please pass me the railway timetable. I've got to look up something.* Per favore passami l'orario ferroviario. Devo cercare una cosa.

look up to

look up to sb.

♦ guardare qualcuno con rispetto e ammirazione
sia nella forma attiva sia nella passiva; solitamente non nei tempi progressivi

• *Most of the population looked up to the statesman who had guided the country towards the victory.* Gran parte della popolazione ammirava e rispettava lo statista che aveva guidato il paese verso la vittoria.

look upon sb./st. → look on/upon sb./st.

loosen

loosens, loosened, loosened, loosening

loosen up

loosen up

rilassarsi (*quando ci si trova in un gruppo di persone*)
non nella forma passiva; anche nei tempi progressivi

• *When I'm at a party, I always have a glass of wine to loosen up a bit.* Quando sono a una festa, bevo sempre un bicchiere di vino per rilassarmi un po'.

loosen up

loosen up st. = loosen st. up

sciogliere i muscoli
non nella forma passiva; anche nei tempi progressivi

• *Before the game, the footballers did some exercises to loosen up.* Prima della partita di football, i giocatori hanno fatto degli esercizi per sciogliere i muscoli.

lose

loses, lost, lost, losing

lose by

lose by st.

lose by doing st.

lose st. by doing st.

rimetterci (*in qualcosa o nel fare qualcosa*)
solitamente nella forma negativa; non nella forma passiva; non nei tempi progressivi

• *We invested in the pension fund because we thought we couldn't lose by it.* Investimmo nel fondo pensioni perché pensavamo di non poterci rimettere.

lose in

lose oneself in st.

smarrirsi nei propri pensieri o in un'attività appassionante
sempre nella forma riflessiva; solitamente non nei tempi progressivi

• *Tommy doesn't pay attention at school, but loses himself in daydreams.* Tommy non fa attenzione a scuola, ma si perde nei sogni a occhi aperti.

lose in st.

perdere qualitativamente a causa di qualcosa (*la traduzione, la trasposizione cinematografica, la ripetizione*)
non nella forma passiva; non nei tempi progressivi

• *The original dialogues are very witty, but the film loses in translation.* I dialoghi originali sono molto spiritosi, ma il film perde nella traduzione.

• *The story loses a great deal in the repetition of the same situations.* Il racconto perde moltissimo nella ripetizione delle stesse situazioni.

lose on

lose on st.

lose st. on st.

perdere del denaro in un affare o al gioco

non nella forma passiva; anche nei tempi progressivi

• *They lost on the sale of their house because they had to sell it too quickly when Daniel was transferred.* Ci hanno rimesso nella vendita della casa perché, quando Daniel è stato trasferito, hanno dovuto cederla troppo in fretta.

sia nella forma attiva sia nella passiva quando c'è il complemento oggetto; anche nei tempi progressivi

• *Granny has lost all her pension again on the fruit machines!* La nonna ha di nuovo perso tutta la sua pensione nelle macchinette mangiasoldi!

lose out

lose out

rimanere svantaggiato in una certa situazione
non nella forma passiva; anche nei tempi progressivi

• *The new tax regulations favour large companies, but the small ones really lose out.* Le nuove disposizioni fiscali favoriscono le grandi aziende, ma le piccole ci rimettono davvero.

detto di persona o di cosa, rimanere sconfitto nel confronto con altre persone o cose
non nella forma passiva; anche nei tempi progressivi

• *It's the third time that my favourite team has come second in the championship, always losing out by penalty shots.* È la terza volta che la mia squadra del cuore arriva seconda nel campionato, sempre perdendo ai rigori.

M

major

majors, majored, majored, majoring

major in

major in st.

♦ studiare una determinata disciplina universitaria come prima materia in un corso di laurea [*USA*]

non nella forma passiva; anche nei tempi progressivi

• *When he started university, he wasn't sure if he should major in economics or political science.* Quando iniziò l'università, era indeciso se studiare economia o scienze politiche come prima materia.

make

makes, made, made, making

make after

make after sb./st.

inseguire una persona, un animale o una cosa (*in grado di muoversi rapidamente*)

non nella forma passiva; solitamente non nei tempi progressivi

• *The man made after the pickpocket who was running away with his wallet.* L'uomo inseguì il borsaiolo che stava scappando col suo portafoglio.

make away/off

make away/off

andarsene in fretta

non nella forma passiva; anche nei tempi progressivi

• *After the press conference the fans wanted to see the tennis player at close quarters, but he made away/off.* Dopo la conferenza stampa gli ammiratori avrebbero voluto vedere il tennista da vicino, ma lui si allontanò in tutta fretta.

make away with
make off with

make away with st.

make off with st.

scappare con la refurtiva

non nella forma passiva; anche nei tempi progressivi

• *The bank robbers made away with/made off with € 100,000 in cash.* I rapinatori della banca si dileguarono con centomila euro in contanti.

make for

make for swh./st.

♦ dirigersi verso un luogo o verso qualcosa

non nella forma passiva; anche nei tempi progressivi

• *After receiving the ransom money the kidnappers made for the border.* Dopo aver ricevuto il denaro del riscatto i sequestratori si diressero verso il confine.

make into

make sb./st. into sb./st.

♦ trasformare una persona o una cosa in un'altra persona o un'altra cosa

sia nella forma attiva sia nella passiva; anche nei tempi progressivi

• *The director promised he would make the young actress into a star.* Il regista promise che avrebbe fatto della giovane attrice una stella del cinema.

make of

make sb. of sb.

fare sì che una persona diventi ciò che qualcun altro ha progettato

sia nella forma attiva sia nella passiva; anche nei tempi progressivi

• *Now that the old man has died, do you think James will be able to make a reliable partner of his younger brother?* Ora che il vecchio è morto, pensi che James riuscirà a trasformare il fratello più giovane in un socio affidabile?

make of sb./st.

♦ capire (*nulla/poco/qualcosa*) di una persona o di una situazione in cui percepiamo un che di strano o sfuggente
spesso nella forma interrogativa, diretta o indiretta, o nella forma negativa; non nella forma passiva; non nei tempi progressivi

• *What an odd person! We've known each other for years, and I still can't make anything of him!* Che strana persona! Ci conosciamo da anni, e ancora non lo capisco.

• *What do you make of Mary's new boyfriend?* Cosa pensi del nuovo ragazzo di Mary?

make off → make away/off

make off with st. → make away with st. - make off with st.

make on

make on st.

make st. on st.

ricavare un profitto da un'attività

non nella forma passiva; anche nei tempi progressivi

• *How much did you make on the sale of your car?* Quanto hai ricavato dalla vendita della tua auto?

sia nella forma attiva sia nella passiva quando c'è il complemento oggetto; anche nei tempi progressivi

• *Enormous profits can be made on scrap iron dealing.* Enormi profitti possono essere ricavati dalla compravendita dei rottami di ferro.

make out

make out sb. = make sb. out

capire perché qualcuno si comporta in un certo modo
spesso nella forma interrogativa, diretta o indiretta, o negativa; non nella forma passiva; non nei tempi progressivi

• *Why did Melanie burst into tears when I told her about Greg's marriage? Can you make her out?* Perché Melanie è scoppiata in lacrime quando le ho detto del matrimonio di Greg? Riesci a capirla?

make out sb./st. = make sb./st. out

♦ riuscire a vedere persone, animali o cose (*solitamente con difficoltà*)
sia nella forma attiva sia nella passiva; non nei tempi progressivi

• *Driving with your headlights on is a good idea. It's easier to make out oncoming traffic, especially in the rain.* Guidare con i fari accesi è una buona idea. È più facile vedere il traffico in senso contrario, specialmente quando piove.

riuscire a udire persone, animali o cose (*solitamente con difficoltà*)
sia nella forma attiva sia nella passiva; non nei tempi progressivi

• *Hallo, Mary! Is that you? What? Hold on, I can't make you out. Just let me turn down the radio.* Pronto, Mary! Sei tu? Che cosa? Resta al telefono, non riesco a sentirti. Lasciami solo abbassare la radio.

make sb./st. out to be st.

dare una falsa rappresentazione di persone, animali o cose
sia nella forma attiva sia nella passiva; solitamente non nei tempi progressivi

• *The British are not really as reserved as they are generally made out to be.* I britannici non sono realmente così riservati come vengono generalmente rappresentati.

make out st. = make st. out

capire qualcosa
non nella forma passiva; non nei tempi progressivi

• *I couldn't make out the reason for his anger.* Non sono riuscito a capire la ragione della sua ira.

make over

make over st. = make st. over

trasferire formalmente del denaro o un bene a qualcuno (*che ne diventa il legittimo proprietario*)
sia nella forma attiva sia nella passiva; anche nei tempi progressivi [*solitamente + to*]

• *He made his savings over to his son, but he made the house over to his daughter.* Trasferì i propri risparmi al figlio, ma passò la proprietà della casa alla figlia.

make ready

make ready

prepararsi a qualcosa, o fare in modo che altri si preparino [*formale*]
non nella forma passiva; anche nei tempi progressivi

• *The end of the world is nigh! I exort you, my followers, to make ready!* La fine del mondo è vicina! Vi esorto, miei seguaci, a prepararvi!

make st. ready

preparare qualcosa (*per una persona o per farne uso*) [*formale*]
sia nella forma attiva sia nella passiva; anche nei tempi progressivi

• *The Duke's mother is arriving tomorrow. The pink guestroom must be made ready, Agnes.* La madre del duca arriverà domani. Bisogna preparare la stanza rosa, Agnes.

make towards

make towards swh./st.

dirigersi verso un luogo o verso qualcosa [*GB; formale*]
non nella forma passiva; anche nei tempi progressivi

• *After the wedding the couple made towards the New Forest, where they were going to spend their honeymoon.* Dopo la cerimonia nuziale gli sposi si avviarono verso la New Forest, dove avrebbero trascorso la luna di miele.

make up

make up

fare la pace

non nella forma passiva; anche nei tempi progressivi

• *The children often quarrel, but they soon make up.* I bambini litigano spesso, ma fanno subito la pace.

make up

make up sb. = make sb. up

make up st. = make st. up

♦ truccarsi o truccare qualcuno; truccare, a sé o ad altri, il viso, gli occhi, la bocca

non nella forma passiva; anche nei tempi progressivi

• *It seems to me that these days young women either make up too much or don't make up at all.* A me pare che di questi tempi le giovani o si trucchino troppo o non si trucchino per niente.

sia nella forma attiva sia nella passiva quando c'è il complemento oggetto; anche nei tempi progressivi

• *They'll have a job to make him up as a woman!* Sarà una bella impresa truccarlo da donna!

make up st.

♦ formare la totalità di qualcosa (*che, in taluni casi, è una parte di un'entità maggiore*)

sia nella forma attiva sia nella passiva; solitamente non nei tempi progressivi

• *At this school girls only make up ten per cent of the students.* In questa scuola le ragazze formano solo il dieci per cento degli studenti.

make up st. = make st. up

♦ inventare qualcosa (*una scusa, una vicenda, un resoconto*) per ingannare qualcuno

sia nella forma attiva sia nella passiva; anche nei tempi progressivi

• *This is the most incredible excuse you could have made up, Gerald!* Questa è la scusa più incredibile che avresti potuto inventare, Gerald!

♦ inventare una trama, una storia, un gioco

sia nella forma attiva sia nella passiva; anche nei tempi progressivi

• *What a prolific writer! How can he make up so many different stories?* Che scrittore prolifico! Come può inventare tante trame così diverse?

aggiungere il necessario per completare qualcosa (*una quantità di denaro, di persone, di tempo; l'accezione è molto ampia*)

sia nella forma attiva sia nella passiva; anche nei tempi progressivi

• *I've checked the till three times, but there's a pound missing. I suppose I'll have to make it up out of my own pocket.* Ho fatto tre volte i conti di cassa, ma manca una sterlina. Suppongo che dovrò integrare di tasca mia.

preparare qualcosa in modo che sia pronto per l'uso (*l'accezione è molto ampia*)
sia nella forma attiva sia nella passiva; anche nei tempi progressivi

• *The train has already been made up, but the passengers are not allowed to get on it yet.* Il treno è già stato formato, ma i passeggeri non sono ancora autorizzati a salirvi.

make up one's mind

♦ prendere una decisione [*solitamente + about*]
sia nella forma attiva sia nella passiva; solitamente non nei tempi progressivi

• *He could never make up his mind about where to spend his summer holidays.* Non riusciva mai a decidere dove passare le vacanze estive.

• *My mind is made up. I'm leaving.* Ho deciso. Me ne vado.

make up for

make up for st.

♦ recuperare o compensare qualcosa che era andato perduto
non nella forma passiva; anche nei tempi progressivi

• *The Stock Exchange went rather badly for three years, but the trend over the last few months has made up for the previous losses in share values.* La Borsa è andata abbastanza male per tre anni, ma la tendenza degli ultimi mesi ha compensato le perdite precedenti nel valore delle azioni.

porre rimedio a qualcosa (*una situazione sgradevole o un difetto*)
non nella forma passiva; anche nei tempi progressivi

• *How can I make up for being so rude to you yesterday?* Come posso rimediare al fatto di essere stato così sgarbato con te ieri?

make up to

make up to sb.

ingraziarsi qualcuno (*per ottenere qualcosa*) [*GB e Australia; informale*]
non nella forma passiva; anche nei tempi progressivi

• *Martha doesn't miss an opportunity to make up to the boss.* Martha non si lascia sfuggire un'occasione per ingraziarsi il capo.

make it up to sb.

ricompensare qualcuno per qualcosa di buono che si è ricevuto [*informale*]
non nella forma passiva; anche nei tempi progressivi

• *My parents were so good to give me the money for the house. I don't know how I can ever make it up to them.* I miei genitori sono stati così buoni da darmi il denaro per la casa. Non so come potrò mai ricompensarli.

fare qualcosa di buono per qualcuno cui si è nuociuto in passato per annullare il proprio debito [*informale*]
non nella forma passiva; anche nei tempi progressivi

• *I'm sorry I lost my temper like that. How can I make it up to you?* Mi dispiace essere andato in collera in quel modo. Come posso rimediare?

mark
marks, marked, marked, marking

mark down

mark down st. = mark st. down

prendere nota di qualcosa
sia nella forma attiva sia nella passiva; anche nei tempi progressivi

• *I'm looking for a flat in your area, so, if you see any for rent, please mark down the phone numbers.* Cerco un appartamento nella tua zona, così, se ne vedi qualcuno in affitto, ti prego di prendere nota dei numeri di telefono.

match
matches, matched, matched, matching

match up

match up

corrispondere (*detto di informazioni provenienti da fonti diverse*)
non nella forma passiva; solitamente non nei tempi progressivi [*solitamente + with*]

• *Sometimes, what you read in the newspaper doesn't match up with what they say on the TV news.* A volte, ciò che si legge sul giornale non corrisponde a ciò che dicono al telegiornale.

essere all'altezza di qualcuno o di qualcosa
non nella forma passiva; solitamente non nei tempi progressivi [*solitamente + to*]

• *In spite of all his efforts, Sam had the sensation he would never match up to his father.* Nonostante tutti i suoi sforzi, Sam aveva la sensazione che non sarebbe mai stato all'altezza di suo padre.

match up sb./st. = match sb./st. up

trovare qualcuno o qualcosa che sia particolarmente adatto ad andare d'accordo con qualcun altro o qualcos'altro
sia nella forma attiva sia nella passiva; non nei tempi progressivi

• *What a well-matched couple! You would never imagine that they had been matched up by her mother!* Che coppia bene assortita! Non immagineresti mai che era stata la madre di lei a farli incontrare!

meet
meets, met, met, meeting

meet up

meet up

♦ incontrarsi con qualcuno (*per fare qualcosa insieme*)
non nella forma passiva; anche nei tempi progressivi

• *I'm meeting up with some of my old schoolmates to organize a get-together of the whole class.* Ho intenzione di incontrarmi con alcuni dei miei vecchi compagni di scuola per organizzare una rimpatriata di tutta la classe.

incrociarsi (*detto di due strade o sentieri*)
non nella forma passiva; non nei tempi progressivi [*talvolta* + *at*]

• *The two paths meet up at the top of the hill.* I due sentieri si incrociano alla sommità della collina.

meet with

meet with sb.

♦ avere un incontro con una persona o un gruppo
non nella forma passiva; anche nei tempi progressivi

• *After the preliminary talks the Foreign Minister met with his opposite number on neutral ground.* Dopo i colloqui preliminari il ministro degli esteri incontrò il suo omologo in territorio neutrale.

meet with st.

suscitare una certa reazione [*formale*]
sia nella forma attiva sia nella passiva; non nei tempi progressivi

• *The proposal was met with the unanimous approval of the committee members.* La proposta incontrò l'approvazione unanime dei membri del comitato.

andare incontro a un'esperienza negativa o dolorosa [*formale*]
non nella forma passiva; non nei tempi progressivi

• *At this point I hope we don't meet with any more difficulties. I couldn't bear it.* A questo punto spero che non incontreremo altre difficoltà. Non potrei sopportarlo.

melt

melts, melted, melted, melting

melt away

melt away

disperdersi a poco a poco (*detto della folla*)
non nella forma passiva; anche nei tempi progressivi

• *After the concert the crowd of young people melted away.* Dopo il concerto la folla di giovani si disperse a poco a poco.

scomparire a poco a poco (*detto di pensieri*)
non nella forma passiva; anche nei tempi progressivi

• *My doubts about him melted away as I got to know him.* I miei dubbi su di lui scomparvero a poco a poco man mano che lo conoscevo.

melt down

melt down st. = melt st. down

fondere oggetti metallici (*specialmente se di metallo prezioso*)
sia nella forma attiva sia nella passiva; anche nei tempi progressivi

• *«What lovely earrings! Did you buy them recently?» «No. I asked my jeweller to melt down some old gold rings I didn't like particularly and make these earrings that I designed myself.»* «Che begli orecchini! Li hai comprati da poco?» «No. Ho chiesto al mio gioielliere di fondere dei vecchi anelli d'oro che non mi piacevano particolarmente e di fare questi orecchini che io stessa ho disegnato.»

melt into

melt into st.

detto di un colore, sfumare in un altro
non nella forma passiva; solitamente non nei tempi progressivi

• *The lady wore a splendid shot silk dress in a beautiful peacock blue that melted into sapphire and turquoise green.* La signora indossava uno splendido abito di seta cangiante di un bel blu pavone che sfumava nel blu zaffiro e nel verde turchese.

scomparire confondendosi in mezzo ad altri
non nella forma passiva; solitamente non nei tempi progressivi

• *After carrying out his plan, the assassin managed to melt into the crowd.* Portato a termine il suo proposito, l'attentatore riuscì a dileguarsi tra la folla.

---

mess

messes, messed, messed, messing

mess about/around

mess about/around

♦ fare fesserie [*informale*]
non nella forma passiva; anche nei tempi progressivi

• *Stop messing about/around and get some work done!* Smettete di fare fesserie e mettetevi al lavoro!

mess up

mess up st. = mess st. up

♦ mettere in disordine un ambiente [*informale*]
sia nella forma attiva sia nella passiva; anche nei tempi progressivi

• *The children messed up the entire house during the birthday party.* Durante la festa di compleanno i bambini hanno messo sottosopra tutta la casa.

♦ mandare a monte qualcosa (*che si era programmato, o che si prevede o spera per il futuro*) [*informale*]
sia nella forma attiva sia nella passiva; anche nei tempi progressivi

• *Jack messed up all our holiday plans when he decided at the last minute not to come with us.* Jack ha mandato a monte tutti i nostri programmi per le vacanze quando all'ultimo momento ha deciso di non venire con noi.

---

miss

misses, missed, missed, missing

miss out

miss out

perdere un'occasione, un affare, una possibilità di divertirsi
non nella forma passiva; solitamente non nei tempi progressivi

• *My car broke down on the way to a party where I had hoped to meet Tom Cruise. I really missed out!* La mia auto si è guastata mentre stavo andando a una festa dove speravo di incontrare Tom Cruise. Mi sono proprio persa un'occasione!

miss out sb./st. = miss sb./st. out

♦ dimenticare qualcuno, omettere qualcosa [*GB e Australia*]
sia nella forma attiva sia nella passiva; solitamente non nei tempi progressivi

• *This form is very important, so double-check it when you're done to make sure you haven't missed anything out.* Questo modulo è molto importante, perciò, quando avrai finito, controllalo bene per vedere se hai tralasciato qualcosa.

---

mix

mixes, mixed, mixed, mixing

mix in

mix in

familiarizzare con qualcuno [*USA; informale*]
non nella forma passiva; solitamente non nei tempi progressivi

• *You'll never make friends if you don't make some effort to mix in.* Non riuscirai mai a farti degli amici se non farai qualche sforzo per entrare in confidenza.

mix up

mix up sb. = mix sb. up

confondere qualcuno [*USA e Australia*]
sia nella forma attiva sia nella passiva; anche nei tempi progressivi

• *When Jill started her new job, everyone gave her different instructions and they completely mixed her up.* Quando Jill iniziò il suo nuovo lavoro, tutti le diedero istruzioni diverse e la confusero completamente.

mix up sb./st. = mix sb./ st. up

confondere fra loro due persone o due cose
sia nella forma attiva sia nella passiva; anche nei tempi progressivi

• *I can't tell my neighbours' twins apart. They've been living here for a year and I still keep mixing them up.* Non riesco a distinguere i gemelli dei miei vicini. Abitano qui da un anno e continuo a confonderli.

mix up st. = mix st. up

mescolare cose (*che dovrebbero rimanere suddivise per gruppi*)
sia nella forma attiva sia nella passiva; anche nei tempi progressivi

• *Oh, no! That brainless Charlene has mixed up all the documents I had already sorted out!* Oh, no! Quella scriteriata di Charlene ha mescolato tutti i documenti che avevo già suddiviso!

mescolare gli ingredienti di un piatto
sia nella forma attiva sia nella passiva; anche nei tempi progressivi

• *Put the flour and the sugar into a bowl and mix them up well, stirring with a wooden spoon.* Mettete la farina e lo zucchero in una ciotola e mescolate bene, girando con un cucchiaio di legno.

mix up in

be mixed up in st.

essere coinvolto in un'attività illegale o spiacevole
sempre to be + participio passato; solitamente non nei tempi progressivi

• *She got mixed up in* (= *She was mixed up in*) *the kidnapping only because her brother had asked her to take care of the little boy.* Fu coinvolta nel rapimento solo perché suo fratello le aveva chiesto di occuparsi del ragazzino.

mix up with

be mixed up with sb.

essere associato a qualcuno che esercita un'influenza in qualche modo negativa
sempre to be + participio passato; solitamente non nei tempi progressivi

• *Don't trust him. Some years ago he got mixed up with* (= *he was mixed up with*) *some very shady fellows.* Non fidarti di lui. Qualche anno fa si accompagnava a dei loschi figuri.

---

model

*models, modelled (*USA modeled*), modelled (*USA modeled*), modelling (*USA modeling*)*

model on/upon

model oneself on/upon sb.

prendere a modello qualcuno [*formale con upon*]
sempre nella forma riflessiva; solitamente non nei tempi progressivi

• *The ambitious young actor modelled himself on/upon Laurence Olivier, no less.* Il giovane e ambizioso attore prese a modello niente meno che Laurence Olivier.

model st. on/upon st.

prendere a modello qualcosa per fare qualcos'altro [*formale con upon*]
anche nella forma attiva, ma più spesso nella passiva; solitamente non nei tempi progressivi

• *Timmy's toy ship is modelled on/upon the Cutty Sark.* La nave giocattolo di Timmy è costruita sul modello del Cutty Sark.

• *Why can't we have an efficient railway system, modelled on/upon the German one?* Perché non possiamo avere un efficiente sistema ferroviario organizzato secondo il modello tedesco?

move

moves, moved, moved, moving

move ahead

move ahead

procedere in un'attività o in un progetto (*specialmente quando vi sia stata una battuta d'arresto*)

non nella forma passiva; anche nei tempi progressivi

• *We've met with so much red tape in this project that it seems impossible to move ahead.* In questo progetto abbiamo incontrato così tanti impedimenti burocratici che andare avanti appare impossibile.

• *Now that we've settled the question of accommodation, perhaps we can move ahead and discuss our holiday timetable.* Ora che abbiamo sistemato la questione del dove alloggiare, forse potremo andare avanti e discutere i tempi delle nostre vacanze.

move along

move along

procedere in modo soddisfacente (*detto di un lavoro, un'attività, un progetto*)

non nella forma passiva; anche nei tempi progressivi

• *After an initial period fraught with difficulties, the building of the house moved along fast.* Dopo un primo periodo irto di difficoltà, la costruzione della casa procedette in modo soddisfacente.

• *If everyone cooperates, the plan will move along.* Se tutti collaboreranno, il progetto andrà avanti bene.

move along/on

move along/on

move sb. along/on

spostarsi, o fare in modo che qualcuno si sposti

non nella forma passiva; anche nei tempi progressivi

• *If we don't move along/on, we'll lose our place in the queue.* Se non andremo avanti, perderemo il nostro posto nella fila.

sia nella forma attiva sia nella passiva quando c'è il complemento oggetto; anche nei tempi progressivi

• *When my wife is window-shopping, it is sometimes very difficult to move her along/on.* Quando mia moglie guarda le vetrine, a volte è difficile farla muovere.

move away

move away

♦ andare via (*dal luogo in cui si abita*)
non nella forma passiva; anche nei tempi progressivi

• *We don't live in the city any more. We moved away six months ago.* Non viviamo più in città. Ce ne siamo andati sei mesi fa.

• *There is no work for young people in the area, and many of them move away.* Non c'è lavoro per i giovani nella zona, e molti di loro si trasferiscono.

move away from

move away from st.

move away from doing st.

cambiare atteggiamento nei confronti di qualcosa (*perché ci si è resi conto di avere sbagliato*)
non nella forma passiva; anche nei tempi progressivi

• *If we don't move away from the exploitation of fossil fuels, global warming will get worse.* Se non faremo un passo indietro sullo sfruttamento dei combustibili fossili, il riscaldamento globale si aggraverà.

move in

move into

move in

move in sb. = move sb. in

move into swh.

move sb. into swh.

intervenire in una situazione pericolosa e/o nel luogo in cui questa si è prodotta (*detto dell'esercito o della polizia*) oppure essere inviato (*detto degli stessi nelle medesime circostanze*)

non nella forma passiva; anche nei tempi progressivi

• *When the civil war broke out in the small Central African country, the United Nations peacekeeping force moved in.* Quando nel piccolo paese centrafricano scoppiò la guerra civile, le forze di pace delle Nazioni Unite intervennero.

sia nella forma attiva sia nella passiva quando c'è il complemento oggetto; anche nei tempi progressivi

• *The American President wants troops to be moved into the area, even if the UNO doesn't agree.* Il Presidente americano vuole che siano inviate truppe nell'area, anche se l'ONU non è d'accordo.

move in

move into st.

♦ andare ad abitare in una nuova casa o in una nuova zona
non nella forma passiva; anche nei tempi progressivi

• *I've bought a new flat, but I can't move in until next month.* Ho acquistato un nuovo appartamento, ma non posso andare ad abitarci fino al prossimo mese.

entrare in un certo settore degli affari
non nella forma passiva; anche nei tempi progressivi

• *As soon as the alcohol trade was made illegal, organized crime moved in supplying the nightclubs with moonshine and smuggled champagne.* Non appena il commercio di alcolici venne reso illegale, la criminalità organizzata entrò nel settore fornendo ai locali notturni alcolici distillati clandestinamente e champagne di contrabbando.

move in on

move in on sb./st.

avvicinarsi a un gruppo di persone, un edificio o una città disponendosi all'attacco
non nella forma passiva; anche nei tempi progressivi

• *If the police moved in on the terrorists, they would kill the hostages.* Se la polizia attaccasse i terroristi, essi ucciderebbero gli ostaggi.

• *The army did not move in on the capital city because too many innocent lives would have been lost.* L'esercito non mosse all'assalto della capitale perché si sarebbero perse troppe vite innocenti.

move in on st.

detto di una grande azienda, impadronirsi di un certo settore degli affari ai danni di aziende più piccole
non nella forma passiva; anche nei tempi progressivi

• *The big telephone company moved in on the small mobile phone companies claiming that reducing the competition was in the interest of the consumer.* La grande società telefonica si impadronì delle piccole società di telefonia mobile affermando che ridurre la concorrenza era nell'interesse del consumatore.

move in together

move in with

move in together

move in with sb.

andare ad abitare con qualcuno (*con cui si ha un rapporto sentimentale o di amicizia*)
non nella forma passiva; solitamente non nei tempi progressivi

• *Max and Melinda have moved in together, but they don't intend to get married.* Max e Melinda sono andati a convivere, ma non hanno intenzione di sposarsi.

move on

move on

♦ andare via da un luogo in cui si è stati per un certo periodo (*lungo o breve*)
non nella forma passiva; anche nei tempi progressivi

• *He stayed in Bangkok three years and then moved on.* Si fermò tre anni a Bangkok e poi se ne andò.

passare a una nuova attività
non nella forma passiva; anche nei tempi progressivi

• *I would like to move on, but I haven't got the qualifications for a better job.* Mi piacerebbe passare a un'altra attività, ma non ho le qualifiche per un lavoro migliore.

diventare migliore o più avanzato (*detto di un metodo di lavoro, di una tecnica, del modo di vita delle persone*)
non nella forma passiva; anche nei tempi progressivi

• *Our production methods are becoming obsolete. I think it's time we moved on.* I nostri metodi di produzione stanno diventando antiquati. Penso che sia ora di modernizzarci.

move on - move sb. on → move along/on - move sb. along/on

move out

move out

♦ andare via di casa
non nella forma passiva; anche nei tempi progressivi

• *I can't stand living at home with my parents any longer. I'm going to move out as soon as I find a job.* Non ce la faccio più a vivere a casa con i miei genitori. Me ne andrò non appena avrò trovato un lavoro.

abbandonare un certo settore produttivo
non nella forma passiva; anche nei tempi progressivi

• *«There is far too much competition in this sector.» «Then, why don't we move out and try something different?»* «C'è troppa concorrenza in questo settore.» «Allora, perché non abbandoniamo e proviamo qualcosa di diverso?»

immettersi nel flusso di traffico (*detto di un veicolo*)
non nella forma passiva; anche nei tempi progressivi

• *The bus suddenly moved out and I had to jam on the brakes in order to avoid bumping into the back of it.* L'autobus si immise tutt'a un tratto nel traffico e io dovetti frenare bruscamente per non tamponarlo.

spostarsi apprestandosi a effettuare un sorpasso (*detto di un veicolo*)
non nella forma passiva; anche nei tempi progressivi

• *I couldn't move out to overtake the lorry because there was heavy oncoming traffic.* Non potei spostarmi per superare l'autocarro perché c'era intenso traffico in senso contrario.

move out sb. = move sb. out

ritirare i propri uomini (*detto delle forze armate o della polizia*)
sia nella forma attiva sia nella passiva; anche nei tempi progressivi

• *The UNO won't move out the peace-keeping force until democratic elections have been held.* L'ONU non ritirerà le forze di pace finché non verranno tenute elezioni democratiche.

move over

move over

♦ spostarsi per fare spazio a qualcun altro
non nella forma passiva; anche nei tempi progressivi

• *Move over a bit, Phoebe, and let Timmy sit next to his mother.* Spostati un po', Phoebe, e lascia che Timmy sieda vicino a sua madre.

lasciare il proprio lavoro o incarico per permettere a chi è più giovane o ha idee nuove di subentrare
non nella forma passiva; solitamente non nei tempi progressivi

• *I think Mr Brown is going to move over next year to let his son take over the business.* Penso che il prossimo anno il signor Brown lascerà il proprio posto per permettere al figlio di assumere la guida dell'azienda.

passare a una nuova attività che ha qualcosa in comune con quella da cui si proviene
non nella forma passiva; solitamente non nei tempi progressivi [*solitamente + to*]

• *Edgar started studying to become a veterinary surgeon, but after the first year he decided to move over to Medicine.* Edgar inziò a studiare per diventare chirurgo veterinario, ma dopo il primo anno decise di passare a Medicina.

passare a un nuovo sistema [*prevalentemente GB e Australia; sempre + avverbio e/o preposizione e/o aggettivo*]
non nella forma passiva; solitamente non nei tempi progressivi

• *At last, the boss has decided to abandon typewriters and move over to computers.* Finalmente il capo ha deciso di accantonare le macchine per scrivere e passare ai computer.

move towards

move towards st.

move towards doing st.

avanzare verso qualcosa (*considerato perlopiù un miglioramento rispetto alla situazione precedente*)
non nella forma passiva; anche nei tempi progressivi

• *The country is moving towards a more democratic form of government.* Il paese si sta avviando verso una forma di governo più democratica.

• *The world will have to move towards sustainable development, otherwise we will run into disaster.* Il mondo dovrà imboccare la strada dello sviluppo sostenibile, altrimenti andrà incontro a un disastro.

move up

move up

spostarsi per fare spazio a qualcun altro [*GB e Australia*]
non nella forma passiva; anche nei tempi progressivi

• *If Sally and George move up a little, I can get you all into the picture.* Se Sally e George si spostano un po', riesco a farvi stare tutti nella foto.

• *We all moved up so that Ron could sit down, too.* Tutti ci stringemmo in modo che anche Ron potesse sedersi.

move up

move up sb. = move sb. up

avere, o far avere a qualcuno, un avanzamento di carriera

non nella forma passiva; solitamente non nei tempi progressivi

• *When the big boss retires my head clerk will move up, and I'll move up with him.* Quando il grande capo andrà in pensione il mio capoufficio avrà un avanzamento di carriera, e io con lui.

sia nella forma attiva sia nella passiva quando c'è il complemento oggetto; anche nei tempi progressivi

• *If only some of the old dodderers on top of the pyramid would leave the firm, some of us bright young employees might have the chance to be moved up to supervisor.* Se solo qualcuno dei matusalemme in cima alla piramide se ne andasse dall'azienda, qualcuno di noi giovani e brillanti impiegati avrebbe forse la possibilità di essere promosso a un incarico direttivo.

passare, o far passare uno studente, a una classe superiore o a una sezione migliore (*detto di uno studente*)

non nella forma passiva; solitamente non nei tempi progressivi

• *Students can't move up unless they pass the end-of-year exam.* Gli studenti non possono passare a una classe superiore se non superano l'esame di fine anno.

sia nella forma attiva sia nella passiva quando c'è il complemento oggetto; anche nei tempi progressivi

• *Her marks were so good that she was moved up from form 3C to 3A.* I suoi voti erano così buoni che venne fatta passare dalla (*classe*) 3C alla 3A.

N

name

names, named, named, naming

name after/for

name sb./st. after sb./st. [*GB; Australia; USA*]
name sb./st. for sb./st. [*USA*]

♦ dare a qualcuno o a qualcosa lo stesso nome di qualcun altro o di qualcos'altro
anche nella forma attiva, ma più spesso nella passiva; solitamente non nei tempi progressivi

• *His boat was named after/for his first daughter.* La sua barca ha preso il nome dalla sua prima figlia.

narrow

narrows, narrowed, narrowed, narrowing

narrow down

narrow down st. = narrow st. down

ridurre qualcosa (*un elenco, un ventaglio di possibilità o di scelte, una ricerca*) procedendo per eliminazione
sia nella forma attiva sia nella passiva; anche nei tempi progressivi

• *«Is this the list of hotels in London?» «Yes, there are over three hundred!» «We can't phone them all. We must narrow the search down.»* «Questo è l'elenco degli alberghi di Londra?» «Sì, sono più di trecento!» «Non possiamo telefonare a tutti. Dobbiamo restringere la ricerca.»

O

occur

occurs, occurred, occurred, occurring

occur to

occur to sb.

♦ venire in mente
non nella forma passiva; non nei tempi progressivi

• *«Didn't you realize he was a crook?» «No, it never occurred to me.»* «Non ti eri resa conto che è un imbroglione?» «No, non mi è nemmeno passato per la mente.»

open

opens, opened, opened, opening

open into

open into st.

detto di una porta o di un ambiente, dare accesso a un altro ambiente
non nella forma passiva; non nei tempi progressivi

• *The dining room door opens into the kitchen.* La porta della sala da pranzo si apre nella cucina.

• *The back room opens into the conservatory.* La stanza posteriore si apre sulla serra.

open off

open off st.

detto di un ambiente, potervi accedere da un altro ambiente o da una porta
non nella forma passiva; non nei tempi progressivi

• *A bathroom opens off the master bedroom.* Dalla camera da letto padronale si entra in una stanza da bagno.

• *Several offices open off the entrance hall.* Le porte del vestibolo si aprono su parecchi uffici.

open on/onto

open on/onto st.

aprirsi o dare su qualcosa (*detto di una finestra o un ambiente*)
non nella forma passiva; non nei tempi progressivi

• *The window opened on/onto a large terrace.* La finestra si apriva su un'ampia terrazza.

• *The dining room opens on/onto a beautiful garden.* La stanza da pranzo dà su un magnifico giardino.

open out

open out

open out st. = open st. out

aprirsi o aprire qualcosa

non nella forma passiva; solitamente non nei tempi progressivi

• *Do you know how this folding chair opens out? I can't make head or tail of it.* Sai come si apra questa sedia pieghevole? Non riesco a capirci niente.

sia nella forma attiva sia nella passiva quando c'è il complemento oggetto; anche nei tempi progressivi

• *How infuriating! I can never open these deck chairs out!* Che nervi! Non riesco mai ad aprire queste sedie a sdraio!

open up

open up

cominciare a parlare più spesso di sé e dei propri pensieri e sentimenti
non nella forma passiva; anche nei tempi progressivi

• *Roland is a very shy boy; he wouldn't open up for several weeks when he changed school.* Roland è un ragazzo molto timido; quando cambiò scuola, per diverse settimane non volle aprirsi.

aprire il fuoco
non nella forma passiva; solitamente non nei tempi progressivi

• *The machine guns opened up as soon as the enemy appeared in their sights.* Le mitragliatrici aprirono il fuoco non appena il nemico apparve nel mirino.

open up sb./st. = open sb./st. up

sottoporre una persona o un animale a un'operazione chirurgica o a una sezione

sia nella forma attiva sia nella passiva; anche nei tempi progressivi

• *«There's a swab missing,» the nurse said. «Well, we'll have to open him up again,» answered the surgeon.* «Manca un tampone,» disse l'infermiera. «Beh, dovremo riaprirlo,» rispose il chirurgo.

open up st. = open st. up

aprire la mente di qualcuno

sia nella forma attiva sia nella passiva; anche nei tempi progressivi

• *My visit to Africa opened up my whole outlook on life.* La mia visita in Africa ampliò tutto il mio modo di vedere la vita.

open up

open up st. = open st. up

aprire la porta

non nella forma passiva; anche nei tempi progressivi

• *The police banged on the door ordering the inhabitants to open up.* La polizia batté sulla porta ordinando agli abitanti di aprire.

sia nella forma attiva sia nella passiva quando c'è il complemento oggetto; anche nei tempi progressivi

• *Open up the door, Angelina! I've forgotten my key!* Apri la porta, Angelina! Ho dimenticato la chiave!

aprire un ufficio o un negozio per dare inizio a una giornata di lavoro

non nella forma passiva; anche nei tempi progressivi

• *Most of the shops open up at eight, but the hypermarket doesn't open up until ten.* La maggior parte dei negozi apre alle otto, ma l'ipermercato non apre fino alle dieci.

sia nella forma attiva sia nella passiva quando c'è il complemento oggetto; anche nei tempi progressivi

• *The office must be opened up at nine o'clock and not a minute later, Ms Taylor!* L'ufficio deve essere aperto alle nove in punto e non un minuto più tardi, signora Taylor!

aprire una nuova attività commerciale o industriale

non nella forma passiva; anche nei tempi progressivi

• *Small businesses are opening up and closing down all the time; only a few manage to survive.* Piccole imprese vengono continuamente aperte e chiuse; solo poche riescono a sopravvivere.

sia nella forma attiva sia nella passiva quando c'è il complemento oggetto; anche nei tempi progressivi

• *A new branch has been opened up in Shanghai.* Una nuova filiale è stata aperta a Shanghai.

diventare più facilmente accessibile (*detto di un luogo in cui è difficile viaggiare o commerciare*)

non nella forma passiva; anche nei tempi progressivi

• *New markets are opening up in the Far East.* In Estremo Oriente si stanno aprendo nuovi mercati.

sia nella forma attiva sia nella passiva quando c'è il complemento oggetto; anche nei tempi progressivi

• *The pioneers wanted to open up the centre of Australia, but it was too dry.* I pionieri volevano rendere facilmente accessibile il centro dell'Australia, ma era troppo arido.

P

pass

passes, passed, passed, passing

pass around/round

pass around/round st. = pass st. around/round

♦ far circolare qualcosa fra i presenti
sia nella forma attiva sia nella passiva; anche nei tempi progressivi

• *John poured the champagne and Mary passed the glasses around/round.* John versò lo champagne nei bicchieri e Mary li fece circolare.

• *While the magician was doing his last trick, his assistant passed around/round the hat.* Mentre il prestigiatore eseguiva il suo ultimo numero, il suo assistente passava in giro col cappello.

pass as/for

pass as/for sb./st.

detto di una persona o di una cosa, passare per un'altra persona o per qualcos'altro
non nella forma passiva; solitamente non nei tempi progressivi

• *Let's send Bertie to buy cigarettes and gin for everybody. He can easily pass as/for an eighteen-year-old.* Mandiamo Bertie a comperare sigarette e gin per tutti. Lui può passare facilmente per un diciottenne.

pass away

pass away

è un'espressione eufemistica per: morire
non nella forma passiva; non nei tempi progressivi

• *He passed away in his sleep at the age of ninety-two.* Trapassò nel sonno a novantadue anni.

• *When did your grandfather pass away?* Quando è mancato tuo nonno?

pass by

pass by

detto del tempo, trascorrere
non nella forma passiva; anche nei tempi progressivi

• *Time passes by so quickly. Christmas seemed just yesterday, and yet Easter has already arrived.* Il tempo trascorre così in fretta. Pareva Natale solo ieri, e invece Pasqua è già arrivata.

pass sb. by

detto di un evento, passare senza che l'interessato se ne accorga
non nella forma passiva; solitamente non nei tempi progressivi

• *I love athletics, but the Olympic Games passed me by this time because I was so wrapped up in my new job.* Amo l'atletica, ma questa volta non mi sono nemmeno accorto che c'erano le Olimpiadi perché ero davvero preso dal mio nuovo lavoro.

detto di un'opportunità, lasciarla passare senza trarne vantaggio
non nella forma passiva; solitamente non nei tempi progressivi

• *Harriet allowed the opportunity of a good job to pass her by because she didn't want to leave her hometown.* Harriet non approfittò della possibilità di avere un buon lavoro perché non voleva lasciare la sua città natale.

pass by

pass by sb./swh.

♦ passare accanto a una persona o a un luogo (*mentre si sta andando altrove*)
non nella forma passiva; anche nei tempi progressivi

• *«How did you know about the robbery?» «I happened to be passing by just when the robbers ran out of the bank.»* «Come hai saputo della rapina?» «Mi è capitato di passare di lì proprio mentre i rapinatori uscivano di corsa dalla banca.»

• *He pretended not to know me when he passed by me in High Street.* Quando mi passò accanto in High Street finse di non conoscermi.

pass by

pass by swh.

passare (*da un luogo*), fermandosi per breve tempo, solitamente mentre ci si reca in un altro [*GB*]
non nella forma passiva; solitamente non nei tempi progressivi

• *Alice told me to pass by tomorrow to collect the parcel.* Alice mi ha detto di passare domani a prendere il pacco.

• *I'll pass by the dry cleaner's on my way home and collect your overcoat.* Tornando a casa passerò in tintoria a prendere il tuo cappotto.

pass down

pass down st. = pass st. down

trasmettere qualcosa (*materiale o immateriale*) alle generazioni successive
anche nella forma attiva, ma più spesso nella passiva; solitamente non nei tempi progressivi

• *Although Eudora's family didn't seem wealthy, the paintings that were passed down to her brought her a fortune.* Sebbene la famiglia di Eudora non sembrasse ricca, i dipinti che le vennero lasciati le fruttarono una fortuna.

pass for sb./st. → pass as/for sb./st.

pass off

pass off

svolgersi in un determinato modo (*detto di un evento*) [*sempre + avverbio e/o preposizione e/o aggettivo; GB e Australia*]
non nella forma passiva; solitamente non nei tempi progressivi

• *The change of regime passed off peacefully, although it was followed by a long period of inflation.* Il cambiamento di regime si svolse in modo pacifico, anche se fu seguito da un lungo periodo di inflazione.

• *The switch-over from the franc to the euro passed off quite well, although some elderly people were very disorientated.* Il passaggio dal franco all'euro si svolse abbastanza bene, quantunque alcune persone anziane fossero molto disorientate.

pass off as

pass off sb./st. as sb./st. = pass sb./st. off as sb./st.

fingere che qualcuno o qualcosa sia diverso da ciò che è in realtà (*e spesso migliore o di maggior pregio*), allo scopo di ingannare qualcuno
sia nella forma attiva sia nella passiva; anche nei tempi progressivi

• *He passed his son off as a talented scientist, although he was only in his second year at university.* Faceva passare il figlio per uno scienziato di talento, sebbene fosse solo al secondo anno di università.

• *Gloria tried to pass off her dress as an Armani, but we knew she had made it herself.* Gloria tentò di far passare il suo abito per un Armani, ma noi sapevamo che se lo era fatto da sé.

pass on

pass on

è un'espressione eufemistica per: morire
non nella forma passiva; non nei tempi progressivi

• *His father passed on at sixty-four due to a serious illness, but his mother lived much longer and passed on at ninety.* Suo padre passò a miglior vita a sessantaquattro anni per una grave malattia, ma sua madre visse molto più a lungo, e se ne andò a novanta.

pass on st. = pass st. on

♦ far passare un'informazione o un messaggio da una persona a un'altra
sia nella forma attiva sia nella passiva; solitamente non nei tempi progressivi

• *James didn't know the meeting had been postponed. It seems the message wasn't passed on.* James non sapeva che la riunione era stata rimandata. A quanto sembra, il messaggio non era stato fatto circolare.

passare qualcosa a qualcuno
sia nella forma attiva sia nella passiva; solitamente non nei tempi progressivi [*solitamente* + *to*]

• *Although most video games are protected by copyright, people often pass copies on to their friends after they've installed them in their computers.* Sebbene la maggior parte dei videogame sia protetta dal copyright, spesso la gente ne passa delle copie agli amici dopo averli installati nel proprio computer.

trasmettere ad altri, solitamente più giovani, delle conoscenze
sia nella forma attiva sia nella passiva; anche nei tempi progressivi [*solitamente* + *to*]

• *Professor Brain may be a brilliant scientist, but he doesn't seem to have the gift of being able to pass his knowledge on to his students.* Il professor Brain può essere uno scienziato brillante, ma non sembra avere il dono di saper trasmettere le proprie conoscenze ai suoi studenti.

trasmettere ai propri figli una malattia ereditaria
sia nella forma attiva sia nella passiva; anche nei tempi progressivi [*solitamente* + *to*]

• *Haemophilia is an illness that the mother, not the father, passes on to her sons.* L'emofilia è una malattia che la madre, e non il padre, passa ai figli maschi.

trasmettere una malattia a qualcuno
sia nella forma attiva sia nella passiva; anche nei tempi progressivi [*solitamente* + *to*]

• *Tommy has got measles. I hope he doesn't pass it on to his little brother.* Tommy ha il morbillo. Spero che non lo passi al fratellino.

passare indumenti o calzature usati a qualcuno
sia nella forma attiva sia nella passiva; solitamente non nei tempi progressivi [*solitamente* + *to*]

• *The poor child had only the dresses and the shoes that her schoolmates' mothers passed on to her.* La povera bambina aveva solo i vestiti e le scarpe che le madri delle sue compagne di scuola le passavano.

detto di un fabbricante, aumentare o diminuire il prezzo dei propri prodotti in relazione agli aumenti o alle diminuzioni dei costi di fabbricazione e di distribuzione
sia nella forma attiva sia nella passiva; anche nei tempi progressivi [*solitamente* + *to*]

• *If we want to remain competitive, we cannot pass the price increase in raw materials on to our customers.* Se vogliamo rimanere competitivi, non possiamo scaricare sulla clientela l'aumento del prezzo delle materie prime.

• *The cost of crude oil has gone down considerably, but this decrease is not being passed on to the consumer.* Il costo del petrolio greggio è sceso considerevolmente, ma questa diminuzione non sta andando a vantaggio del consumatore.

pass out

pass out

perdere i sensi [*informale*]
non nella forma passiva; solitamente non nei tempi progressivi

• *Call an ambulance! Grandfather's passed out!* Chiamate un'ambulanza! Il nonno ha perso i sensi!

• *When the thief managed to force the front door and got in, I dropped a flowerpot on his head and he passed out.* Quando il ladro riuscì a forzare la porta principale ed entrò, gli lasciai andare un vaso da fiori sulla testa e lui svenne.

pass out st. = pass st. out

distribuire qualcosa
sia nella forma attiva sia nella passiva; anche nei tempi progressivi

• *The teacher passed out the examination papers.* L'insegnante distribuì i temi d'esame.

• *The secretary is passing out copies of the report to all the directors.* La segretaria sta distribuendo copie della relazione a tutti i consiglieri di amministrazione.

pass over

pass over sb. = pass sb. over

mettere da parte un collaboratore o un dipendente per accordare una promozione a qualcuno più giovane o con minore esperienza
anche nella forma attiva, ma più spesso nella passiva; solitamente non nei tempi progressivi

• *Sam decided to leave and start up his own business after being passed over once too often.* Sam decise di andarsene e di avviare un'attività per conto proprio dopo essere stato scavalcato una volta di troppo.

pass over st. = pass st. over

evitare di discutere un determinato argomento, oppure ignorare qualcosa che qualcuno ha detto
sia nella forma attiva sia nella passiva; solitamente non nei tempi progressivi

• *We'll have to tell Mary about the accident, but let's try to pass over the more gory details!* Dovremo dire a Mary dell'incidente, ma cerchiamo di sorvolare sui dettagli più cruenti!

• *The soldiers were dying like flies from tropical diseases, but the news bulletins from the front seemed to pass over the fact.* I soldati morivano come mosche per le malattie tropicali, ma i notiziari dal fronte sembravano ignorare il fatto.

pass round st. = pass st. round → pass around/round st. = pass st. around/round

pass up

pass up st. = pass st. up

lasciarsi sfuggire un'opportunità
sia nella forma attiva sia nella passiva; solitamente non nei tempi progressivi

• *It's a wonderful opportunity! It's too good to be passed up!* È una magnifica opportunità! Troppo bella per lasciarsela sfuggire!

---

pay

pays, paid, paid, paying

pay back

pay back sb. = pay sb. back

ripagare un cattivo comportamento di cui si è stati vittime mettendo in atto un altro cattivo comportamento
sia nella forma attiva sia nella passiva; anche nei tempi progressivi

• *Don't you dare tell Mummy! If you do, I'll pay you back!* Non azzardarti a dirlo alla mamma! Se lo farai, ti ripagherò nello stesso modo!

• *Jack swore he would pay his double-crossing buddy back sooner or later for selling him out.* Jack giurò che presto o tardi il suo amico doppiogiochista avrebbe pagato per averlo venduto.

pay back sb./st. = pay sb./st. back

♦ restituire del denaro avuto in prestito
sia nella forma attiva sia nella passiva; anche nei tempi progressivi

• *I can lend you two hundred pounds, but you'll have to pay me back next month.* Ti posso prestare duecento sterline, ma dovrai restituirmele il prossimo mese.

• *We took out a bank loan to buy a new car, and we are paying it back in monthly instalments.* Ci siamo fatti fare un prestito dalla banca per comprare un'auto nuova, e lo stiamo rimborsando a rate mensili.

pay for

pay for st.

pagare per aver fatto qualcosa di male o per aver commesso un errore
sia nella forma attiva sia nella passiva; anche nei tempi progressivi

• *If the police stop you for drunken driving, they will quite rightly make you pay for it by, at the very least, endorsing your driving licence.* Se la polizia ti ferma per guida in stato di ubriachezza, come minimo, e a buona ragione, te la farà pagare annotando l'infrazione sulla tua patente.

pay in/into

pay in st. = pay st. in

pay st. into st.

versare denaro o assegni su un conto bancario
sia nella forma attiva sia nella passiva; anche nei tempi progressivi

• *I've made a down payment for the holiday and I must pay in the balance a week before leaving.* Ho pagato un acconto per la vacanza e devo versare in banca il saldo una settimana prima della partenza.

• *Why are you paying this cheque into our account? Won't you need cash for the tickets tomorrow?* Perché versi questo assegno sul nostro conto? Domani non avrai bisogno di contanti per i biglietti?

pay off

pay off

dare un buon risultato o essere redditizio (*detto di qualcosa che si è fatto per raggiungere un certo scopo*)
non nella forma passiva; anche nei tempi progressivi

• *Study now, and it will pay off later.* Ora studia, e avrai dei buoni risultati in seguito.

• *We had to scrimp and save to send our son to college, but it is paying off now.* Abbiamo dovuto lesinare e risparmiare per mandare nostro figlio all'università, ma ora stiamo vedendo i risultati

pay off sb. = pay sb. off

dare del denaro a qualcuno affinché non faccia qualcosa (*come non mettere in atto una minaccia, non divulgare certe informazioni, non perseverare in un rapporto che non piace a chi paga*)
sia nella forma attiva sia nella passiva; solitamente non nei tempi progressivi

• *The Texan billionaire did not approve of his daughter's choice of fiancé, and tried to pay him off.* Il miliardario texano non approvava il fidanzato scelto da sua figlia, e tentò di pagarlo (*affinché la lasciasse*).

• *The witness who refused to be paid off mysteriously disappeared.* Il testimone che rifiutò di farsi comprare scomparve misteriosamente.

pagare un dipendente per il lavoro svolto, al contempo comunicandogli il licenziamento
sia nella forma attiva sia nella passiva; solitamente non nei tempi progressivi

• *We'll have to pay off many of the workers unless business picks up.* Se gli affari non andranno meglio dovremo liquidare gran parte degli operai.

• *After the merger, the directors were paid off with generous shareholdings in the group's controlled company in China.* Dopo la fusione, i dirigenti vennero liquidati con generose partecipazioni azionarie alla società cinese controllata dal gruppo.

pay off st. = pay st. off

♦ estinguere un debito (*prestito ricevuto, mutuo, scoperto*)
sia nella forma attiva sia nella passiva; anche nei tempi progressivi

• *We can't buy a new boat until we have paid off the mortgage on our house.* Non possiamo comprare una barca nuova finché non avremo estinto il mutuo sulla casa.

pay out

pay out

pay out st. = pay st. out

spendere parecchio denaro per qualcosa o fare un pagamento considerevole a qualcuno (*il sottinteso è che tali esborsi sono generosi o eccessivi*)

non nella forma passiva; anche nei tempi progressivi

• *I don't want to pay out for a new fax machine if this one can be repaired.* Non voglio spendere un sacco di soldi per un nuovo fax se questo può essere riparato.

sia nella forma attiva sia nella passiva quando c'è il complemento oggetto; anche nei tempi progressivi

• *«Geena is paying out a fortune for all those treatments at the beauty clinic.» «Much good may it do her!»* «Geena sta spendendo una fortuna per tutti quei trattamenti all'istituto di bellezza.» «Buon pro le faccia!»

pay up

pay up

♦ pagare quanto qualcun altro ha richiesto (*a malincuore, perché non se ne può fare a meno*) [*informale*]
non nella forma passiva; solitamente non nei tempi progressivi

• *The gang threatened to blow up the factory unless the owner paid up.* La banda minacciò di far saltare per aria la fabbrica se il proprietario non avesse pagato.

• *«The kidnappers say that we will never see our little Johnny again unless we pay up at once!» his mother sobbed.* «I rapitori hanno detto che non rivedremo mai il nostro piccolo Johnny se non paghiamo subito,» esclamò la sua mamma fra i singhiozzi.

pay up
pay up st. = pay st. up

saldare un debito

non nella forma passiva; solitamente non nei tempi progressivi

• *Look at this advertisement. You can go on holiday now and you don't have to pay up until Christmas.* Guarda questo annuncio. Puoi andare in vacanza adesso e non devi saldare fino a Natale.

sia nella forma attiva sia nella passiva quando c'è il complemento oggetto; solitamente non nei tempi progressivi

• *We've paid up the last instalment on the car, and now we're going out to celebrate.* Abbiamo pagato l'ultima rata della macchina, e ora usciamo per festeggiare.

phone

phones, phoned, phoned, phoning

phone back

phone back
phone back sb. = phone sb. back

♦ richiamare qualcuno che ci ha telefonato

non nella forma passiva; anche nei tempi progressivi

• *If Mr Harrison calls, tell him that I'll phone back when I have the new price list.* Se telefona il signor Harrison, digli che lo richiamerò quando avrò il nuovo listino dei prezzi.

• *There's a message from your mother on the answerphone. You really should phone her back.* Tua madre ha lasciato un messaggio sulla segreteria. Dovresti davvero richiamarla.

♦ chiamare qualcuno al telefono per la seconda volta

non nella forma passiva; anche nei tempi progressivi

• *«Mr Jones is away from the office at the moment. Would you like to leave a message?» «No, thank you. I'll phone back later.»* «Il signor Jones è via dall'ufficio al momento. Vuole lasciare un messaggio?» «No, grazie. Richiamerò più tardi.»

• *If you're busy now, I'll phone you back in the afternoon.* Se ora sei indaffarata, ti richiamerò nel pomeriggio.

phone in

telefonare in ufficio o sul luogo di lavoro
non nella forma passiva; solitamente non nei tempi progressivi

• *Damn! I didn't hear the alarm clock! I think I'll phone in and tell my colleague I'll be late.* Accipicchia! Non ho sentito la sveglia! Penso che telefonerò al lavoro e dirò alla mia collega che farò tardi.

phone up

phone up

phone up sb./st. = phone sb./st. up

♦ telefonare a una persona o a un'organizzazione (*un servizio informazioni, un'azienda*) [*prevalentemente GB*]

non nella forma passiva; anche nei tempi progressivi

• *«Do you think the hotel will be full?» «I don't know; you'd better phone up.»* «Pensi che l'albergo sarà pieno?» «Non lo so; faresti meglio a telefonare.»

sia nella forma attiva sia nella passiva quando c'è il complemento oggetto; anche nei tempi progressivi

• *Can you phone me up at 7.00?* Puoi chiamarmi alle sette?

---

pick

picks, picked, picked, picking

pick at

pick at st.

mangiare di malavoglia, piluccando nel piatto
non nella forma passiva; anche nei tempi progressivi

• *Stop picking at your stew and eat it up, Johnny!* Smetti di piluccare il tuo stufato e finiscilo tutto, Johnny!

pick off

pick off sb./st. = pick sb./st. off

sparare e uccidere persone o animali, o sparare e distruggere navi o aerei (*ad uno ad uno, prendendo accuratamente la mira*)
sia nella forma attiva sia nella passiva; anche nei tempi progressivi

• *«Hey, Billy! This is a fantastic video game! I've picked off half of the enemy spaceships already!» Johnny shouted to his brother.* «Ehi, Billy! È un videogame fantastico! Ho già abbattuto metà delle astronavi nemiche!» gridò Johnny al fratello.

scegliere la persona o la cosa ritenuta migliore in un determinato ambito (*solitamente per acquisirla alla propria attività*)
sia nella forma attiva sia nella passiva; anche nei tempi progressivi

• *The multinational pharmaceutical company has picked off the best of this year's graduates for research.* La multinazionale farmaceutica ha acquisito per la ricerca i migliori fra i laureati di quest'anno.

pick on

pick on sb.

scegliere una persona (*spesso più piccola o più debole, o che spicca per una sua caratteristica*) per criticarla o trattarla male
sia nella forma attiva sia nella passiva; anche nei tempi progressivi

• *The local bully always picked on Alec because of his posh accent.* Il bullo locale prendeva sempre di mira Alec per il suo accento snob.

• *Why are you picking on me? What have I ever done to you?* Perché te la prendi con me? Che cosa ti ho mai fatto?

pick out

pick out sb./st. = pick sb./st. out

scegliere da un gruppo una o più persone o cose
sia nella forma attiva sia nella passiva; solitamente non nei tempi progressivi

• *The little boy paused in front of the cake trolley, then picked out a huge éclair.* Il bambino si fermò davanti al carrello dei dolci, poi scelse un enorme bignè ricoperto di cioccolato.

riconoscere una persona o una cosa fra altre
sia nella forma attiva sia nella passiva; solitamente non nei tempi progressivi

• *Look, Mum. The teacher has put all our pictures on the wall. Can you pick out mine?* Guarda, mamma. La maestra ha messo tutti i nostri disegni sulla parete. Sai riconoscere i miei?

riuscire a vedere una persona, un animale o una cosa (*con difficoltà, per via del buio, della nebbia, della folla*)
sia nella forma attiva sia nella passiva; solitamente non nei tempi progressivi

• *How can we hope to pick Stuart out in this crowd?* Come possiamo sperare di riuscire a vedere Stuart in mezzo a questa folla?

• *It's much easier to pick out other vehicles at dusk if they have their lights on.* Al crepuscolo, è molto più facile riuscire a vedere gli altri veicoli se hanno le luci accese.

pick out st. = pick st. out

suonare (*a orecchio*)
sia nella forma attiva sia nella passiva; anche nei tempi progressivi [*spesso + on*]

• *Catherine can't read music, but if she hears a tune once she can pick it out instantly on the piano.* Catherine non sa leggere la musica, ma se sente un motivo una volta riesce immediatamente a suonarlo al piano.

be picked out

detto di un simbolo, un nome, una lettera, essere messo in risalto (*spesso mediante un contrasto di colori*) [*prevalentemente GB e Australia*]
sempre to be + participio passato; solitamente non nei tempi progressivi [*solitamente + in*]

• *The airline symbol was picked out in dark blue on the white tail of the aeroplane.* Il simbolo della compagnia aerea risaltava in blu scuro sul bianco della coda dell'aeroplano.

pick over

pick over st. = pick st. over

esaminare a uno a uno gli oggetti presenti in un gruppo o un mucchio, scegliendo ciò che serve
sia nella forma attiva sia nella passiva; anche nei tempi progressivi

• *Hordes of women were picking over the cheap pullovers on the market stall.* Folle di donne sceglievano nel mucchio dei pullover a poco prezzo sul banco del mercato.

pick through

pick through st.

rovistare in un mucchio per trovare qualcosa
sia nella forma attiva sia nella passiva; anche nei tempi progressivi

• *The investigator put on rubber gloves and proceeded to pick through the suspect's refuse.* L'investigatore si mise i guanti di gomma e passò a rovistare nella spazzatura del sospettato.

pick up

pick up

detto degli affari, delle vendite, dell'economia di un paese, migliorare o aumentare dopo un periodo di depressione
non nella forma passiva; anche nei tempi progressivi

• *We have to do everything possible to encourage exports to pick up.* Dobbiamo fare tutto il possibile per favorire la ripresa delle esportazioni.

• *Sales were very slack until October, but they are picking up now and we are expecting the usual Christmas rush.* Le vendite sono state molto fiacche fino a ottobre, ma ora stanno andando meglio e ci aspettiamo il solito affollamento natalizio.

pick up sb. = pick sb. up

♦ fare una conoscenza occasionale (*il sottinteso è: per avere un rapporto sessuale*) [*informale*]
sia nella forma attiva sia nella passiva; solitamente non nei tempi progressivi

• *Ted doesn't miss a party, in the hope of picking up a girl.* Ted non si perde una festa nella speranza di rimorchiare una ragazza.

• *If you wear that low cut blouse in the office, your colleagues might think you want to be picked up.* Se indossi quella camicetta scollata in ufficio, i tuoi colleghi potrebbero pensare che vuoi essere rimorchiata.

viaggiando su un veicolo o su una nave, raccogliere qualcuno (*per dargli un passaggio o per salvarlo*)
sia nella forma attiva sia nella passiva; anche nei tempi progressivi

• *We picked up a hitchhiker on our way to London.* Andando a Londra abbiamo preso su un autostoppista.

• *The road is momentarily closed because a helicopter is picking up the accident victims.* La strada è momentaneamente chiusa perché un elicottero sta raccogliendo le vittime dell'incidente.

arrestare qualcuno (*detto della polizia*) o portarlo al posto di polizia per interrogarlo
sia nella forma attiva sia nella passiva; solitamente non nei tempi progressivi

• *The police picked him up on suspicion of breaking and entering.* La polizia lo arrestò perché lo sospettava di furto con scasso.

• *He said he was picked up by the police only for questioning.* Disse che la polizia lo aveva portato via solo per fargli qualche domanda.

pick oneself up

rialzarsi (*dopo essere caduto*)
sempre nella forma riflessiva; anche nei tempi progressivi

• *She fell over in the street but picked herself up and carried on walking as if nothing had happened.* Cadde in strada ma si rialzò e continuò a camminare come se niente fosse.

pick up sb./st. = pick sb./st. up

♦ sollevare dal posto in cui si trova una persona, un animale o una cosa
sia nella forma attiva sia nella passiva; anche nei tempi progressivi

• *The lady picked up the little girl and sat her on her lap.* La signora sollevò la piccola e se la sedette in grembo.

• *Fred! Can't you pick up the receiver? It's the third time the phone has rung since I started kneading the dough!* Fred! Non puoi tirare su il ricevitore? È la terza volta che il telefono suona da quando ho cominciato a impastare!

♦ passare a prendere qualcuno o qualcosa
sia nella forma attiva sia nella passiva; anche nei tempi progressivi

• *I must rush off now. It's my turn to pick Robbie up from the kindergarten.* Ora devo scappare. Tocca a me passare a prendere Robbie all'asilo.

• *Could you pick up my coat from the dry cleaner's on your way home?* Potresti ritirare il mio cappotto dalla tintoria tornando a casa?

pick up st.

accelerare (*detto di un autoveicolo, un treno, un natante*)
non nella forma passiva; anche nei tempi progressivi

• *The lorry moved onto the motorway and began to pick up speed.* L'autotreno imboccò l'autostrada e cominciò ad accelerare.

• *The long goods train picked up speed very gradually.* Il lungo treno merci prese velocità molto gradualmente.

pick up st. = pick st. up

♦ imparare qualcosa (*a parlare una lingua straniera, a fare un lavoro, a praticare uno sport, a suonare uno strumento*) più facendo pratica che prendendo lezioni
sia nella forma attiva sia nella passiva; anche nei tempi progressivi

• *I picked skiing up by imitating the others on the slopes. I know my style is awful, but I enjoy myself.* Io ho imparato a sciare imitando gli altri sui pendii. So che il mio stile è orrendo, ma io mi diverto.

• *I couldn't speak a word of Spanish when my husband was tranferred to Madrid, but I'm picking it up now.* Non parlavo una parola di spagnolo quando mio marito venne trasferito a Madrid, ma ora lo sto imparando.

♦ acquisire un certo accento o determinate abitudini, spesso per aver abitato o trascorso lunghi periodi in un paese straniero o per aver frequentato gruppi di persone che hanno quelle abitudini
sia nella forma attiva sia nella passiva; anche nei tempi progressivi

• *I thought my Italian was quite good, but someone said that I'd picked up the local accent, which sounded awful on top of my basic foreign accent.* Pensavo che il mio italiano fosse abbastanza buono, ma qualcuno ha detto che ho acquisito l'accento locale che, sovrapposto al mio accento straniero di base, suona orrendamente.

• *He picked up the habit of drinking heavily while he was working in Siberia, and he's practically an alcoholic now.* Ha sviluppato l'abitudine di bere parecchio nel periodo in cui lavorava in Siberia, e ora è praticamente un alcolizzato.

acquistare qualcosa a poco prezzo (*facendo un affare*)
sia nella forma attiva sia nella passiva; solitamente non nei tempi progressivi

• *I picked this wonderful digital camera up at the airport in Amsterdam.* Ho preso questa magnifica macchina fotografica digitale all'aeroporto di Amsterdam.

acquistare, prendere o ottenere qualcosa in un luogo in cui si era andati per fare qualcos'altro
non nella forma passiva; solitamente non nei tempi progressivi

• *I picked up these cough lozenges for Granddad while I was at the chemist's getting your painkillers.* Mentre ero in farmacia a comperare i tuoi analgesici ho preso queste pastiglie contro la tosse per il nonno.

contrarre una malattia infettiva
sia nella forma attiva sia nella passiva; solitamente non nei tempi progressivi

• *In his first year at kindergarten, Timmy picked up one cold after another.* Nel suo primo anno all'asilo, Timmy prese un raffreddore dietro l'altro.

• *No thank you, I don't want to go trekking with you in New Guinea. All sorts of diseases can be picked up in those places.* No grazie, non voglio andare con te a fare trekking in Nuova Guinea. In quei posti si può prendere ogni sorta di malattie.

venire a sapere informazioni interessanti (*idee, pettegolezzi, indicazioni utili*) da qualcuno o da qualcosa (*spesso una conversazione altrui o un programma televisivo*)
sia nella forma attiva sia nella passiva; anche nei tempi progressivi

• *«How do you know about the merger?» «I picked it up from a conversation I overheard.»* «Come fai a sapere della fusione?» «L'ho saputo da una conversazione udita per caso.»

• *I started listening to this cookery programme a couple of months ago and I'm picking up a host of useful hints from it.* Ho cominciato ad ascoltare questo programma di cucina un paio di mesi fa e ne sto ricavando un'enorme quantità di suggerimenti utili.

detto di un cane, percepire l'odore di persone, animali o cose
sia nella forma attiva sia nella passiva; anche nei tempi progressivi

• *The hounds have picked up the scent of the hare and they're off.* I cani da caccia hanno fiutato la lepre e sono partiti all'inseguimento.

• *Rover has stopped to sniff the air. I think he is picking something up. Yes. Now he is digging furiously. He has found the avalanche victim!* Rover si è fermato ad annusare l'aria. Penso che senta qualcosa. Sì. Ora scava furiosamente. Ha trovato la vittima della valanga!

notare qualcosa che una persona o un animale ha lasciato dietro di sé (*e che sarà utile per il suo ritrovamento*)
sia nella forma attiva sia nella passiva; solitamente non nei tempi progressivi

• *The Canadian hunter picked up the trail of the moose.* Il cacciatore canadese trovò le tracce dell'alce.

• *The sheriff hired Indian Joe, who was able to pick up the outlaw's tracks.* Lo sceriffo assoldò Joe l'Indiano, che era in grado di ritrovare le tracce del fuorilegge.

captare un segnale
sia nella forma attiva sia nella passiva; anche nei tempi progressivi

• *We're more or less behind a mountain, and the cellphone can't pick up the signal.* Siamo più o meno dietro una montagna, e il cellulare non riesce a prendere il segnale.

• *The coastguard have picked a May-day signal up and they are now launching the lifeboats.* La guardia costiera ha captato un segnale di soccorso e ora sta mettendo in mare le lance di salvataggio.

individuare un errore in uno scritto
sia nella forma attiva sia nella passiva; anche nei tempi progressivi

• *Tell the proofreader to concentrate more. He has not been picking even half of the errors up recently.* Di' al correttore di bozze di concentrarsi di più. Da un po' di tempo non trova nemmeno la metà degli errori.

pagare un conto o sostenere una spesa
sia nella forma attiva sia nella passiva; solitamente non nei tempi progressivi

• *Let's have champagne, shall we? After all, the firm will pick up the bill.* Beviamo dello champagne, vuoi? Dopo tutto, sarà l'azienda a pagare il conto.

• *Of course, the tab for all these wonderful new motorways is going to be picked up by taxpayers.* Ovviamente, il costo di tutte queste magnifiche autostrade nuove sarà sostenuto dai contribuenti.

vincere un premio o aggiudicarsi un titolo
sia nella forma attiva sia nella passiva; solitamente non nei tempi progressivi

• *I started playing backgammon just for fun. I never thought I'd pick up the first prize.* Ho cominciato a giocare a backgammon semplicemente per divertirmi. Non avrei mai pensato di vincere il primo premio.

guadagnare del denaro [*informale*]
sia nella forma attiva sia nella passiva; anche nei tempi progressivi

• *Some top managers pick up staggering salaries.* Alcuni top manager percepiscono stipendi da capogiro.

pick up

pick up st. = pick st. up

ricominciare qualcosa (*una lettura, una serie radiofonica o televisiva, il racconto di un avvenimento, una relazione*) dal punto in cui si era interrotto
non nella forma passiva; solitamente non nei tempi progressivi

• *I'm reading «Treasure Island» to the children. If you want to take over, pick up from Chapter four.* Sto leggendo «L'isola del tesoro» ai bambini. Se vuoi sostituirmi, riprendi dal capitolo quattro.

• *The TV serial is in four episodes, but before they pick the story up each week, they give you a short summary of what has happened so far.* La serie televisiva è in quattro episodi, ma ogni settimana, prima di riprendere il racconto, fanno un breve sommario degli avvenimenti fino a quel punto.

pick up after

pick up after sb.

rimettere in ordine ciò che è stato lasciato fuori posto da un familiare (*solitamente un bambino o un adolescente*) [*informale*]
non nella forma passiva; anche nei tempi progressivi

• *Andrew was spoilt as a child, and now he expects his wife to pick up after him.* Andrew era stato viziato da bambino, e ora si aspetta che la moglie riordini dopo che lui è passato.

pick up on

pick up sb. on st. = pick sb. up on st.

correggere qualcuno (*che ha detto qualcosa di sbagliato*) [*GB e Australia*]
non nella forma passiva; solitamente non nei tempi progressivi

• *The new English language teacher is a real martinet. He picks us up on the slightest pronunciation mistake.* Il nuovo insegnante di inglese è un vero cerbero. Ci corregge ogni minimo errore di pronuncia.

pick up on st.

notare, osservare o percepire qualcosa
non nella forma passiva; anche nei tempi progressivi

• *I picked up on the tension between Wendy and Joe and realized I had walked in on a row.* Notai la tensione fra Wendy e Joe e mi resi conto di essere capitata nel bel mezzo di una lite.

notare o scoprire qualcosa (*sulla quale, poi, si ferma l'attenzione*)
non nella forma passiva; anche nei tempi progressivi

• *Perhaps the film star would never have got divorced if the press hadn't picked up on her infidelity.* Forse la stella del cinema non avrebbe mai divorziato se la stampa non fosse venuta a conoscenza della sua infedeltà.

discutere più dettagliatamente qualcosa a cui qualcuno aveva accennato in precedenza
non nella forma passiva; anche nei tempi progressivi

• *Can we please pick up on Mr Simpson's previous observations on the budget?* Possiamo per favore discutere più dettagliatamente le osservazioni sul bilancio preventivo fatte in precedenza dal signor Simpson?

play

plays, played, played, playing

play about/around

play about/around

gingillarsi (*perdendo tempo o facendo qualcosa di pericoloso*)
non nella forma passiva; anche nei tempi progressivi [*informale*]

• *For goodness sake, Roy, stop playing about/around and get on with your homework!* Per l'amor del Cielo, Roy, smetti di gingillarti e va' avanti col compito!

detto di qualcuno che ha un compagno fisso, avere rapporti sessuali con partner occasionali [*informale*]
non nella forma passiva; anche nei tempi progressivi

• *Jane went out of her mind with worry about AIDS when she discovered that her husband had been playing about/around every time he went to Singapore on business.* Jane si preoccupò a morte per l'AIDS quando scoprì che suo marito andava in giro a spassarsela ogni volta che si recava a Singapore per affari.

play at

play at st.

giocare a un certo gioco
non nella forma passiva; anche nei tempi progressivi

• *Come on, kids, let's play at hide-and-seek!* Forza, bambini, giochiamo a nascondino!

play at doing st.

svolgere un lavoro in modo tale da far ritenere di non prenderlo sul serio
non nella forma passiva; anche nei tempi progressivi

• *His mother gave him an important job in the company, but he is only playing at being a manager. He spends his afternoons at the country club and never shows up at the meetings.* Sua madre gli ha dato un incarico importante nella società, ma lui si limita a giocare a fare il dirigente. Passa i pomeriggi al circolo sportivo e non si fa mai vedere alle riunioni.

be playing at st.

si usa per chiedere a qualcuno che cosa stia facendo (*il sottinteso è che si è sorpresi, adirati o dubbiosi riguardo all'operato dell'interlocutore*) [*informale*]
sempre nella forma interrogativa, diretta o indiretta; sempre nei tempi progressivi

• *What do you think you're playing at, Billy? Come back here immediately and put away these toys before going out to play.* Che cosa credi di fare, Billy? Torna qui immediatamente e metti a posto questi giocattoli prima di andare fuori a giocare.

• *I don't know what you're playing at, Danny! Take your hands off me at once!* Che diamine fai, Danny! Toglimi subito le mani di dosso!

play back

play back st. = play st. back

♦ (*ri*)ascoltare una registrazione, o farla ascoltare a qualcuno
sia nella forma attiva sia nella passiva; anche nei tempi progressivi

• *Can you play the messages on the answering machine back, please? I want to note down some of the callers' phone numbers.* Puoi farmi riascoltare i messaggi registrati dalla segreteria telefonica, per favore? Voglio prendere nota dei numeri di alcune persone che hanno chiamato.

• *The journalist played back the interview a few times before writing the article.* Il giornalista riascoltò l'intervista varie volte prima di scrivere l'articolo.

play down

play down st. = play st. down

♦ tentare di far credere al prossimo che qualcosa non abbia importanza o gravità dandogli scarso rilievo
sia nella forma attiva sia nella passiva; anche nei tempi progressivi

• *Edward had a serious car accident, but he plays it down. It's just like him.* Edward ha avuto un incidente automobilistico grave, ma lui minimizza. È nel suo carattere.

• *The candidate keeps on talking about reducing taxes, but he is playing down the problem of the lack of funds for social services.* Il candidato continua a parlare di riduzione delle tasse, ma sminuisce l'importanza del problema della mancanza di fondi per i servizi sociali.

play off

play off

disputare l'ultima partita o l'ultimo incontro in una competizione sportiva per decidere il vincitore, o a chi andrà il terzo posto (*specialmente quando le squadre o i concorrenti siano in parità*) [*prevalentemente GB e Australia*]
non nella forma passiva; anche nei tempi progressivi

• *At the moment the two teams are level in the championship, and they will play off next Sunday.* Attualmente le due squadre sono in parità nel campionato, e disputeranno lo spareggio domenica prossima.

• *«What rugby game are you watching?» «It's the cup final. The All Blacks and the Springboks are playing off.»* «Quale partita di rugby stai guardando?» «La finale di coppa. Gli All Blacks e gli Springboks giocano lo spareggio.»

play off against

play off sb. against sb. = play sb. off against sb.

opporre una persona a un'altra o un gruppo di persone a un altro (*solitamente per trarne vantaggio*)
sia nella forma attiva sia nella passiva; anche nei tempi progressivi

• *How wicked you are! You always get what you want by playing your sister off against your father.* Quanto sei perfida! Riesci sempre a ottenere ciò che vuoi aizzando tua sorella contro tuo padre.

play on

play on

continuare a giocare (*anche se il giocatore è infortunato o ha infranto una regola*) [*GB e Australia*]
non nella forma passiva; anche nei tempi progressivi; spesso all'imperativo

• *Play on!* Riprendete il gioco!

• *The footballer fell to the ground, groaning in apparent agony, but the referee was not taken in and told him to play on.* Il calciatore cadde al suolo, apparentemente gemendo per il dolore, ma l'arbitro non si lasciò ingannare e gli ordinò di continuare a giocare.

continuare a suonare (*strumenti musicali*)
non nella forma passiva; anche nei tempi progressivi

• *It was pouring down with rain, but the band played on.* Pioveva a dirotto, ma la banda continuava a suonare.

play on/upon

play on/upon st.

strumentalizzare i sentimenti, le debolezze o i timori di qualcuno per obbligarlo a fare ciò che si vuole [*formale con upon*]
sia nella forma attiva sia nella passiva; anche nei tempi progressivi

• *You are playing on/upon my love for animals. You know I wouldn't turn a poor stray cat out on a night like this!* Stai facendo leva sul mio amore per gli animali. Sai che in una notte come questa non butterei fuori un povero gatto smarrito!

play out

play out st. = play st. out

esprimere nei modi tipici dell'azione teatrale i propri sentimenti, pensieri, paure
sia nella forma attiva sia nella passiva; anche nei tempi progressivi

• *The children are encouraged to play out their fantasies, but also to keep them quite separate from real life.* I bambini vengono incoraggiati a rappresentare le proprie fantasie, ma anche a tenerle ben distinte dalla vita reale.

giocare una partita sino alla fine
sia nella forma attiva sia nella passiva; anche nei tempi progressivi

• *The last fifteen minutes of the match couldn't be played out because of the thick fog.* A causa della nebbia fitta non si poterono giocare gli ultimi quindici minuti della partita.

play itself out

detto delle conseguenze di un evento, scomparire gradualmente
sempre nella forma riflessiva; anche nei tempi progressivi

• *The psychological aftermath of the war will take a long time to play itself out.* Le conseguenze psicologiche della guerra impiegheranno parecchio tempo a esaurirsi.

be played out

detto di un evento (*specialmente se attrae l'attenzione del pubblico*), avvenire
sempre to be + participio passato; anche nei tempi progressivi

• *The seaquake that was played out on December the 26th 2004 was one of the most catastrophic geologic events in human memory.* Il maremoto verificatosi il 26 dicembre 2004 è stato uno degli eventi geologici più catastrofici che il genere umano ricordi.

play up

play up

non funzionare a dovere (*detto di una macchina o di una sua parte*) [*GB e Australia; informale*]
non nella forma passiva; anche nei tempi progressivi

• *If this computer plays up again today, I'll go crazy.* Se anche oggi il computer fa le bizze, divento matta.

• *If your car is playing up again, I'll give you a lift on my motorbike.* Se la tua auto ha di nuovo qualcosa che non va, ti do un passaggio sulla mia moto.

play up st.

esagerare nel mettere in evidenza qualcosa (*specialmente una qualità, un caso fortunato, un successo*)
non nella forma passiva; anche nei tempi progressivi

• *Oh, I know you were born with a silver spoon in your mouth, but must you play it up every moment?* Oh, lo so che sei nato con la camicia, ma devi proprio sottolinearlo ogni momento?

play up to

play up to sb.

adulare qualcuno (*per ottenerne il favore*)
non nella forma passiva; anche nei tempi progressivi

• *I'm not playing up to you, Mary. I really am convinced that you are the cleverest person I've ever met.* Non ti sto adulando, Mary. Sono realmente convinto che tu sia la persona più in gamba che ho mai conosciuto.

play up to st.

dare di sé un'immagine fittizia
non nella forma passiva; anche nei tempi progressivi

• *He likes to play up to the image of the learned man, but he hasn't even managed to get a degree.* Lui ama dare di sé l'immagine dell'uomo erudito, ma non è nemmeno riuscito a laurearsi.

play upon st. → play on/upon st.

play with

play with sb./st.

prendersi gioco di una persona o dei suoi sentimenti
non nella forma passiva; anche nei tempi progressivi

• *Rhoda played with Robert's affections mercilessly, until a wealthier young man came into her life.* Rhoda si prese gioco senza pietà dei sentimenti di Robert, finché un giovanotto più ricco entrò nella sua vita.

play with st.

♦ continuare a toccare o a spostare qualcosa qua e là senza ragione (*perché si è annoiati, imbarazzati, pensierosi*)
non nella forma passiva; anche nei tempi progressivi

• *Stop playing with your spinach and eat it up, Benny!* Smetti di giocherellare con gli spinaci e finiscili tutti, Benny!

trastullarsi con l'idea di fare qualcosa ma, solitamente, finendo per non farla
sia nella forma attiva sia nella passiva; anche nei tempi progressivi

• *I played with the idea of starting up my own business, but in fact I didn't have the courage.* Mi trastullai con l'idea di avviare una mia attività, ma di fatto non ne ebbi il coraggio.

fare giochi di parole
non nella forma passiva; anche nei tempi progressivi

• *We need a catchy advertising slogan, Jim. Try to think something up. You're good at playing with words.* Abbiamo bisogno di uno slogan pubblicitario accattivante, Jim. Cerca di farti venire in mente qualcosa. Tu sei bravo a fare giochi di parole.

---

pull

pulls, pulled, pulled, pulling

pull ahead

pull ahead

detto di un veicolo, di una persona o di un animale che partecipa a una corsa, superare un altro veicolo, un'altra persona o un altro animale
non nella forma passiva; anche nei tempi progressivi

• *We were cycling along a very narrow country road together when Sally suddenly pulled ahead because she had heard a car coming.* Stavamo pedalando insieme lungo una strada di campagna molto stretta quando Sally mi superò improvvisamente perché aveva sentito un'auto che sopraggiungeva.

pull apart

pull sb. apart

causare a qualcuno una profonda sofferenza psicologica
sia nella forma attiva sia nella passiva; anche nei tempi progressivi

• *I don't want to see that film on war in Africa, with all those child soldiers. I'm sure it would pull me apart.* Non voglio vedere quel film sulle guerre in Africa, con tutti quei bambini soldato. Sono sicura che mi farebbe soffrire moltissimo.

pull apart sb./st. = pull sb./st. apart

separare persone o animali che stanno lottando
sia nella forma attiva sia nella passiva; anche nei tempi progressivi

• *Get a bucket of cold water, someone! If we try to pull these fighting dogs apart, they will bite us.* Qualcuno prenda un secchio d'acqua fredda! Se tentassimo di separare questi cani che si azzuffano, ci morderebbero.

pull apart st. = pull st. apart

criticare aspramente uno scritto, un'opera o un'idea
sia nella forma attiva sia nella passiva; anche nei tempi progressivi

• *The teacher just pulled my essay apart... I think he might at least have appreciated my efforts.* L'insegnante ha fatto a pezzi il mio tema... penso che perlomeno avrebbe potuto apprezzare i miei sforzi.

pull at

pull at st.

♦ tirare qualcuno (*solitamente per la manica, per un braccio, per la gonna*) con una serie di leggeri colpetti (*come a volte fanno i bambini piccoli*)
sia nella forma attiva sia nella passiva; anche nei tempi progressivi

• *The little girl pulled at the teacher's sleeve, trying to get her attention.* La piccola tirava la maestra per la manica, cercando di attrarre la sua attenzione.

• *Tommy! You are pulling at my arm! I've told you again and again not to do that!* Tommy! Mi stai tirando per il braccio! Ti ho detto tante volte di non farlo!

pull away

pull away

partire (*detto di un veicolo*)
non nella forma passiva; anche nei tempi progressivi

• *The train is pulling away already! We've missed it!* Il treno sta già partendo! Lo abbiamo perso!

• *The bus pulled away just before I managed to get on.* L'autobus partì appena prima che riuscissi a salire.

detto di un'automobile, una motocicletta, una bicicletta, una persona, accelerare e staccare gli altri (*in una corsa o nel traffico*)
non nella forma passiva; anche nei tempi progressivi

• *Colin Coe is pulling away and is gradually putting more distance between him and the second marathon runner.* Colin Coe sta andando in fuga e sta gradualmente aumentando la distanza fra sé e il secondo maratoneta.

staccarsi (*detto di qualcosa da qualcos'altro*)
non nella forma passiva; solitamente non nei tempi progressivi

• *Oh, look at that! The lining in my handbag is beginning to pull away!* Oh, guarda! La fodera della mia borsetta sta cominciando a staccarsi!

pull back

pull back

♦ tirarsi indietro

non nella forma passiva; solitamente non nei tempi progressivi

• *The dog pulled back when I stretched out my hand to stroke it.* Il cane si tirò indietro quando allungai la mano per accarezzarlo.

• *The crowd pulled back to let the ambulance get close to the accident victims.* La folla indietreggiò per permettere all'ambulanza di avvicinarsi alle vittime dell'incidente.

pull back

pull back sb. = pull sb. back

ritirarsi (*detto di truppe*), o ritirare le proprie truppe

non nella forma passiva; anche nei tempi progressivi

• *If we don't pull back, we'll all get killed.* Se non ci ritireremo, ci faremo ammazzare tutti quanti.

sia nella forma attiva sia nella passiva quando c'è il complemento oggetto; anche nei tempi progressivi

• *The General is pulling back the troops in order to regroup before another attack.* Il Generale sta facendo arretrare le truppe per riorganizzarle prima di una nuova offensiva.

pull down

pull down st. = pull st. down

♦ demolire un edificio, una struttura, un'area urbana, o abbattere una statua

sia nella forma attiva sia nella passiva; anche nei tempi progressivi

• *What a pity! They have pulled down the old theatre, which had such a beautiful façade!* Che peccato! Hanno demolito il vecchio teatro, che aveva una facciata così bella!

• *They are pulling down the old town centre, and will make it into a modern pedestrian precinct with boutiques and pavement cafés.* Stanno buttando giù il vecchio centro cittadino, e lo trasformeranno in una moderna isola pedonale con boutique e ristorantini con i tavoli all'aperto.

pull in

pull in sb. = pull sb. in

portare qualcuno al posto di polizia, o arrestarlo o fermarlo [*informale*]

sia nella forma attiva sia nella passiva; anche nei tempi progressivi

• *The district is full of policemen who are pulling in Shady Joe and his gang.* Il quartiere è pieno di poliziotti che stanno portando dentro Shady Joe e la sua banda.

pull in/into

pull in

pull into swh.

♦ detto di un treno, entrare in stazione
non nella forma passiva; anche nei tempi progressivi

• *Step back, Tommy. The train is pulling in.* Tirati indietro, Tommy. Il treno sta entrando in stazione.

• *The train now pulling into platform 16 is the 9.16 from Stockton.* Il treno in arrivo al binario 16 è quello delle nove e sedici da Stockton.

♦ detto di un autoveicolo (*e del suo conducente*) arrivare, oppure accostarsi al marciapiede e/o fermarsi
non nella forma passiva; anche nei tempi progressivi

• *In spite of the traffic on the motorway, the coach pulled in dead on time.* Nonostante il traffico sull'autostrada, il pullman arrivò in perfetto orario.

• *Quick! Take all those newspapers off your desks! The boss is pulling into his parking space right now!* Svelti! Togliete tutti quei giornali dalle scrivanie! Il capo sta parcheggiando nel suo spazio proprio in questo momento!

pull off

pull off

partire (*detto di un veicolo o di chi lo guida*)
non nella forma passiva; anche nei tempi progressivi

• *The van pulled off and sped along the main street.* Il furgone partì e accelerò lungo la strada principale.

pull off st.

♦ lasciare la strada principale (*detto di un veicolo, per imboccare una strada secondaria o per fermarsi in qualche luogo*)
non nella forma passiva; anche nei tempi progressivi

• *We'll pull off the motorway on our way home, and have lunch in a country pub.* Tornando a casa, lasceremo l'autostrada e andremo a pranzo in un pub di campagna.

♦ mettere un veicolo sul ciglio della strada o sulla corsia di sosta
non nella forma passiva; anche nei tempi progressivi

• *I'll have to pull off the road... a puncture, I'm afraid.* Dovrò accostare... una gomma a terra, temo.

pull off st. = pull st. off

sfilarsi indumenti o calzature (*tirando*)
sia nella forma attiva sia nella passiva; anche nei tempi progressivi

• *Oh no! Every time I pull off my tights I ladder them!* Oh no! Ogni volta che mi tolgo il collant lo smaglio!

pull on

pull on st. = pull st. on

infilarsi indumenti o calzature (*tirando*)
sia nella forma attiva sia nella passiva; anche nei tempi progressivi

• *For a little child, it's easier to pull on mittens than gloves.* Per un bambino piccolo, è più facile infilare le muffole dei guanti.

pull out

pull out

detto di un treno, uscire dalla stazione
non nella forma passiva; anche nei tempi progressivi

• *Look! Our train is pulling out! We've missed it!* Guarda! Il nostro treno sta partendo! Lo abbiamo perso!

detto di un autoveicolo (*e del suo conducente*), uscire dal parcheggio o partire dall'autostazione
non nella forma passiva; anche nei tempi progressivi

• *We got to the bus station just when our coach was pulling out.* Arrivammo all'autostazione proprio mentre il nostro pullman stava partendo.

detto di un autoveicolo (*e del suo conducente*), staccarsi dal marciapiede
non nella forma passiva; anche nei tempi progressivi

• *«Look behind you to make sure the road is clear before you pull out,» the driving instructor said.* «Guarda dietro di te per assicurarti che la strada sia sgombra prima di staccarti dal marciapiede,» disse l'istruttore di guida.

detto di un autoveicolo (*e del suo conducente*), immettersi nel traffico, oppure uscire dalla fila e/o cambiare corsia (*solitamente per iniziare un sorpasso*)
non nella forma passiva; anche nei tempi progressivi

• *I daren't pull out until the road is perfectly clear because the indicator lights of my car aren't working.* Non mi azzardo a spostarmi per sorpassare finché la strada non sarà perfettamente sgombra perché i lampeggiatori della mia auto non funzionano.

pull out
pull out sb. = pull sb. out

ritirarsi (*detto di truppe*) o ritirare le proprie truppe

non nella forma passiva; anche nei tempi progressivi

• *The army is not pulling out. It is only a temporary strategic retreat.* L'esercito non sta ripiegando. È solo un ritirata strategica temporanea.

sia nella forma attiva sia nella passiva quando c'è il complemento oggetto; anche nei tempi progressivi

• *The UNO troops were pulled out of the country when peace had been restored.* Le truppe dell'ONU vennero ritirate dal paese quando la pace fu ristabilita.

pull over

pull over

♦ detto di un autoveicolo (*e del suo conducente*), accostarsi al margine della strada

non nella forma passiva; anche nei tempi progressivi

• *Sam! Pull over! Little Marylyn is going to be sick!* Sam! Accosta! La piccola Marylyn sta per vomitare!

pull over sb./st. = pull sb./st. over

detto solitamente della polizia, fermare il conducente di un autoveicolo o l'autoveicolo stesso

sia nella forma attiva sia nella passiva; anche nei tempi progressivi

• *The police pulled the driver over and asked to see his driving licence.* La polizia fermò l'automobilista e chiese di vedere la sua patente.

pull through

pull through

pull sb./st. through

riprendersi da una malattia, da un intervento chirurgico o da uno stato di sofferenza psicologica, o aiutare una persona o un animale a farlo

non nella forma passiva; anche nei tempi progressivi

• *The veterinary surgeon has done his best, but it is unlikely that poor Fido will pull through.* Il chirurgo veterinario ha fatto del suo meglio, ma non è probabile che il povero Fido si riprenda.

sia nella forma attiva sia nella passiva quando c'è il complemento oggetto; solitamente non nei tempi progressivi

• *Harriet hovered between life and death, but she was pulled through by the extraordinary medical staff of St. Bartholomew's Hospital.* Harriet era sospesa tra la vita e la morte, ma la straordinaria équipe medica del St. Bartholomew's Hospital l'aiutò a riprendersi.

pull through
pull through st.
pull sb. through
pull sb. through st.

riuscire a superare un periodo difficile, o aiutare qualcuno a farlo

non nella forma passiva; anche nei tempi progressivi

• *Times are hard, but we have rolled our sleeves up and we are pulling through.* I tempi sono duri, ma noi ci siamo tirati su le maniche e li stiamo superando.

sia nella forma attiva sia nella passiva quando c'è il complemento oggetto; anche nei tempi progressivi

• *All the members of the expedition were pulled through two Antarctic winters by Shackleton's confidence, constancy and charisma.* Tutti i membri della spedizione vennero aiutati a superare due inverni nell'Antartide dalla fiducia, dalla costanza e dal carisma di Shackleton.

pull to

pull st. to

chiudere una porta o una finestra tirandola a sé
sia nella forma attiva sia nella passiva; anche nei tempi progressivi

• *The blessed dog has learnt how to open the door. I wish I could teach him to pull it to, too!* Quel benedetto cane ha imparato ad aprire la porta. Vorrei potergli insegnare anche a chiuderla!

pull together

pull together

detto di più persone, lavorare tutte insieme per raggiungere un determinato scopo
non nella forma passiva; anche nei tempi progressivi

• *If we all pulled together, Mum wouldn't have so much on her shoulders and everything would run more smoothly, too.* Se tutti collaborassimo, la mamma non avrebbe così tanto sulle spalle, e inoltre ogni cosa filerebbe più liscia.

pull oneself together

♦ tornare calmi dopo essere stati così sconvolti, agitati o rattristati da perdere il controllo di sé
sempre nella forma riflessiva; anche nei tempi progressivi

• *I know you are beside yourself with worry, but try to pull yourself together; we've got a lot of work to get through.* So che sei fuori di te per la preoccupazione, ma cerca di controllarti; abbiamo una quantità di lavoro da finire.

pull sb./st. together

riorganizzare una squadra, un'azienda, un paese, migliorandone le condizioni
sia nella forma attiva sia nella passiva; anche nei tempi progressivi

• *The company was going through a very difficult period when we took it over, but we have pulled it together and last month we made a tidy profit.* La società stava attraversando un periodo molto difficile quando la rilevammo, ma l'abbiamo riorganizzata e il mese scorso abbiamo realizzato un considerevole profitto.

pull together st. = pull st. together

riunire numerosi fatti o idee, considerandoli nel loro complesso in previsione di metterli per scritto o di discuterne con qualcuno
sia nella forma attiva sia nella passiva; anche nei tempi progressivi

• *We've got a lot of information that we can pull together for the article.* Abbiamo acquisito parecchie informazioni che possiamo far confluire in un articolo.

• *Jacob is pulling together all the recollections of the concentration camp survivors in order to write a book.* Jacob sta raccogliendo tutti i ricordi dei sopravvissuti al campo di concentramento per scrivere un libro.

pull up

pull up

♦ fermarsi (*detto di un veicolo*)
non nella forma passiva; solitamente non nei tempi progressivi

• *Two coaches full of tourists pulled up at the motorway café just in front of us, and we had to wait half an hour to get a cup of coffee.* Due pullman pieni di turisti si fermarono all'autogrill appena prima di noi, e dovemmo aspettare mezzora per avere una tazza di caffè.

pull up st. = pull st. up

♦ avvicinare un mobile a qualcuno o a qualcosa
sia nella forma attiva sia nella passiva; anche nei tempi progressivi

• *Hallo, Jeremy! Nice to see you. Pull a chair up and sit down with us.* Ciao, Jeremy! Mi fa piacere vederti. Accosta una sedia e siediti con noi.

• *Henry pulled the sofa up towards the fire and invited Gloria to sit down beside him.* Henry avvicinò il sofà al fuoco e invitò Gloria a sedersi accanto a lui.

pump

pumps, pumped, pumped, pumping

pump up

pump up st. = pump st. up

♦ gonfiare un pneumatico

sia nella forma attiva sia nella passiva; anche nei tempi progressivi

• *The front tyres look low; you'd better pump them up a bit.* Le gomme anteriori sembrano sgonfie; faresti meglio a gonfiarle un po'.

push

pushes, pushed, pushed, pushing

push about/around

push about/around sb. = push sb. about/around

dare di continuo ordini a qualcuno (*con tono arrogante e minaccioso*)

sia nella forma attiva sia nella passiva; anche nei tempi progressivi

• *There is a small group of bullies at the school who push about/around the younger boys.* A scuola c'è un gruppetto di prepotenti che comanda a bacchetta i ragazzi più giovani.

• *Stop pushing me about/around all the time! I'm quite able to look after myself!* Smetti di dirmi sempre cosa devo fare! Sono capacissimo di badare a me stesso!

push ahead

push ahead

continuare, nonostante le difficoltà, a fare qualcosa con grande determinazione

non nella forma passiva; anche nei tempi progressivi

• *The nursing course is much more demanding than Charlotte expected, but with our encouragement she is pushing ahead.* Il corso per diventare infermiera è molto più impegnativo di quanto Charlotte si aspettasse, ma con il nostro incoraggiamento sta andando avanti.

push around sb.= push sb. around → push about/around sb. = push sb. about/around

push aside

push aside sb./st. = push sb./st. aside

mettere da parte qualcuno o qualcosa (*ignorandolo, dimenticandolo o sminuendone l'importanza*)

sia nella forma attiva sia nella passiva; anche nei tempi progressivi

• *Grandfather was dead against the idea of moving house and the younger family members tried to push him aside, but he dug in his heels and refused to budge.* Il nonno era fermamente contrario all'idea di cambiare casa e i membri più giovani della famiglia hanno tentato di ignorarlo, ma lui ha puntato i piedi e si è rifiutato di cambiare idea.

push for

push for st.

push sb./st. for st.

insistere (*presso una persona o un'organizzazione*) per ottenere qualcosa

non nella forma passiva; anche nei tempi progressivi

• *The students are pushing for more resources to be dedicated to scientific research.* Gli studenti insistono nel chiedere che maggiori risorse siano dedicate alla ricerca scientifica.

sia nella forma attiva sia nella passiva quando c'è il complemento oggetto; anche nei tempi progressivi

• *Some of the branch offices are pushing the central administration for more independence.* Alcune succursali stanno facendo pressione sull'amministrazione centrale per ottenere maggiore indipendenza.

push forward

push forward

continuare a fare qualcosa con determinazione

non nella forma passiva; anche nei tempi progressivi

• *The research team is very short of funds, but it is pushing forward all the same.* Il gruppo di ricerca è molto a corto di fondi, ma va avanti ugualmente.

push oneself forward

farsi avanti

sempre nella forma riflessiva; anche nei tempi progressivi

• *He always pushes himself forward, and no one else gets a chance.* Si fa sempre avanti lui, e nessun altro ha una possibilità.

push in

push in

♦ farsi largo in una fila (*spintonando o manovrando in modo tale da guadagnare posizioni*), oppure sorpassare una fila arrivando dall'esterno [*GB e Australia; informale*]

non nella forma passiva; anche nei tempi progressivi

• *Stop pushing in! Can't you see this is a queue?* Smetta di spingere! Non vede che questa è una fila?

• *The people waiting in the bank became furious when the cashier's friend breezed in and pushed in at the front of the queue.* La gente che aspettava in banca divenne furiosa quando l'amico del cassiere entrò con fare disinvolto e si piazzò in testa alla fila.

push on

push on

continuare ad avanzare
non nella forma passiva; anche nei tempi progressivi

• *If we push on, we will get to the campsite before nightfall.* Se andiamo avanti, arriveremo al campeggio prima che faccia buio.

continuare a fare qualcosa che comporta un impegno e/o uno sforzo notevoli
non nella forma passiva; anche nei tempi progressivi

• *We had better push on, otherwise we will never get all this work done before closing time.* Faremmo meglio ad andare avanti, o non riusciremo mai a finire questo lavoro prima dell'ora di chiusura.

push out

push out sb. = push sb. out

fare in modo che qualcuno abbandoni un lavoro o un'altra attività (*comportandosi in modo invadente o brigando per estromettere quella persona dal suo ruolo*)
sia nella forma attiva sia nella passiva; anche nei tempi progressivi

• *At the buffet after the lecture Mr Cooper monopolized the conversation, pushing out anyone who tried to get a word in edgeways.* Al rinfresco dopo la conferenza il signor Cooper monopolizzò la conversazione, escludendo chiunque tentasse di dire una parola.

push over

push over sb./st. = push sb./st. over

♦ far cadere qualcuno o qualcosa (*con una spinta*)
sia nella forma attiva sia nella passiva; solitamente non nei tempi progressivi

• *The huge dog leapt up to lick my face and pushed me over.* L'enorme cane fece un balzo per leccarmi la faccia e mi gettò a terra.

• *I'm terribly sorry; I'm afraid I've pushed over the Ming vase.* Sono terribilmente spiacente; temo di aver fatto cadere il vaso Ming.

push through

push through st. = push st. through
push st. through st.

far passare, a fatica, un provvedimento, un accordo, una deliberazione, l'approvazione di una legge o di un candidato
sia nella forma attiva sia nella passiva; anche nei tempi progressivi

• *Mr Franton managed to push the deal through before the counterpart company understood how much they were risking.* Il signor Franton riuscì a portare a termine l'affare prima che la controparte comprendesse quanto stava rischiando.

push to

push st. to

chiudere una porta o una finestra spingendola
sia nella forma attiva sia nella passiva; anche nei tempi progressivi

• *For goodness sake, push the door to when you come in. I don't want that dog in here.* Per l'amor del Cielo, chiudi la porta quando entri. Non voglio quel cane qui dentro.

push towards

push towards st.
push towards doing st.
push sb. towards st.
push sb. towards doing st.

tentare di raggiungere qualcosa o di fare qualcosa, o spingere qualcuno a farlo

non nella forma passiva; anche nei tempi progressivi

• *The trade union is pushing towards a general wage rise.* Il sindacato sta tentando di ottenere un aumento generale delle retribuzioni.

sia nella forma attiva sia nella passiva quando c'è il complemento oggetto; anche nei tempi progressivi

• *The increase in crime pushed many people towards voting for the party that promised to take a hard line against delinquency.* L'aumento della criminalità spinse molti a votare per il partito che prometteva di assumere una linea dura contro la delinquenza.

push up

push up st. = push st. up

far aumentare la quantità, il numero o il valore di qualcosa
sia nella forma attiva sia nella passiva; anche nei tempi progressivi

• *The local community is afraid that the new discotheque will push up the Saturday night accident figures.* La comunità locale teme che la nuova discoteca farà aumentare il numero degli incidenti del sabato notte.

put

puts, put, put, putting

put about

put about st. = put st. about

diffondere notizie o informazioni (*che potrebbero non corrispondere alla verità*) [*GB e Australia*]
sia nella forma attiva sia nella passiva; anche nei tempi progressivi

• *The media have put about the news of the leader's death, although they have stated that it is unofficial as yet.* I mezzi d'informazione hanno diffuso la notizia della morte del leader, sebbene abbiano affermato che finora essa è ufficiosa.

put about

put about st. = put st. about

invertire la rotta (*detto di un natante*)
non nella forma passiva; anche nei tempi progressivi

• *When the storm broke out we were too far out at sea to put about and return to the harbour.* Quando scoppiò il fortunale ci eravamo allontanati troppo dalla costa per invertire la rotta e tornare in porto.

put across

put across st. = put st. across

spiegare o esprimere qualcosa (*un'idea, un messaggio*) con chiarezza in modo che sia facilmente comprensibile
sia nella forma attiva sia nella passiva; anche nei tempi progressivi

• *The Member of Parliament is putting across his solution very effectively, and he is bound to convince the opposition too.* Il parlamentare sta illustrando la propria soluzione con grande efficacia, e non mancherà di convincere anche l'opposizione.

put oneself across

esporre con chiarezza le proprie idee e opinioni (*spesso, permettendo al nostro prossimo di capire che tipo di persona siamo*) [*sempre + avverbio e/o preposizione e/o aggettivo*]
sempre nella forma riflessiva; anche nei tempi progressivi

• *I know I'm not putting myself across very effectively, but I think you can grasp my meaning.* So che non mi sto spiegando molto bene, ma penso che tu possa afferrare che cosa intendo.

• *That politician puts himself across so well that you don't realize at first that what he is saying is actually obvious and predictable.* Quel politico è un così bravo comunicatore che lì per lì non ci si rende conto che quanto dice è in realtà ovvio e prevedibile.

put around/round

put around/round st. = put st. around/round

diffondere notizie o informazioni (*che potrebbero non corrispondere alla verità*)
sia nella forma attiva sia nella passiva; anche nei tempi progressivi

• *The gossip magazines are putting it around/round that Stella Marsh is going to divorce her fifth husband.* Le riviste di cronaca mondana stanno diffondendo la notizia che Stella Marsh sta per divorziare dal quinto marito.

put aside

put aside st. = put st. aside

mettere da parte del denaro
sia nella forma attiva sia nella passiva; anche nei tempi progressivi

• *If we don't put aside a little money every month, we won't have enough to pay the mortgage in June.* Se non mettiamo da parte un po' di soldi ogni mese, non avremo di che pagare il mutuo a giugno.

mettere da parte un problema, una difficoltà o una divergenza di opinioni (*solitamente in vista di uno scopo da raggiungere*)
sia nella forma attiva sia nella passiva; solitamente non nei tempi progressivi

• *Why don't we put aside our differences and cooperate? We would really achieve great things by working together.* Perché non mettiamo da parte le nostre divergenze di opinioni e non collaboriamo? Lavorando insieme faremmo davvero grandi cose.

mettere da parte qualcosa (*per farne uso in seguito*)
sia nella forma attiva sia nella passiva; anche nei tempi progressivi

• *Put aside a handful of nuts for garnishing, and grind the remainder in a food processor.* Mettete da parte una manciata di noci per la guarnizione, e sminuzzate il resto nel tritatutto.

put away

put away sb. = put sb. away

mandare qualcuno in prigione o in manicomio [*informale*]
sia nella forma attiva sia nella passiva; solitamente non nei tempi progressivi

• *The judge will have no mercy unless you cooperate, Smithers. He'll put you away for life.* Il giudice non avrà pietà se tu non collabori, Smithers. Ti metterà dentro per il resto dei tuoi giorni.

put away st. = put st. away

♦ rimettere qualcosa nel luogo in cui viene solitamente conservato
sia nella forma attiva sia nella passiva; anche nei tempi progressivi

• *I'm nearly ready; I just have to put the documents away in the safe.* Sono quasi pronta; devo solo rimettere i documenti in cassaforte.

• *«Where's Tommy?» «He's putting away his toys. I told him he couldn't have dinner until his room was tidy.»* «Dov'è Tommy?» «Sta mettendo via i suoi giocattoli. Gli ho detto che non poteva cenare fino a quando non avesse riordinato la sua camera.»

mettere da parte del denaro
sia nella forma attiva sia nella passiva; anche nei tempi progressivi

• *We can make both ends meet, but we can't put anything away.* Riusciamo a sbarcare il lunario, ma non siamo in grado di risparmiare nulla.

mangiare o bere in grandi quantità [*informale*]
sia nella forma attiva sia nella passiva; anche nei tempi progressivi

• *Good heavens! Did you see how many beers Bruce put away at the pub last night?* Giusto Cielo! Hai visto quante birre Bruce si è scolato al pub ieri sera?

put back

put back st. = put st. back

♦ rimettere qualcosa nel posto in cui si trovava prima di essere spostato
sia nella forma attiva sia nella passiva; anche nei tempi progressivi

• *The spy carefully put the letter back in exactly the same place.* La spia rimise con cura la lettera esattamente nello stesso posto.

• *I'm afraid I had a small accident while I was putting the car back into the garage, Daniel.* Temo di avere avuto un piccolo incidente mentre rimettevo l'auto in garage, Daniel.

♦ posticipare la data o l'ora di un evento
sia nella forma attiva sia nella passiva; solitamente non nei tempi progressivi

• *Heather and Sean had planned to get married next September, but he failed his university finals and so they have decided to put the wedding back a year.* Heather e Sean avevano progettato di sposarsi il prossimo settembre, ma lui non ha superato gli esami finali all'università e di conseguenza hanno deciso di rinviare il matrimonio di un anno.

ritardare lo svolgimento di qualcosa
sia nella forma attiva sia nella passiva; solitamente non nei tempi progressivi

• *The tsunami will probably put back the economic development of the South-East Asian countries by years and years.* È probabile che lo tsunami causerà un ritardo di anni e anni nello sviluppo economico dei paesi del Sudest asiatico.

mettere indietro l'orologio
sia nella forma attiva sia nella passiva; anche nei tempi progressivi

• *I arrived too early because I had forgotten to put the clock back.* Arrivai troppo presto perché avevo dimenticato di mettere indietro l'orologio.

bere in breve tempo una grande quantità di alcol [*informale*]
sia nella forma attiva sia nella passiva; anche nei tempi progressivi

• *I saw him drowning his sorrows in the pub; he was putting back whisky as if it were water.* L'ho visto al pub intento ad affogare i suoi dispiaceri; tirava giù il whisky come fosse acqua.

put before

put sb./st. before sb./st.

anteporre una persona, un animale o una cosa a un'altra persona, un altro animale o un'altra cosa
sia nella forma attiva sia nella passiva; anche nei tempi progressivi

• *The actress stated that she would always put her children before her career.* L'attrice affermò che avrebbe sempre posto i figli innanzi alla carriera.

• *Roger complains because his wife puts the cat before him, and don't tell me he's not right!* Roger si lamenta perché la moglie si prende cura più del gatto che di lui, e non dirmi che non ha ragione!

put st. before sb.

presentare un progetto o un'idea a qualcuno
sia nella forma attiva sia nella passiva; anche nei tempi progressivi

• *The copywriters and the manager are in the conference room. They are putting the new advertising campaign project before the customers.* I creativi e il direttore sono in sala conferenze. Stanno presentando ai clienti il progetto per la nuova campagna pubblicitaria.

put behind

put st. behind sb.

gettarsi dietro le spalle un'esperienza sgradevole o dolorosa
non nella forma passiva; anche nei tempi progressivi

• *Most of these youngsters have managed to put their difficult infancy behind them.* La maggior parte di questi giovani è riuscita a gettarsi dietro le spalle la sua infanzia difficile.

put by

put st. by = put by st.

mettere da parte del denaro
sia nella forma attiva sia nella passiva; anche nei tempi progressivi

• *It is often impossible to put even a penny by because wages are low and the cost of living is high.* È spesso impossibile mettere da parte persino un penny perché i salari sono bassi e il costo della vita è alto.

put down

put sb. down

mettere a dormire un bambino piccolo
sia nella forma attiva sia nella passiva; anche nei tempi progressivi

• *I always put little Henrietta down after her 9 o'clock feed, and she usually sleeps through until six in the morning.* Metto sempre giù la piccola Henrietta dopo la poppata delle nove, e solitamente dorme senza interruzione fino alle sei del mattino.

put down sb. = put sb. down

criticare qualcuno con sarcasmo, facendolo sentire stupido o insignificante [*informale*]
sia nella forma attiva sia nella passiva; anche nei tempi progressivi

• *I know I made a mistake, but you put me down in front of everyone!* So di aver commesso un errore, ma tu mi hai umiliato davanti a tutti!

• *Why are you putting down poor Jane? I don't think she deserves such treatment.* Perché mortifichi la povera Jane? Non penso che meriti un trattamento simile.

mettere il nome di qualcuno in un elenco o in un documento (*solitamente per permettergli di svolgere un'attività o di ricoprire un ruolo*)
sia nella forma attiva sia nella passiva; solitamente non nei tempi progressivi

• *Ronnie can't go to the council nursery school this year; we didn't put him down in time.* Ronnie non può andare all'asilo comunale quest'anno; non lo abbiamo iscritto in tempo.

• *I'm afraid there has been a mistake; you haven't been put down on the enrolment list.* Temo che si sia verificato un errore; lei non è stato incluso nell'elenco degli iscritti.

put down sb./st. = put sb./st. down

♦ posare a terra o su un'altra superficie qualcuno o qualcosa
sia nella forma attiva sia nella passiva; anche nei tempi progressivi

• *Mary put the baby down in his playpen.* Mary depose il bimbo nel suo box.

• *Please put down that gun before there is an accident.* Per favore metti giù quella pistola prima che capiti un incidente.

put down st. = put st. down

♦ terminare una conversazione telefonica posando il ricevitore [*GB e Australia*]
sia nella forma attiva sia nella passiva; solitamente non nei tempi progressivi

• *Are you speaking to Jenny? Don't put the phone down. I want to speak to her too.* Stai parlando con Jenny? Non mettere giù. Anch'io voglio parlarle.

• *Hello? Hello? Who is that speaking? Damn, the phone seems to have been put down.* Pronto? Pronto? Chi parla? Accidenti, a quanto sembra hanno tolto la comunicazione.

♦ pagare parte del costo complessivo di qualcosa (*che si vuole acquistare*)
sia nella forma attiva sia nella passiva; solitamente non nei tempi progressivi

• *We've put £2,000 down on the new car and we're paying the rest in instalments.* Abbiamo versato un acconto di duemila sterline per l'auto nuova e pagheremo il resto a rate.

• *If you don't pay the instalments on the washing machine, you'll lose everything you've already put down.* Se non paghi le rate della lavatrice, perderai tutto ciò che hai già versato.

♦ sopprimere un animale (*molto vecchio o molto malato*)
sia nella forma attiva sia nella passiva; anche nei tempi progressivi

• *We decided to put poor old Fido down because he was as blind as a bat, as deaf as a doorpost and always snarling.* Abbiamo deciso di sopprimere il povero vecchio Fido perché era cieco come una talpa (*testualmente: come un pipistrello*), sordo come una campana (*testualmente: come lo stipite di una porta*) e sempre ringhioso.

mettere qualcosa per scritto (*l'accezione è molto ampia*)
sia nella forma attiva sia nella passiva; anche nei tempi progressivi

• *I see you've put gin down on the shopping list, but you've forgotten the tonic.* Vedo che hai messo il gin sulla lista della spesa, ma hai dimenticato l'acqua tonica.

usare la forza per reprimere una sommossa popolare
sia nella forma attiva sia nella passiva; anche nei tempi progressivi

• *The riot squad put down the student revolt in the capital before it spread all over the country.* La squadra antisommosse soffocò la rivolta studentesca nella capitale prima che si estendesse a tutto il paese.

put down as

put sb. down as sb.

pensare che qualcuno (*che non si conosce bene*) sia un certo tipo di persona
sia nella forma attiva sia nella passiva; solitamente non nei tempi progressivi

• *When you meet Mr Cleverman you may be tempted to put him down as the mad-professor type, but in fact he is a mathematical genius.* Quando fai la conoscenza del signor Cleverman potresti essere tentato di pensare che sia il tipo del professore un po' matto, ma in realtà è un genio matematico.

put down to

put st. down to st.

♦ attribuire un problema a una certa causa
sia nella forma attiva sia nella passiva; solitamente non nei tempi progressivi

• *Everyone put Margaret's shyness down to her Victorian upbringing.* Tutti attribuivano la timidezza di Margaret alla sua educazione vittoriana.

put forward

put forward sb./st. = put sb./st. forward

proporre una persona o il suo nome per un certo ruolo o incarico
sia nella forma attiva sia nella passiva; solitamente non nei tempi progressivi

• *Who will be captain of the rugby team this year? Castairs has been put forward, but I'm not sure the housemaster will agree.* Chi sarà il capitano della squadra di rugby quest'anno? È stato proposto Castairs, ma non sono sicuro che il direttore del convitto sarà d'accordo.

put forward st. = put st. forward

♦ proporre un'idea o un progetto, esprimere un'opinione, avanzare una teoria (*che altri prenderanno in esame; l'accezione è molto ampia*)
sia nella forma attiva sia nella passiva; anche nei tempi progressivi

• *If you give me five minutes, I will put forward the explanation of why the plan will not work.* Se mi concederete cinque minuti, vi darò la spiegazione del perché il progetto non funzionerà.

• *The United Nations will put forward a plan for peace keeping to avoid tribal wars in Africa.* Le Nazioni Unite proporranno un piano di pace per evitare le guerre tribali in Africa.

anticipare lo svolgimento di un evento
sia nella forma attiva sia nella passiva; solitamente non nei tempi progressivi

• *We put the branch managers' meeting forward in order to discuss everything before the convention in London.* Abbiamo anticipato l'incontro dei direttori di filiale per discutere ogni cosa prima del convegno di Londra.

mettere avanti l'orologio
sia nella forma attiva sia nella passiva; anche nei tempi progressivi

• *If it's eleven in Rome and it's ten in London, we'll have to put our watches forward when we land at Fiumicino.* Se a Roma sono le undici e a Londra sono le dieci, quando atterreremo a Fiumicino dovremo mettere avanti gli orologi.

put in

put in st.

intromettersi in una conversazione o discussione altrui (*spesso a sproposito*)
sia nella forma attiva sia nella passiva; solitamente non nei tempi progressivi

• *She never really listens to what you're saying, and always puts in totally pointless comments.* Lei non ascolta mai realmente ciò che tu dici, e interloquisce sempre con commenti del tutto fuori luogo.

put in st. = put st. in

presentare una richiesta o un'offerta formale
sia nella forma attiva sia nella passiva; solitamente non nei tempi progressivi

• *I have put in an application to be transferred to the Edinburgh branch.* Ho presentato domanda di trasferimento alla filiale di Edimburgo.

installare una nuova apparecchiatura o un nuovo sistema nel luogo prescelto
sia nella forma attiva sia nella passiva; anche nei tempi progressivi

• *Brian put in the new kitchen sink himself.* Brian ha montato lui stesso il lavello nuovo della cucina.

put in/into

put sb. in

put sb. into st.

mandare al potere un partito politico o destinare qualcuno a un determinato incarico
sia nella forma attiva sia nella passiva; solitamente non nei tempi progressivi

• *Our head clerk is retiring at the end of the year, and we are all hoping that the general manager will put Turner in.* Il nostro capoufficio andrà in pensione alla fine dell'anno, e tutti speriamo che il direttore generale metta Turner al suo posto.

put in

put into st.

detto di un natante, entrare in porto e attraccare
non nella forma passiva; anche nei tempi progressivi

• *The ship from Genoa puts in on Thursdays.* La nave proveniente da Genova fa scalo ogni giovedì.

• *We must put into port before the storm blows up.* Dobbiamo entrare in porto prima che scoppi il temporale.

put in st. = put st. in

put st. into st.

fornire il denaro necessario a portare a termine un progetto
sia nella forma attiva sia nella passiva; anche nei tempi progressivi

• *The borough council had to put in another £ 10,000 to finish the restoration of the town hall.* Il consiglio comunale dovette sborsare altre diecimila sterline per completare la ristrutturazione del palazzo del municipio.

put in st. = put st. in

put st. into st.

put st. into doing st.

mettere in un'attività tempo, lavoro, energie, idee
sia nella forma attiva sia nella passiva; anche nei tempi progressivi

• *We are putting in so much work in order to complete the project by the end of the year.* Stiamo mettendo così tanto lavoro in questo progetto per portarlo a termine entro la fine dell'anno.

put in for

put in for st.

fare domanda (*formale*) per ottenere qualcosa
non nella forma passiva; solitamente non nei tempi progressivi

• *Why don't you put in for the civil service after your degree?* Perché dopo la laurea non fai domanda per entrare nella pubblica amministrazione?

put off

put off sb. = put sb. off

♦ evitare di incontrare qualcuno (*spesso rifiutando un invito con una scusa*), sbarazzarsi di qualcuno o non mantenere l'impegno che si era preso con qualcuno
sia nella forma attiva sia nella passiva; solitamente non nei tempi progressivi

• *The Palmers will be offended if we put them off again.* I Palmer si offenderanno se rifiutiamo di nuovo un loro invito.

• *I would like to put off Martin tonight, but I can't think of a decent excuse.* Vorrei liberarmi dell'impegno con Martin questa sera, ma non riesco a pensare a una scusa decente.

detto di un pullman o di un autobus, far scendere i passeggeri [*GB e Australia*]
sia nella forma attiva sia nella passiva; anche nei tempi progressivi

• *The coach put the tourists off right in front of the museum.* Il pullman fece scendere i turisti proprio davanti al museo.

put off sb. = put sb. off

put sb. off st.

impedire a qualcuno di continuare a fare qualcosa (*disturbandolo o distraendolo*)
sia nella forma attiva sia nella passiva; anche nei tempi progressivi

• *The noise of the pneumatic drill in the street is putting off the poor students who are doing their entrance examination.* Il rumore del martello pneumatico in strada sta disturbando i poveri studenti che sostengono l'esame di ammissione.

put off sb. = put sb. off

put sb. off sb.

put sb. off st.

put sb. off doing st.

♦ fare sì che una persona trovi sgradevole un'altra persona, o una cosa, o l'idea di fare qualcosa (*e se ne allontani*)
sia nella forma attiva sia nella passiva; anche nei tempi progressivi

• *When I saw Michelle on the beach, I was rather put off by her dreadful cellulite.* Quando vidi Michelle sulla spiaggia, provai una certa repulsione per la sua tremenda cellulite.

• *What put Wendy off Jack was the fact that he never washed.* Ciò che Wendy trovava sgradevole in Jack era il fatto che non si lavava mai.

put off st. = put st. off

put off doing st.

♦ rimandare qualcosa
sia nella forma attiva sia nella passiva; solitamente non nei tempi progressivi

• *I'm so tired. I'm going to phone up and put off my date tonight.* Sono così stanco. Telefonerò e rimanderò l'appuntamento di stasera.

put on

put sb. on st.

accompagnare qualcuno al treno, all'autobus o al pullman e assicurarsi che vi salga
sia nella forma attiva sia nella passiva; anche nei tempi progressivi

• *Mrs Norton puts her son on the school bus every morning at 8.20.* La signora Norton mette suo figlio sullo scuolabus ogni mattina alle otto e venti.

assegnare a qualcuno un determinato compito o orario di lavoro
sia nella forma attiva sia nella passiva; solitamente non nei tempi progressivi

• *I hope they don't put me on the jury. I don't feel cut out for such a responsible role.* Spero che non mi mettano nella giuria. Non mi sento tagliato per un ruolo di tale responsabilità.

mettere qualcuno a dieta
sia nella forma attiva sia nella passiva; solitamente non nei tempi progressivi

• *I'm trying to put my rather tubby son on a slimming diet.* Sto tentando di far fare una dieta dimagrante a mio figlio, che è piuttosto grassottello.

put on sb. = put sb. on

put sb. on st.

passare una telefonata a qualcuno (*cedendogli il ricevitore*)
sia nella forma attiva sia nella passiva; solitamente non nei tempi progressivi

• *Hallo? Is that Charles? Could you put Carolyne on, please?* Pronto! Sei Charles? Puoi passarmi Carolyne, per favore?

put st. on st.

scommettere su un animale che partecipa a una corsa o sull'uscita di un numero in una lotteria
sia nella forma attiva sia nella passiva; anche nei tempi progressivi

• *I put all my wages on Blazing Lightning, and he came in first!* Ho puntato tutti i miei guadagni su Blazing Lightning, ed è arrivato primo!

aumentare il prezzo o il costo di qualcosa
sia nella forma attiva sia nella passiva; solitamente non nei tempi progressivi

• *If they put any more on the price of cigarettes, I really will give up smoking.* Se aumenteranno ancora il prezzo delle sigarette, smetterò davvero di fumare.

put on st. = put st. on

♦ mettere qualcosa su di sé (*vestiario, calzature, cappelli, occhiali, gioielli*)
sia nella forma attiva sia nella passiva; anche nei tempi progressivi

• *Put your hat on; it's very cold outside.* Metti il cappello; fa molto freddo fuori.

• *Just before the beginning of the film, Rachel put on her glasses.* Appena prima dell'inizio del film, Rachel inforcò gli occhiali.

♦ mettersi qualcosa sulla pelle (*crema, medicinale, trucco*)
sia nella forma attiva sia nella passiva; anche nei tempi progressivi

• *It's very difficult to put on eye makeup if you're long-sighted.* È difficile truccarsi gli occhi se si è presbiti.

♦ accendere qualcosa (*che funziona con l'elettricità o con il gas*)
sia nella forma attiva sia nella passiva; solitamente non nei tempi progressivi

• *Why don't you put on the light if you want to read?* Perché non accendi la luce se vuoi leggere?

♦ aumentare di peso
non nella forma passiva; anche nei tempi progressivi

• *I always put on weight when I'm on holiday.* Aumento sempre di peso quando sono in vacanza.

comportarsi in modo artificioso
non nella forma passiva; anche nei tempi progressivi

• *Florrie always puts on a posh accent when she speaks to her employer.* Florrie mette sempre su un accento da snob quando parla col suo datore di lavoro.

organizzare un gioco, una gara, un concorso, una rappresentazione
sia nella forma attiva sia nella passiva; solitamente non nei tempi progressivi

• *The fifth form will put on King Lear at the end of the year.* La quinta metterà in scena Re Lear alla fine dell'anno.

mettere a cuocere qualcosa
sia nella forma attiva sia nella passiva; anche nei tempi progressivi

• *I've prepared a stew for tonight. Can you put it on as soon as you get home?* Ho preparato uno stufato per stasera. Puoi metterlo a cuocere appena arrivi a casa?

mettere un disco, un video, un CD, un DVD
sia nella forma attiva sia nella passiva; anche nei tempi progressivi

• *Let's put on a video for the children. It will keep them quiet for a while.* Mettiamo un video per i bambini. Li terrà tranquilli per un po'.

mettere un servizio a disposizione di qualcuno
sia nella forma attiva sia nella passiva; solitamente non nei tempi progressivi

• *The firm will put on English courses for everyone in the export department.* L'azienda attiverà dei corsi di inglese per tutti coloro che lavorano all'ufficio esportazioni.

put on to

put onto

put sb. on to sb./st.

put sb. onto sb./st.

indicare a qualcuno una persona (*spesso un artigiano*) o un luogo (*albergo, ristorante, negozio*) che potranno essergli utili
sia nella forma attiva sia nella passiva; solitamente non nei tempi progressivi

• *Norma put me on to/put me onto a lovely family hotel at Land's End.* Norma mi ha indicato un delizioso alberghetto familiare a Land's End.

• *I was put on to/put onto a competent furniture restorer last year, but I've lost his telephone number.* L'anno scorso mi avevano dato il nome di un abile restauratore di mobili, ma ho perso il suo numero di telefono.

put out

put out sb. = put sb. out

arrecare disturbo a qualcuno (*specialmente dando del lavoro in più*)
non nella forma passiva; anche nei tempi progressivi

• *We can get our own sandwiches ready, Meg. We don't want to put you out.* Possiamo prepararci noi stessi i nostri tramezzini, Meg. Non vogliamo arrecarti disturbo.

fare un'anestesia totale a un paziente
sia nella forma attiva sia nella passiva; solitamente non nei tempi progressivi

• *«Aren't you going to put me out, Doctor?» «No, Mrs Bennett, drilling the tooth is not going to be so painful!»* «Non mi fa l'anestesia totale, dottore?» «No, signora Bennett, trapanare il dente non sarà così doloroso!»

be put out

essere seccato, contrariato, o offeso
sempre to be + participio passato; non nei tempi progressivi

• *I can't see why you should be so put out, Diane. Ketty was just joking!* Non vedo perché tu debba essere così seccata, Diane. Ketty stava solo scherzando!

put out st. = put st. out

♦ spegnere qualcosa che arde (*un incendio, un falò, un fiammifero, una sigaretta, una candela, un accendino*)
sia nella forma attiva sia nella passiva; anche nei tempi progressivi

• *When the fire broke out Benny grabbed the fire extinguisher to put it out.* Quando si sviluppò l'incendio Benny afferrò l'estintore per spegnerlo.

• *How disgusting! Kenneth lit a cigarette and put the match out in my cup of coffee!* Disgustoso! Kenneth ha acceso una sigaretta e ha spento il fiammifero nel mio caffè!

♦ spegnere la luce
sia nella forma attiva sia nella passiva; anche nei tempi progressivi

• *John! Can you put the light out, please? I'd like to sleep.* John! Puoi spegnere la luce, per favore? Vorrei dormire.

preparare del cibo e poi disporlo in modo che chi lo vuole possa servirsi
sia nella forma attiva sia nella passiva; solitamente non nei tempi progressivi

• *Hello, Ken! I'm going to the theatre this evening, and I'll put out your dinner in the kitchen.* Ciao, Ken! Stasera andrò a teatro e ti lascerò la cena pronta in cucina.

togliere qualcosa da un armadio o da un cassetto e metterlo in vista in modo che sia pronto per l'uso
sia nella forma attiva sia nella passiva; solitamente non nei tempi progressivi

• *I've put your clean pyjamas out for you, Jimmy!* Ti ho messo fuori il pigiama pulito, Jimmy!

• *Shall I put out the silver cutlery for tonight's dinner?* Vuoi che tiri fuori le posate d'argento per la cena di questa sera?

rendere pubblico qualcosa (*un comunicato, un avviso, una descrizione*), verbalmente o per scritto
sia nella forma attiva sia nella passiva; solitamente non nei tempi progressivi

• *Why didn't the electric company put out a statement warning us of the scheduled power cut?* Perché l'azienda elettrica non ci ha avvisati dell'interruzione programmata della corrente?

• *The police have put out a description of the robbers, hoping that a witness will come forward.* La polizia ha diramato una descrizione dei rapinatori, nella speranza che si faccia avanti un testimone.

mettere fuori di casa un animale o una cosa
sia nella forma attiva sia nella passiva; anche nei tempi progressivi

• *If it stops raining, Agnes, put the washing out, will you?* Se smette di piovere, Agnes, ti spiace mettere fuori il bucato?

• *Why are you putting out Sooty, Hilary? I installed a cat flap in the back door this afternoon.* Perché metti fuori Sooty, Hilary? Questo pomeriggio ho installato una gattaiola nella porta posteriore.

fare uscire un libro o una rivista
sia nella forma attiva sia nella passiva; solitamente non nei tempi progressivi

• *Sorry, madam. They haven't put out «Quentin's Cuisine» this week because of the printers' strike.* Spiacente, signora. Questa settimana non hanno fatto uscire «Quentin's Cuisine» per via dello sciopero dei tipografi.

trasmettere un programma per radio o per televisione (*in questo caso, anche un film*)
sia nella forma attiva sia nella passiva; anche nei tempi progressivi

• *I don't mind if they only put out old movies on TV in the summer. Personally, I like them.* Non mi dà fastidio se in estate danno solo vecchi film in televisione. Personalmente, mi piacciono.

lussarsi un'articolazione (*spesso della spalla, della caviglia o dell'anca*)
non nella forma passiva; solitamente non nei tempi progressivi

• *«I'm afraid you've put your shoulder out, Mrs Swinson,» said the First Aid doctor.* «Temo che lei si sia lussata la spalla, signora Swinson,» disse il medico del Pronto Soccorso.

put over

put over st. = put st. over

esprimere con chiarezza un concetto, in modo che altri possano capirlo
sia nella forma attiva sia nella passiva; anche nei tempi progressivi

• *I think Mr Bradley is a good teacher because he knows how to put his knowledge over to his students.* Penso che il signor Bradley sia un buon insegnante perché sa come trasmettere le proprie conoscenze ai suoi studenti.

put round st. = put st. round → put around/round st. = put st. around/round

put through

put through sb. = put sb. through

♦ passare una telefonata a qualcuno (*detto dell'operatore di un centralino*)
sia nella forma attiva sia nella passiva; solitamente non nei tempi progressivi

• *Yes, Madam, I'll put you through.* Sì, signora, la metto in linea.

• *Hello, operator? Could you put me through to the booking office?* Pronto, centralino? Potrebbe passarmi l'ufficio prenotazioni?

put sb. through st.

sottoporre qualcuno a qualcosa di sgradevole, doloroso o difficile
sia nella forma attiva sia nella passiva; solitamente non nei tempi progressivi

• *The doctors have decided to put the poor child through yet another operation in the hope of saving his sight.* I medici hanno deciso di sottoporre il povero bambino ad ancora un'altra operazione nella speranza di salvargli la vista.

pagare la frequenza al college o all'università per qualcuno (*permettendogli di completare gli studi*)
sia nella forma attiva sia nella passiva; anche nei tempi progressivi

• *We are putting both our daughters through university, although we will end up on the breadline.* Stiamo consentendo a entrambe le figlie di terminare l'università, anche se finiremo sul lastrico (*testualmente: in fila per il pane*).

put sb./st. through st.

mettere alla prova qualcuno o qualcosa per sapere se sia in grado di svolgere un certo compito
sia nella forma attiva sia nella passiva; anche nei tempi progressivi

• *Shhh! Let the students concentrate. I'm putting them through a practice exam, to prepare them for the real thing.* Shhh! Lascia che gli studenti si concentrino. Sto facendo sostenere loro una simulazione di esame, per prepararli a ciò che dovranno affrontare nella realtà.

put through st. = put st. through

fare approvare qualcosa (*che si concreterà in futuro, come una legge, un progetto, un bilancio preventivo*)
sia nella forma attiva sia nella passiva; solitamente non nei tempi progressivi

• *The government is trying to put through the new immigration law.* Il governo sta tentando di far passare la nuova legge sull'immigrazione.

• *The town council is trying to put through the plan to build a new ring road.* Il consiglio comunale sta tentando di far approvare il progetto per la costruzione di una nuova circonvallazione.

put through to

put st. through to sb./st.

♦ passare una telefonata a una persona o a un ufficio
sia nella forma attiva sia nella passiva; anche nei tempi progressivi

• *Look, Sally! To put calls through to the manager,/the manager's office, press this button.* Guarda, Sally! Per passare le telefonate al direttore,/all'ufficio del direttore, premi questo pulsante.

put to

put sb. to st.

mettere qualcuno in condizioni di dover investire tempo o denaro in qualcosa (*che, spesso, di propria iniziativa non farebbe*)
sia nella forma attiva sia nella passiva; anche nei tempi progressivi

• *The general strike put us all to a good deal of inconvenience last week.* La settimana scorsa, lo sciopero generale ci ha causato non pochi inconvenienti.

• *Do you realize how much trouble we are putting Robert to in order to get us these grandstand tickets?* Ti rendi conto di quanti fastidi stiamo accollando a Robert perché ci procuri quei biglietti di tribuna?

put st. to sb.

sottoporre un'idea o un progetto a qualcuno
sia nella forma attiva sia nella passiva; anche nei tempi progressivi

• *The planners are putting the development plan to the town council.* I progettisti stanno sottoponendo il piano di sviluppo urbanistico al consiglio comunale.

fare una domanda a qualcuno, o rivolgere a qualcuno un'osservazione (*con cui l'interlocutore potrebbe non concordare*)
sia nella forma attiva sia nella passiva; anche nei tempi progressivi

• *The observation that Sally put to the lecturer made it obvious that she had been listening very carefully.* L'osservazione che Sally rivolse al conferenziere mise in evidenza che lo aveva ascoltato molto attentamente.

put together

put together st. = put st. together

♦ mettere tutte le parti di qualcosa al loro posto e unirle
sia nella forma attiva sia nella passiva; anche nei tempi progressivi

• *Scott is putting his tenth model aeroplane together. He loves that kind of thing.* Scott sta montando il suo decimo modellino di aeroplano. È una cosa che gli piace moltissimo.

♦ mettere insieme delle idee o del materiale per un lavoro
sia nella forma attiva sia nella passiva; anche nei tempi progressivi

• *If we all put our ideas on this plan together, maybe it will work.* Se tutti metteremo insieme le nostre idee su questo progetto, forse funzionerà.

formare un gruppo o una squadra
sia nella forma attiva sia nella passiva; anche nei tempi progressivi

• *The teachers are putting together a school orchestra to play at the end-of-year prize-giving ceremony.* Gli insegnanti stanno formando un'orchestra di studenti perché suoni alla cerimonia di premiazione di fine anno.

put towards

put st. towards st.

usare una certa quantità di denaro per pagare parte del costo di qualcosa
sia nella forma attiva sia nella passiva; anche nei tempi progressivi

• *I'm putting a little of my monthly salary towards the car my daughter is going to buy.* Contribuisco con una piccola parte del mio stipendio mensile al costo dell'auto che mia figlia sta per acquistare.

put up

put up sb. = put sb. up

♦ ospitare qualcuno (*solitamente per un periodo breve*)
sia nella forma attiva sia nella passiva; anche nei tempi progressivi

• *When we visited our relatives in Hertfordshire, we were put up by Uncle Mike and Aunt Meg.* Quando facemmo visita ai nostri parenti nell'Hertfordshire, fummo ospitati dallo zio Mike e dalla zia Meg.

put up st.

opporre resistenza, verbale o fisica, a un'iniziativa altrui o a qualcosa che sta accadendo
sia nella forma attiva sia nella passiva; anche nei tempi progressivi

• *Little Jimmy didn't want to be bundled up in his winter jacket and put up quite a struggle.* Il piccolo Jimmy non voleva essere infagottato nel giaccone invernale e oppose una fiera resistenza.

fornire una grossa somma di denaro (*che verrà spesa per uno scopo particolare*)
sia nella forma attiva sia nella passiva; solitamente non nei tempi progressivi

• *Mr Timothy Brankton has put up £ 30,000 for the restoration of the local old people's home.* Il signor Timothy Brankton ha devoluto trentamila sterline per la ristrutturazione del locale pensionato per anziani.

put up st. = put st. up

♦ costruire (*materialmente*) qualcosa (*un muro, un edificio, una statua, uno steccato*)
sia nella forma attiva sia nella passiva; anche nei tempi progressivi

• *How long will it take to put up a fence around the kitchen garden, Tom?* Quanto tempo ci vorrà per alzare uno steccato intorno all'orto, Tom?

• *They are putting up a lot of new skyscrapers in Miami.* Stanno innalzando molti nuovi grattacieli a Miami.

♦ fissare qualcosa a una parete (*un calendario, un avviso, un cartello, un poster, un quadro*) in modo che altri possano vederlo
sia nella forma attiva sia nella passiva; anche nei tempi progressivi

• *We must put a warning sign up, forbidding all unauthorized persons to enter the building site.* Dobbiamo affiggere un cartello di pericolo che proibisca a tutte le persone non autorizzate di entrare in cantiere.

♦ assicurare qualcosa a una parete (*solitamente uno scaffale, una mensola, un mobiletto*)
sia nella forma attiva sia nella passiva; anche nei tempi progressivi

• *I asked Mr Bragg to put up some shelves in Timmy's room. It may help to keep it tidy.* Ho chiesto al signor Bragg di mettere su qualche mensola nella camera di Timmy. Potrebbe aiutare a tenerla in ordine.

♦ spiegare qualcosa che è piegato o avvolto (*una tenda da campeggio, delle tende da appartamento, un ombrello*) in modo che sia pronto per l'uso
sia nella forma attiva sia nella passiva; anche nei tempi progressivi

• *Don't put up the umbrella in the house! Mum says it will bring bad luck.* Non aprire l'ombrello in casa! La mamma dice che porta sfortuna.

• *They arrived at the campsite rather late and they are now putting up the tent using the light of the car headlights.* Sono arrivati al campeggio molto tardi e ora stanno montando la tenda alla luce dei fari dell'auto.

aumentare il prezzo, il costo o l'ammontare di qualcosa [*GB e Australia*]
sia nella forma attiva sia nella passiva; anche nei tempi progressivi

• *Do you think the price of petrol will be put up next year too?* Pensi che il prezzo della benzina verrà aumentato anche il prossimo anno?

• *Suppliers are gradually putting the cost of raw materials up.* I fornitori stanno aumentando a poco a poco il costo delle materie prime.

put up to

put sb. up to st.

spingere qualcuno a fare qualcosa di avventato e, spesso, illegale
sia nella forma attiva sia nella passiva; anche nei tempi progressivi

• *Rick didn't want to steal the car, but the other lads put him up to it.* Rick non voleva rubare l'auto, ma gli altri ragazzi lo spinsero a farlo.

put up with

put up with sb./st.

♦ accettare, quantunque a malincuore, un comportamento o una situazione sgradevole
non nella forma passiva; solitamente non nei tempi progressivi

• *I don't think I can put up with these rowdy kids much longer.* Non penso di poter sopportare ancora a lungo questi bambini scalmanati.

• *The boss says that he won't put up with latecomers.* Il capo dice che non tollererà che si arrivi in ritardo.

Q

queue

queues, queued, queued, queueing/queuing

queue up

queue up

♦ fare la fila [*GB e Australia*]
non nella forma passiva; anche nei tempi progressivi

• *If you want to get tickets for the concert, you must be prepared to queue up all night.* Se vuoi procurarti i biglietti per il concerto, devi essere disposto a fare la fila per tutta la notte.

queue up to do st.

voler fortemente fare qualcosa [*GB e Australia; informale*]
non nella forma passiva; anche nei tempi progressivi

• *The talk shows were queueing up/queuing up to get the young and pretty heiress on their programmes.* I talk show facevano la fila per portare la giovane e graziosa ereditiera nel loro programma.

R

rake

rakes, raked, raked, raking

rake in

rake in st. = rake st. in

guadagnare grosse somme di denaro (*solitamente, senza troppa fatica*) [*informale*]
sia nella forma attiva sia nella passiva; anche nei tempi progressivi

• *Our company raked in huge profits last year.* L'anno scorso la nostra azienda ha intascato grossi utili.

rake up

rake up st. = rake st. up

ritornare su avvenimenti del passato (*vecchi rancori o storie sgradevoli*) [*informale*]
sia nella forma attiva sia nella passiva; anche nei tempi progressivi

• *I said I was sorry for lying to you. Now, please, let's not rake up that unpleasant subject again!* Ti ho chiesto perdono per averti mentito. Ora, per favore, non rivanghiamo quell'argomento spiacevole!

raggranellare un po' di denaro [*informale*]
sia nella forma attiva sia nella passiva; anche nei tempi progressivi

• *I've managed to rake up some cash, but I don't think it's enough for the train ticket.* Sono riuscito a mettere insieme un po' di soldi, ma non credo che bastino per il biglietto del treno.

read

reads, read, read, reading

read back

read back st. = read st. back

rilegge uno scritto breve (*per capirlo bene o per controllarne l'esattezza*)
sia nella forma attiva sia nella passiva; anche nei tempi progressivi

• *His secretary read back the letter he had dictated to her.* La sua segretaria rilesse la lettera che lui le aveva dettato.

read into

read st. into st.

attribuire un particolare significato o importanza (*che spesso in realtà non c'è*) a un'azione, un comportamento o un'osservazione altrui
sia nella forma attiva sia nella passiva; anche nei tempi progressivi

• *I'm afraid Mae read a little too much into Terence's kindness.* Temo che Mae abbia attribuito un po' troppi significati alla gentilezza di Terence.

• *Don't read too much into the boss's kind words of praise, or you'll be disappointed.* Non attribuire troppa importanza alle parole elogiative del capo, o resterai deluso.

read off

read off st. = read st. off

leggere il numero indicato da uno strumento di misurazione
sia nella forma attiva sia nella passiva; anche nei tempi progressivi

• *Come on, Mabel! Can't you even read off the number of kilowatts from the electricity meter?* Andiamo, Mabel! Non sei nemmeno capace di leggere il numero dei kilowatt dal contatore della luce?

indicare un certo valore (*detto di uno strumento di misurazione*)
sia nella forma attiva sia nella passiva; anche nei tempi progressivi

• *This handy device reads off your blood pressure instantly.* Questo comodo dispositivo ti indica all'istante la tua pressione sanguigna.

read out

read out st. = read st. out

♦ leggere qualcosa a voce alta
sia nella forma attiva sia nella passiva; anche nei tempi progressivi

• *You read out the figures from your list and I'll check them on mine.* Tu leggi i numeri a voce alta dalla tua lista e io li controllerò sulla mia.

read over/through

read over/through st. = read st. over/through

leggere uno scritto da cima a fondo (*per trovare eventuali errori o per capirlo meglio*)
sia nella forma attiva sia nella passiva; anche nei tempi progressivi

• *The professor read over/through the student's essay and then wrote his comments.* Il professore lesse il tema dello studente e poi scrisse i propri commenti.

read up on

read up on st.

leggere per documentarsi su un particolare argomento
non nella forma passiva; anche nei tempi progressivi

• *Now that Bobby has started to study the Ancient Egyptians, I think I'll go to the library to read up on the subject.* Ora che Bobby ha cominciato a studiare gli antichi egizi, penso che andrò in biblioteca a documentarmi sull'argomento.

---

rely

relies, relied, relied, relying

rely on/upon

rely on/upon sb./st.

♦ fare assegnamento su qualcuno o su qualcosa [*formale con upon*]
sia nella forma attiva sia nella passiva; anche nei tempi progressivi

• *You can always rely on/upon Tom; he won't let you down.* Puoi sempre fare assegnamento su Tom; lui non ti deluderà mai.

• *Josie relies entirely on/upon the car. She'd be lost without it.* Josie conta totalmente sulla sua auto. Senza, sarebbe persa.

rely on/upon doing st.

♦ fare assegnamento sul poter fare qualcosa [*formale con upon*]
non nella forma passiva; anche nei tempi progressivi

• *Don't rely on/upon going on holiday abroad this summer. With a newborn baby, you never know.* Non contare di andare in vacanza all'estero questa estate. Con un bambino appena nato, non si sa mai.

---

remember

remembers, remembered, remembered, remembering

remember to

remember sb. to sb.

chiedere a una persona di salutarne un'altra per proprio conto
sempre all'imperativo oppure nella forma passiva; non nei tempi progressivi

• *Remember me to your grandmother when you see her.* Ricordami a tua nonna quando la vedi.

• *My mother asked to be remembered to you, Ms Fielding.* Mia madre mi ha chiesto di salutarLa, signora Fielding.

remind

reminds, reminded, reminded, reminding

remind of

remind sb. of sb./st.

♦ far tornare in mente a una persona qualcuno o qualcosa

sia nella forma attiva sia nella passiva; non nei tempi progressivi

• *You remind me of Uncle Stuart; you are remarkably alike.* Tu mi ricordi lo zio Stuart; vi somigliate notevolmente.

• *This landscape reminds me of my native country, South Africa.* Questo paesaggio mi fa pensare al paese in cui sono nato, il Sudafrica.

report

reports, reported, reported, reporting

report back

report back

riferire al ritorno da una missione

non nella forma passiva; anche nei tempi progressivi [*spesso* + *to* + *on*]

• *The scouts must report back to headquarters on their mission.* Gli esploratori devono riferire al quartier generale sulla loro missione.

report to

report to sb.

rispondere del proprio lavoro a un superiore

non nella forma passiva; solitamente non nei tempi progressivi

• *The secret agents report directly to the head of MI5.* Gli agenti segreti rispondono direttamente al capo dell'MI5.

ring

rings, rang, rung, ringing

ring back

ring back

ring back sb. = ring sb. back

♦ richiamare qualcuno che ci ha telefonato [*prevalentemente GB e Australia*]

non nella forma passiva; anche nei tempi progressivi

• *I'm angry with you! You never ring back!* Sono in collera con te! Non richiami mai!

sia nella forma attiva sia nella passiva quando c'è il complemento oggetto; anche nei tempi progressivi

• *Remember to ring your mother back. She has phoned three times already this afternoon.* Ricorda di richiamare tua madre. Ha già telefonato tre volte questo pomeriggio.

♦ chiamare qualcuno al telefono per la seconda volta [*prevalentemente GB e Australia*]
non nella forma passiva; anche nei tempi progressivi

• *I'm afraid Mr Jones is out at the moment. Could you ring back later?* Temo che il signor Jones sia fuori in questo momento. Potrebbe richiamare più tardi?

ring in

ring in

telefonare nel luogo in cui si lavora spiegando la ragione per cui si è assenti [*GB e Australia*]
non nella forma passiva; anche nei tempi progressivi

• *If you think you are going to be late, you must ring in and tell the personnel manager's secretary.* Se prevedi di arrivare in ritardo, devi telefonare in ufficio e dirlo alla segretaria del capo del personale.

ring in st.

salutare l'arrivo dell'anno nuovo con il suono delle campane
sia nella forma attiva sia nella passiva; anche nei tempi progressivi

• *Listen! The bells are ringing in the New Year!* Ascolta! Le campane salutano l'arrivo dell'anno nuovo!

ring off

ring off

interrompere una comunicazione telefonica posando il ricevitore [*GB e Australia*]
non nella forma passiva; solitamente non nei tempi progressivi

• *He rang off before I had time to explain to him how to get here.* Ha interrotto la comunicazione prima che avessi tempo di spiegargli come arrivare qui.

ring out

ring out

diffondersi ed echeggiare (*detto di suoni*)
non nella forma passiva; solitamente non nei tempi progressivi

• *The church bells ring out every fifteen minutes. I can't stand it any longer.* Le campane della chiesa suonano ogni quindici minuti. Non riesco più a sopportarlo.

ring out st.

dare l'addio all'anno vecchio con il suono delle campane
sia nella forma attiva sia nella passiva; anche nei tempi progressivi

• *Listen! The bells are ringing out the old year!* Ascolta! Le campane danno l'addio all'anno vecchio!

ring round

ring round

ring round sb./st.

telefonare a più persone o a più aziende (*per comunicare una notizia o per ottenere informazioni*) [*GB e Australia*]
non nella forma passiva; anche nei tempi progressivi

• *We'd better ring round to find out how many people are actually coming on Sunday.* Sarebbe bene che facessimo un giro di telefonate per sapere in quanti realmente verranno domenica.

ring up

ring up

ring up sb. = ring sb. up

♦ telefonare a qualcuno [*prevalentemente GB e Australia*]

non nella forma passiva; anche nei tempi progressivi

• *If you ring up now, you'll find him in.* Se telefoni adesso, lo trovi in casa.

sia nella forma attiva sia nella passiva quando c'è il complemento oggetto; anche nei tempi progressivi

• *Why don't you ring up your sister every now and then?* Perché non telefoni a tua sorella di quando in quando?

ring up st. = ring st. up

battere un importo sul registratore di cassa
sia nella forma attiva sia nella passiva; anche nei tempi progressivi

• *Oh dear, I've rung up £100 instead of £10!* Povera me! Ho battuto cento sterline invece di dieci!

rinse

rinses, rinsed, rinsed, rinsing

rinse out

rinse out st.

risciacquare qualcosa
sia nella forma attiva sia nella passiva; anche nei tempi progressivi

• *You should soak the stained shirt in soapy water for an hour, and then rinse it out.* Dovresti lasciare la camicia macchiata a mollo in acqua saponata per un'ora, e poi risciacquarla.

rule

rules, ruled, ruled, ruling

rule out

rule out sb./st. = rule sb./st out

♦ decidere che qualcuno o qualcosa (*un'idea, una possibilità, un programma, una soluzione*) non può essere preso in considerazione nell'ambito di un certo ragionamento
sia nella forma attiva sia nella passiva; solitamente non nei tempi progressivi

• *The police ruled out the first two suspects because they didn't match the witness's description.* La polizia ha escluso i primi due sospettati perché non corrispondevano alla descrizione fatta dal testimone.

• *We had to rule out our aid program for the poor because of a shortage of funds.* Abbiamo dovuto abbandonare il nostro programma di assistenza ai poveri per scarsità di fondi.

run

runs, ran, run, running

run across

run across sb.

imbattersi casualmente in qualcuno
non nella forma passiva; non nei tempi progressivi

• *Fancy running across you here! I thought you were still in Mombasa!* Che sorpresa incontrarti qui! Pensavo che fossi ancora a Mombasa!

run after

run after sb.

correre dietro a qualcuno (*in senso figurato, allo scopo di stabilire un rapporto sentimentale*) [*informale*]
non nella forma passiva; spesso nei tempi progressivi

• *He's running after Eve, but she's playing hard-to-get.* Lui corre dietro a Eve, ma lei gioca a fare quella difficile da acchiappare.

• *Tony will run after anything in a skirt.* Tony non può fare a meno di correre dietro a qualsiasi cosa stia dentro a una gonna.

run after sb./st.

rincorrere una persona, un animale o un oggetto in movimento
sia nella forma attiva sia nella passiva; anche nei tempi progressivi

• *The shop assistant ran after the customer with the keys he had left on the counter.* Il commesso rincorse il cliente con le chiavi che questo aveva lasciato sul bancone.

run after st.

tentare con tutte le proprie forze di raggiungere uno scopo
non nella forma passiva; spesso nei tempi progressivi

• *He wasted half of his life running after success, but he never had the chance to show his worth.* Ha sprecato metà della sua vita tentando di raggiungere il successo, ma non gli è mai capitata l'occasione di dimostrare quanto vale.

run amok/amuck

run amok/amuck

aggirarsi in preda al furore distruttivo (*detto solitamente degli elefanti, ma anche delle persone*)
non nella forma passiva; anche nei tempi progressivi

• *In the animal kingdom there is nothing as destructive as an elephant running amok/amuck.* Nel mondo animale non vi è nulla di così distruttivo come un elefante che corre intorno in preda al furore.

run around/round

run around/round

correre qua e là (*svolgendo compiti di vario genere*) [*informale*]
non nella forma passiva; anche nei tempi progressivi

• *I've been running around/round like a mad thing all week to buy the Christmas presents.* Ho girato come una matta tutta la settimana per comprare i regali di Natale.

run around after
run round after

run around after sb.
run round after sb.

correre qua e là svolgendo compiti che competerebbero ad altri [*informale*]
non nella forma passiva; anche nei tempi progressivi

• *You'll have to look after yourself when you're here; I haven't got time to run around after you/run round after you.* Dovrai badare a te stesso mentre sei qui; io non ho tempo di correrti dietro.

run away

run away

♦ allontanarsi di corsa da un luogo (*solitamente perché si ha paura*)
non nella forma passiva; anche nei tempi progressivi

• *The cat ran away before I could catch it.* Il gatto corse via prima che potessi acciuffarlo.

♦ fuggire da un luogo (*solitamente perché si è infelici*)
non nella forma passiva; solitamente non nei tempi progressivi

• *Peter hated the boarding school and ran away seven times.* Peter odiava il collegio e fuggì sette volte.

evitare di affrontare un problema o una situazione difficile
non nella forma passiva; anche nei tempi progressivi [*solitamente + from*]

• *I think Homer went to work abroad just to run away from his family problems.* Penso che Homer sia andato a lavorare all'estero proprio per sfuggire ai suoi problemi familiari.

scappare (*per timidezza o per sottrarsi a un compito*) [*informale*]
non nella forma passiva; anche nei tempi progressivi

• *Why are you running away? Don't be so shy! Come and meet the girls!* Perché scappi? Non essere così timido! Vieni a conoscere le ragazze!

run away with

run away with sb.

fuggire con una persona (*per sposarla o per convivere, solitamente nonostante il biasimo altrui*)
non nella forma passiva; solitamente non nei tempi progressivi

• *Have you heard the news? Gloria has run away with a married man!* Hai sentito la novità? Gloria è scappata con un uomo sposato!

rimanere preda dell'entusiasmo, di un'idea, di un'emozione, di una fantasia, tanto da essere indotti a dire o fare sciocchezze (*l'accezione è molto ampia*)
non nella forma passiva; anche nei tempi progressivi

• *Her enthusiasm ran away with her, and she said «yes» whereas she ought to have said «perhaps».* Si lasciò trasportare dall'entusiasmo, e disse «sì» mentre avrebbe dovuto dire «forse».

• *Keep calm and don't let your emotions run away with you.* Mantieniti calmo e non permettere che le tue emozioni prendano il sopravvento.

run away with st.

fuggire con qualcosa che si è rubato
non nella forma passiva; anche nei tempi progressivi

• *The treasurer ran away with two million pounds; they say he's in Venezuela now.* Il tesoriere fuggì con due milioni di sterline; dicono che ora sia in Venezuela.

andarsene con qualcosa che si è preso senza chiederlo
non nella forma passiva; anche nei tempi progressivi

• *Oh! Dad has run away with my car! He forgot we have to go to the supermarket today.* Oh! Papà se n'è andato con la mia auto! Ha dimenticato che oggi dobbiamo andare al supermercato.

vincere un premio con grande facilità [*informale*]
non nella forma passiva; solitamente non nei tempi progressivi

• *Coe is bound to run away with an Olympic medal this year.* Quest'anno Coe vincerà sicuramente una medaglia olimpica.

accentrare su di sé l'attenzione e l'apprezzamento del pubblico (*detto di un attore, di uno sportivo, di un personaggio televisivo*)
non nella forma passiva; solitamente non nei tempi progressivi

• *They were all very good actors, but the very moment Timothy Davenport came on the stage, he ran away with the show.* Erano tutti ottimi attori, ma dal momento in cui Timothy Davenport entrò in scena, monopolizzò lo spettacolo.

formarsi affrettatamente un'idea o un'impressione che in seguito può rivelarsi sbagliata [*informale*]
non nella forma passiva; solitamente non nei tempi progressivi

• *She ran away with the idea that working by herself offered only advantages, but she was forced to realize that it wasn't like that at all.* Si era illusa che lavorare in proprio offrisse solo vantaggi, ma dovette rendersi conto che non era affatto così.

run down

run down sb./st. = run sb./st. down

♦ investire o travolgere una persona, un animale o un oggetto con un veicolo o con un natante
sia nella forma attiva sia nella passiva; solitamente non nei tempi progressivi

• *A hit-and-run driver ran the poor boy down on the zebra crossing.* Un pirata della strada travolse il povero ragazzo sul passaggio pedonale.

• *The dog ran into the road and was run down by a passing car.* Il cane corse in strada e venne investito da un'auto di passaggio.

esprimere opinioni negative su una persona, o sulle sue idee o sul suo comportamento (*spesso ingiustamente*) [*informale*]
non nella forma passiva; anche nei tempi progressivi

• *Catherine complains that her mother-in-law is always running her down.* Catherine lamenta di essere continuamente denigrata dalla suocera.

trovare qualcuno o qualcosa (*in entrambi i casi, con un connotato neutro o, più spesso, negativo*) dopo una lunga ricerca
non nella forma passiva; solitamente non nei tempi progressivi

• *That uncle of mine that I eventually ran down in Fort Mc Pherson had emigrated to Canada thirty years ago.* Quel mio zio che alla fine rintracciai a Fort Mc Pherson era emigrato in Canada trent'anni fa.

run down st.

run st. down st.

scorrere un testo, un elenco, una colonna di numeri (*talvolta servendosi dell'indice*)
non nella forma passiva; anche nei tempi progressivi

• *Just run down that article, Arthur. We must go out in ten minutes.* Dà solo una scorsa a quell'articolo, Arthur. Dobbiamo uscire fra dieci minuti.

run down

run down st. = run st. down

esaurirsi (*detto della carica o della batteria di un congegno*) o far sì che questa si esaurisca

non nella forma passiva; anche nei tempi progressivi

• *The grandfather clock must have run down; it didn't strike this morning.* La pendola dev'essersi scaricata; stamattina non ha battuto le ore.

sia nella forma attiva sia nella passiva quando c'è il complemento oggetto; anche nei tempi progressivi

• *Don't cry, Betty. Your teddy bear doesn't move because you've run down his battery, not because you've broken him!* Non piangere, Betty! Il tuo orsacchiotto non si muove perché hai fatto esaurire la batteria, non perché tu lo abbia rotto!

ridursi (*detto delle dimensioni di un'organizzazione, commerciale o non*) o ridurre le stesse [*GB e Australia*]

non nella forma passiva; anche nei tempi progressivi

• *The business had run down because the most experienced employees had gone over in mass to the competition.* Il volume degli affari si era ridotto perché i dipendenti più esperti erano passati in massa alla concorrenza.

sia nella forma attiva sia nella passiva quando c'è il complemento oggetto; anche nei tempi progressivi

• *«Either we run down the Rome branch or we go bankrupt!» thundered the managing director.* «O ridimensioniamo la filiale di Roma o facciamo bancarotta!» tuonò l'amministratore delegato.

ridursi (*detto delle scorte di un certo articolo*) o ridurre le stesse [*GB e Australia*]

non nella forma passiva; anche nei tempi progressivi

• *At the end of that scorching summer the stocks of air conditioners in all the department stores of the city had run down.* Alla fine di quella torrida estate le scorte di condizionatori di tutti i grandi magazzini della città erano ridotte.

sia nella forma attiva sia nella passiva quando c'è il complemento oggetto; anche nei tempi progressivi

• *We'll have to run down our stocks before next season's arrivals.* Dovremo ridurre le scorte prima degli arrivi della prossima stagione.

run for

run for st.

♦ essere in lizza per una carica pubblica [*prevalentemente USA*]
non nella forma passiva; anche nei tempi progressivi

• *Williamson is going to run for mayor next year.* Williamson sarà in lizza per la carica di sindaco il prossimo anno.

run for it

♦ correre per sottrarsi a qualcuno o a qualcosa [*informale*]
non nella forma passiva; anche nei tempi progressivi

• *«A storm is coming. Shall we take shelter?» «No, let's run for it.»* «Sta arrivando un temporale. Ci mettiamo al riparo?» «No, corriamo.»

run in

run in sb. = run sb. in

portare alla stazione di polizia l'autore di un reato [*informale*]
sia nella forma attiva sia nella passiva; anche nei tempi progressivi [*spesso + for*]

• *The police ran her in for drunken driving.* La polizia la portò dentro per guida in stato di ubriachezza.

• *He was run in for drug pushing.* Venne fermato e portato alla stazione di polizia per spaccio di droga.

run in st.

essere una caratteristica ereditaria (*di famiglie umane o di specie animali*)
solitamente al presente; non nella forma passiva; non nei tempi progressivi

• *It's not surprising that Annie has such lovely fair hair and blue eyes; they run in her mother's family.* Non sorprende che Annie abbia quei bei capelli biondi e gli occhi azzurri; sono una caratteristica della famiglia di sua madre.

run in st. = run st. in

fare il rodaggio di un autoveicolo [*GB e Australia*]
sia nella forma attiva sia nella passiva; anche nei tempi progressivi

• *Modern cars don't need to be run in.* Le auto moderne non hanno bisogno di essere rodate.

run into

run into sb.

♦ incontrare casualmente qualcuno
non nella forma passiva; solitamente non nei tempi progressivi

• *I ran into my neighbour when I was on holiday in Florence.* Quand'ero in vacanza a Firenze mi imbattei nel mio vicino di casa.

run into st.

detto di un veicolo, andare a sbattere contro un ostacolo o contro un altro veicolo
sia nella forma attiva sia nella passiva; anche nei tempi progressivi

• *I lost control of the car and ran into a factory wall.* Persi il controllo dell'auto e andai a sbattere contro un muro di una fabbrica.

raggiungere un certo numero, livello o cifra
non nella forma passiva; solitamente non nei tempi progressivi

• *When the plane crashed into the skyscraper, the number of victims ran into three thousand.* Quando l'aereo si schiantò contro il grattacielo, il numero delle vittime giunse a tremila.

andare incontro a una situazione difficile o sgradevole (*l'accezione è molto ampia*)
non nella forma passiva; anche nei tempi progressivi

• *We will run into financial difficulties if the loan doesn't come through in time.* Andremo incontro a difficoltà finanziarie se il prestito non perverrà in tempo.

run low

run low

scarseggiare (*detto di provviste o riserve*)
non nella forma passiva; anche nei tempi progressivi

• *Coffee, sugar and wheat supplies ran low in the country during the war.* Caffè, zucchero e grano scarseggiarono nel paese durante la guerra.

run off

run off

♦ allontanarsi di corsa da un luogo
non nella forma passiva; anche nei tempi progressivi

• *The little boy rang the doorbell and then ran off.* Il ragazzino suonò il campanello della porta e poi se ne andò di corsa.

lasciare un luogo per sempre (*di solito improvvisamente e in segreto*) [*informale*]
non nella forma passiva; solitamente non nei tempi progressivi

• *Fancy that! Pamela has run off leaving Robert with their two small children!* Pensa un po'! Pamela se n'è andata lasciando Robert con i loro due bambini piccoli!

andarsene (*per timidezza o per sottrarsi a un compito*) [*informale*]
non nella forma passiva; solitamente non nei tempi progressivi

• *Don't run off! My big sister won't eat you!* Non scappare! Mia sorella maggiore non ti mangerà!

run sb./st. off

run sb./st. off st.

scacciare persone o animali da un luogo
sia nella forma attiva sia nella passiva; anche nei tempi progressivi

• *The squatters have taken possession of the whole block of flats, but I think the borough council are going to run them off.* Gli occupanti abusivi si sono appropriati dell'intero caseggiato, ma penso che il consiglio comunale li farà sloggiare.

run off st. = run st. off

rubare bestiame sospingendolo lontano dal luogo in cui si trova
sia nella forma attiva sia nella passiva; anche nei tempi progressivi

• *The whole herd was run off the ranch in the dead of night by a gang of cattle rustlers.* L'intero gregge venne rubato nel cuore della notte da una banda di ladri di bestiame spingendolo fuori dal ranch.

stampare un certo numero di copie (*con una macchina tipografica o con il computer*)
sia nella forma attiva sia nella passiva; anche nei tempi progressivi

• *It will cost less per copy if we run off at least a thousand leaflets.* Il costo per copia sarà inferiore se stamperemo almeno mille depliant.

comporre con rapidità e senza fatica qualcosa generalmente considerato molto impegnativo (*come un discorso o una poesia*)
sia nella forma attiva sia nella passiva; anche nei tempi progressivi

• *How talented! Josie can run off very beautiful letters at the drop of a hat.* Che talento! Josie è capace di scrivere di getto lettere bellissime.

recitare qualcosa a memoria (*e in modo un po' meccanico*)
non nella forma passiva; anche nei tempi progressivi

• *You get dozens of would-be actors at these auditions who run off their lines without the slightest expression.* A queste audizioni si trovano dozzine di aspiranti attori che recitano le loro battute senza la minima espressione.

run off/on

run off/on st.

run st. off/on st.

funzionare, o far funzionare qualcosa, utilizzando una fonte di energia

non nella forma passiva; anche nei tempi progressivi

• *This portable typewriter doesn't run off/on batteries; it's purely mechanical.* Questa macchina per scrivere portatile non va a batteria; è in tutto e per tutto meccanica.

sia nella forma attiva sia nella passiva quando c'è il complemento oggetto; anche nei tempi progressivi

• *This radio can be run either off/on the mains electricity or off/on the car battery.* Questa radio può funzionare o con l'energia di rete o con la batteria dell'automobile.

run off with

run off with st.

fuggire con qualcosa che si è rubato
non nella forma passiva; anche nei tempi progressivi

• *The pickpocket tried to run off with my wallet, but I caught him before he got out of the tube station.* Il borsaiolo tentò di fuggire col mio portafoglio, ma lo acciuffai prima che uscisse dalla stazione della metropolitana.

andarsene con qualcosa che si è preso senza chiederlo
non nella forma passiva; anche nei tempi progressivi

• *Don't run off with my keys, Jane! Yours are on the kitchen table!* Non scappare con le mie chiavi, Jane! Le tue sono sul tavolo di cucina!

run on

run on

essere più lungo di quanto ci si aspettasse o si desiderasse (*detto di un discorso, di uno scritto, di una riunione*)
non nella forma passiva; anche nei tempi progressivi [*solitamente + avverbio e/o preposizione e/o aggettivo*]

• *The meeting ran on till past midnight, and I was bored to tears.* La riunione si protrasse fino a oltre mezzanotte, e io ero annoiato a morte.

• *I'm afraid your essay on the summer holiday runs on far too long about the weather conditions, Bob.* Ho paura che il tuo tema sulle vacanze estive si dilunghi troppo sulle condizioni del tempo, Bob.

parlare in continuazione [*informale*]
non nella forma passiva; anche nei tempi progressivi

• *Don't mention the war, or Granddad and Uncle William will run on for ages.* Non parlare della guerra, o il nonno e lo zio William andranno avanti per secoli.

run on st. - run st. on st. → run off/on st. - run off/on st.

run out

run out

♦ esaurirsi (*detto della quantità disponibile di qualcosa, materiale o immateriale*)
non nella forma passiva; anche nei tempi progressivi

• *During the war, the supplies of coffee and sugar ran out.* Durante la guerra, le scorte di caffè e zucchero si esaurirono.

• *The Earth's resources are rapidly running out. What shall we leave to our grandchildren?* Le risorse della Terra si stanno esaurendo rapidamente. Che cosa lasceremo ai nostri nipoti?

♦ scadere (*detto di un documento, un contratto, un accordo*)
non nella forma passiva; non nei tempi progressivi

• *He was given a fine because his driving licence had run out.* Prese una multa perché la sua patente era scaduta.

run out on

run out on sb.

abbandonare qualcuno con cui si aveva un rapporto sentimentale, di amicizia o di affari, lasciandolo in difficoltà
non nella forma passiva; solitamente non nei tempi progressivi

• *Her husband ran out on her, what's more, leaving her penniless.* Il marito l'ha abbandonata, per di più lasciandola senza un centesimo.

• *His partner ran out on him, leaving him to run the firm single-handed.* Il suo socio se n'è andato, lasciandolo a mandare avanti l'azienda da solo.

run over

run over

♦ traboccare (*detto di un liquido*)
non nella forma passiva; anche nei tempi progressivi

• *He poured so much wine into my glass that it ran over onto the tablecloth.* Mi ha versato nel bicchiere così tanto vino che è traboccato sulla tovaglia.

traboccare (*detto dei sentimenti di qualcuno*)
non nella forma passiva; anche nei tempi progressivi [*solitamente + with*]

• *Peter's heart was running over with happiness because Dana had agreed to marry him.* Il cuore di Peter traboccava di felicità perché Dana aveva acconsentito a sposarlo.

straripare (*detto di un corso d'acqua*)
non nella forma passiva; anche nei tempi progressivi

• *With this heat and this drought, the least of our worries is that the rivers might run over.* Con questo caldo e questa siccità, la minore delle nostre preoccupazioni è che i fiumi possano straripare.

protrarsi oltre il tempo previsto (*detto di una riunione, uno spettacolo, un discorso*)
non nella forma passiva; anche nei tempi progressivi

• *We don't want the meeting to run over, so please keep to the agenda.* Non vogliamo che la riunione si protragga oltre il previsto, quindi abbi la cortesia di attenerti all'ordine del giorno.

superare la quantità prevista
non nella forma passiva; anche nei tempi progressivi

• *«What about your stay in Paris?» «Oh, I had a great time!» «And did you manage to stay within your budget?» «No, I ran way over!»* «E il tuo soggiorno a Parigi?» «Oh, mi sono divertito tantissimo!» «E sei riuscito a mantenerti nella spesa prevista?» «No, sono andato ben oltre!»

run over sb./st. = run sb./st. over

♦ investire o travolgere con un veicolo una persona, un animale, una cosa
sia nella forma attiva sia nella passiva; solitamente non nei tempi progressivi

• *He was run over by a car and spent the rest of his life in a wheelchair.* Venne investito da un'auto e trascorse il resto della vita in una sedia a rotelle.

• *Oh, no! I've just run over a poor cat!* Oh, no! Ho appena travolto un povero gatto!

run over st.

leggere o ripetere rapidamente qualcosa per ricordarla meglio
non nella forma passiva; anche nei tempi progressivi

• *Come on, let's run over our lines again before the curtain rises!* Su, diamo di nuovo una ripassata alle nostre battute prima che si alzi il sipario!

spiegare rapidamente qualcosa a qualcuno
non nella forma passiva; anche nei tempi progressivi

• *Can you run over the explanation again? I'm not sure I've understood it very well.* Puoi ripetermi rapidamente la spiegazione? Non sono sicuro di averla capita bene.

dare una rapida scorsa a qualcosa
non nella forma passiva; anche nei tempi progressivi

• *Let me run over the notes in my organizer before making the appointments.* Lasciami scorrere le annotazioni sulla mia agenda prima di prendere gli appuntamenti.

run round → run around/round

run round after sb. → run around/round after sb.

run through

run through sb.

diffondersi in un gruppo di persone (*detto di un sentimento o della manifestazione di un sentimento*)
non nella forma passiva; anche nei tempi progressivi

• *A feeling of excitement ran through the spectators as the matador knelt down in front of the bull.* Un senso di eccitazione si diffuse fra gli spettatori quando il matador si mise in ginocchio dinanzi al toro.

run through sb. = run sb. through

trapassare qualcuno con un'arma bianca (*spada, fioretto e simili*)
sia nella forma attiva sia nella passiva; solitamente non nei tempi progressivi

• *The Count died young. He was run through in a duel by his cousin.* Il Conte morì giovane. Venne trapassato in duello dal cugino.

run through st.

ripetere un'esecuzione (*solitamente teatrale o musicale*) per perfezionarla
sia nella forma attiva sia nella passiva; anche nei tempi progressivi

• *The orchestra ran through the whole concerto the day before the premiere.* L'orchestra provò l'intero concerto il giorno precedente la prima.

spiegare rapidamente qualcosa
sia nella forma attiva sia nella passiva; anche nei tempi progressivi

• *The school secretary greeted the new students and ran through the regulations.* La segretaria della scuola diede il benvenuto ai nuovi studenti e spiegò rapidamente il regolamento.

leggere rapidamente qualcosa
sia nella forma attiva sia nella passiva; anche nei tempi progressivi

• *I'll run through the list of things to take with us and you tell me if I've forgotten anything.* Io ti leggerò la lista delle cose da portare con noi e tu dimmi se ho dimenticato qualcosa.

spendere del denaro in un tempo molto breve e sconsideratamente
non nella forma passiva; anche nei tempi progressivi

• *«A fool and his money are soon parted» is a proverb often quoted about people who run through their money.* «Uno stolto e il suo denaro sono presto separati» è un proverbio spesso citato a proposito di coloro che sperperano i propri soldi.

run to

run to sb.

chiedere a qualcuno aiuto o protezione (*invece di contare su sé stessi*)
non nella forma passiva; anche nei tempi progressivi

• *Whenever he has the slightest problem he runs straight to his mother.* Ogni volta che ha il minimo problema ricorre subito alla madre.

run to st.

run to doing st.

tendere ad avere una certa caratteristica (*detto di una famiglia umana o di una specie animale*)
non nella forma passiva; non nei tempi progressivi

• *Harry's family runs to black curly hair.* Nella famiglia di Harry c'è la tendenza ad avere capelli neri e ricciuti.

• *I know I'm fat, but my family runs to being overweight.* So di essere grasso, ma essere sovrappeso è una caratteristica della mia famiglia.

run up

run up

♦ correre (*verso qualcuno*)
non nella forma passiva; anche nei tempi progressivi

• *The young girl ran up and kissed the pop star; then, as red as a beetroot, she went back among the audience.* La ragazzina si avvicinò di corsa e baciò la pop star, poi, rossa come un gambero (*testualmente: rossa come una barbabietola*), tornò fra il pubblico.

run up st. = run st. up

accumulare debiti, deficit, conti da pagare
sia nella forma attiva sia nella passiva; anche nei tempi progressivi

• *You can't run up debts to such an amount, Kelly! It's just irresponsible!* Non si possono accumulare debiti per un simile importo, Kelly! È da incoscienti!

run up

run up st.

aumentare (*detto del prezzo di qualcosa*), o far aumentare il prezzo di qualcosa

non nella forma passiva; anche nei tempi progressivi

• *After this frost, prices of fruit and vegetables will run up sky-high.* Dopo questa gelata, il prezzo della frutta e della verdura salirà alle stelle.

sia nella forma attiva sia nella passiva quando c'è il complemento oggetto; anche nei tempi progressivi

• *During the war, the black market ran up food prices out of all proportion.* Durante la guerra, il mercato nero fece lievitare in modo spropositato il prezzo dei generi alimentari.

run up against

run up against st.

incontrare ostilità, disapprovazione, difficoltà (*detto sia di persona sia di cosa*) [*informale*]

non nella forma passiva; solitamente non nei tempi progressivi

• *Betsy ran up against the disapproval of the whole family with her decision to drop out of university and marry Andrew.* Con la sua decisione di lasciare l'università e sposare Andrew, Betsy andò incontro alla disapprovazione dell'intera famiglia.

S

save

saves, saved, saved, saving

save on

save on st.

save st. on st.

♦ risparmiare (*denaro*) su qualcosa
sia nella forma attiva sia nella passiva; anche nei tempi progressivi

• *The elderly couple had to save on food and heating in order to make ends meet on their meagre pension.* L'anziana coppia doveva risparmiare sul vitto e sul riscaldamento per arrivare alla fine del mese con la misera pensione.

save up

save up st. = save st. up

conservare un certo numero di cose (*tutte dello stesso genere, come bollini, prove d'acquisto, carta, tappi, bottiglie di vetro*) per usarle in seguito tutte assieme
sia nella forma attiva sia nella passiva; anche nei tempi progressivi

• *Don't throw away the beer bottle caps. For every twelve you save up they give you a free bottle.* Non buttare via i tappi delle bottiglie di birra. Ogni dodici che raccogli ti danno una bottiglia gratis.

• *We save up all our wastepaper. Once a week a van comes round to collect it and it is recycled.* Noi conserviamo tutta la carta straccia. Una volta alla settimana un camioncino passa a raccoglierla, e la carta viene riciclata.

save up

save up st. = save st. up

♦ risparmiare denaro (*per poter acquistare qualcosa in futuro*)

non nella forma passiva; anche nei tempi progressivi

• *I don't know if Sally is mean or just careful. She never spends a penny and always says she is saving up for the future.* Non so se Sally sia gretta o semplicemente cauta. Non spende mai un centesimo e dice sempre che sta risparmiando per il futuro.

sia nella forma attiva sia nella passiva quando c'è il complemento oggetto; anche nei tempi progressivi

• *We are not eating out much now because we are saving the money up for a new car.* Ora non andiamo molto a mangiare fuori perché stiamo risparmiando i soldi per un'auto nuova.

scribble

scribbles, scribbled, scribbled, scribbling

scribble down

scribble down st. = scribble st. down

scrivere rapidamente qualcosa

sia nella forma attiva sia nella passiva; anche nei tempi progressivi

• *The person on the phone spoke so quickly that I barely had time to scribble down his name and number.* La persona che era al telefono parlava così velocemente che feci appena in tempo a buttare giù il suo nome e il suo numero.

see

sees, saw, seen, seeing

see about

see about st.

see about doing st.

occuparsi di qualcosa o di fare qualcosa

non nella forma passiva; anche nei tempi progressivi

• *«Someone will have to see about this plumbing! Whenever you turn on the hot tap the noise is dreadful.» «I'm already seeing about it, dear!»* «Qualcuno dovrà occuparsi di questo impianto idraulico! Ogni volta che apro il rubinetto dell'acqua calda il rumore è terribile.» «Ci sto già pensando io, cara!»

see in

see st. in sb./st.

♦ vedere in qualcuno o in qualcosa delle qualità che lo rendono apprezzabile (*il connotato è spesso negativo*)
non nella forma passiva; non nei tempi progressivi

• *What do you see in Jeff? He's lazy and rude, and he isn't even good-looking.* Che cosa vedi in Jeff? È pigro e sgarbato, e non è nemmeno bello.

• *No one can understand what Bob sees in Janyce. She must have hidden qualities!* Nessuno riesce a capire che cosa Bob trovi in Janyce. Deve avere delle qualità nascoste!

see in/into

see sb. in

see sb. into st.

accompagnare qualcuno in un luogo (*a volte accertandosi che la persona accompagnata entri nella stanza o nell'edificio*)
sia nella forma attiva sia nella passiva; solitamente non nei tempi progressivi

• *Good morning, Mr Templeton. Mr Bradbury is waiting for you. I'll see you in.* Buongiorno, signor Templeton. Il signor Bradbury la sta aspettando. L'accompagnerò io.

• *«Mr White is here.» «See him into the library, Gladys.»* «C'è il signor White.» «Lo faccia accomodare in biblioteca, Gladys.»

see off

see sb. off

♦ andare a salutare qualcuno alla partenza da un aeroporto o da una stazione
sia nella forma attiva sia nella passiva; anche nei tempi progressivi

• *I went to the station to see my brother off.* Sono andato alla stazione a salutare mio fratello.

• *The national football team was seen off at the airport by a large group of supporters.* La nazionale di calcio è stata salutata all'aeroporto da un folto gruppo di tifosi.

see out

see out sb. = see sb. out

♦ accompagnare alla porta qualcuno che sta uscendo
sia nella forma attiva sia nella passiva; anche nei tempi progressivi

• *Thank you, Mr Pearson. The butler will see you out.* Grazie, signor Pearson. Il maggiordomo l'accompagnerà alla porta.

see through

see through sb./st.

♦ capire le vere intenzioni, natura, stato d'animo, ragioni del comportamento di una persona
non nella forma passiva; solitamente non nei tempi progressivi

• *Robert's cousin seemed very confident, but I saw through him because he kept straightening his tie.* Il cugino di Robert sembrava molto sicuro di sé, ma io capii che non lo era perché continuava a raddrizzarsi la cravatta.

see to

see to sb./st.

occuparsi di una persona o di un animale
sia nella forma attiva sia nella passiva; anche nei tempi progressivi

• *Good morning, Mrs Perkins. I imagine you're here for your weekly injection. Are you already being seen to?* Buongiorno, signora Perkins. Immagino che lei sia qui per la sua iniezione settimanale. C'è già qualcuno che si occupa di lei?

see to st.

see to doing st.

♦ provvedere a qualcosa o a fare qualcosa
sia nella forma attiva sia nella passiva; anche nei tempi progressivi

• *I've got to see to my hair before Laureen's wedding.* Prima del matrimonio di Laureen, devo fare qualcosa per i miei capelli.

«Oh, half of the cake is left over!» «No problem. The children will see to that tomorrow morning.» «Oh, è avanzata metà della torta!» «Nessun problema. Ci penseranno i bambini domattina.»

---

sell

sells, sold, sold, selling

sell off

sell off st. = sell st. off

♦ liquidare (*in tutto o in parte*) un'azienda
sia nella forma attiva sia nella passiva; anche nei tempi progressivi

• *The company went bankrupt and the assets were sold off at auction.* La società fallì e le sue attività furono liquidate all'asta.

♦ detto di un'attività commerciale, vendere a prezzi ribassati
sia nella forma attiva sia nella passiva; anche nei tempi progressivi

• *The boutique is selling off all last year's models.* La boutique sta vendendo a prezzi ribassati tutti i modelli dell'anno scorso.

sell on

sell sb. on st.

sell sb. on doing st.

convincere qualcuno della validità di qualcosa (*come un progetto o un'idea*) o dell'opportunità di fare qualcosa [*informale*]
anche nella forma attiva, ma più spesso nella passiva; solitamente non nei tempi progressivi

• *I used to think that my old carpet-sweeper was enough, then I was sold on getting a fantastic new generation vacuum cleaner by a smart salesman..* Avevo sempre pensato che il mio vecchio battitappeto fosse sufficiente, poi mi sono fatta convincere da uno scaltro venditore a prendere un fantastico aspirapolvere di nuova generazione.

sell on st. = sell st. on

rivendere qualcosa che si era acquistato di recente [*prevalentemente GB*]
sia nella forma attiva sia nella passiva; anche nei tempi progressivi

• *Mr Hodges made a huge profit by selling on the shares he had bought a few days previously.* Il signor Hodges ha realizzato un enorme profitto rivendendo le azioni che aveva acquistato qualche giorno prima.

sell out

sell out

vendere la propria azienda
non nella forma passiva; anche nei tempi progressivi

• *Walpole & Sons is selling out, and many workers risk being laid off.* La Walpole & Sons è in vendita, e molti lavoratori rischiano di essere lasciati a casa.

sell out sb. = sell sb. out

tradire qualcuno (*venendo meno alle sue aspettative*) [*informale*]
sia nella forma attiva sia nella passiva; anche nei tempi progressivi

• *Some workers feel that the trade unions have sold them out by accepting the settlement.* Alcuni lavoratori ritengono che, accettando l'accordo, i sindacati li abbiano venduti.

sell out

sell out sb. = sell sb. out

fare per denaro o per interesse qualcosa che in precedenza si riteneva sbagliato, talora tradendo gli amici o venendo meno ai propri principi [*informale*]

non nella forma passiva; anche nei tempi progressivi

• *She refused to write romance novels for years, but in the face of her publisher's insistence she eventually sold out.* Lei rifiutò di scrivere romanzi rosa per anni, ma di fronte all'insistenza del suo editore alla fine cedette.

sia nella forma attiva sia nella passiva quando c'è il complemento oggetto; anche nei tempi progressivi

• *During the trial his accomplices accused him of having sold them out.* Durante il processo i suoi complici lo accusarono di averli traditi.

sell out

sell out st. = sell st. out

♦ esaurire le scorte di un determinato articolo (*detto del negozio che lo vende*) o essere esaurite (*detto delle scorte di un determinato articolo*)

non nella forma passiva; non nei tempi progressivi

• *I went to the supermarket to get some rye bread, but they had sold out.* Sono andata al supermercato per prendere del pane di segale, ma lo avevano finito.

anche nella forma attiva, ma più spesso nella passiva quando c'è il complemento oggetto; non nei tempi progressivi

• *I'm sorry, Madam, but the demerara is sold out.* Mi spiace, signora, ma siamo rimasti senza zucchero di canna.

♦ essere esauriti (*detto dei biglietti per uno spettacolo*)

non nella forma passiva; non nei tempi progressivi

• *All the tickets for the concert have sold out already!* Tutti i biglietti per il concerto sono già esauriti!

anche nella forma attiva, ma più spesso nella passiva quando c'è il complemento oggetto; non nei tempi progressivi

• *We wanted to go to the opera, but the tickets were sold out.* Volevamo andare all'opera, ma i biglietti erano esauriti.

sell up

sell up

sell up st. = sell st. up

cedere la propria attività o vendere la propria casa per intraprendere un'altra attività o andare ad abitare altrove [*GB e Australia*]

non nella forma passiva; anche nei tempi progressivi

• *The Browns are selling up and emigrating to Australia.* I Brown stanno vendendo casa ed emigreranno in Australia.

sia nella forma attiva sia nella passiva quando c'è il complemento oggetto; anche nei tempi progressivi

• *Mr Harrison sold up his business and retired to the south of France.* Il signor Harrison cedette la propria attività e si ritirò nel sud della Francia.

send

sends, sent, sent, sending

send for

send for sb.

mandare a chiamare qualcuno
sia nella forma attiva sia nella passiva; solitamente non nei tempi progressivi

• *The baby's temperature did not go down, so her mother sent for the doctor.* La febbre della piccola non scendeva, così sua madre mandò a chiamare il medico.

send off

send off st. = send st. off

spedire qualcosa per posta (*una lettera, un documento, un pacco*)
sia nella forma attiva sia nella passiva; solitamente non nei tempi progressivi

• *I've got to send this application form off by the 20th.* Devo spedire questa domanda entro il 20 di questo mese.

send out for

send out for st.

ordinare del cibo che verrà recapitato a domicilio
non nella forma passiva; solitamente non nei tempi progressivi

• *We were both too tired to cook, so we sent out for Chinese food.* Eravamo tutti e due troppo stanchi per cucinare, così abbiamo ordinato qualcosa al ristorante cinese, che fa servizio a domicilio.

set

sets, set, set, setting

set about

set about st.

affrontare un lavoro, un compito o un problema in un determinato modo
sia nella forma attiva sia nella passiva; anche nei tempi progressivi

• *I'm afraid that Alan is setting about his task completely unprepared.* Temo che Alan stia affrontando il suo compito del tutto impreparato.

• *I think the job has been set about in the wrong way.* Penso che il lavoro sia stato affrontato nel modo sbagliato.

set about st.

set about doing st.

♦ mettersi a fare qualcosa (*solitamente difficile, lungo o faticoso*)
non nella forma passiva; solitamente non nei tempi progressivi

• *Granny always sets about spring cleaning exactly at Easter.* La nonna si mette sempre a fare le pulizie di primavera esattamente a Pasqua.

set against

set sb. against sb.

istigare persone o gruppi di persone gli uni contro gli altri
sia nella forma attiva sia nella passiva; anche nei tempi progressivi

• *What a father-in-law! He aways tries to set his son against his daughter-in-law.* Che suocero! Tenta sempre di istigare il figlio contro la nuora.

set st. against st.

mettere a confronto due valori
sia nella forma attiva sia nella passiva; solitamente non nei tempi progressivi

• *We must set the advantages of a holiday at the seaside against those of a holiday in the mountains and come to a decision.* Dobbiamo confrontare i vantaggi di una vacanza al mare con quelli di una vacanza in montagna e giungere a una decisione.

mettere qualcosa contro uno sfondo (*solitamente di colore diverso, che lo fa risaltare*)
anche nella forma attiva, ma più spesso nella passiva; solitamente non nei tempi progressivi

• *To me, precious stones of any colour look best when they are set against black velvet.* Per me, la bellezza delle pietre preziose, di qualunque colore siano, è esaltata in massimo grado quando vengono poste su uno sfondo di velluto nero.

be set against st.

be set against doing st.

essere contrario a fare o ad accettare qualcosa
sempre to be + participio passato; non nei tempi progressivi

• *Public opinion is set against a decrease in pensions.* L'opinione pubblica è contraria a una diminuzione delle pensioni.

set ahead/forward

set st. ahead/forward

mettere l'orologio avanti
sia nella forma attiva sia nella passiva; anche nei tempi progressivi

• *Oh, dear! An hour's less sleep tonight! We have to set the clocks ahead/forward.* Poveri noi! Un'ora di sonno in meno stanotte! Dobbiamo mettere avanti gli orologi.

set apart

set sb./st. apart

distinguere qualcuno o qualcosa da altre persone o da altre cose
sia nella forma attiva sia nella passiva; non nei tempi progressivi

• *Of all the members of his family, his creativity sets him apart.* La sua creatività lo rende diverso da tutti gli altri membri della sua famiglia.

set apart/aside

set apart/aside st. = set st. apart/aside

mettere in serbo qualcosa
sia nella forma attiva sia nella passiva; anche nei tempi progressivi

• *The wholemeal bread is still in the oven, but the baker said he will set apart/aside a couple of loaves for us.* Il pane integrale è ancora in forno, ma il panettiere ha detto che ci metterà da parte un paio di pagnotte.

set aside

set aside st. = set st. aside

mettere temporaneamente da parte qualcosa (*un sentimento, una sensazione, un'opinione*), in modo tale da non esserne influenzati in una determinata circostanza
sia nella forma attiva sia nella passiva; solitamente non nei tempi progressivi

• *Let's set aside all formality.* Mettiamo da parte ogni formalismo.

• *In such circumstances, personal feelings must be set aside.* In simili circostanze, i sentimenti personali devono essere accantonati.

scegliere di non tenere in considerazione qualcosa
sia nella forma attiva sia nella passiva; solitamente non nei tempi progressivi

• *The magistrate of the juvenile court set aside the boy's background and gave him an exemplary sentence.* Il magistrato del tribunale dei minorenni non ha tenuto conto dell'ambiente da cui il ragazzo proviene e gli ha inflitto una condanna esemplare.

set back

set sb. back

set sb. back st.

costare (*solitamente una somma di un certo rilievo*) [*informale*]
sia nella forma attiva sia nella passiva; solitamente non nei tempi progressivi

• *I love Christmas, but it always sets me back a lot and I have to economize in January.* Amo il Natale, ma mi costa sempre parecchio e a gennaio devo fare economia.

set back sb./st. = set sb./st. back

♦ far ritardare qualcuno o qualcosa (*detto di un evento che crea ostacoli o difficoltà*)
sia nella forma attiva sia nella passiva; solitamente non nei tempi progressivi

• *The steelworkers' strike will set us back with our production of spare parts.* Lo sciopero degli operai siderurgici ci farà ritardare la produzione di pezzi di ricambio.

set st. back

mettere indietro l'orologio
sia nella forma attiva sia nella passiva; anche nei tempi progressivi

• *The old vicar wondered why no one had turned up for the morning service, but he had forgotten to set the clock back.* Il vecchio parroco si domandò perché nessuno si fosse presentato alla funzione del mattino, ma aveva dimenticato di mettere indietro l'orologio.

be set back

detto di un edificio, essere in posizione arretrata (*solitamente, rispetto a una strada*) [*solitamente + from*]
sempre to be + participio passato; non nei tempi progressivi

• *There is plenty of space to park right in front of the factory because it is set well back from the main road.* C'è moltissimo spazio per parcheggiare esattamente davanti alla fabbrica perché si trova a buona distanza dalla strada principale.

set down

set down sb. = set sb. down

far scendere un passeggero da un mezzo di trasporto [*GB e Australia*]
sia nella forma attiva sia nella passiva; solitamente non nei tempi progressivi

• *The plane had to set the passengers down at Genoa airport because Turin was blanketed in fog.* L'aereo dovette far scendere i passeggeri all'aeroporto di Genova perché Torino era sommersa dalla nebbia.

set down st. = set st. down

prendere un'annotazione
sia nella forma attiva sia nella passiva; anche nei tempi progressivi

• *I always set down everything I have to do, otherwise I may forget something.* Prendo sempre nota di tutto ciò che ho da fare, altrimenti potrei dimenticare qualcosa.

fissare per scritto regole, norme, condizioni, limiti
sia nella forma attiva sia nella passiva; anche nei tempi progressivi

• *The solicitor set down every single detail in the articles of association.* L'avvocato fissò ogni singolo dettaglio nello statuto.

set down

set down st. = set st. down

atterrare o ammarare o appontare con un aeromobile o far atterrare, ammarare o appontare un aeromobile

non nella forma passiva; anche nei tempi progressivi

• *The helicopter couldn't set down because of the bad weather conditions.* L'elicottero non poté posarsi a causa delle cattive condizioni atmosferiche.

sia nella forma attiva sia nella passiva quando c'è il complemento oggetto; anche nei tempi progressivi

• *There was a fire at the airport, but the pilot managed to set down the plane on the runway all the same.* Vi fu un incendio all'aeroporto, ma il pilota riuscì ugualmente a far atterrare l'aereo sulla pista.

set forth

set forth st.

stendere un resoconto ufficiale di qualcosa [*formale*]
sia nella forma attiva sia nella passiva; anche nei tempi progressivi

• *An account of the accident was set forth and then presented to the insurance company.* Un resoconto dell'incidente venne steso e poi presentato alla compagnia di assicurazioni.

spiegare qualcosa con chiarezza e ricchezza di dettagli [*formale*]
sia nella forma attiva sia nella passiva; anche nei tempi progressivi

• *You must set forth your complaints and send them by registered post to our head office.* Lei deve esporre le sue lagnanze per scritto e inviarle per posta raccomandata alla nostra sede centrale.

set st. forward → set st. ahead/forward

set in

set in

detto del freddo invernale, dell'inverno, della pioggia e della neve, cominciare e dare l'impressione di poter continuare
non nella forma passiva; anche nei tempi progressivi

• *It looks as if this rain has set in for the weekend.* A quanto sembra, questa pioggia durerà per tutto il weekend.

• *I bet this snow is setting in and will continue till tomorrow.* Si è messo a nevicare, e scommetto che andrà avanti fino a domani.

detto di uno stato d'animo negativo ma non violento, cominciare e dare l'impressione di poter continuare
non nella forma passiva; anche nei tempi progressivi

• *When I stepped onto the stage, panic set in and I completely forgot my lines.* Quando misi piede sul palcoscenico, fui preso dal panico e dimenticai completamente le mie battute.

insorgere (*detto di un'infezione o di una malattia infettiva*)
non nella forma passiva; anche nei tempi progressivi

• *The doctor prescribed antibiotics to prevent infection setting in after the operation.* Il medico prescrisse degli antibiotici per impedire che dopo l'intervento insorgesse un'infezione.

set off

set off

♦ mettersi in viaggio
non nella forma passiva; anche nei tempi progressivi

• *Catherine will have to set off early because of the rush hour traffic.* Catherine dovrà mettersi in viaggio presto a causa del traffico dell'ora di punta.

set sb. off

set sb. off doing st.

dare il via a qualcosa (*risate, pianti, lamentele, sbadigli, lunghi discorsi ripetitivi*)
sia nella forma attiva sia nella passiva; solitamente non nei tempi progressivi

• *The little girl started giggling and that set the whole class off.* La ragazzina cominciò a ridacchiare, e ciò diede l'avvio a tutta la classe.

• *The film was a real tearjerker. The death of the mother bear set the whole audience off crying.* Era proprio un film strappalacrime. La morte di mamma orso fece scoppiare a piangere tutto il pubblico.

set off st. = set st. off

♦ azionare un allarme (*spesso, inavvertitamente*)
sia nella forma attiva sia nella passiva; solitamente non nei tempi progressivi

• *This car alarm is too sensitive. The slightest touch sets it off.* L'antifurto di quest'auto è troppo sensibile. Il più lieve tocco lo fa partire.

♦ far esplodere una bomba, una mina, un petardo
sia nella forma attiva sia nella passiva; solitamente non nei tempi progressivi

• *The bomb-disposal experts are deciding whether to defuse the bomb or set it off.* Gli artificieri stanno decidendo se disinnescare la bomba o farla esplodere.

♦ accendere una miccia o i fuochi d'artificio
sia nella forma attiva sia nella passiva; solitamente non nei tempi progressivi

• *He had just set off the fuse when he realized it was too short.* Aveva appena acceso la miccia quando si rese conto che era troppo corta.

♦ innescare un incendio
sia nella forma attiva sia nella passiva; solitamente non nei tempi progressivi

• *The cigarette butt set off a fire in the woods.* Il mozzicone di sigaretta innescò un incendio nei boschi.

scatenare, di solito inavvertitamente, una serie di episodi di violenza
sia nella forma attiva sia nella passiva; solitamente non nei tempi progressivi

• *The blackout set off a wave of lootings.* Il blackout innescò un'ondata di saccheggi.

• *The terrorist attack is setting off panic throughout the city.* L'attentato terroristico sta seminando il panico in tutta la città.

far risaltare qualcosa (*detto dell'accostamento con qualcos'altro*)
sia nella forma attiva sia nella passiva; solitamente non nei tempi progressivi

• *The light yellow cushions set off the brown velvet of the sofa.* I cuscini giallo chiaro mettono in evidenza il velluto marrone del sofà.

• *This white bikini® sets off your suntan.* Questo bikini® bianco esalta la tua abbronzatura.

set off against

set st. off against st.

mettere a confronto due valori
sia nella forma attiva sia nella passiva; solitamente non nei tempi progressivi

• *If you set the investment off against the future returns, you will see that it is certainly worthwhile.* Se confronti l'investimento con i futuri ricavi, vedrai che ne vale certamente la pena.

portare una spesa sostenuta in detrazione dei propri guadagni facendo la dichiarazione dei redditi
sia nella forma attiva sia nella passiva; solitamente non nei tempi progressivi

• *Part of the cost of your new bathroom, Mrs White, can be set off against your income on your tax return.* Parte del costo del suo bagno nuovo, signora White, può essere detratto dalle sue entrate con la dichiarazione dei redditi.

set on

set on sb.

set sb./st. on sb.

aggredire qualcuno fisicamente (*detto di una persona o di un animale*), o fare in modo che una persona o un animale aggredisca qualcuno
sia nella forma attiva sia nella passiva; solitamente non nei tempi progressivi

• *The mugger set on the old lady, knocking her down and seizing her pension.* Il rapinatore assalì la vecchia signora, gettandola a terra per impadronirsi della sua pensione.

• *If those people don't get off my property, I'll set the dogs on them.* Se quella gente non uscirà dalla mia proprietà, le aizzerò contro i cani.

set out

set out

♦ mettersi in viaggio
non nella forma passiva; solitamente non nei tempi progressivi

• *They set out from Paris at dawn to drive down to the coast.* Partirono (*in auto*) da Parigi all'alba per dirigersi verso la costa.

iniziare un'attività (*spesso, quando si è già deciso quali obiettivi porsi*)
non nella forma passiva; solitamente non nei tempi progressivi

• *The Chinese trapeze artists are extremely skilful, probably because they set out at a very young age.* I trapezisti cinesi sono abilissimi, probabilmente perché cominciano da molto piccoli.

• *Sheila was only nine years old when she set out with the aim of becoming a ballet dancer.* Sheila aveva solo nove anni quando cominciò a perseguire l'obiettivo di diventare una ballerina.

set out st. = set st. out

mettere per scritto o esporre oralmente qualcosa, ordinatamente e con chiarezza (*talora seguendo uno schema prestampato*)
sia nella forma attiva sia nella passiva; anche nei tempi progressivi

• *«What are you writing, Mum?» «A list. I'm setting out your duties in the hope of avoiding misunderstandings, Bobby.»* «Che cosa stai scrivendo, mamma?» «Una lista; sto elencando con chiarezza i tuoi doveri allo scopo di evitare malintesi, Bobby.»

• *Ms Collins, could you please set out my appointments following the layout already printed in my diary?* Signora Collins, potrebbe per favore prendere nota dei miei appuntamenti seguendo lo schema prestampato sulla mia agenda?

set up

set sb. up

mettere, o rimettere, qualcuno in forze o in salute [*informale*]
sia nella forma attiva sia nella passiva; anche nei tempi progressivi

• *The doctor prescribed a tonic to set Ethel up after her operation.* Il dottore prescrisse un tonico perché Ethel si rimettesse in forze dopo l'operazione.

• *If you're tired, go to sleep. Tomorrow morning a good breakfast will set you up to face the day.* Se sei stanco, va' a dormire. Domattina una buona colazione ti metterà in sesto per affrontare la giornata.

set up sb. = set sb. up

far apparire qualcuno colpevole di qualcosa che afferma di non aver commesso [*informale*]
sia nella forma attiva sia nella passiva; solitamente non nei tempi progressivi

• *He claims he is innocent; he says that his partners set him up.* Afferma di essere innocente; dice che sono stati i suoi soci a farlo incolpare.

• *Don't blame me. I've been set up.* Non date la colpa a me. Sono stato incastrato.

dare a qualcuno il denaro o le attrezzature che gli occorrono per avviare un'attività
non nella forma passiva; anche nei tempi progressivi

• *She could never have started the business if her father hadn't set her up.* Lei non avrebbe mai potuto mettersi in affari se suo padre non l'avesse aiutata finanziariamente.

set oneself up

cominciare a lavorare per sé stesso nella propria azienda o nel proprio studio
sempre nella forma riflessiva; anche nei tempi progressivi

• *He risked everything to set himself up, but his firm has been a great success.* Ha rischiato tutto per mettersi in proprio, ma la sua azienda ha avuto un grande successo.

set up st. = set st. up

♦ impostare un computer (*cioè eseguire l'installazione e configurarlo*)
sia nella forma attiva sia nella passiva; anche nei tempi progressivi

• *Thanks for helping me to set up the new computer. I never could have done it on my own.* Grazie per avermi aiutato a impostare il computer nuovo. Non sarei mai stato capace di farlo da solo.

♦ dare inizio a un'attività a scopo di lucro o non (*come aprire un ufficio, fondare un'azienda, costituire un comitato, istituire un servizio o un fondo*) oppure organizzare qualcosa (*l'accezione è molto ampia*)
sia nella forma attiva sia nella passiva; anche nei tempi progressivi

• *Don and Bill have decided to set up a travel agency specialized in educational holidays.* Don e Bill hanno deciso di aprire un'agenzia di viaggi specializzata in vacanze di studio.

• *The committee has set up a fund for the earthquake victims.* Il comitato ha istituito un fondo per le vittime del terremoto.

approntare tutto ciò che è necessario per lo svolgimento di una determinata attività
sia nella forma attiva sia nella passiva; anche nei tempi progressivi

• *The exhibition opens at ten tomorrow morning, so all hands are welcome this evening to help us set up the stand.* La mostra apre domattina alle dieci, perciò chiunque questo pomeriggio ci darà una mano a preparare lo stand sarà bene accetto.

• *We've asked Rosemary to set up the fashion show again; she always does an excellent job.* Abbiamo chiesto a Rosemary di fare i preparativi per la sfilata di moda; lei fa sempre un lavoro eccellente.

settle

settles, settled, settled, settling

settle down

settle down

♦ sistemarsi (*in un posto, solitamente con l'intenzione di fermarvisi a lungo con la stessa persona e conducendo una vita regolare*)
non nella forma passiva; solitamente non nei tempi progressivi

• *After changing several partners, Danny has at last settled down with a nice quiet girl.* Dopo avere cambiato parecchie partner, Danny, finalmente, si è sistemato con una brava ragazza.

• *Sally broke off her relationship with Bill because she wanted to settle down but he didn't.* Sally ha rotto la sua relazione con Bill perché lei voleva mettere su casa e lui no.

♦ adattarsi bene a una nuova situazione
non nella forma passiva; anche nei tempi progressivi

• *Peter settled down very quickly and made lots of friends at his new school.* Peter si è adattato molto rapidamente e si è fatto un mucchio di amici nella sua nuova scuola.

settle down

settle sb./st. down

calmarsi (*detto di persone o animali*), o fare in modo che una persona o un animale si calmi

non nella forma passiva; anche nei tempi progressivi

• *«Stop giggling, children, and settle down,» said the teacher.* «Smettete di ridacchiare, bambini, e tranquillizzatevi,» disse l'insegnante.

sia nella forma attiva sia nella passiva quando c'è il complemento oggetto; anche nei tempi progressivi

• *The children are so excited when Uncle Robert comes to see us, and it is very difficult to settle them down at bedtime.* I bambini sono così elettrizzati quando viene a trovarci lo zio Robert, ed è molto difficile tranquillizzarli all'ora di andare a dormire.

settle down to

settle down to st.

settle down to do st.

mettersi a fare qualcosa con impegno
non nella forma passiva; solitamente nei tempi progressivi

• *I can never settle down to my work/settle down to work until I've had a cup of coffee.* Non riesco mai a mettermi a lavorare d'impegno se prima non ho preso un caffè.

settle for

settle for st.

♦ accontentarsi di qualcosa
sia nella forma attiva sia nella passiva; solitamente non nei tempi progressivi

• *Sheila wanted a Rolls Royce, but had to settle for a Mercedes.* Sheila voleva una Rolls Royce, ma dovette accontentarsi di una Mercedes.

settle for doing st.

accontentarsi di fare qualcosa
non nella forma passiva; solitamente non nei tempi progressivi

• *It is clear by now that Daniel must settle for playing second fiddle to his powerful elder brother.* È ormai chiaro che Daniel deve accontentarsi di fare da violino di spalla al suo potente fratello maggiore.

settle in/into

settle in

settle in sb. = settle sb. in

settle into st.

settle sb. into st.

cominciare a sentirsi a proprio agio in un nuovo ambiente (*solitamente casa, lavoro, scuola*)

non nella forma passiva; anche nei tempi progressivi

• *Patrick had to change school when we moved house, but he has settled in wonderfully.* Patrick ha dovuto cambiare scuola quando abbiamo traslocato, ma si è adattato magnificamente.

sia nella forma attiva sia nella passiva quando c'è il complemento oggetto; anche nei tempi progressivi

• *«What about Timmy's new kindergarten?» «Mmmh... it took me one month to settle him in.»* «Che mi dici del nuovo kindergarten di Timmy?» «Mmmh... mi ci è voluto un mese per farlo ambientare.»

settle on

settle st. on sb.

lasciare in legato del denaro o una proprietà a qualcuno [*formale*]
sia nella forma attiva sia nella passiva; solitamente non nei tempi progressivi

• *The old man settled his fortune on his favourite grandson.* Il vecchio lasciò in legato la sua fortuna al nipote prediletto.

• *Most of the inheritance was settled on Stuart, but a small annuity was settled on each of the old servants.* La maggior parte dell'eredità andò a Stuart , ma a ciascuno dei vecchi servitori venne assegnata una piccola rendita annua.

settle on/upon

settle on/upon st.

settle on/upon doing st.

giungere a una decisione (*individualmente o accordandosi con qualcuno*) [*formale con upon*]
sia nella forma attiva sia nella passiva; solitamente non nei tempi progressivi

• *I have settled on/upon «ancientP» as my password: I will never forget it and I hope no one else will ever think of it.* Sono giunto alla decisione che la mia password sarà «ancientP»: io non la dimenticherò mai e spero che a nessun altro verrà mai in mente.

settle up

settle up

settle up st. = settle st. up

saldare un conto o un debito

non nella forma passiva; solitamente non nei tempi progressivi

• *I'll pay now and we can settle up when we get home.* Adesso pago io e quando arriveremo a casa potremo regolare i conti.

sia nella forma attiva sia nella passiva quando c'è il complemento oggetto; solitamente non nei tempi progressivi

• *Put it on my slate, Bill, and I'll settle everything up at the end of the month.* Mettilo sul mio conto, Bill, e io pagherò tutto alla fine del mese.

settle upon st. - settle upon doing st. → settle on/upon st. - settle on/upon doing st.

shake

shakes, shook, shaken, shaking

shake off

shake off sb./st. = shake sb./st. off

riuscire a sfuggire agli inseguitori (*persone o animali*)
sia nella forma attiva sia nella passiva; anche nei tempi progressivi

• *The robbers couldn't shake off the police/the police dogs and were caught just outside the city.* I rapinatori non riuscirono a seminare la polizia/i cani poliziotti e furono presi appena fuori della città.

shake off st. = shake st. off

♦ liberarsi di qualcosa di fastidioso
sia nella forma attiva sia nella passiva; anche nei tempi progressivi

• *I just can't shake off this cough.* Non riesco proprio a liberarmi di questa tosse.

shake up

shake up sb. = shake sb. up

turbare qualcuno
sia nella forma attiva sia nella passiva; anche nei tempi progressivi

• *James' parents were really shaken up by his divorce.* I genitori di James sono rimasti profondamente scossi dal suo divorzio.

shoot

shoots, shot, shot, shooting

shoot down

shoot down sb./st. = shoot sb./st. down

abbattere un aereo e il suo pilota (*sparando*)
anche nella forma attiva, ma più spesso nella passiva; solitamente non nei tempi progressivi

• *The pilot was shot down while flying over enemy territory.* Il pilota venne abbattuto mentre sorvolava il territorio nemico.

shoot up

shoot up

♦ detto di un prezzo, salire di colpo
non nella forma passiva; solitamente non nei tempi progressivi

• *Petrol prices shot up even before the invasion began.* Il prezzo della benzina è salito di colpo anche prima che iniziasse l'invasione.

show

shows, showed, shown, showing

show around/round

show sb. around/round

show sb. around/round swh.

♦ far visitare a qualcuno un luogo che non conosce (*città, quartiere, monumento, museo, casa, giardino*)
sia nella forma attiva sia nella passiva; anche nei tempi progressivi

• *Let me know if you come to London; I'll show you around/round.* Se vieni a Londra, fammelo sapere; ti farò da guida.

• *The tourists were shown around/round the Eiffel Tower in the morning, and around/round the Louvre in the afternoon.* Ai turisti vennero fatti visitare la Torre Eiffel al mattino e il Louvre al pomeriggio.

show in/into

show in sb. = show sb. in

show sb. into swh.

♦ accompagnare un visitatore all'interno di un ambiente (*stanza, ufficio, casa*) in cui è previsto che deva incontrare o attendere qualcuno
sia nella forma attiva sia nella passiva; anche nei tempi progressivi

• *Ms Dickson, show Mr Blain in as soon as he arrives.* Signora Dickson, faccia accomodare il signor Blain appena arriva.

• *The visitors were shown in by an aged caretaker.* I visitatori vennero fatti entrare da un anziano custode.

show off

show off

♦ mettersi in mostra
non nella forma passiva; anche nei tempi progressivi

• *Arthur ordered the dinner in French just because he wanted to show off in front of Madeleine.* Arthur ha ordinato la cena in francese solo perché voleva mettersi in mostra con Madeleine.

show off sb./st. = show sb./st. off

♦ mostrare a più persone qualcuno o qualcosa di cui si è orgogliosi (*ricercando la loro ammirazione*)
non nella forma passiva; anche nei tempi progressivi

• *Cindy took her new fiancé – a Hollywood actor, she said - to visit all her friends just to show him off.* Cindy portò il suo nuovo fidanzato - un attore di Hollywood, lei diceva - a far visita a tutti gli amici solo per esibirlo.

show off st. = show st. off

detto di una cosa, mettere in risalto le qualità positive di un'altra
non nella forma passiva; non nei tempi progressivi

• *Laureen wore a white evening dress that showed off her tan.* Laureen indossava un abito da sera bianco che metteva in risalto la sua abbronzatura.

• *These push-up bras show off even a modest bust.* Questi push-up valorizzano anche un seno poco abbondante.

show out

show out sb. = show sb. out

accompagnare alla porta un visitatore che lascia un edificio o una stanza
sia nella forma attiva sia nella passiva; anche nei tempi progressivi

• *The secretary showed the visitors out.* La segretaria accompagnò alla porta i visitatori.

• *You don't have to show me out. I know the way.* Non c'è bisogno che mi accompagni. Conosco la strada.

show over

show sb. over swh.

accompagnare qualcuno in visita (*in qualche modo formale*) in un luogo (*nel frattempo fornendogli delle informazioni*) [*GB e Australia*]
sia nella forma attiva sia nella passiva; anche nei tempi progressivi

• *The estate agent showed us over no less than five houses that were up for sale.* L'agente immobiliare ci fece visitare ben cinque case in vendita.

• *After the guide had shown us over the museum, we were taken to the souvenir shop.* Dopo che la guida ci ebbe fatto visitare il museo, venimmo condotti al negozio di souvenir.

show sb. round - show sb. round swh.→ show sb. around/round = show sb. around/round swh.

show through

show through

show through st.

vedersi attraverso qualcosa
non nella forma passiva; anche nei tempi progressivi

• *Sandra's dress was almost transparent and her underwear showed through.* L'abito di Sandra era quasi trasparente e lasciava intravedere la biancheria.

trasparire (*detto di un sentimento o di uno stato d'animo*)
non nella forma passiva; solitamente non nei tempi progressivi

• *I tried to control myself, but my excitement showed through.* Tentai di controllarmi, ma la mia agitazione era evidente.

show up

show up

♦ arrivare (*in un luogo in cui si è attesi*) [*informale*]
non nella forma passiva; solitamente non nei tempi progressivi

• *The party was a disaster. Only four people showed up.* La festa è stata un disastro. Sono intervenute solo quattro persone.

• *The new office boy didn't show up this morning.* Il nuovo fattorino non si è fatto vivo stamattina.

show up sb. = show sb. up

far fare brutta figura a qualcuno, o mettere qualcuno a disagio, con il proprio modo di comportarsi [*GB*]
sia nella forma attiva sia nella passiva; anche nei tempi progressivi

• *You can't take her anywhere; her bad manners will show you up.* Non puoi portarla in nessun posto; con le sue cattive maniere ti farà fare brutta figura.

show up

show up st. = show st. up

vedersi chiaramente o far sì che qualcosa sia visto chiaramente

non nella forma passiva; solitamente non nei tempi progressivi

• *Oh, no! Not a cream-coloured carpet! The dirt would show up too easily!* Oh, no! Non una moquette color crema! Lo sporco si vedrebbe troppo facilmente!

sia nella forma attiva sia nella passiva quando c'è il complemento oggetto; solitamente non nei tempi progressivi

• *«This black velvet dress will show up my diamond brooch,» Helen said to herself, and bought it.* «Questo abito di velluto nero metterà in risalto la mia spilla di diamanti,» si disse Helen, e lo comprò.

---

shut

shuts, shut, shut, shutting

shut away

shut away sb. = shut sb. away

rinchiudere qualcuno in un luogo dal quale non potrà allontanarsi facilmente
sia nella forma attiva sia nella passiva; solitamente non nei tempi progressivi

• *If I had my own way, I would shut her away and throw away the key.* Se potessi fare a modo mio, la rinchiuderei e getterei via la chiave.

• *I think that murderer should be shut away for the rest of his life.* Penso che quell'assassino dovrebbe restare segregato per il resto dei suoi giorni.

shut oneself away

isolarsi (*per restare soli per un certo periodo*)

sempre nella forma riflessiva; solitamente non tempi progressivi

• *Derek has shut himself away at our Sheringham house to finish studying for his examination next week.* Derek si è isolato nella nostra casa di Sheringham per finire la preparazione dell'esame della prossima settimana.

shut away st. = shut st. away

chiudere qualcosa in un posto difficile da raggiungere

sia nella forma attiva sia nella passiva; solitamente non nei tempi progressivi

• *After his wife's death, Lord Bilberry shut away the family jewels and never took them out of the safe again.* Dopo la morte della moglie, lord Bilberry mise via i gioielli di famiglia e non li tolse mai più dalla cassaforte.

shut down

shut down

shut down st. = shut st. down

♦ chiudere (*detto di una fabbrica o di un'attività commerciale*) o chiudere una fabbrica o un'attività commerciale

non nella forma passiva; solitamente non nei tempi progressivi

• *Many workers were made redundant when the car factory shut down.* Molti operai vennero dichiarati in esubero quando la fabbrica di auto chiuse i battenti.

sia nella forma attiva sia nella passiva quando c'è il complemento oggetto; solitamente non nei tempi progressivi

• *After privatisation, the new owners decided to shut down the unprofitable plants.* Dopo la privatizzazione, la nuova proprietà decise di chiudere gli stabilimenti non remunerativi.

arrestarsi (*detto di una macchina, un motore, una linea di produzione, un sistema informatico*), o arrestare gli stessi

non nella forma passiva; solitamente non nei tempi progressivi

• *The computer shuts down automatically if no one uses it for half an hour.* Il computer si arresta automaticamente se nessuno lo usa per mezzora.

sia nella forma attiva sia nella passiva quando c'è il complemento oggetto; solitamente non nei tempi progressivi

• *We will shut down half of the production lines during the holidays, but we'll try to keep the others running.* Fermeramo metà delle linee di produzione durante le festività, ma tenteremo di mantenere in attività le altre.

shut in

shut in sb./st. = shut sb./st. in

shut sb./st. in st.

chiudere una persona o un animale in una casa, una stanza, un recinto in modo tale che non possa uscire, o costringere gli stessi a restare al chiuso

sia nella forma attiva sia nella passiva; solitamente non nei tempi progressivi

• *Robert, make sure you don't shut the dog in when you leave the house!* Robert, assicurati di non chiudere dentro il cane quando esci di casa!

• *When we went to the Lake District, we were shut in for three days running because of the heavy rain.* Quando andammo nella Regione dei laghi, la pioggia ci costrinse a stare al chiuso per tre giorni di fila.

shut oneself in

shut oneself in st.

chiudersi in casa o in una stanza

sempre nella forma riflessiva; solitamente non nei tempi progressivi

• *He was dog-tired and couldn't wait to get home and shut himself in for the rest of the evening.* Era stanco morto e non vedeva l'ora di arrivare a casa e chiudersi dentro per il resto della serata.

shut st. in st.

chiudere una parte del corpo o il lembo di un indumento in una porta

sia nella forma attiva sia nella passiva; solitamente non nei tempi progressivi

• *Ahhh! My finger! I've shut it in the car door!* Ahhh! Il mio dito! Me lo sono chiuso nella portiera dell'auto!

shut off

shut oneself off

interrompere i rapporti con il prossimo

sempre nella forma riflessiva; solitamente non nei tempi progressivi

• *He has shut himself off and has gone to live on a distant island called Fetland.* Ha interrotto i rapporti con il prossimo ed è andato a vivere in un'isola remota chiamata Fetland.

shut off

shut off st. = shut st. off

interrompersi (*detto del funzionamento di una macchina*), o interrompere il funzionamento di una macchina

non nella forma passiva; solitamente non nei tempi progressivi

• *If there is an anomaly, the machine immediately shuts off.* Se vi è un'anomalia, la macchina si arresta immediatamente.

sia nella forma attiva sia nella passiva quando c'è il complemento oggetto; solitamente non nei tempi progressivi

• *We will have to shut off the air conditioning while the repairs are being carried out.* Dovremo spegnere l'aria condizionata mentre si stanno eseguendo le riparazioni.

shut off st. = shut st. off

♦ interrompere l'erogazione di gas, corrente elettrica, acqua
sia nella forma attiva sia nella passiva; solitamente non nei tempi progressivi

• *The electrician shut off the power before beginning the repairs.* L'elettricista staccò la corrente elettrica prima di dare inizio alle riparazioni.

«Why has the gas been shut off?» «Because we forgot to pay the bill.» «Perché ci hanno tolto il gas?» «Perché abbiamo dimenticato di pagare la bolletta.»

interrompere la fornitura di un bene di consumo
sia nella forma attiva sia nella passiva; solitamente non nei tempi progressivi

• *The OPEC nations might decide to shut off oil supplies for one month.* I paesi dell'OPEC potrebbero decidere di interrompere le forniture di petrolio per un mese.

precludere una vista interponendo qualcosa
sia nella forma attiva sia nella passiva; solitamente non nei tempi progressivi

• *They have planted a row of fir trees to shut off the view of the rubbish dump.* Hanno piantato una fila di abeti per impedire che si veda la discarica.

shut off from

be shut off from sb./st.

essere isolato dalle persone e dall'ambiente circostanti
sempre to be + participio passato; non nei tempi progressivi

• *The prisoners are shut off from the surrounding population by two high barbed wire fences.* I prigionieri sono tagliati fuori dalla popolazione circostante da due alti recinti di filo spinato.

shut out

shut out sb. = shut sb. out

escludere qualcuno da un'attività
sia nella forma attiva sia nella passiva; anche nei tempi progressivi

• *I'm not going to the party. I don't know any of the other guests and I'm afraid I will be shut out.* Non andrò alla festa. Non conosco nessuno degli altri invitati e temo di rimanere escluso.

escludere qualcuno dalla condivisione dei propri pensieri o della propria vita
sia nella forma attiva sia nella passiva; anche nei tempi progressivi

• *Why are you shutting me out? Talking about your problem will help.* Perché mi tieni fuori? Parlare del tuo problema ti aiuterà.

shut out sb./st. = shut sb./st. out

impedire a una persona o a un animale di entrare in un luogo, solitamente chiudendo una porta o un cancello
sia nella forma attiva sia nella passiva; solitamente non nei tempi progressivi

• *I always shut the dog out when I go to work and leave him in the garden.* Quando vado al lavoro chiudo sempre fuori il cane e lo lascio in giardino.

shut out st. = shut st. out

tenere all'esterno la luce o i rumori
sia nella forma attiva sia nella passiva; anche nei tempi progressivi

• *Open those curtains! They are shutting out all the sunlight.* Apri quelle tende! Impediscono alla luce del sole di entrare.

• *Double glazing will shut the noise of the traffic out.* I doppi vetri terranno fuori i rumori del traffico.

impedirsi di pensare a qualcosa (*che turba o che è troppo doloroso*)
sia nella forma attiva sia nella passiva; solitamente non nei tempi progressivi

• *Harriet tried to shut out her worries in order to get on with her work.* Harriet tentò di non pensare alle sue preoccupazioni perché voleva andare avanti col lavoro.

shut up

shut up

shut sb. up

♦ smettere di parlare o di fare rumore, o fare in modo che qualcuno smetta di parlare o di fare rumore [*informale*]
non nella forma passiva; solitamente non nei tempi progressivi; spesso all'imperativo

• *Shut up, kids! I can't hear myself think!* Silenzio, ragazzi! Non riesco a concentrarmi!

• *Mary is a real chatterbox. She never shuts up.* Mary è una vera chiacchierona. Non sta mai zitta.

• *Can't you shut those kids up, Sheila, while I'm on the phone?* Sheila! Non puoi far stare zitti quei bambini mentre io sono al telefono?

shut up sb./st. = shut sb./st. up

rinchiudere una persona o un animale in un luogo, impedendogli di uscire
sia nella forma attiva sia nella passiva; solitamente non nei tempi progressivi

• *I always have to shut Ringo up when my niece comes; she's terrified of dogs.* Devo sempre rinchiudere Ringo quando viene mia nipote; lei è terrorizzata dai cani.

shut up

shut up st. = shut st. up

chiudere (*detto di un'azienda durante il periodo di inattività*) o chiudere un'azienda durante tale periodo [*GB*]

non nella forma passiva; solitamente non nei tempi progressivi

• *The restaurants on the seafront shut up during the winter months.* I ristoranti sul lungomare chiudono durante i mesi invernali.

sia nella forma attiva sia nella passiva quando c'è il complemento oggetto; solitamente non nei tempi progressivi

• *Now that Easter has come and gone, all the bars and the restaurants at the ski resort have been shut up.* Ora che Pasqua è arrivata e passata, tutti i bar e i ristoranti della stazione sciistica sono stati chiusi.

sign

signs, signed, signed, signing

sign in

sign in

sign in sb. = sign sb. in

firmare un registro (*nell'arrivare in un edificio, ufficio, club*), o annotare in un registro il nome di un visitatore

non nella forma passiva; anche nei tempi progressivi

• *Don't forget to sign in before you enter the swimming pool.* Non dimenticarti di firmare il registro prima di entrare in piscina.

sia nella forma attiva sia nella passiva quando c'è il complemento oggetto; anche nei tempi progressivi

• *I'll sign you in as a guest of the club, Mr Gable.* Annoterò il suo nome nel registro come ospite del club, signor Gable.

sign on

sign on

firmare un contratto di lavoro (*detto del lavoratore, solitamente in riferimento a un lavoro fisso*)
non nella forma passiva; solitamente non nei tempi progressivi [*spesso* + *with*]

• *What luck! She's signed on with a publishing house!* Che fortuna! È stata assunta da una casa editrice!

sign on sb. = sign sb. on

assumere un lavoratore (*facendogli firmare un contratto*)
sia nella forma attiva sia nella passiva; solitamente non nei tempi progressivi

• *The interview went very well, and they're going to sign me on.* Il colloquio è andato molto bene, e mi assumeranno.

sign over

sign over st. = sign st. over

trasferire a qualcuno la proprietà di qualcosa firmando un documento
sia nella forma attiva sia nella passiva; solitamente non nei tempi progressivi

• *Mr Jones decided to retire and sign his business over to his eldest son.* Il signor Jones ha deciso di andare in pensione e cedere l'attività al figlio maggiore.

sign up

sign up

♦ iscriversi a un corso
non nella forma passiva; anche nei tempi progressivi

• *If you want to take the Spanish course, you'd better sign up as soon as possible. There are just a few places left.* Se vuoi iscriverti al corso di spagnolo, dovresti farlo al più presto. Sono rimasti solo pochi posti.

---

sit

sits, sat, sat, sitting

sit about/around

sit about/around

sit about/around swh.

♦ trascorrere il tempo in ozio (*prevalentemente seduti*)
non nella forma passiva; anche nei tempi progressivi [*spesso* + *doing st.*]

• *What a nightmare! Danny's flight was delayed, and we had to sit about/around half a day waiting for him.* Che incubo! Il volo di Danny è stato ritardato, e noi siamo dovuti restare seduti mezza giornata ad aspettarlo.

sit back

sit back

♦ sedersi comodamente appoggiandosi allo schienale di una sedia, una poltrona, un divano e rilassandosi
non nella forma passiva; anche nei tempi progressivi

• *When I get home after a long day in the shop, I sit back in front of the telly and put my feet up.* Quando torno a casa dopo una lunga giornata in negozio, mi metto comodamente seduto davanti alla tivù con i piedi sollevati.

restare passivamente in attesa che si verifichi qualcosa
non nella forma passiva; anche nei tempi progressivi

• *«Now that I have done the examination, all I can do is sit back and wait for the results.»* «Ora che ho sostenuto l'esame, tutto ciò che posso fare è restare in attesa dei risultati.»

sit by

sit by

non intervenire per arginare l'aggravamento di una situazione negativa
non nella forma passiva; anche nei tempi progressivi

• *They lost all hope and just sat by while the company sank further into debt.* Persero ogni speranza e si limitarono a stare a guardare mentre la società affondava ulteriormente nei debiti.

sit down

sit down

♦ mettersi a sedere (*anche per terra*)
non nella forma passiva; solitamente non nei tempi progressivi

• *Hallo, Gladys! Come in and sit down with us!* Ciao, Gladys! Entra e siediti con noi!

• *You know you mustn't sit down in Granny's armchair, Tommy!* Lo sai che non devi sederti nella poltrona della nonna, Tommy!

sedersi dedicando tempo alla discussione di un problema o al raggiungimento di una decisione
non nella forma passiva; solitamente non nei tempi progressivi

• *You just have to sit down and talk it over, otherwise you will never see eye to eye.* Voi dovete semplicemente sedervi e discuterne a fondo, altrimenti non vi troverete mai pienamente d'accordo.

be sitting down

♦ essere o stare seduto
non nella forma passiva; sempre nei tempi progressivi

• *I'm afraid I can't knit unless I'm sitting down comfortably.* Temo di non poter lavorare ai ferri se non sto seduta comodamente.

sit sb. down

mettere qualcuno a sedere (*solitamente, un bambino piccolo*)
non nella forma passiva; anche nei tempi progressivi

• *The photographer is sitting the smaller children down in front of the others.* Il fotografo sta mettendo a sedere i bambini più piccoli davanti agli altri.

fare sedere qualcuno
non nella forma passiva; anche nei tempi progressivi

• *The policeman sat the woman down and tried to break the bad news to her gently.* L'agente di polizia fece sedere la donna e cercò di darle la cattiva notizia con delicatezza.

sit oneself down

sedersi (*come invito cortese*)
sempre nella forma riflessiva; spesso all'imperativo; solitamente non nei tempi progressivi

• *Sit yourself down and make yourself comfortable.* Siediti e mettiti a tuo agio.

sedersi (*con una sfumatura di disapprovazione nei confronti di chi si siede*)
sempre nella forma riflessiva; solitamente non nei tempi progressivi

• *The obese lady sat herself down on the bench taking up the whole of it.* L'obesa signora si sedette sulla panchina occupandola per intero.

sit for

sit for sb.

fare da baby-sitter a un bambino
non nella forma passiva; anche nei tempi progressivi

• *Nancy sat for the neighbours' children when she was a teenager.* Da adolescente, Nancy faceva da baby-sitter ai bambini dei vicini.

assistere (*occasionalmente*) una persona non autosufficiente
non nella forma passiva; anche nei tempi progressivi

• *After Grandfather's stroke, I sat for him from time to time to give Grandmother a break.* Dopo che il nonno ebbe avuto un colpo, ogni tanto lo assistei per dare un po' di sollievo alla nonna.

sit for sb./st.

posare per un artista o per un ritratto
non nella forma passiva; anche nei tempi progressivi

• *Mrs Ramsbottom is dying to sit for Jason Smyles, the famous portrait painter.* La signora Ramsbottom muore dalla voglia di posare per Jason Smyles, il celebre ritrattista.

sit in

sit in

essere presente a una riunione o a una lezione (*senza prendervi parte attiva*)
non nella forma passiva; anche nei tempi progressivi

• *I'm glad I don't have to take the class today. I'm so nervous when the headmaster sits in.* Sono contenta di non dover tenere lezioni oggi. Sono così nervosa quando assiste il preside.

occupare un luogo pubblico per protesta (*originariamente, sedendosi e rifiutando di andar via*)
non nella forma passiva; anche nei tempi progressivi

• *The students have voted to sit in as a protest against the reduction in government subsidies to high schools.* Gli studenti hanno votato per un'occupazione di protesta contro la riduzione dei sussidi governativi alla scuola secondaria.

sit in for

sit in for sb.

prendere il posto di qualcuno che è assente
non nella forma passiva; anche nei tempi progressivi

• *If you can't go to the meeting, I can sit in for you.* Se non puoi andare alla riunione, posso rimpiazzarti io.

sit on

sit on st.

far parte di un comitato o di una giuria
non nella forma passiva; anche nei tempi progressivi

• *Did you know that Mrs Smithers is sitting on the jury for the trial?* Sapevi che la signora Smithers è membro della giuria nel processo?

tenere nel cassetto una lettera o una pratica (*per insabbiarla*) [*informale*]
non nella forma passiva; anche nei tempi progressivi

• *I'm sure they are sitting on my letter of complaint in the hope that I will give up.* Sono sicuro che tengono nel cassetto la mia lettera di reclamo nella speranza che io rinunci.

ignorare un problema (*per incapacità di intervenire*)
non nella forma passiva; anche nei tempi progressivi

• *Look at my antique chest of drawers!I didn't know what to do about the woodworm problem, and I'm afraid I just sat on it until it was too late!* Guarda la mia cassettiera antica! Io non sapevo che fare per il problema dei tarli, e temo di averlo ignorato fino a quando è stato troppo tardi!

tacere un'informazione
non nella forma passiva; anche nei tempi progressivi

• *The management sat on the news of the forthcoming merger to avoid protests from the workers.* La direzione tacque la notizia dell'imminente fusione per evitare le proteste dei lavoratori.

be sitting on st.

essere in possesso di qualcosa di molto prezioso (*a volte senza rendersene pienamente conto*)
non nella forma passiva; sempre nei tempi progressivi

• *When oilfields were discovered, the Texan farmers found themselves sitting on a fortune.* Quando vennero scoperti i giacimenti di petrolio, gli agricoltori texani si trovarono una fortuna sotto i piedi.

sit out

sit out st. = sit st. out

non poter prendere parte a un'attività fisica (*solitamente ballo o sport*) perché menomati o rifiutati
non nella forma passiva; anche nei tempi progressivi

• *Peter was forced to sit out the 100 metres freestyle because of a sprained shoulder.* Peter è stato costretto a non disputare i cento metri stile libero perché aveva una spalla slogata.

stare ad aspettare la fine di qualcosa (*triste, sgradevole, negativo, pericoloso*) prima di intraprendere qualsiasi azione
non nella forma passiva; anche nei tempi progressivi

• *If the government insists on sitting out the electricity workers' strike, it will bring the country to its knees.* Se il governo insisterà nel non intervenire durante lo sciopero dei lavoratori delle centrali elettriche, metterà in ginocchio il paese.

sit over

sit over st.

consumare un pasto o una bevanda senza fretta
non nella forma passiva; anche nei tempi progressivi

• *We can't sit over lunch too long; we must get back to work.* Non possiamo indugiare sul pranzo troppo a lungo; dobbiamo tornare al lavoro.

sit through

sit through st.

resistere sino alla fine di qualcosa (*una conferenza, una cena, un discorso, un incontro, uno spettacolo*) molto lungo o noioso
non nella forma passiva; anche nei tempi progrerssivi

• *What a boring lecture! I don't know how we managed to sit through it.* Che conferenza noiosa! Non so come siamo riusciti a resistere sino alla fine.

sit up

sit up

♦ tirarsi su a sedere (*da sdraiato*)
non nella forma passiva; solitamente non nei tempi progressivi

• *The patient mustn't sit up for the next three days, Nurse McGregor.* Il paziente non deve tirarsi su a sedere per i prossimi tre giorni, infermiera McGregor.

♦ sedere a schiena eretta
non nella forma passiva; solitamente non nei tempi progressivi

• *Sit up, Timmy!* Sta' dritto, Timmy!

• *If you don't sit up straight, you might develop scoliosis.* Se non stai seduto con la schiena eretta, potresti sviluppare la scoliosi.

stare alzato la notte
non nella forma passiva; anche nei tempi progressivi

• *Don't sit up for me, Mum! I'll be back home very late.* Non stare alzata per me, mamma! Rientrerò molto tardi.

risvegliare l'interesse e l'attenzione di qualcuno
non nella forma passiva; solitamente con make; non nei tempi progressivi

• *The news of the war made everyone sit up.* La notizia che era scoppiata la guerra destò l'attenzione di tutti.

• *The TV debate made the audience sit up and think.* Il dibattito televisivo risvegliò l'interesse del pubblico e lo fece riflettere.

be sitting up

♦ stare seduto (*in posizione eretta, detto di persona o di animale*)
non nella forma passiva; sempre nei tempi progressivi

• *Anita is much better. When we went to visit her, she was sitting up in bed having lunch.* Anita sta molto meglio. Quando siamo andati a trovarla, era seduta a letto e stava pranzando.

---

sleep

sleeps, slept, slept, sleeping

sleep in

sleep in

dormire fino a tardi
non nella forma passiva; anche nei tempi progressivi

• *The weekends are great because I finally have the chance to sleep in.* I weekend sono bellissimi perché finalmente ho la possibilità di dormire fino a tardi.

sleep off

sleep off st. = sleep st. off

farsi passare un malessere (*spesso un mal di testa o i postumi di un'ubriacatura*) dormendoci sopra

sia nella forma attiva sia nella passiva; anche nei tempi progressivi

• *I won't be in today because I've got a terrible headache. I hope I can sleep it off.* Non vengo al lavoro oggi perché ho un forte mal di testa. Spero di farmelo passare dormendoci sopra.

sleep together
sleep with

sleep together
sleep with sb.

dormire insieme o dormire con qualcuno (*come eufemismo per "fare sesso"*) [*informale*]

non nella forma passiva; anche nei tempi progressivi

• *Nobody knew that George and Mary had been sleeping together for over a year.* Nessuno sapeva che George e Mary dormivano insieme da più di un anno.

---

sober

sobers, sobered, sobered, sobering

sober up

sober up
sober up sb. = sober sb. up

smaltire un'ubriacatura, o aiutare qualcuno a farlo

non nella forma passiva; anche nei tempi progressivi

• *Before leaving the pub, Bill had a cup of coffee in the hope of sobering up.* Prima di lasciare il pub, Bill bevve una tazza di caffè sperando di smaltire la sbornia.

sia nella forma attiva sia nella passiva quando c'è il complemento oggetto; anche nei tempi progressivi

• *Before leaving the pub, Rick gave Bill a cup of coffee in the hope of sobering him up.* Prima di lasciare il pub, Rick diede a Bill una tazza di caffè sperando di fargli smaltire la sbornia.

sort

sorts, sorted, sorted, sorting

sort out

sort oneself out

sistemare sé stessi e le proprie cose (*per esempio, in albergo*) [*GB e Australia; informale*]
sempre nella forma riflessiva; anche nei tempi progressivi

• *When we get to the hotel, we'll have an hour or so to sort ourselves out before the congress starts.* Quando arriveremo in albergo, avremo circa un'ora per sistemarci prima dell'inizio del congresso.

organizzarsi [*GB e Australia; informale*]
sempre nella forma riflessiva; anche nei tempi progressivi

• *Do you need a hand with the party preparations, lads, or can you sort yourselves out?* Avete bisogno di una mano per i preparativi per la festa, ragazzi, o sapete organizzarvi?

risolvere i propri problemi o difficoltà [*GB e Australia; informale*]
sempre nella forma riflessiva; anche nei tempi progressivi

• *After her divorce, Amanda's life was a total mess for two months, but she is sorting herself out now.* Dopo il divorzio, la vita di Amanda fu un caos totale per due mesi, ma ora sta risolvendo i suoi problemi.

rimettersi in sesto (*dopo una malattia o prima di cominciare la giornata*) [*GB e Australia; informale*]
sempre nella forma riflessiva; anche nei tempi progressivi

• *In the morning, it takes me at least half an hour and two cups of strong coffee to sort myself out and get down to work.* Al mattino, mi ci vogliono almeno mezzora e due tazze di caffè forte per rimettermi in sesto e cominciare a lavorare.

mettere la testa a posto [*GB e Australia; informale*]
sempre nella forma riflessiva; anche nei tempi progressivi

• *«I'm so worried! Georgia was caught shoplifting!» «Perhaps it's just teenage rebellion. I'm sure she'll sort herself out.»* «Sono così preoccupata! Georgia è stata sorpresa a rubare in un negozio!» «Forse è solo ribellione adolescenziale. Sono sicura che metterà la testa a posto.»

sort itself out

concludersi bene (*detto di una vicenda o di una situazione difficile*) [*GB e Australia; informale*]
sempre nella forma riflessiva; anche nei tempi progressivi

• *Becky and Gerald are going through a very difficult period, but I'm sure that things will sort themselves out in the end.* Becky e Gerald stanno attraversando un periodo molto difficile, ma sono certo che alla fine tutto si aggiusterà.

sort out st. = sort st. out

♦ risolvere un problema o appianare una difficoltà
sia nella forma attiva sia nella passiva; anche nei tempi progressivi

• *The manager has called a meeting to try and sort the freight charges problem out.* Il direttore ha indetto una riunione per tentare di risolvere il problema delle spese di trasporto.

♦ mettere in ordine qualcosa (*materiale o immateriale*)
sia nella forma attiva sia nella passiva; anche nei tempi progressivi

• *Someone has mixed up the documents. It will take me all day to sort them out.* Qualcuno ha mescolato i documenti. Mi ci vorrà tutto il giorno per metterli a posto.

separare oggetti di un certo tipo dal gruppo eterogeneo in cui si trovano
sia nella forma attiva sia nella passiva; anche nei tempi progressivi

• *When the goods arrive, sort them out according to their code numbers and put them in the stockroom.* Quando la merce arriva, suddividila secondo il numero di codice e mettila in magazzino.

prendere una decisione riguardo a qualcosa (*discutendone con qualcuno e/o pensandoci bene*)
sia nella forma attiva sia nella passiva; anche nei tempi progressivi

• *I must phone the deputy headmaster. We've got to sort out the details of the school outing.* Devo telefonare al vicepreside. Dobbiamo decidere riguardo ai dettagli della gita scolastica.

---

speak

speaks, spoke, spoken, speaking

speak out

speak out

esprimere pubblicamente la propria opinione (*specialmente per opporsi a qualcuno o a qualcosa*) [*solitamente + against*]
non nella forma passiva; anche nei tempi progressivi

• *Very few politicians spoke out against the war.* Pochissimi politici si sono dichiarati contrari alla guerra.

speak up

speak up

esprimere pubblicamente la propria opinione (*specialmente a sostegno di qualcuno o di qualcosa*) [*solitamente + for*]
non nella forma passiva; anche nei tempi progressivi

• *Paula's colleagues knew it wasn't her fault, but nobody spoke up for her.* I colleghi di Paula sapevano che la colpa non era sua, ma nessuno l'ha difesa.

---

stand

stands, stood, stood, standing

stand about/around/round

stand about/around/round

trascorrere del tempo in piedi in attesa di qualcuno o qualcosa, oppure facendo qualcosa
non nella forma passiva; anche nei tempi progressivi

• *We stood about/around/round for half an hour in the freezing wind before the bus arrived.* Restammo in piedi per mezzora nel vento gelido prima che l'autobus arrivasse.

stand aside

stand aside

farsi da parte (*lasciando il posto ad altri, permanentemente o provvisoriamente*)
non nella forma passiva; anche nei tempi progressivi

• *«Is the boss retiring at last?» «Yes, he has decided to stand aside, and his nephew will take over.»* «Il capo si ritira finalmente?» «Sì, ha deciso di farsi da parte, e gli subentrerà il nipote.»

tenersi in disparte (*non intervenendo in una situazione difficile o pericolosa*)
non nella forma passiva; anche nei tempi progressivi

• *The country is ravaged by civil war while the rest of the world stands aside, just watching.* Il paese è devastato dalla guerra civile mentre il resto del mondo non interviene e sta a guardare.

stand back

stand back

♦ fare qualche passo indietro
non nella forma passiva; solitamente non nei tempi progressivi

• *You light the bonfire, Timmy, and then stand back.* Accendi tu il falò, Timmy, e poi tirati indietro.

porsi al di fuori di una situazione per capirla o di un problema per risolverlo
non nella forma passiva; solitamente non nei tempi progressivi

• *«I have no idea what to do when I finish university.» «Stand back and take stock of the situation.»* «Non ho idea di che cosa fare quando finirò l'università.» «Considera le cose con distacco e fa' il punto della situazione.»

be standing back

tenersi a distanza da qualcosa
non nella forma passiva; sempre nei tempi progressivi

• *Hallo, headquarters! Tell the helicopter pilot to descend. The public is standing back. Over and out.* Pronto, centrale! Dite al pilota dell'elicottero di scendere. La gente si tiene a distanza. Passo e chiudo.

stand between

stand between sb. and st.

frapporsi tra qualcuno e qualcosa
non nella forma passiva; anche nei tempi progressivi

• *I'm not going to let anybody stand between me and that job.* Non permetterò che nessuno si frapponga tra me e quel posto di lavoro.

stand by

stand by

♦ essere in attesa e pronta a entrare in azione (*detto di una persona*) o a essere utilizzata (*detto di una cosa*)
non nella forma passiva; anche nei tempi progressivi

• *The police will be standing by in case the football fans start making trouble.* La polizia si terrà pronta nel caso in cui i tifosi cominciassero a combinare guai.

• *There was an ambulance standing by when the plane touched down.* C'era un'ambulanza in attesa quando l'aereo atterrò.

restare a guardare senza intervenire in una situazione difficile o pericolosa
non nella forma passiva; non nei tempi progressivi

• *When I saw the pickpocket stealing the wallet, I couldn't just stand by so I hit him with my umbrella.* Quando vidi che il borseggiatore stava rubando il portafoglio, non potei fare a meno di intervenire e lo colpii con l'ombrello.

stand by sb.

continuare ad aiutare o ad appoggiare qualcuno anche quando si trova in difficoltà
non nella forma passiva; anche nei tempi progressivi

• *Jerry was a wonderful friend. He stood by me through thick and thin.* Jerry è stato un amico meraviglioso. Mi ha sostenuto in ogni circostanza.

• *Don't worry, darling. I'll stand by you, whatever happens.* Non preoccuparti, tesoro. Io sarò accanto a te, qualsiasi cosa succeda.

stand by st.

tenere fede a un impegno, una promessa, un patto
non nella forma passiva; anche nei tempi progressivi

• *The manager has given his word that no one will be made redundant. Let's hope he stands by his promise.* Il direttore ha dato la sua parola che nessuno sarà dichiarato in soprannumero. Speriamo che mantenga la promessa.

continuare a credere nella validità di qualcosa che si era detto in precedenza
non nella forma passiva; anche nei tempi progressivi

• *I've always maintained that seriously ill patients should be informed of their condition, and I am standing by that even in this case.* Ho sempre affermato che i pazienti gravemente malati dovrebbero essere informati della loro condizione, e continuo ad affermarlo anche in questo caso.

stand down

stand down

ritirarsi da un lavoro o da una carica [*GB e Australia*]
non nella forma passiva; solitamente non nei tempi progressivi

• *The committee chairman has decided to stand down. Who is going to take over?* Il presidente del comitato ha deciso di ritirarsi. Chi prenderà il suo posto?

lasciare il banco dei testimoni
non nella forma passiva; anche nei tempi progressivi

• *The lawyer said he had nothing else to ask the witness, so the judge told her to stand down.* L'avvocato dichiarò di non avere nient'altro da chiedere alla testimone, cosicché il giudice le disse di lasciare il banco.

stand for

stand for st.

♦ stare per determinate parole (*detto delle lettere che formano un acronimo*)
non nella forma passiva; solitamente al presente; non nei tempi progressivi

• *QED stands for «quod erat demonstrandum.»* QED sta per «quod erat demonstrandum.»

essere fautore di un'idea
non nella forma passiva; non nei tempi progressivi

• *F. D. Roosevelt stood for four fundamental freedoms: freedom of speech; freedom of religion; freedom from fear; freedom from want.* F. D. Roosevelt propugnava quattro libertà fondamentali: libertà di parola; libertà di culto; libertà dalla paura; libertà dal bisogno.

tollerare qualcosa
sia nella forma attiva sia nella passiva; solitamente nella forma negativa; non nei tempi progressivi

• *Enough is enough! I won't stand for this situation any longer!* Quando è troppo, è troppo! Non tollererò più questa situazione!

candidarsi per una carica pubblica
non nella forma passiva; anche nei tempi progressivi

• *American actors seem to have a tendency to stand for public office.* Gli attori americani sembrano avere tendenza a candidarsi per una carica pubblica.

stand in

stand in

sostituire qualcuno (*facendo il suo lavoro o partecipando a una riunione al suo posto*)
non nella forma passiva; anche nei tempi progressivi

• *What an opportunity! The star of the show has influenza and I'm going to stand in.* Che occasione! La stella dello spettacolo ha l'influenza, e io la sostituirò.

stand out

stand out

distinguersi da altre persone o cose per le proprie qualità positive
non nella forma passiva; non nei tempi progressivi

• *The last candidate really stands out. I think we should give the job to him.* L'ultimo candidato è davvero fuori del comune. Penso che dovremmo dare il lavoro a lui.

farsi notare per il proprio aspetto (*detto di persona o di cosa*) o per il proprio comportamento (*detto di persona*)
non nella forma passiva; solitamente non nei tempi progressivi

• *Marylyn refuses to wear the red coat her mother bought for her. She hates standing out.* Marylyn rifiuta di indossare il cappotto rosso che le ha comprato la mamma. Lei detesta farsi notare.

stand out against

stand out against sb./st.

opporsi a qualcuno o a qualcosa [*GB e Australia*]
non nella forma passiva; anche nei tempi progressivi

• *He stood out against his father and refused to go into the family business.* Prese posizione contro il padre e rifiutò di entrare nell'attività di famiglia.

stand over

stand over sb.

stare molto vicino a qualcuno (*per osservare ciò che sta facendo*)
non nella forma passiva; anche nei tempi progressivi

• *There's no need to stand over him like that! Let him get on with the job in peace!* Non c'è bisogno di stargli addosso in quel modo! Lascia che vada avanti nel lavoro in pace!

stand round → stand about/around/round

stand up

stand up

♦ alzarsi (*in piedi*)
non nella forma passiva; solitamente non nei tempi progressivi

• *The children stood up when the headmaster entered the classroom.* I bambini si alzarono in piedi quando il preside entrò in classe.

rivelarsi corretto dopo un accurato esame (*detto di un conto, un'idea, una giustificazione, un'affermazione*)
non nella forma passiva; non nei tempi progressivi

• *No one really believed his excuse. It didn't stand up.* Nessuno credette davvero alla sua scusa. Non reggeva.

stand up sb. = stand sb. up

mancare di proposito a un appuntamento con qualcuno (*solitamente, qualcuno con cui si sta avviando o con cui si ha una relazione sentimentale*) [*informale*]
sia nella forma attiva sia nella passiva; solitamente non nei tempi progressivi

• *«Why do you have such a long face, Sally?» «Peter stood me up yesterday evening.»* «Perché hai quella faccia da funerale, Sally?» «Peter mi ha dato buca ieri sera.»

• *I detest being stood up. I'll never ask her out again.* Detesto che mi si tiri un bidone. Non le chiederò mai più di uscire.

be standing up

stare in piedi
non nella forma passiva; sempre nei tempi progressivi

• *I'm standing up because all the seats have been taken already.* Sto in piedi perché tutti i posti a sedere sono già stati presi.

stand up for

stand up for sb./st.

difendere qualcuno (*solitamente, dalle rimostranze o dalle critiche altrui*) o qualcosa (*solitamente, un principio o un diritto*)
non nella forma passiva; anche nei tempi progressivi

• *Perry always stands up for his little sister.* Perry prende sempre le parti della sua sorellina.

• *The public transport workers are on strike. They say they are standing up for their rights.* I lavoratori dei trasporti pubblici sono in sciopero. Dicono di stare rivendicando i propri diritti.

stand up to

stand up to sb.

affermare con forza le proprie opinioni rifiutando di piegarsi all'avversario
non nella forma passiva; anche nei tempi progressivi

• *When the boss told her off, you should have heard how she stood up to him.* Quando il capo l'ha rimproverata, avresti dovuto sentire come lei lo ha fronteggiato.

stand up to st.

stand up to doing st.

essere abbastanza forte o robusto da poter resistere a qualcosa (*detto di persona, di animale o di cosa*)
non nella forma passiva; solitamente non nei tempi progressivi

• *I'm not sure I can stand up to the stress of this job.* Non sono sicuro di poter resistere allo stress di questo lavoro.

---

start

starts, started, started, starting

start off

start off

cominciare in un certo modo la propria vita professionale [*sempre + avverbio e/o preposizione e/o aggettivo*]
non nella forma passiva; solitamente non nei tempi progressivi

• *Daniel started off as a door-to-door salesman, and now he owns a chain of supermarkets.* Daniel cominciò come venditore porta a porta, e ora possiede una catena di supermercati.

cominciare in un certo modo (*detto di un evento*) [*sempre + avverbio e/o preposizione e/o aggettivo*]
non nella forma passiva; anche nei tempi progressivi

• *The debate is starting off well. Let's hope it doesn't degenerate into a shouting match as usual.* Il dibattito sta cominciando bene. Speriamo che non degeneri nel solito confronto a urlacci.

• *Their relationship started off as a game, but they ended up falling in love.* La loro relazione cominciò come un gioco, ma finirono per innamorarsi.

cominciare un viaggio o avviarsi per una strada
non nella forma passiva; solitamente non nei tempi progressivi [*solitamente + avverbio e/o preposizione e/o aggettivo*]

• *We'll start off tomorrow.* Partiremo domani.

• *We can't start off for Africa until we have had our yellow fever vaccination.* Non potremo partire per l'Africa fino a quando non avremo fatto la vaccinazione contro la febbre gialla.

start sb. off

aiutare qualcuno a cominciare un lavoro
non nella forma passiva; anche nei tempi progressivi

• *Come here, Mary. I'll start you off. I'll cast on for you and knit the first row.* Vieni qui, Mary. Ti darò una mano a cominciare. Ti metto su i punti e faccio il primo ferro.

start sb./st. off

fare in modo che qualcuno cominci a ridere, piangere o parlare, o che un animale cominci a emettere il suo verso
non nella forma passiva; solitamente non nei tempi progressivi

• *If one of the girls starts giggling, she always starts the others off.* Se una delle ragazzine comincia a ridacchiare, dà sempre l'avvio a tutte le altre.

• *When the comedian burst out laughing at his own joke, it started the whole audience off.* Quando il comico scoppiò a ridere alla propria battuta, tutto il pubblico fu indotto a fare altrettanto.

start off

start off st.

cominciare (*detto di un evento*) o dare inizio a un evento
non nella forma passiva; solitamente non nei tempi progressivi

• *We generally begin the staff meetings with the problems that have cropped up since last time. Who wants to start off?* Generalmente, iniziamo le riunioni del personale con i problemi che si sono presentati dopo l'ultima volta. Chi vuole cominciare?

start on

start on at

start on sb.

start on at sb.

aggredire verbalmente qualcuno, lamentandosi per qualcosa che ha fatto [*GB e Australia*]
non nella forma passiva; anche nei tempi progressivi

• *Why are you starting on me/starting on at me? I didn't do it on purpose!* Perché inveisci contro di me? Non l'ho fatto apposta!

start on st.

start on doing st.

cominciare a fare qualcosa
sia nella forma attiva sia nella passiva; solitamente non nei tempi progressivi

• *When are you going to start on your homework, Susie?* Quando comincerai a fare il compito, Susie?

start out

start out

cominciare la propria vita professionale
non nella forma passiva; anche nei tempi progressivi

• *What exactly did you have in mind when you started out?* Che cosa, di preciso, avevi in mente quando cominciasti?

mettersi in viaggio o in cammino
non nella forma passiva; anche nei tempi progressivi

• *Alex started out early in the morning and was in Boston by midday.* Alex si mise in viaggio la mattina presto e arrivò a Boston per mezzogiorno.

start out to do st.

cominciare a fare qualcosa con una certa intenzione (*il sottinteso è che spesso si sono dovuti modificare i propri piani*)
non nella forma passiva; solitamente non nei tempi progressivi

• *We started out to repair just a water pipe, but had to redo the whole plumbing system.* Cominciammo con l'idea di dover riparare soltanto una conduttura, e invece dovemmo rimettere a nuovo tutto l'impianto idraulico.

start over

start over

ricominciare dall'inizio qualcosa (*che la prima volta non era riuscito bene*)
non nella forma passiva; anche nei tempi progressivi

• *I dropped a stitch on the third row, so I had to undo it all and start over.* Ho lasciato cadere una maglia al terzo ferro, cosicché ho dovuto disfare tutto e ricominciare dall'inizio.

start up

start up

sobbalzare (*per lo spavento o per la sorpresa*)
non nella forma passiva; non nei tempi progressivi

• *There was a sudden bang on the door, and the escaped convict started up in fear.* Vi fu un'improvvisa serie di colpi alla porta, e l'evaso sobbalzò per lo spavento.

avviarsi in un'attività
non nella forma passiva; solitamente non nei tempi progressivi

• *«What do you think of my idea of opening a computer shop?» she asked. «The sooner you start up, the better», I answered.* «Che cosa pensi della mia idea di aprire un negozio di computer?», mi domandò. «Prima cominci, meglio è», risposi.

start up

start up st. = start st. up

♦ dare l'avvio a un progetto o a un'attività economica, o fondare un'organizzazione o un'associazione

non nella forma passiva; solitamente non nei tempi progressivi

• *We started up ten years ago in a shed, then moved to the present premises two years later.* Iniziammo dieci anni fa in un capannone, poi, due anni dopo, ci trasferimmo nei locali attuali.

sia nella forma attiva sia nella passiva quando c'è il complemento oggetto; solitamente non nei tempi progressivi

• *We're going to start up our project at the beginning of autumn.* Vareremo il nostro progetto all'inizio dell'autunno.

partire (*detto di una macchina o di un motore*) o far partire una macchina o un motore

non nella forma passiva; solitamente non nei tempi progressivi

• *My old banger never starts up in wet weather.* Il mio vecchio macinino non parte mai quando il tempo è umido.

sia nella forma attiva sia nella passiva quando c'è il complemento oggetto; anche nei tempi progressivi

• *Mabel got into her car and started up the engine.* Mabel salì in macchina e avviò il motore.

---

stay

stays, stayed, stayed, staying

stay ahead

stay ahead

restare in testa
non nella forma passiva; solitamente non nei tempi progressivi

• *Competition is fierce. We'll have to work harder if we want to stay ahead.* La competizione è feroce. Dovremo lavorare più duramente se vorremo restare in testa.

stay away

stay away

♦ stare lontano
non nella forma passiva; anche nei tempi progressivi

• *I've warned you before to get off my property. If you don't stay away, I'll set the dogs on you.* Ti avevo già avvisato di uscire dalla mia proprietà. Se non giri al largo, ti aizzerò contro i cani.

stay away from

stay away from st.

assentarsi dal lavoro o da scuola
non nella forma passiva; solitamente non nei tempi progressivi

• *If you stay away from work again, you'll risk dismissal.* Se ti assenterai ancora dal lavoro, rischierai il licenziamento.

evitare qualcosa di pericoloso
non nella forma passiva; anche nei tempi progressivi

• *After my last dentist's bill, I'm trying to stay away from sugar and sweets.* Dopo l'ultima parcella del mio dentista, sto cercando di evitare zucchero e caramelle.

stay behind

stay behind

fermarsi in un luogo mentre altri vanno via
non nella forma passiva; solitamente non nei tempi progressivi

• *The boss has asked us to stay behind and do an hour's overtime tonight.* Stasera il capo ci ha chiesto di trattenerci a fare un'ora di straordinario.

stay down

stay down

restare nello stomaco (*detto di un alimento*)
non nella forma passiva; solitamente non nei tempi progressivi

• *Little Sammy brings up cow's milk, but soy milk stays down.* Il piccolo Sammy rimette il latte di vacca, ma quello di soia gli resta nello stomaco.

stay in

stay in

♦ rimanere in casa (*specialmente la sera*)
non nella forma passiva; solitamente non nei tempi progressivi

• *Harriet never stays in on Saturday nights.* Harriet non resta mai in casa il sabato sera.

stay off

stay off st.

evitare qualcosa di nocivo
non nella forma passiva; solitamente non nei tempi progressivi

• *With a cough like that, I think you should stay off cigarettes.* Con una tosse come questa, penso che dovresti evitare le sigarette.

stay off

stay off st.

restare assente da scuola o dal lavoro (*solitamente per malattia*) [*GB e Australia*]
non nella forma passiva; solitamente non nei tempi progressivi

• *If you have a temperature, Timmy, you'll have to stay off tomorrow.* Se hai la febbre, Timmy, domani dovrai stare assente da scuola.

stay on

stay on

♦ fermarsi in un posto più a lungo del previsto o dopo che gli altri se ne sono andati
non nella forma passiva; anche nei tempi progressivi

• *What a lovely holiday! What a pity we can't stay on another week.* Che bella vacanza! Peccato che non possiamo fermarci un'altra settimana.

continuare a studiare nella stessa scuola o nella stessa università per conseguire un titolo superiore
non nella forma passiva; anche nei tempi progressivi

• *After his master's degree, Robert stayed on at university to do a doctorate.* Dopo la laurea di secondo grado, Robert continuò l'università per conseguire il dottorato.

conservare il posto di lavoro
non nella forma passiva; anche nei tempi progressivi

• *I wanted to stay on after having the baby, but my husband persuaded me to resign.* Io volevo continuare a lavorare dopo aver avuto il bambino, ma mio marito mi persuase a licenziarmi.

stay out

stay out

♦ stare fuori (*di casa*)
non nella forma passiva; solitamente non nei tempi progressivi

• *I don't know what to do with my daughter; she stays out till all hours every evening.* Non so cosa fare con mia figlia; ogni sera sta fuori fino a molto tardi.

continuare lo sciopero
non nella forma passiva; anche nei tempi progressivi

• *The steelworkers threaten to stay out until all their demands are met.* I metalmeccanici minacciano di continuare lo sciopero fino a quando tutte le loro richieste non saranno state accolte.

stay out of

stay out of st.

♦ non restare coinvolto in una discussione o un litigio
non nella forma passiva; anche nei tempi progressivi

• *Don't get between Harry and Lizzie. Try to stay out of their quarrels.* Non metterti fra Harry e Lizzie. Cerca di non restare coinvolto nei loro litigi.

stay over

stay over

♦ fermarsi a dormire in qualche luogo invece di tornare a casa
non nella forma passiva; anche nei tempi progressivi

• *When Sally goes to the discotheque, she always stays over at her friend Jane's, and comes home the next morning.* Quando Sally va in discoteca si ferma sempre a dormire dalla sua amica Jane, e torna a casa la mattina dopo.

fermarsi a dormire in qualche luogo nel corso di un viaggio
non nella forma passiva; anche nei tempi progressivi

• *We stayed over for two nights in Bali on our way back from Australia.* Tornando dall'Australia ci fermammo per due notti a Bali.

stay up

stay up

♦ restare alzato
non nella forma passiva; anche nei tempi progressivi

• *Don't stay up for me, Rose. I'll be back very late.* Non stare alzata per me, Rose. Tornerò molto tardi.

---

step

steps, stepped, stepped, stepping

step aside/down

step aside/down

♦ farsi da parte (*lasciando ad altri una carica o un lavoro*)
non nella forma passiva; solitamente non nei tempi progressivi

• *After 10 years of running the department, Mr Forbes decided to step aside/down and let a younger colleague take his place.* Dopo essere stato alla guida del reparto per dieci anni, il signor Forbes decise di farsi da parte e lasciare il posto a un collega più giovane.

step back

step back

cercare di considerare la situazione da un nuovo punto di vista, prendendosi una pausa di riflessione
non nella forma passiva; solitamente non nei tempi progressivi

• *When you don't know what to do, it's always good to step back and look at the problem from a different angle.* Quando non si sa cosa fare, è sempre utile fare un passo indietro e considerare il problema da un'altra prospettiva.

step forward

step forward

♦ farsi avanti
non nella forma passiva; anche nei tempi progressivi

• *After the explosion, many doctors stepped forward to help the wounded.* Dopo l'esplosione, molti medici si sono fatti avanti per aiutare i feriti.

step in

step in

♦ intervenire
non nella forma passiva; anche nei tempi progressivi

• *Just as the argument was getting heated, the pub-keeper stepped in and told the drunken men to leave.* Nel momento in cui la discussione si stava accendendo, il proprietario del pub intervenne e disse agli ubriachi di andarsene.

step up

step up st. = step st. up

intensificare un'attività o un impegno, o aumentare la rapidità di un processo (*solitamente con l'obiettivo di migliorare la situazione*)
sia nella forma attiva sia nella passiva; anche nei tempi progressivi

• *The trade union is stepping up efforts to reach an agreement in the next 48 hours.* Il sindacato sta intensificando gli sforzi nella speranza di raggiungere un accordo nelle prossime quarantott'ore.

---

stick

sticks, stuck, stuck, sticking

stick at st.

♦ perseverare in un'attività (*per quanto possa essere difficile o faticosa*)
non nella forma passiva; anche nei tempi progressivi

• *If you stick at it a bit longer, you'll get all your homework done today and be free tomorrow.* Se perseveri ancora un po', riuscirai a finire tutti i compiti oggi ed essere libero domani.

stick by

stick by sb.

restare al fianco di qualcuno
non nella forma passiva; anche nei tempi progressivi

• *You can count on me to stick by you.* Puoi contare su di me; ti starò vicino.

stick by st.

tener fede a qualcosa (*una decisione, un'opinione, un progetto*)
non nella forma passiva; anche nei tempi progressivi

• *No matter what you say, I'm sticking by my decision to sell the business.* Qualunque cosa tu dica, non cambierà la mia decisione di vendere l'attività.

stick out

stick out

♦ sporgere (*dal bordo o dalla superficie di qualcosa*)
non nella forma passiva; anche nei tempi progressivi

• *I hate wearing hats because my ears always stick out.* Odio portare il cappello perché mi spuntano sempre fuori le orecchie.

stick out st. = stick st. out

protrudere una parte del corpo
sia nella forma attiva sia nella passiva; anche nei tempi progressivi

• *The hitchhiker stuck out his thumb and waited for a car to stop.* L'autostoppista tirò fuori il pollice e aspettò che si fermasse una macchina.

stick to

stick to st.

♦ non cambiare qualcosa (*cioè tener fede a una promessa o a un principio; restare fedele a una decisione; mantenere la parola; non abbandonare un progetto o un'idea; non allontanarsi da un argomento*)
non nella forma passiva; anche nei tempi progressivi

• *Jack stuck to his promise and lent me the money for a new computer.* Jack ha mantenuto la sua promessa e mi ha prestato i soldi per un nuovo computer.

• *Do you mind sticking to the point, please?* Ti dispiacerebbe restare in argomento, per favore?

• *I'm glad I stuck to my plan in spite of my partner's opinion.* Sono contento di non essermi discostato dal mio progetto nonostante l'opinione del mio socio.

stick together

stick together

♦ rimanere unite (*detto di due o più persone, per sostenersi o aiutarsi a vicenda*)
non nella forma passiva; anche nei tempi progressivi

• *Good friends always stick together.* I buoni amici rimangono sempre uniti.

stick up for

stick up for sb.

prendere le difese di qualcuno
non nella forma passiva; anche nei tempi progressivi

• *When we were kids, my neighbour always used to stick up for me.* Quando eravamo bambini, il mio vicino prendeva sempre le mie difese.

stir

stirs, stirred, stirred, stirring

stir in/into

stir in st. = stir st. in

stir st. into st.

aggiungere una sostanza a un'altra mescolando
non nella forma passiva; anche nei tempi progressivi

• *To make Aunt Lizzie's strawberry cake, first you must mix the eggs, flour, butter and sugar. Then stir in a little milk and add the sliced strawberries./Then stir a little milk into the mixture and add the sliced strawberries.* Per fare la torta di fragole della zia Lizzie, per prima cosa devi mescolare uova, farina, burro e zucchero. Poi incorpori un po' di latte rimestando e aggiungi le fragole a fettine./Poi, rimestando, incorpori un po' di latte nell'impasto e aggiungi le fragole a fettine.

stir up

stir up sb. = stir sb. up

incitare qualcuno alla ribellione o provocarne la reazione
sia nella forma attiva sia nella passiva; anche nei tempi progressivi

• *That boy is a troublemaker; he's always stirring up the other students.* Quel ragazzo è un agitatore; incita di continuo gli altri studenti alla ribellione.

stir up st. = stir st. up

♦ mescolare una sostanza (*con un movimento rotatorio, solitamente aiutandosi con un arnese*)
sia nella forma attiva sia nella passiva; anche nei tempi progressivi

• *This is a Turkish coffee. Don't stir it up.* Questo è un caffè turco. Non mescolarlo.

• *The porridge has stuck to the saucepan because it wasn't stirred up.* Il porridge si è attaccato alla casseruola perché non è stato mescolato.

sollevare qualcosa (*come polvere, sabbia o fango*) facendolo roteare nell'aria o nell'acqua
sia nella forma attiva sia nella passiva; anche nei tempi progressivi

• *The horses hoofs stirred up a cloud of dust.* Gli zoccoli dei cavalli sollevarono una nuvola di polvere.

suscitare (*solitamente di proposito*) discussioni, cattivi sentimenti, problemi, gelosia, tensione, violenza
sia nella forma attiva sia nella passiva; anche nei tempi progressivi

• *Nigel is a real nuisance; he's always stirring up trouble in an otherwise quiet family.* Nigel è un autentico rompiscatole; crea continuamente dei fastidi in una famiglia altrimenti tranquilla.

• *Hilary always tries to stir up trouble among her lady friends.* Hilary cerca sempre di seminare zizzania fra le sue amiche.

suscitare ricordi (*solitamente malinconici o sgradevoli*)
sia nella forma attiva sia nella passiva; anche nei tempi progressivi

• *Having to perform in her old squalid neighbourhood where the gangster film was set stirred up unpleasant memories in the actress.* Dover recitare nel suo vecchio squallido quartiere in cui era ambientato il film di gangster suscitò ricordi sgradevoli nell'attrice.

stop

stops, stopped, stopped, stopping

stop off

stop off

♦ fermarsi per breve tempo in un luogo (*mentre si sta andando in un altro*)
non nella forma passiva; solitamente non nei tempi progressivi

• *I'd like to stop off in London for a couple of days and then go on to Edinburgh.* Vorrei fermarmi a Londra per un paio di giorni e poi proseguire per Edimburgo.

stop over

stop over

♦ fermarsi in un luogo per un breve periodo, interrompendo un viaggio (*specialmente se aereo*)
non nella forma passiva; solitamente non nei tempi progressivi

• *We stopped over in Sydney for two nights on our way to Melbourne.* Mentre andavamo a Melbourne, abbiamo fatto tappa a Sydney per due notti.

fermarsi a dormire fuori di casa [*GB; informale*]
non nella forma passiva; solitamente non nei tempi progressivi

• *The girls are having a party on Saturday evening, and two of their friends will stop over.* Le ragazze daranno una festa sabato sera, e due delle loro amiche si fermeranno a dormire da noi.

straighten

straightens, straightened, straightened, straightening

straighten out

straighten out st. = straighten st. out

♦ risolvere un problema, o appianare un malinteso o una situazione confusa
sia nella forma attiva sia nella passiva; anche nei tempi progressivi

• *Have you straightened out your misunderstanding with Carol?* Hai risolto il malinteso fra te e Carol?

straighten up

straighten up

detto di una persona, raddrizzarsi
non nella forma passiva; anche nei tempi progressivi

• *When my back aches, straightening up is terribly painful.* Quando mi fa male la schiena, raddrizzarmi è dolorosissimo.

straighten up st. = straighten st. up

riordinare un ambiente
sia nella forma attiva sia nella passiva; anche nei tempi progressivi

• *You can't go out to play until you've straightened up your room.* Non puoi andare a giocare fuori finché non hai messo in ordine la tua camera.

sum

sums, summed, summed, summing

sum up

sum up

♦ detto di un giudice, fare la ricapitolazione dei fatti e delle testimonianze al termine di un processo
non nella forma passiva; anche nei tempi progressivi

• *At the end of the trial, the judge summed up in the defendant's favour.* Al termine del processo, il giudice ricapitolò fatti e testimonianze pronunciandosi a favore dell'imputato.

sum up sb./st. = sum sb./st. up

♦ descrivere qualcuno o riassumere qualcosa (*in modo incisivo, attraverso le caratteristiche essenziali*)
sia nella forma attiva sia nella passiva; solitamente non nei tempi progressivi

• *I can sum up Bill in one word: lazy!* Posso descrivere Bill con una sola parola: pigro!

• *He was able to sum up his whole philosophy in ten minutes.* Riuscì a fare un riassunto completo della propria filosofia in dieci minuti.

♦ farsi rapidamente un'idea di qualcuno o di qualcosa
sia nella forma attiva sia nella passiva; solitamente non nei tempi progressivi

• *It didn't take me long to sum him up.* Non mi ci volle molto per capire che tipo fosse.

• *Helen is very quick. She summed up the situation at a glance.* Helen è molto pronta. Ha capito al volo la situazione.

switch

switches, switched, switched, switching

switch around/round

switch around/round sb./st. = switch sb./st. around/round

cambiare di posto qualcuno o qualcosa (*in modo tale che una persona o una cosa occupino il posto che in precedenza era stato di un'altra*)
sia nella forma attiva sia nella passiva; anche nei tempi progressivi

• *The students were switched around/round in the hope that they would all make friends with each other.* Gli studenti vennero cambiati di posto nella speranza che ciascuno facesse amicizia con tutti gli altri.

switch off

switch off

smettere di dedicare la propria attenzione a qualcuno o a qualcosa (*solitamente perché ci ha stancati*) [*informale*]
non nella forma passiva; solitamente non nei tempi progressivi

• *After a tiring day trying to teach those youngsters, I go to the swimming pool. It helps me to switch off and relax.* Dopo una faticosa giornata in cui cerco di insegnare (*qualcosa*) a quei giovincelli, vado in piscina. Mi aiuta a staccare e a rilassarmi.

switch off

switch off st. = switch st. off

♦ spegnere la luce (*elettrica*)

non nella forma passiva; anche nei tempi progressivi

• *Remember to switch off and lock up before you leave, Jenny!* Ricorda di spegnere e chiudere a chiave prima di andartene, Jenny!

sia nella forma attiva sia nella passiva quando c'è il complemento oggetto; anche nei tempi progressivi

• *Don't forget to switch the light off when you come to bed.* Non dimenticare di spegnere la luce quando vieni a letto.

♦ spegnersi (*detto di un apparecchio elettrico*) o spegnere un apparecchio elettrico

non nella forma passiva; solitamente non nei tempi progressivi

• *Set the timer and the oven will switch off when the stew is cooked.* Regola il timer e il forno si spegnerà quando lo stufato sarà cotto.

sia nella forma attiva sia nella passiva quando c'è il complemento oggetto; solitamente non nei tempi progressivi

• *Don't switch off the telly! I'm watching Coronation Street!* Non spegnere la tivù! Sto guardando Coronation Street!

switch on

switch on

switch on st. = switch st. on

♦ accendere la luce (*elettrica*)

non nella forma passiva; anche nei tempi progressivi

• *It's dark in here. Please switch on, Martin.* È buio qui dentro. Per favore, Martin, accendi.

sia nella forma attiva sia nella passiva quando c'è il complemento oggetto; anche nei tempi progressivi

• *I couldn't fall asleep, so I switched on the light and started to read.* Non riuscivo ad addormentarmi, cosicché accesi la luce e mi misi a leggere.

♦ accendersi (*detto di un apparecchio elettrico*) o accendere un apparecchio elettrico

non nella forma passiva; solitamente non nei tempi progressivi

• *«Is it already time for the news?» «Yes, it is.» «Do you mind switching on, then?»* «È già l'ora del telegiornale?» «Sì.» «Allora ti spiace accendere?»

sia nella forma attiva sia nella passiva quando c'è il complemento oggetto; solitamente non nei tempi progressivi

• *Why was the coffee machine switched on without any water in it?* Perché la macchina del caffè è stata accesa senz'acqua dentro?

switch over

switch over

passare da qualcosa (*un metodo, un prodotto, un sistema, una situazione*) a qualcos'altro
non nella forma passiva; anche nei tempi progressivi

• *Oh, dear! I didn't realize the office had started a computerized filing system. Did you switch over while I was on maternity leave?* Oh, povera me! Non mi ero resa conto che l'ufficio aveva avviato un sistema di archiviazione computerizzato. Avete fatto il passaggio mentre ero in congedo per maternità?

passare da un canale televisivo a un altro o da una stazione radiofonica a un'altra [*GB e Australia*]
non nella forma passiva; solitamente non nei tempi progressivi

• *Oh, Danny, why do you always switch over when I'm watching Top of the Pops?* Oh, Danny, perché cambi sempre quando guardo Top of the Pops?

switch round sb./st. = switch sb./st. round → switch around/round sb./st. = switch sb./st. around round

T

take

takes, took, taken, taking

take aback

take sb. aback

lasciare qualcuno fortemente sorpreso (*detto di persona o di cosa*)
anche nella forma attiva, ma più spesso nella passiva; non nei tempi progressivi

• *We were all taken aback when we heard his version of the facts.* Rimanemmo tutti fortemente sorpresi nell'udire la sua versione dei fatti.

take after

take after sb.

♦ somigliare a un membro più anziano della famiglia (*in una caratteristica fisica, mentale o psicologica*)
non nella forma passiva; non nei tempi progressivi

• *Sylvia, with those green eyes of hers, takes after her mother.* Sylvia, con quei suoi occhi verdi, è tutta sua madre.

take along

take along sb./st. = take sb./st. along

andando in un luogo, portare con sé persone, animali o cose
sia nella forma attiva sia nella passiva; anche nei tempi progressivi

• *We are going to the cinema, but we aren't taking the children along. The film is not suitable for them.* Andiamo al cinema, ma non portiamo i bambini. Il film non è adatto a loro.

take apart

take apart sb. = take sb. apart

in uno sport, battere gli avversari (*duramente e con facilità*) [*informale*]
sia nella forma attiva sia nella passiva; anche nei tempi progressivi

• *Phooey! Our team will take you apart before half time, you'll see!* Puah! La nostra squadra vi farà a pezzi prima dell'intervallo, vedrete!

take apart st. = take st. apart

♦ smontare qualcosa
sia nella forma attiva sia nella passiva; anche nei tempi progressivi

• *The technician had to take the washing machine apart to recover my wedding ring.* Il tecnico dovette smontare la lavatrice per recuperare la mia fede.

take around/round

take around/round sb. = take sb. around/round

take sb. around/round swh.

♦ far visitare un luogo a qualcuno
sia nella forma attiva sia nella passiva; anche nei tempi progressivi

• *Haven't you ever seen my garden? I'll take you around/round.* Non hai mai visto il mio giardino? Te lo faccio visitare.

take aside

take sb. aside

prendere in disparte qualcuno (*per parlargli in privato*)
sia nella forma attiva sia nella passiva; solitamente non nei tempi progressivi

• *The doctor took her aside to explain the seriousness of her mother's illness.* Il medico la prese da parte per spiegarle la gravità della malattia della madre.

take away

take away sb. = take sb. away

♦ portare via qualcuno (*da un luogo, per condurlo in un altro*)
sia nella forma attiva sia nella passiva; anche nei tempi progressivi

• *The social worker took the children away because their mother was not able to take care of them.* L'assistente sociale portò via i bambini perché la loro madre non era in grado di prendersene cura.

♦ andando via da un luogo, condurre qualcuno con sé (*in senso proprio*)
sia nella forma attiva sia nella passiva; anche nei tempi progressivi [*talvolta + for*]

• *I want to take the girls away for a holiday as soon as they've finished their exams.* Voglio portare via le ragazze per una vacanza appena avranno terminato gli esami.

♦ andando via da un luogo, condurre qualcuno con sé (*in senso figurato*)
sia nella forma attiva sia nella passiva; solitamente non nei tempi progressivi [*talvolta + with*]

• *When the manager was promoted and went to work at the Head Office in London, he took his secretary away with him.* Quando il direttore fu promosso e andò a lavorare presso la sede centrale di Londra, portò con sé la sua segretaria.

take away st. = take st. away

♦ portare via qualcosa (*da un luogo, per metterlo in un altro*)
sia nella forma attiva sia nella passiva; anche nei tempi progressivi

• *Ms Davies, take these papers away, please.* Signora Davies, porti via questi documenti, per favore.

♦ acquistare un pasto pronto in un ristorante e consumarlo altrove [*GB e Australia*]
sia nella forma attiva sia nella passiva; solitamente non nei tempi progressivi

• *I'd like two chicken and chips to take away, please.* Vorrei due porzioni di pollo con patatine da portar via, per favore.

♦ privare qualcuno di qualcosa
sia nella forma attiva sia nella passiva; anche nei tempi progressivi

• *The new regime took women's civil rights away, practically reducing them to slavery.* Il nuovo regime privò le donne dei diritti civili, riducendole praticamente in schiavitù.

take back

take back sb. = take sb. back

ricordare (*a qualcuno*) il passato
sia nella forma attiva sia nella passiva; non nei tempi progressivi

• *Look at these photos. They take me back years!* Guarda queste foto. Mi riportano indietro di anni!

take back st. = take st. back

♦ restituire qualcosa a chi lo ha venduto
sia nella forma attiva sia nella passiva; anche nei tempi progressivi

• *The shoes can't be taken back. They won't replace them because you've already worn them.* Le scarpe non possono essere restituite. Non le sostituiranno perché sono già state indossate.

♦ restituire qualcosa a chi lo ha prestato
sia nella forma attiva sia nella passiva; anche nei tempi progressivi

• *If library books are not taken back within two weeks, you get a fine.* Se i libri della biblioteca non vengono restituiti entro due settimane, si è multati.

♦ accettare in restituzione della merce difettosa (*detto di un negozio*)
sia nella forma attiva sia nella passiva; solitamente non nei tempi progressivi

• *We've already taken back ten defective washing machines this month. If we go on like this, we'll go bankrupt.* Abbiamo già ritirato dieci lavatrici difettose questo mese. Se andiamo avanti così, faremo bancarotta.

riprendere il controllo su un territorio (*con la forza, e dopo averlo temporaneamente perso*)
sia nella forma attiva sia nella passiva; solitamente non nei tempi progressivi

• *The harbour was taken back with bloody guerrilla action.* Il porto venne riconquistato mediante sanguinose azioni di guerriglia.

take down

take down st. = take st. down

♦ staccare qualcosa che è fissato a una parete o al soffitto
sia nella forma attiva sia nella passiva; anche nei tempi progressivi

• *The children's drawings are taken down at the end of the school year and given to the parents.* I disegni dei bambini vengono staccati alla fine dell'anno scolastico e consegnati ai genitori.

♦ smontare una struttura (*per portare via i componenti*)
sia nella forma attiva sia nella passiva; anche nei tempi progressivi

• *It takes about two hours to put the tent up, but only half an hour to take it down.* Ci vogliono circa due ore per montare la tenda, ma solo mezza per smontarla.

♦ abbassare i pantaloni
sia nella forma attiva sia nella passiva; anche nei tempi progressivi

• *The doctor told him to take off his shirt and take down his trousers.* Il medico gli disse di togliersi la camicia e abbassare i pantaloni.

♦ prendere nota di qualcosa
sia nella forma attiva sia nella passiva; anche nei tempi progressivi

• *A passerby took down the registration number of the hit-and-run car.* Un passante prese nota del numero di targa dell'auto pirata.

take in

take in sb. = take sb. in

♦ accettare qualcuno come ospite (*pagante o non*)
sia nella forma attiva sia nella passiva; solitamente non nei tempi progressivi

• *We always take in foreign students in the summer.* Noi ospitiamo sempre studenti stranieri in estate.

accettare qualcuno (*detto di una scuola, un'università, un ospedale*)
sia nella forma attiva sia nella passiva; solitamente non nei tempi progressivi

• *The hospital refuses to take in any more patients, and all emergency cases are sent to other health facilities.* L'ospedale rifiuta di accettare altri pazienti, e tutti i casi d'emergenza sono inviati ad altre strutture sanitarie.

detto della polizia, portare qualcuno in commissariato
sia nella forma attiva sia nella passiva; anche nei tempi progressivi

• *The police took Bloggs in for questioning, but released him after an hour.* La polizia portò dentro Bloggs per interrogarlo, ma lo rilasciò dopo un'ora.

ingannare qualcuno
anche nella forma attiva, ma più spesso nella passiva; solitamente non nei tempi progressivi

• *Lola was taken in by Bruce's elegant manners and expensive car.* Lola venne ingannata dalle maniere eleganti di Bruce e dalla sua costosa automobile.

take in st. = take st. in

♦ stringere un indumento
sia nella forma attiva sia nella passiva; anche nei tempi progressivi

• *After losing so much weight, I'll have to have all my clothes taken in.* Dopo aver perso così tanto peso, dovrò farmi stringere tutti i vestiti.

introdurre nel proprio organismo aria, acqua o cibo
sia nella forma attiva sia nella passiva; anche nei tempi progressivi

• *Debbie is still very weak, and can only take in small quantities of light food.* Debbie è ancora molto debole, e può assumere solo piccole quantità di cibo leggero.

take off

take off

♦ decollare (*detto di un aeromobile, un uccello, un insetto*)
non nella forma passiva; anche nei tempi progressivi

• *The plane takes off at 8 p.m.* L'aereo decolla alle otto di sera.

• *The geese took off and organized themselves into a "V" formation.* Le oche presero il volo e si disposero in formazione a "V".

take off sb. = take sb. off

condurre via qualcuno
sia nella forma attiva sia nella passiva; anche nei tempi progressivi

• *The police entered the amusement arcade and took off the young delinquent.* La polizia entrò nella sala giochi e portò via il giovane delinquente.

take st. off

♦ prendersi del tempo libero dal lavoro (*sotto forma di ferie o permesso*)
sia nella forma attiva sia nella passiva; solitamente non nei tempi progressivi

• *I would like to take a week off before Christmas.* Mi piacerebbe prendermi una settimana prima di Natale.

take off st. = take st. off

♦ togliersi di dosso qualcosa (*che si appoggia sulla superficie del corpo, come indumenti, scarpe, occhiali, anelli, collane, braccialetti, orecchini a clip, nastri e retine per capelli, cuffie*)
sia nella forma attiva sia nella passiva; anche nei tempi progressivi

• *The children took off their clothes and rushed into the sea.* I bambini si tolsero i vestiti e corsero in mare.

• *After her last difference of opinion with James, Claire took her wedding ring off and put it down on her bedside table.* Dopo la sua ultima divergenza di opinioni con James, Claire si tolse la fede e la posò sul proprio comodino.

take off st. = take st. off

take st. off st.

sottrarre una quantità da un'altra
sia nella forma attiva sia nella passiva; anche nei tempi progressivi

• *The teacher took off two marks for every grammar mistake.* L'insegnante tolse due voti per ciascun errore di grammatica.

take on

take on sb. = take sb. on

♦ assumere dipendenti
sia nella forma attiva sia nella passiva; anche nei tempi progressivi

• *We'll never get through the work unless they take on more staff.* Non riusciremo mai a finire il lavoro se non assumeranno altro personale.

take on sb./st. = take sb./st. on

♦ detto di un veicolo, prendere a bordo passeggeri, bagagli o merci o fare rifornimento di combustibile
sia nella forma attiva sia nella passiva; anche nei tempi progressivi

• *The bus waits outside the school to take on the students who live in the next village.* L'autobus aspetta fuori della scuola per prendere a bordo gli studenti che abitano nel villaggio vicino.

take on st. = take st. on

accettare un lavoro
sia nella forma attiva sia nella passiva; solitamente non nei tempi progressivi

• *When I took on this job, I didn't realize what was involved.* Quando accettai questo lavoro, non mi resi conto di ciò che comportava.

accollarsi un problema
sia nella forma attiva sia nella passiva; anche nei tempi progressivi

• *If you always take on your son's problems, he will never learn to stand on his own feet.* Se ti accolli sempre i problemi di tuo figlio, lui non imparerà mai ad andare avanti con le proprie gambe.

assumersi una responsabilità
sia nella forma attiva sia nella passiva; anche nei tempi progressivi

• *Such responsibilities shouldn't be taken on by someone in your state!* Responsabilità simili non dovrebbero essere assunte da uno nelle tue condizioni!

take out

take out sb./st. = take sb./st. out

♦ portare fuori una persona o un animale
sia nella forma attiva sia nella passiva; anche nei tempi progressivi

• *«What are you doing tonight?» «I don't know exactly. I only know that James is taking me out.»* «Cosa fai stasera?» «Non lo so con precisione. So solo che James mi porta fuori.»

take out st. = take st. out

♦ estrarre qualcosa (*tirandolo fuori dal posto in cui si trova*)
sia nella forma attiva sia nella passiva; anche nei tempi progressivi

• *You should wash your hands before taking out your contact lenses.* Dovresti lavarti le mani prima di toglierti le lenti a contatto.

♦ ritirare denaro dal proprio conto in banca
sia nella forma attiva sia nella passiva; anche nei tempi progressivi

• *If you take out more than three hundred pounds, you'll be in the red.* Se preleverai più di trecento sterline, andrai in rosso.

prendere in prestito un libro dalla biblioteca
sia nella forma attiva sia nella passiva; anche nei tempi progressivi

• *I'm only taking out two books this time, because I'm not going to have much time to read this month.* Questa volta prenderò solo due libri, perché questo mese non avrò molto tempo per leggere.

togliere una macchia
sia nella forma attiva sia nella passiva; anche nei tempi progressivi

• *I've spent half an hour trying to take this coffee stain out of the sofa and I've got nowhere yet.* Ho passato mezzora a cercare di togliere questa macchia di caffè dal divano e ancora non ho concluso nulla.

take over

take over

♦ prendere il sopravvento sui concorrenti
non nella forma passiva; solitamente non nei tempi progressivi

• *Italy was once the most important producer of oranges in the Mediterranean area, but now Spain seems to have taken over.* Un tempo l'Italia era il maggior produttore di arance dell'area mediterranea, ma ora la Spagna sembra avere avuto il sopravvento.

take over st. = take st. over

♦ acquisire il controllo di una società (*comprando gran parte delle azioni*)
sia nella forma attiva sia nella passiva; anche nei tempi progressivi

• *The company was taken over by a multinational last year.* Il controllo della società venne acquisito l'anno scorso da una multinazionale.

♦ acquisire il controllo di un territorio o di un'organizzazione politica (*governo, partito*)
sia nella forma attiva sia nella passiva; anche nei tempi progressivi

• *The county council took over the wasteland and made it into a park.* Il consiglio di contea prese possesso dell'area abbandonata e ne fece un parco.

♦ subentrare a qualcuno nell'utilizzazione di un bene, mobile o immobile
sia nella forma attiva sia nella passiva; anche nei tempi progressivi

• *We have bought the cottage and we are taking over the furniture too, so we can move in next week.* Abbiamo acquistato il cottage e stiamo rilevando anche i mobili, così potremo traslocare la prossima settimana.

take over

take over st. = take st. over

♦ subentrare ad altri (*assumendosi responsabilità o prendendo il comando*)

non nella forma passiva; solitamente non nei tempi progressivi

• *When the manager is out, Mr Hopkins takes over.* Quando il direttore è via, subentra il signor Hopkins.

sia nella forma attiva sia nella passiva quando c'è il complemento oggetto; solitamente non nei tempi progressivi

• *Who will take over the sales department when Bradbury retires?* Chi assumerà la direzione del reparto vendite quando Bradbury andrà in pensione?

take round sb. = take sb. round - take sb. round swh. → take around/round sb. = take sb. around/round - take sb. around/round swh.

take to

take to sb./st.

♦ trovarsi bene con una persona, con qualcosa o nel fare qualcosa

non nella forma passiva; non nei tempi progressivi

• *As soon as we met we took to each other, and after thirty years we are still friends.* Non appena facemmo conoscenza ci trovammo vicendevolmente simpatiche, e dopo trent'anni siamo ancora amiche.

take to st.

take to doing st.

cominciare a fare qualcosa (*regolarmente; il connotato può essere positivo o negativo*)

non nella forma passiva; non nei tempi progressivi

• *Sebastian took to drugs when he was only fifteen.* Sebastian si è dato alla droga a soli quindici anni.

• *I took to going to work by bicycle after moving to Holland.* Ho preso ad andare al lavoro in bicicletta dopo il trasferimento in Olanda.

take up

take up st. = take st. up

♦ cominciare a coltivare un interesse, uno sport, un hobby

non nella forma passiva; solitamente non nei tempi progressivi

• *Sandra forced her daughter to take up ballet, while she would have preferred to take up swimming.* Sandra costrinse sua figlia fare danza classica, mentre lei avrebbe preferito fare nuoto.

◆ cominciare a studiare una lingua straniera
non nella forma passiva; anche nei tempi progressivi

• *He took up Russian because he thought it would help him in his career, but now they're sending him to Moscow for the winter!* Si è messo a studiare il russo perché pensava che lo avrebbe aiutato nella sua carriera, ma ora lo mandano a Mosca per l'inverno!

◆ prendere un'abitudine (*buona o non*)
non nella forma passiva; anche nei tempi progressivi

• *Why don't you take up jogging? It would do you a world of good.* Perché non prendi l'abitudine di andare a correre? Ti farebbe un gran bene.

◆ cominciare a fare un lavoro
non nella forma passiva; solitamente non nei tempi progressivi

• *When I took up dressmaking, all the embroidery was done by hand.* Quando cominciai a fare la sarta, tutti i ricami erano eseguiti a mano.

accorciare un indumento
sia nella forma attiva sia nella passiva; anche nei tempi progressivi

• *Mary gave me an evening dress. Although I had to take it up a little, it was a stroke of luck!* Mary mi ha regalato un abito da sera. Anche se ho dovuto accorciarlo un po', è stato un bel colpo di fortuna!

raccogliere una sfida
sia nella forma attiva sia nella passiva; solitamente non nei tempi progressivi

• *After thinking it over, he decided to take up the challenge of working at the Antarctic Meteorological Base.* Dopo averci pensato bene, decise di raccogliere la sfida di lavorare alla Base Meteorologica Antartica.

portare via una certa quantità di spazio, tempo, attenzione, energie
sia nella forma attiva sia nella passiva; anche nei tempi progressivi

• *I remember that Auntie Zena eventually became so fat that she took up the whole sofa, and we children used to sit on the floor at her feet.* Ricordo che la zia Zena alla fine era diventata così grassa da occupare tutto il sofà, e noi bambini ci sedevamo sul pavimento ai suoi piedi.

accettare un'offerta
sia nella forma attiva sia nella passiva; solitamente non nei tempi progressivi

• *When my sister said she would be glad to take care of Timmy and Tommy on Thursday afternoons, I took up her offer immediately.* Quando mia sorella disse che sarebbe stata lieta di prendersi cura di Timmy e Tommy il giovedì pomeriggio, accettai la sua offerta immediatamente.

prendere posizione (*detto di giocatori o soldati*)
sia nella forma attiva sia nella passiva; anche nei tempi progressivi

• *The cricket team took up their positions and the match started.* I giocatori di cricket presero posizione e la partita cominciò.

take up st. = take st. up

take up doing st.

subentrare a qualcun altro nello svolgimento di un'attività
non nella forma passiva; solitamente non nei tempi progressivi

• *I've already done all the "A"s and "B"s; perhaps you can take up the filing from the "C"s.* Io ho già fatto tutte le A e le B; magari tu potresti continuare l'archiviazione dalle C.

take up with

take up with sb.

fare amicizia con qualcuno (*il connotato è spesso negativo*)
non nella forma passiva; solitamente non nei tempi progressivi

• *When the family moved to the city, the boy took up with some neighbourhood louts.* Quando la famiglia si trasferì in città, il ragazzo si mise con alcuni giovinastri del quartiere.

avere rapporti intimi con qualcuno (*il connotato è spesso negativo*)
non nella forma passiva; solitamente non nei tempi progressivi

• *Since her divorce, Sheree has taken up with every lorry driver that happens to come into her café.* Da quando ha divorziato, Sheree se la fa con tutti i camionisti che capitano nella sua tavola calda.

be taken up with sb.

essere affascinato da qualcuno
sempre to be + participio passato; non nei tempi progressivi

• *Chantal seems to be very much taken up with the Spanish boy she met in London.* Chantal sembra davvero conquistata dal ragazzo spagnolo che ha incontrato a Londra.

be taken up with st.

be taken up with doing st.

essere completamente assorbito da un'attività (*detto di una persona o del suo tempo*)
sempre to be + participio passato; non nei tempi progressivi

• *His time is fully taken up with archaeology, and his wife has to see to everything else.* Il suo tempo è completamente preso dall'archeologia, e sua moglie deve provvedere a tutto il resto.

take upon

take st. upon oneself = take upon oneself st.

take it upon oneself to do st.

assumersi un impegno, un compito, una responsabilità
sempre nella forma riflessiva; anche nei tempi progressivi

• *I think we can rely on Mr Brown to take upon himself the organization of the old-age pensioners' outing.* Penso che possiamo contare sul fatto che sarà il signor Brown ad assumersi l'organizzazione della gita dei pensionati anziani.

assumersi un impegno, un compito, una responsabilità (*prendendo decisioni senza consultare gli interessati*)
sempre nella forma riflessiva, solitamente non nei tempi progressivi

• *Since Sandra has taken the filing upon herself, we can never find anything.* Da quando Sandra ha deciso che deve essere lei a occuparsi dell'archiviazione, non riusciamo a trovare mai niente.

talk

talks, talked, talked, talking

talk around/round

talk sb. around/round

persuadere qualcuno a cambiare opinione [*GB e Australia*]
sia nella forma attiva sia nella passiva; solitamente non nei tempi progressivi

• *Howard is not keen on his wife's idea of going on holiday to Cuba, but I think she'll manage to talk him around/round, as always.* Howard non è entusiasta dell'idea di sua moglie di andare in vacanza a Cuba, ma penso che lei riuscirà a fargli cambiare opinione, come sempre.

convincere qualcuno a fare qualcosa [*sempre + to doing st.; GB e Australia*]
sia nella forma attiva sia nella passiva; solitamente non nei tempi progressivi

• *Do you think you can talk Mum around/round to lending us her car tonight?* Pensi di poter convincere la mamma a prestarci la sua auto stasera?

talk around/round st.

girare intorno a un argomento
non nella forma passiva; anche nei tempi progressivi

• *Come on, Charlie, get to the point! I can't stand it when you talk around/round issues.* Andiamo, Charlie, arriva al dunque! Non sopporto che tu giri intorno alle questioni.

talk back

talk back

♦ rispondere con insolenza a un adulto (*detto di bambini e ragazzi*) [*solitamente + to*]
non nella forma passiva; anche nei tempi progressivi

• *You should know better than to talk back to your father, Kelly!* Dovresti avere il buonsenso di non rispondere malamente a tuo padre, Kelly!

talk down to

talk down to sb.

parlare a qualcuno con condiscendenza
non nella forma passiva; anche nei tempi progressivi

• *I'm very annoyed. He's always talking down to me as if I were stupid or ignorant.* Sono molto seccato. Mi parla sempre come se fossi stupido o ignorante.

talk into

talk sb. into st.

talk sb. into doing st.

♦ persuadere qualcuno a fare qualcosa
sia nella forma attiva sia nella passiva; solitamente non nei tempi progressivi

• *To open a new branch in Moscow would be highly profitable for the firm, but can the senior partners be talked into it?* Aprire una nuova filiale a Mosca sarebbe molto proficuo per l'azienda, ma sarà possibile persuadere i soci anziani?

talk out

talk out st. = talk st. out

discutere un problema o un progetto in modo da trovare una soluzione o un accordo
sia nella forma attiva sia nella passiva; anche nei tempi progressivi

• *When Ernest has a difference of opinion with his collaborators, he prefers to talk it out.* Quando Ernest ha una divergenza di opinioni con i suoi collaboratori, preferisce parlarne e trovare una soluzione.

talk out of

talk sb. out of st.

talk sb. out of doing st.

♦ dissuadere qualcuno dal fare qualcosa
sia nella forma attiva sia nella passiva; solitamente non nei tempi progressivi

• *He said he wanted to invest all his savings in securities, but his wife is trying to talk him out of it.* Ha detto che voleva investire tutti i suoi risparmi in titoli, ma sua moglie sta tentando di dissuaderlo.

talk over

talk over st. = talk st. over

discutere a fondo di qualcosa, soprattutto prima di prendere una decisione
sia nella forma attiva sia nella passiva; anche nei tempi progressivi [*spesso* + *with*]

• *We talked over every aspect of the problem with our collaborators, but couldn't come to a decision.* Discutemmo con i nostri collaboratori ogni aspetto del problema, ma non riuscimmo a giungere a una decisione.

talk sb. round → talk sb. around/round

talk round st. → talk around/round st.

talk through

talk through st. = talk st. through

discutere in modo esauriente tutti i dettagli di una questione
sia nella forma attiva sia nella passiva; anche nei tempi progressivi [*spesso* + *with*]

• *Please don't take any action before we've talked through the counterpart's requests with our firm's lawyers.* Per favore non prendere alcuna iniziativa prima che abbiamo discusso a fondo le richieste della controparte con i legali dell'azienda.

talk up

talk up

parlare a voce più alta
non nella forma passiva; solitamente non nei tempi progressivi

• *Please, talk up! The noise of the pneumatic drill down in the street is deafening!* Per favore, alza la voce! Il rumore della perforatrice giù in strada è assordante!

---

tear

tears, tore, torn, tearing

tear apart

tear apart st. = tear st. apart

♦ in senso figurato, fare a pezzi qualcosa (*un paese, una famiglia, un partito*)
sia nella forma attiva sia nella passiva; anche nei tempi progressivi

• *One of the professors on the commission tore apart my doctoral thesis.* Uno dei professori della commissione ha demolito la mia tesi di dottorato.

• *The country was torn apart by civil war.* Il paese fu dilaniato dalla guerra civile.

tear between

be torn between st. and st.

essere combattuto nel proprio intimo fra sentimenti, doveri, interessi contrastanti
sempre nella forma passiva; solitamente non nei tempi progressivi

• *The woman was torn between her family and her career.* La donna era combattuta fra la famiglia e la carriera.

tell

tells, told, told, telling

tell against

tell against sb./st.

deporre a sfavore di qualcuno o di qualcosa [*GB e Australia; formale*]
non nella forma passiva; non nei tempi progressivi

• *His five-year prison sentence will tell against him when he looks for a job.* La sua condanna a cinque anni di reclusione deporrà a suo sfavore quando si cercherà un lavoro.

tell apart

tell sb./st. apart

♦ essere in grado di fare distinzione fra due o più persone, animali o cose
sia nella forma attiva sia nella passiva; non nei tempi progressivi

• *It was practically impossible to tell the twins apart.* Era praticamente impossibile distinguere i due gemelli.

tell from

tell sb./st. from sb./st.

♦ distinguere una persona o una cosa da un'altra persona o un'altra cosa molto simili
non nella forma passiva; non nei tempi progressivi

• *The two sisters are very much alike. You can hardly tell one from the other.* Le due sorelle si somigliano moltissimo. Si riesce a distinguere a malapena l'una dall'altra.

tell off

tell off sb. = tell sb. off

♦ rimproverare qualcuno per aver fatto qualcosa di sbagliato, di male, di ingiusto [*informale*]
sia nella forma attiva sia nella passiva; anche nei tempi progressivi

• *Dad will tell you off if you're back late.* Papà ti sgriderà se torni tardi.

• *The students were told off by the teacher for chatting in class.* Gli studenti vennero rimproverati dall'insegnante perché chiacchieravano in classe.

think

thinks, thought, thought, thinking

think about

think about sb./st.

♦ considerare qualcuno o qualcosa
non nella forma passiva; anche nei tempi progressivi

• *How could I give up work now? I have to think about my son. I want to send him to a good university.* Come potrei smettere di lavorare adesso? Devo pensare a mio figlio. Voglio mandarlo a una buona università.

♦ avere un'opinione riguardo a qualcuno o a qualcosa
non nella forma passiva; non nei tempi progressivi

• *I don't know what to think about her. I've only met her once.* Non so che cosa pensare di lei. L'ho incontrata solo una volta.

think about

think about st.

think about doing st.

prendere in considerazione qualcosa (*un'idea, un progetto, una proposta*)
non nella forma passiva; anche nei tempi progressivi

• *We are not keen on the counterpart's proposal, but it is worth thinking about.* La proposta della controparte non è entusiasmante, ma vale la pena di prenderla in considerazione.

think again

think again

tornare su una decisione o una convinzione precedente
non nella forma passiva; solitamente non nei tempi progressivi [*solitamente + about*]

• *This sudden wave of robberies has made me think again about buying a flat in this neighbourhood.* Questa improvvisa ondata di rapine mi ha fatto cambiare idea riguardo all'acquisto di un appartamento in questo quartiere.

think ahead

think ahead

pensare al futuro o a qualcosa che avverrà in futuro
non nella forma passiva; anche nei tempi progressivi

• *There are people who love making plans, and others who really don't like to think too far ahead.* Vi sono persone che adorano fare progetti, e altre a cui proprio non piace guardare troppo lontano.

think aloud

think aloud

pensare a voce alta
non nella forma passiva; solitamente nei tempi progressivi

• *«What did you say, Diana?» «Oh, nothing, Maggie! I was just thinking aloud!»* «Che cos'hai detto, Diana?» «Oh, nulla, Maggie! Stavo solo pensando a voce alta!»

think back

think back

pensare ad avvenimenti del passato [*sempre + avverbio e/o preposizione e/o aggettivo*]
non nella forma passiva; anche nei tempi progressivi

• *When I think back on what I did to poor Herbert years ago, I feel ashamed of myself.* Quando ripenso a ciò che ho fatto al povero Herbert anni fa, mi vergogno di me stesso.

think of

think of sb.

avere una certa opinione di qualcuno o pensare che qualcuno sia adatto a ricoprire un certo ruolo
sia nella forma attiva sia nella passiva; solitamente non nei tempi progressivi

• *I thought of her as a very self-controlled person until she panicked just because we missed the motorway exit.* La considerai una persona dotata di un grande autocontrollo fino a quando cadde in preda al panico semplicemente perché avevamo mancato l'uscita dall'autostrada.

think of sb./st.

♦ avere un'opinione su qualcuno o su qualcosa
non nella forma passiva; solitamente nella forma interrogativa, diretta o indiretta; non nei tempi progressivi

• *«What do you think of the new book-keeper?» «He seems a very smart lad... perhaps too smart!»* «Che cosa pensi del nuovo contabile?» «Sembra un ragazzo molto sveglio... forse troppo sveglio!»

♦ considerare qualcuno o qualcosa
non nella forma passiva; anche nei tempi progressivi

• *We can't move to a second floor flat. We must think of Mum and her poor legs.* Non possiamo trasferirci in un appartamento al secondo piano. Dobbiamo pensare alla mamma e alle sue povere gambe.

ricordare qualcuno o qualcosa
non nella forma passiva; solitamente non nei tempi progressivi

• *«The firm is sending me to Singapore for six months.» «Oh, darling! Will you think of me while you are away?»* «La ditta mi manda a Singapore per sei mesi.» «Oh, tesoro, ti ricorderai di me mentre sei via?»

think of sb./st.
think of doing st.

♦ farsi venire in mente qualcuno, o qualcosa, o di fare qualcosa
non nella forma passiva; solitamente non nei tempi progressivi

• *I've been offered a good job, but I can't think of anyone reliable to take care of my son in the afternoon.* Mi è stato offerto un buon lavoro, ma non mi viene in mente nessuna persona affidabile che si prenda cura di mio figlio nel pomeriggio.

think of st.
think of doing st.

♦ prendere in considerazione una certa cosa o di fare una certa cosa
sia nella forma attiva sia nella passiva; sempre nella forma negativa; non nei tempi progressivi; talvolta con would

• *You needn't tell me not to drop out of university, Dad! I wouldn't think of such an idea.* Non hai bisogno di dirmi di non abbandonare l'università, papà! Non prenderei mai in considerazione un'idea simile.

think out/through

think out/through st. = think st. out/through

♦ riflettere attentamente su qualcosa che si sta progettando per capire quali saranno i possibili risultati, conseguenze, implicazioni
sia nella forma attiva sia nella passiva; anche nei tempi progressivi

• *Of course, accepting a job abroad is not a trifling matter. You must think all the pros and cons out/through.* Ovviamente, accettare un lavoro all'estero non è una faccenda di poco conto. Dovete riflettere attentamente su tutti i pro e contro.

think over

think over st. = think st. over

♦ riflettere su un'idea o su un progetto prima di prendere una decisione
sia nella forma attiva sia nella passiva; anche nei tempi progressivi

• *«Why don't you come on the sailing holiday, too, Susie?» «Oh, last time I went sailing the weather was very bad. Well, I'll think it over.»* «Perché non vieni anche tu in vacanza in barca a vela, Susie?» «Oh, l'ultima volta che sono uscita in barca il tempo è stato bruttissimo. Beh, ci penserò su.»

think through st. = think st. through → think out/through st. = think st. out/through

think up

think up st. = think st. up

♦ escogitare, ideare o inventare qualcosa
sia nella forma attiva sia nella passiva; anche nei tempi progressivi

• *Oh, yes. Family gatherings are a nuisance sometimes. But if you don't want to go you must think up an excuse, and it had better be good!* Oh, sì. Le riunioni familiari a volte sono una seccatura. Ma se non vuoi andarci devi escogitare una scusa, e che sia buona!

throw

throws, threw, thrown, throwing

throw away

throw away st. = throw st. away

♦ gettar via qualcosa
sia nella forma attiva sia nella passiva; anche nei tempi progressivi

• *We have to throw away our rubbish in the correct way. The recycling is collected on Mondays and the regular rubbish in Thursdays.* Dobbiamo gettar via la spazzatura nel modo giusto. Vengono per la raccolta differenziata il lunedì e per tutto il resto il giovedì.

throw out

throw out sb. = throw sb. out

espellere qualcuno dall'università, da scuola, da casa, da un'organizzazione
sia nella forma attiva sia nella passiva; solitamente non nei tempi progressivi

• *The committee of the Archaeological Society has thrown out one of the members because he was caught selling an Etruscan vase.* Il comitato della Società Archeologica ha espulso uno dei membri perché era stato sorpreso a vendere un vaso etrusco.

throw out st. = throw st. out

♦ disfarsi di qualcosa che non serve più
sia nella forma attiva sia nella passiva; anche nei tempi progressivi

• *«Jane! I can't find my green T-shirt!» «I threw it out yesterday! It was full of holes!»* «Jane! Non riesco a trovare la mia maglietta verde!» «L'ho buttata via ieri! Era piena di buchi!»

throw up

throw up

throw up st. = throw st. up

vomitare [*informale*]
non nella forma passiva; anche nei tempi progressivi

• *Oh no! The cat has thrown up all over my new rug!* Oh no! Il gatto ha vomitato dappertutto sul mio tappeto nuovo!

touch

touches, touched, touched, touching

touch down

touch down

♦ atterrare (*con un velivolo*)
non nella forma passiva; anche nei tempi progressivi

• *The plane touched down right on time.* L'aereo ha atterrato in perfetto orario.

track

tracks, tracked, tracked, tracking

track down

track down sb./st. = track sb./st. down

♦ riuscire a trovare qualcuno o qualcosa dopo averlo cercato a lungo
sia nella forma attiva sia nella passiva; solitamente non nei tempi progressivi

• *Thanks to Internet, Jack was able to track down his old girlfriend.* Grazie a Internet, Jack riuscì a rintracciare la sua vecchia fidanzata.

• *I finally tracked down a book I need badly for my next exam.* Finalmente sono riuscito a trovare un libro di cui ho un gran bisogno per il prossimo esame.

trade

trades, traded, traded, trading

trade in

trade in st. = trade st. in

dare qualcosa in permuta
sia nella forma attiva sia nella passiva; anche nei tempi progressivi

• *This ad says that if you trade in your old car, they'll give you a big discount on the new one.* Secondo questa pubblicità, se dai indietro la tua vecchia auto ti faranno un grosso sconto su quella nuova.

try

tries, tried, tried, trying

try on

try on st. = try st. on

♦ misurare una calzatura o un indumento
sia nella forma attiva sia nella passiva; anche nei tempi progressivi

• *«Where can I try on these two dresses?» «There's a changing room over there, madam.»* «Dove posso provare questi due vestiti?» «C'è uno spogliatoio laggiù, signora.»

try out

try out

fare un provino (*detto di attori o cantanti*) [*prevalentemente USA e Australia*]
non nella forma passiva; solitamente non nei tempi progressivi [*solitamente + for*]

• *Why don't you try out for the festival? They're holding auditions today.* Perché non fai un provino per il festival? Tengono le audizioni oggi.

try out st. = try st. out

♦ provare qualcosa (*per farne l'esperienza*)
sia nella forma attiva sia nella passiva; anche nei tempi progressivi

• *Perry decided to try out frozen lasagne when his wife went away for a few days.* Quando la moglie andò via per qualche giorno, Perry decise di sperimentare le lasagne surgelate.

♦ provare qualcosa (*per capire se funziona o se è efficace*)
sia nella forma attiva sia nella passiva; anche nei tempi progressivi

• *I want to try the car out before buying it.* Voglio provare l'auto prima di acquistarla.

tune

tunes, tuned, tuned, tuning

tune in
tune into

tune in
tune into

♦ sintonizzarsi su un canale televisivo o una stazione radiofonica

non nella forma passiva; anche nei tempi progressivi

• *Don't forget to tune in tomorrow at the same time!* Non dimenticate di sintonizzarvi domani alla stessa ora!

• *Millions of viewers tuned in to/tuned into the Olympic Games.* Milioni di spettatori hanno guardato le Olimpiadi in tivù.

turn

turns, turned, turned, turning

turn against

turn against sb./st.
turn sb./st. against sb./st.

rivoltarsi contro qualcuno o qualcosa (*detto di persone o animali*) o istigare qualcuno a farlo

non nella forma passiva; anche nei tempi progressivi

• *Many of the younger members of the tribe who had gone away to study turned against their leaders when they came back.* Molti dei membri più giovani della tribù che erano andati via per studiare, al ritorno si ribellarono ai loro capi.

sia nella forma attiva sia nella passiva quando c'è il complemento oggetto; anche nei tempi progressivi

• *This continuous loss of human lives is turning public opinion against war.* Questa continua perdita di vite umane sta sollevando l'opinione pubblica contro la guerra

turn around/round

turn around/round
turn sb. around/round

♦ voltarsi, o fare in modo che qualcuno si volti (*la persona si trova in posizione verticale*)

non nella forma passiva; anche nei tempi progressivi

• *I felt a pistol in my ribs and heard a voice say, «Turn around/round very slowly!»* Mi sentii una pistola nelle costole e udii una voce che diceva, «Voltati molto lentamente!»

sia nella forma attiva sia nella passiva quando c'è il complemento oggetto; anche nei tempi progressivi

• *The doctor turned the boy around/round and made him bend forward to look at his backbone.* Il dottore fece voltare il ragazzo e lo fece chinare in avanti per osservare la sua spina dorsale.

turn st. around/round

♦ girare qualcosa (*facendolo ruotare intorno al proprio asse verticale*)

sia nella forma attiva sia nella passiva; anche nei tempi progressivi

• *I turned the bottle around/round to look at the label.* Girai la bottiglia per leggere l'etichetta.

turn away

turn away sb. = turn sb. away

♦ rifiutare l'ammissione di qualcuno in un paese o in un luogo (*solitamente perché non c'è più posto*)

sia nella forma attiva sia nella passiva; anche nei tempi progressivi

• *The field hospital was packed, and it had to turn away the soldiers who were not seriously wounded.* L'ospedale da campo era stracolmo, e dovette mandare via i soldati che non erano feriti gravemente.

turn away from

turn away from st.

turn sb. away from st.

allontanarsi, o allontanare qualcuno, da una religione, un'ideologia, uno sport, un interesse

non nella forma passiva; anche nei tempi progressivi

• *When she was eighteen, she turned away from the Catholic Church to embrace Buddhism.* Quando ebbe diciotto anni si allontanò dalla Chiesa cattolica per abbracciare il buddismo.

sia nella forma attiva sia nella passiva quando c'è il complemento oggetto; anche nei tempi progressivi

• *The Minister's suspected embezzlement turned many voters away from his party.* L'appropriazione indebita di cui il ministro era sospettato estraniò molti votanti dal suo partito.

turn back

turn back

cambiare idea (*comportandosi in modo opposto all'idea primitiva*)

non nella forma passiva; anche nei tempi progressivi

• *Dylan and Rosie's friend promised to help them move house, but he turned back at the last minute.* L'amico di Dylan e Rosie promise di aiutarli a traslocare, ma all'ultimo momento fece un voltafaccia.

turn back

turn back sb. = turn sb. back

tornare indietro, o obbligare qualcuno a farlo

non nella forma passiva; anche nei tempi progressivi

• *Halfway to work I had to turn back because I had forgotten to lock the door.* A metà strada per arrivare al lavoro dovetti tornare indietro perché avevo dimenticato di chiudere a chiave la porta.

sia nella forma attiva sia nella passiva quando c'è il complemento oggetto; anche nei tempi progressivi

• *The bodyguards will turn back anyone who tries to come too close to the President.* Le guardie del corpo allontaneranno chiunque tenti di avvicinarsi troppo al Presidente.

turn down

turn down sb. = turn sb. down

♦ respingere qualcuno
sia nella forma attiva sia nella passiva; solitamente non nei tempi progressivi

• *Ernest proposed to Mary, but she turned him down. Then he proposed to her sister Marge, and was turned down again.* Ernest chiese la mano di Mary, ma lei lo respinse. Poi chiese quella di sua sorella Marge, e venne respinto di nuovo.

turn down st. = turn st. down

♦ rifiutare qualcosa
sia nella forma attiva sia nella passiva; solitamente non nei tempi progressivi

• *She turned down the job she had been offered because the salary was too low.* Rifiutò il lavoro che le era stato offerto perché lo stipendio era troppo basso.

♦ ridurre il volume del suono emesso da un apparecchio
sia nella forma attiva sia nella passiva; anche nei tempi progressivi

• *Could you please turn that music down? I'd like to sleep.* Potresti per favore abbassare quella musica? Vorrei dormire.

♦ ridurre la quantità di calore emesso da un apparecchio
sia nella forma attiva sia nella passiva; anche nei tempi progressivi

• *Cook on a high flame for fifteen minutes, then turn down the heat and allow to simmer for one hour.* Fate cuocere a fuoco vivo per quindici minuti, poi riducete il calore e lasciate sobbollire per un'ora.

turn in

turn in

andare a dormire [*informale*]
non nella forma passiva; anche nei tempi progressivi

• *I think I'll turn in early tonight, folks. I've got to get up at five tomorrow.* Gente, penso che stasera andrò a dormire presto. Domani devo alzarmi alle cinque.

turn in sb. = turn sb. in

consegnare un colpevole alla polizia
sia nella forma attiva sia nella passiva; solitamente non nei tempi progressivi

• *After the accident, the hit-and-run driver was turned in by his own father.* Dopo l'incidente, il pirata della strada venne consegnato alla polizia dal suo stesso padre.

turn in st.

produrre dei risultati (*solitamente buoni*)
sia nella forma attiva sia nella passiva; solitamente non nei tempi progressivi

• *Jackie's patent turned in over a million dollars this year, and now she's complaining about her taxes!* Il brevetto di Jackie le ha fruttato oltre un milione di dollari quest'anno, e ora lei si lamenta delle tasse!

turn in st. = turn st. in

consegnare a un'autorità o a un ufficio (*esercito, polizia, ufficio oggetti smarriti*) qualcosa che non si ha il diritto di tenere per sé
sia nella forma attiva sia nella passiva; solitamente non nei tempi progressivi

• *When a policeman is suspended from service, he must turn his gun and his badge in.* Quando un poliziotto viene sospeso dal servizio, deve restituire pistola e distintivo.

consegnare un lavoro scritto a un insegnante, un superiore, un datore di lavoro [*prevalentemente USA*]
sia nella forma attiva sia nella passiva; solitamente non nei tempi progressivi

• *In spite of all the difficulties he was going through, Patrick managed to turn in the translation within the deadline.* Nonostante tutte le difficoltà che stava attraversando, Patrick riuscì a consegnare la traduzione entro il termine massimo.

turn into

turn into sb./st.

turn sb./st. into sb./st.

♦ trasformarsi o trasformare qualcuno o qualcosa in qualcun altro o in qualcos'altro

non nella forma passiva; anche nei tempi progressivi

• *When the princess kissed the frog, it turned into a handsome prince.* Quando la principessa baciò il ranocchio, questo si tramutò in un bellissimo principe.

sia nella forma attiva sia nella passiva quando c'è il complemento oggetto; anche nei tempi progressivi

• *His spell in an approved school turned him into a professional criminal.* Il breve periodo di tempo trascorso in riformatorio lo trasformò in un delinquente di professione.

turn off

turn off sb. = turn sb. off

far perdere l'interesse per il sesso
sia nella forma attiva sia nella passiva; anche nei tempi progressivi

• *He was really good-looking, but Sheila was turned off by the smell of stale sweat.* Lui era davvero bello, ma ciò che spense l'entusiasmo di Sheila fu il tanfo di sudore.

turn off sb. = turn sb. off

turn sb. off st.

far perdere l'interesse per qualcosa (*a volte suscitando repulsione*)
sia nella forma attiva sia nella passiva; anche nei tempi progressivi

• *The critics gave the film good write-ups, but all those gory scenes turned me off.* Il film ha avuto buone recensioni dai critici, ma tutte quelle scene cruente mi hanno indisposto.

turn off st. = turn st. off

♦ spegnere la luce o un apparecchio elettrico
sia nella forma attiva sia nella passiva; anche nei tempi progressivi

• *You always forget to turn the light off. No wonder we get such dreadful electricity bills!* Dimentichi sempre di spegnere la luce. Non c'è da stupirsi se ci arrivano delle bollette così spaventose!

♦ chiudere il rubinetto dell'acqua
sia nella forma attiva sia nella passiva; anche nei tempi progressivi

• *«There's water on the floor.» «Oh, dear me! I forgot to turn off the bath tap!»* «C'è acqua sul pavimento.» «Oh, povera me! Ho dimenticato di chiudere il rubinetto della vasca!»

♦ chiudere il rubinetto del gas
sia nella forma attiva sia nella passiva; anche nei tempi progressivi

• *Remember to turn off the gas before you go out, Granny! Last time you left it on.* Ricorda di chiudere il rubinetto del gas prima di uscire, nonna! L'ultima volta lo hai lasciato aperto.

turn off

turn off st.

lasciare la strada che si sta percorrendo per imboccarne un'altra
non nella forma passiva; solitamente non nei tempi progressivi

• *We turned off the main road and took a longer but more picturesque country lane.* Lasciammo la strada principale e prendemmo un più accidentato ma più pittoresco viottolo di campagna.

turn on

turn on sb. = turn sb. on

eccitare sessualmente qualcuno (*detto di persona o di cosa*)
sia nella forma attiva sia nella passiva; anche nei tempi progressivi

• *These skinny models don't turn me on at all.* Queste modelle tutte pelle e ossa non mi eccitano per nulla.

• *Many men are turned on by sexy underwear.* La biancheria sexy fa perdere la testa a molti uomini.

suscitare in qualcuno entusiasmo, eccitazione, esaltazione (*detto di cosa*)
sia nella forma attiva sia nella passiva; anche nei tempi progressivi

• *Oh, you are mad on bungee jumping, are you? Well,... if that's what turns you on!* Oh, ti piace da matti saltare da un ponte appeso a un cavo elastico? Beh, ... se è questo che ti fa salire l'adrenalina!

turn on st. = turn st. on

♦ accendere la luce o un apparecchio elettrico
sia nella forma attiva sia nella passiva; anche nei tempi progressivi

• *Betty, turn the light on or you'll fall down the stairs!* Betty, accendi la luce o cadrai dalle scale!

♦ aprire il rubinetto dell'acqua
sia nella forma attiva sia nella passiva; anche nei tempi progressivi

• *Today Timmy turned on the water tap without my noticing, and nearly flooded the bathroom.* Oggi Timmy ha aperto il rubinetto dell'acqua senza che me ne accorgessi, e ha quasi allagato il bagno.

♦ aprire il rubinetto del gas
sia nella forma attiva sia nella passiva; anche nei tempi progressivi

• *Bobby, I've told you again and again not to turn the gas tap on! It's dangerous!* Bobby, ti ho detto tante volte di non aprire il rubinetto del gas! È pericoloso!

turn on/upon

turn on/upon sb.

♦ rivoltarsi contro qualcuno (*detto di persone o animali*) [*formale con upon*]
non nella forma passiva; solitamente non nei tempi progressivi

• *Why did he turn on/upon me like that? What did I do to him?* Perché mi si è rivoltato contro in quel modo? Che cosa gli ho fatto?

turn on/upon st.

dipendere da qualcosa (*detto di una situazione o di un evento*) [*formale con upon*]
non nella forma passiva; non nei tempi progressivi

• *Whether we go on holiday or not will turn on/upon our financial situation.* Se andremo in vacanza o no dipenderà dalla nostra situazione finanziaria.

turn on to

turn sb. on to st.

avvicinare, o far appassionare, qualcuno a qualcosa
sia nella forma attiva sia nella passiva; solitamente non nei tempi progressivi

• *Taking Aunt Alice to the Traviata turned me on to opera.* Accompagnare zia Alice alla Traviata mi ha fatto appassionare all'opera.

turn out

turn out

♦ avere un certo esito
non nella forma passiva; non nei tempi progressivi

• *How did your holiday turn out?* Com'è andata la tua vacanza?

• *Let's see how things turn out.* Stiamo a vedere come si mettono le cose.

essere presenti a un evento (*detto di un nutrito numero di persone*)
non nella forma passiva; solitamente non nei tempi progressivi

• *At least three hundred people turned out for the star's wedding.* Al matrimonio della star erano presenti almeno trecento persone.

turn out sb. = turn sb. out

mandare via qualcuno da un luogo
sia nella forma attiva sia nella passiva; anche nei tempi progressivi

• *They've received the eviction order and the police may come to turn them out any day.* Hanno ricevuto l'ingiunzione di sfratto e la polizia potrebbe presentarsi in un giorno qualsiasi per farli sloggiare.

turn out st. = turn st. out

vuotare qualcosa (*anche capovolgendolo*)
sia nella forma attiva sia nella passiva; anche nei tempi progressivi

• *Turn out your handbag, Meg. Your keys must be in there.* Rovescia la borsa, Meg. Le tue chiavi devono essere per forza lì dentro.

produrre qualcosa (*detto di un'azienda*)
sia nella forma attiva sia nella passiva; anche nei tempi progressivi

• *The factory can turn out one thousand toasters and one thousand blenders per week.* La fabbrica può produrre mille tostapane e mille frullatori la settimana.

spegnere la luce
sia nella forma attiva sia nella passiva; anche nei tempi progressivi

• *Jenny, remember to turn the light out and to lock the door when you go home! See you tomorrow!* Jenny, ricorda di spegnere la luce e di chiudere la porta a chiave quando vai a casa! A domani!

turn over

turn over sb. = turn sb. over

consegnare un colpevole alla polizia o a un'autorità
sia nella forma attiva sia nella passiva; anche nei tempi progressivi

• *The supermarket manager turned over the old lady for shoplifting even though he felt sorry for her.* Il direttore del supermercato consegnò la vecchia signora alla polizia per taccheggio sebbene fosse dispiaciuto per lei.

turn over

turn over sb. = turn sb. over

♦ girarsi o girare qualcuno (*la persona si trova in posizione orizzontale*)

non nella forma passiva; anche nei tempi progressivi

• *Oh, how late I am! Why did I just turn over and go back to sleep when the alarm clock rang?* Oh, quanto sono in ritardo! Perché mai quando è suonata la sveglia mi sono rigirato e riaddormentato?

sia nella forma attiva sia nella passiva quando c'è il complemento oggetto; anche nei tempi progressivi

• *Turn the baby over, Harriet. He sometimes brings up some of his feed, and he may suffocate if he's flat on his back.* Gira il bambino, Harriet. Qualche volta ha un po' di rigurgito, e se sta sulla schiena potrebbe soffocare.

turn over st. = turn st. over

♦ girare qualcosa (*capovolgendolo*)
sia nella forma attiva sia nella passiva; anche nei tempi progressivi

• *Dry the glasses and put them on the shelf above the bar, but turn them over so that they don't get dust inside.* Asciuga i bicchieri e mettili sul ripiano sopra il bar, ma capovolgili in modo che non entri dentro la polvere.

consegnare qualcosa a qualcuno
sia nella forma attiva sia nella passiva; anche nei tempi progressivi [*solitamente + to*]

• *We found a wallet on the train and turned it over to the lost property office.* Sul treno trovammo un portafoglio e lo consegnammo all'ufficio oggetti smarriti.

affidare qualcosa a qualcuno
sia nella forma attiva sia nella passiva; solitamente non nei tempi progressivi [*solitamente + to*]

• *When the old man retired, the stud farm was turned over to his nephew.* Quando il vecchio si ritirò, l'allevamento di cavalli venne affidato a suo nipote.

destinare qualcosa a uno scopo diverso
sia nella forma attiva sia nella passiva; anche nei tempi progressivi [*solitamente + to*]

• *If we turn the sugar beet fields over to sunflowers, we can get a government grant.* Se destiniamo i campi di barbabietole da zucchero alla coltivazione dei girasoli, possiamo ottenere una sovvenzione governativa.

avere un certo giro d'affari (*detto di un'azienda, in riferimento a un determinato periodo di tempo*)
sia nella forma attiva sia nella passiva; solitamente non nei tempi progressivi

• *The supermarket turned over more than £ 300,000 last quarter.* Nell'ultimo trimestre il supermercato ha avuto un giro d'affari di oltre trecentomila sterline.

penetrare in un luogo per perquisirlo o per rubare (*mettendolo a soqquadro*) [*GB e Australia; informale*]
sia nella forma attiva sia nella passiva; anche nei tempi progressivi

• *When the secret agent got home he found that somebody had turned the house over.* Quando l'agente segreto arrivò a casa scoprì che qualcuno l'aveva messa a soqquadro.

• *The offices were turned over during the weekend.* Gli uffici vennero svaligiati dai ladri durante il fine settimana.

turn over
turn over st. = turn st. over

♦ voltare le pagine (*di un libro, un giornale, uno spartito*)

non nella forma passiva; anche nei tempi progressivi

• *I'm not sure that reading the paper together is so easy, Mabel! Can I turn over?* Non sono sicuro che leggere il giornale insieme sia così facile, Mabel! Posso voltare?

sia nella forma attiva sia nella passiva quando c'è il complemento oggetto; anche nei tempi progressivi

• *«Figure 6? Where's figure 6?» «Just turn over the page!»* «Figura 6? Dov'è la figura 6?» «Hai solo da voltare la pagina!»

♦ cambiare canale televisivo [*GB*]

non nella forma passiva; solitamente non nei tempi progressivi

• *Mum always wants to turn over when the sportsnews comes on TV.* La mamma vuole sempre cambiare canale (*televisivo*) quando arrivano le notizie sportive.

sia nella forma attiva sia nella passiva quando c'è il complemento oggetto; solitamente non nei tempi progressivi

• *When the soap opera started, Matt turned over the channel to watch the baseball game.* Quando la soap opera cominciò, Matt cambiò canale per vedere l'incontro di baseball.

girare al minimo (*detto di un motore*) o far girare un motore al minimo

non nella forma passiva; anche nei tempi progressivi

• *It's rather an old car; let the engine turn over for a few minutes before you start off.* È un'auto abbastanza vecchia; fa' girare il motore al minimo per qualche minuto prima di partire.

sia nella forma attiva sia nella passiva quando c'è il complemento oggetto; anche nei tempi progressivi

• *I think the battery's almost flat. It managed to turn the engine over a couple of times, then died.* Penso che la batteria sia quasi scarica. Ce l'ha fatta a far girare il motore un paio di volte, poi più nulla.

turn round - turn sb. round → turn around/round - turn sb. around/round
turn st. round → turn st. around/round

turn to

turn to sb./st.

♦ rivolgersi a qualcuno (*per ottenere aiuto, consiglio, sostegno*)
sia nella forma attiva sia nella passiva; anche nei tempi progressivi

• *You can turn to me if you need a hand.* Puoi rivolgerti a me se hai bisogno di una mano.

• *The poor child had no one to turn to.* Il povero bambino non aveva nessuno a cui ricorrere.

turn to st.

darsi a un comportamento nocivo, pericoloso, criminoso
sia nella forma attiva sia nella passiva; anche nei tempi progressivi

• *The pianist had talent, but unfortunately he turned to drink.* Il pianista aveva talento, ma disgraziatamente si mise a bere.

turn to st.

turn st. to st.

rivolgere l'attenzione o il pensiero a un nuovo soggetto
non nella forma passiva; solitamente non nei tempi progressivi

• *After explaining the problems, the sales manager turned to the possible solutions.* Dopo aver spiegato i problemi, il direttore delle vendite passò alle possibili soluzioni.

turn up

turn up

♦ comparire, arrivare o farsi vivo (*in un luogo*)
non nella forma passiva; solitamente non nei tempi progressivi

• *The accountant turned up late for the meeting, and we started without him.* Il ragioniere comparve tardi alla riunione, e noi cominciammo senza di lui.

ricomparire dopo un certo periodo di tempo (*detto di persona o di cosa*)
non nella forma passiva; solitamente non nei tempi progressivi

• *We were just sitting down to lunch when Bob turned up, back from his journey.* Proprio nel momento in cui ci sedevamo per pranzare comparve Bob, di ritorno dal suo viaggio.

presentarsi (*detto di un'occasione propizia*)
non nella forma passiva; solitamente non nei tempi progressivi

• *If a chance to work in the States turns up, I'll grab it with both hands!* Se mi si presenterà un'occasione di lavorare negli Stati Uniti, non me la lascerò sfuggire!

turn up st. = turn st. up

♦ alzare il volume del suono emesso da un apparecchio (*radio, televisore e simili*)
sia nella forma attiva sia nella passiva; anche nei tempi progressivi

• *Do you mind if I turn up the radio? I've mislaid my hearing aid.* Ti spiace se alzo il volume della radio? Ho messo il mio apparecchio acustico da qualche parte e non lo trovo più.

♦ alzare la fiamma (*del gas*)
sia nella forma attiva sia nella passiva; anche nei tempi progressivi

• *Turn up the gas, Carrie, or the water will never boil!* Alza la fiamma, Carrie, o l'acqua non bollirà mai!

scoprire o trovare qualcosa (*dopo una lunga ricerca*)
non nella forma passiva; anche nei tempi progressivi

• *Forensic detectives are sure to turn up enough evidence to prove his guilt.* È certo che gli uomini della scientifica scopriranno prove sufficienti a dimostrare la sua colpevolezza.

accorciare un vestito (*aumentando l'altezza dell'orlo*)
sia nella forma attiva sia nella passiva; anche nei tempi progressivi

• *I'm taking the dress to the dressmaker to have it turned up a little.* Porterò il vestito dalla sarta perché lo accorci un po'.

fare il risvolto a un paio di pantaloni
sia nella forma attiva sia nella passiva; anche nei tempi progressivi

• *I like my jeans to be a bit long so that I can turn them up, cowboy style.* Mi piace che i miei jeans siano un po' lunghi in modo da poter fare il risvolto, stile cowboy.

turn upon sb. → turn on/upon sb.

turn upon st. → turn on/upon st.

U

use

uses, used, used, using

use up

use up st. = use st. up

esaurire l'intera scorta o disponibilità di qualcosa (*anche immateriale, come l'energia fisica o il tempo*)
sia nella forma attiva sia nella passiva; anche nei tempi progressivi

- *We've used up all the coffee, so we'll have to drink tea.* Abbiamo finito il caffè, quindi dovremo bere tè.
- *Our team seemed to have used up all its energy in the first half of the game.* La nostra squadra sembrò avere esaurito tutta l'energia nella prima metà dell'incontro.

V

verge

verges, verged, verged, verging

verge on/upon

verge on/upon st.

tendere verso qualcosa di estremo (*detto di una qualità o di un sentimento*) [*formale con upon*]
non nella forma passiva; solitamente non nei tempi progressivi

• *Sometimes I'm afraid his eccentricity verges on/upon madness.* Talvolta temo che la sua eccentricità sfiori la follia.

• *His courage verges on/upon foolhardiness.* Il suo coraggio rasenta la temerarietà.

vote

votes, voted, voted, voting

vote down

vote down st. = vote st. down

votare (*collegialmente*) contro qualcosa (*solitamente una mozione o una proposta*)
sia nella forma attiva sia nella passiva; solitamente non nei tempi progressivi

• *The proposal to build a new stadium was voted down at the borough council meeting.* La proposta di costruire un nuovo stadio venne respinta ai voti alla riunione del consiglio comunale.

vote in

vote in sb. = vote sb. in

eleggere (*con votazione*) un candidato a una carica
anche nella forma attiva, ma più spesso nella passiva; solitamente non nei tempi progressivi

• *The committee chairman has been voted in for a second term.* Il presidente del comitato è stato eletto per un secondo mandato.

vote out

vote out sb. = vote sb. out

votare a sfavore di un candidato
anche nella forma attiva, ma più spesso nella passiva; solitamente non nei tempi progressivi

• *Many of the present Members of Parliament will be voted out at the next election.* Molti degli attuali membri del Parlamento verranno bocciati alle prossime elezioni.

vote through

vote through st. = vote st. through

approvare qualcosa (*solitamente un disegno di legge, un bilancio, un progetto*) mediante votazione
anche nella forma attiva, ma più spesso nella passiva; solitamente non nei tempi progressivi

• *The new law on hunting was voted straight through the House of Commons, but the Lords are proposing several amendments.* La nuova legge sulla caccia è passata senza difficoltà alla Camera dei Comuni, ma i Lord propongono parecchi emendamenti.

W

wake

*wakes, woke (*USA talora anche waked*), woken (*USA talora anche waked*), waking*

wake up

wake up

wake up sb. = wake sb. up

♦ svegliarsi o svegliare qualcuno

non nella forma passiva; solitamente non nei tempi progressivi

• *Dad always wakes up early in the morning.* Papà si sveglia sempre presto al mattino.

sia nella forma attiva sia nella passiva quando c'è il complemento oggetto; solitamente non nei tempi progressivi

• *Can you wake me up if I don't hear the alarm clock?* Puoi svegliarmi tu se io non sento la sveglia?

walk

walks, walked, walked, walking

walk out

walk out

♦ abbandonare una riunione prima che sia conclusa perché si è scontenti o adirati

non nella forma passiva; solitamente non nei tempi progressivi [*spesso + of*]

• *The trade union representative walked out of talks with management.* Il rappresentante sindacale abbandonò le trattative con l'amministrazione.

warm

warms, warmed, warmed, warming

warm up

warm up

♦ fare qualche esercizio di riscaldamento (*prima di dare inizio a un'attività fisica più impegnativa*)
non nella forma passiva; anche nei tempi progressivi

• *It's very important to warm up before you jump into the pool.* È molto importante riscaldare i muscoli prima di tuffarsi in piscina.

♦ detto dell'aria, riscaldarsi
non nella forma passiva; anche nei tempi progressivi

• *It was terribly cold this morning, but now it's warming up.* Faceva un freddo gelido stamattina, ma ora l'aria si sta riscaldando.

♦ detto di un motore, scaldarsi
non nella forma passiva; anche nei tempi progressivi

• *The car's pretty old, so you have to let it warm up for a few minutes, especially in the morning.* L'auto è vecchiotta, perciò bisogna lasciar scaldare il motore per qualche minuto, soprattutto la mattina.

♦ detto di un ambiente, animarsi
non nella forma passiva; anche nei tempi progressivi

• *The disco down the street really warms up after midnight.* La discoteca in fondo alla strada si anima molto dopo mezzanotte.

wear

wears, wore, worn, wearing

wear down

wear down

wear down st. = wear st. down

♦ consumarsi o erodersi, o consumare o erodere qualcosa

non nella forma passiva; anche nei tempi progressivi

• *These tyres are wearing down very fast, aren't they?* Questi pneumatici si stanno consumando molto in fretta, vero?

sia nella forma attiva sia nella passiva quando c'è il complemento oggetto; anche nei tempi progressivi

• *The rushing river has worn down the rocks, creating a deep canyon.* Il fiume impetuoso ha eroso le rocce creando un profondo canyon.

wear in

wear in

wear in st. = wear st. in

diventare più morbide e comode con l'uso (*detto di scarpe nuove*), o indossare per brevi periodi di tempo delle scarpe nuove affinché si ammorbidiscano e diventino più comode [*GB e Australia*]

non nella forma passiva; anche nei tempi progressivi

• *«Hmm! They're lovely shoes, but they pinch my little toe a bit.» «Oh! But they're in the finest calfskin, madam! They'll wear in straight away!»* «Hmm! Sono delle bellissime scarpe, ma mi fanno un po' male al mignolo.» «Oh! Ma sono in vitello della migliore qualità, signora! Si ammorbidiranno subito!»

sia nella forma attiva sia nella passiva quando c'è il complemento oggetto; anche nei tempi progressivi

• *If you think you need to wear in your new shoes, that means that they are the wrong size.* Se pensi di dover indossare le scarpe nuove perché diventino più comode, significa che sono della misura sbagliata.

wear off

wear off

♦ scomparire a poco a poco (*detto degli effetti di un farmaco o dell'alcol, o di un sentimento o una sensazione*)
non nella forma passiva; anche nei tempi progressivi

• *«Mrs Palmer, I warned you to take no more than four painkillers a day!» «But, doctor! The effects wore off after only one hour!»* «Signora Palmer! L'avevo avvertita di non prendere più di quattro compresse di analgesico al giorno!» «Ma, dottore! Gli effetti finivano dopo una sola ora!»

• *«Oh, dear! Granddad has really been going at the whisky again!» «Well, we'll have to wait until it wears off.»* «Poveri noi! Il nonno ci ha di nuovo dato dentro col whisky!» «Beh, dovremo aspettare finché non gli passa.»

wear out

wear out sb. = wear sb. out

♦ sfinire qualcuno
sia nella forma attiva sia nella passiva; anche nei tempi progressivi

• *Looking after her old sick father is wearing her out.* Badare al padre anziano e malato la sta sfinendo.

wear out

wear out st. = wear st. out

♦ logorare qualcosa con l'uso (*tanto da renderlo inservibile*)

non nella forma passiva; anche nei tempi progressivi

• *We should never have laid a carpet in the entrance. It has worn out in only six months!* Non avremmo mai dovuto mettere un tappeto nell'entrata. Si è completamente logorato in soli sei mesi!

sia nella forma attiva sia nella passiva quando c'è il complemento oggetto; anche nei tempi progressivi

• *«Your awful driving is wearing out the tyres, Ernest!» «No, no, Gwendolyn! The tyres are being worn out by chauffering your obese mother and aunt everywhere!»* «La tua pessima guida sta consumando le gomme, Ernest!» «No, no, Gwendolyn! Le gomme si consumano portando a spasso dappertutto la tua obesa madre e la tua obesa zia!»

weigh

weighs, weighed, weighed, weighing

weigh against

weigh st. against st.

soppesare i vantaggi e gli svantaggi di una situazione (*prima di decidere*)

sia nella forma attiva sia nella passiva; anche nei tempi progressivi

• *Before deciding whether to take the job abroad, Alex had to weigh the benefits against the difficulties involved.* Prima di decidere se accettare o no il lavoro all'estero, Alex dovette valutare i benefici e le difficoltà che ciò comportava.

weigh down

weigh down sb. = weigh sb. down

pesare su qualcuno (*detto di una preoccupazione, un rimorso, un dolore*) [*solitamente + by*]

anche nella forma attiva, ma più spesso nella passiva; anche nei tempi progressivi

• *Ever since Mark lost his job, he's been weighed down by financial problems.* Da quando ha perso il lavoro, Mark è schiacciato dai problemi economici.

• *If I were him, I'd be weighed down by remorse.* Al suo posto, sarei oppresso dai rimorsi.

• *What's weighing you down?* Che cosa ti opprime?

weigh on/upon

weigh on/upon sb./st.

detto di un problema, una colpa, una responsabilità, pesare su qualcuno rendendolo infelice o preoccupato [*formale con upon*]
non nella forma passiva; anche nei tempi progressivi

• *I think that his failure to help his daughter weighs heavily on/upon him.* Penso che il non essere riuscito ad aiutare sua figlia lo renda molto infelice.

win

wins, won, won, winning

win back

win back sb. = win sb. back

♦ riconquistare una persona
sia nella forma attiva sia nella passiva; solitamente non nei tempi progressivi

• *I'do anything to win back my ex-fiancée.* Farei qualsiasi cosa per riconquistare la mia ex fidanzata.

win back st. = win st. back

♦ rifarsi del denaro che si è perso al gioco o nelle scommesse
non nella forma passiva; anche nei tempi progressivi

• *The gambler was sure he could win back all the money he'd lost at roulette.* Il giocatore d'azzardo era sicuro di potersi rifare del denaro che aveva perso giocando alla roulette.

win over

win over sb. = win sb. over

♦ accaparrarsi l'appoggio di qualcuno
sia nella forma attiva sia nella passiva; solitamente non nei tempi progressivi

• *In the last elections, the Democrats hoped to win over younger voters.* Nelle ultime elezioni, il partito democratico sperava di accaparrarsi l'appoggio degli elettori più giovani.

work

works, worked, worked, working

work against

work against sb./st.

operare a danno di qualcuno o di qualcosa
non nella forma passiva; anche nei tempi progressivi

• *The Prince's reputation as a playboy worked against him when he decided it was time to get married and produce an heir.* La reputazione di playboy del principe operò contro di lui quando decise che era ora di sposarsi e generare un erede.

work at

work at st.

work at doing st.

♦ lavorare con impegno a qualcosa (*che si vuole raggiungere o migliorare*)
non nella forma passiva; anche nei tempi progressivi

• *You'll have to work at your English if you want to get a better job.* Dovrai lavorare sul tuo inglese se vorrai ottenere un lavoro migliore.

work in with

work in with st.

detto di progetti, idee, orari, essere compatibili con altri progetti, idee, orari
non nella forma passiva; solitamente non nei tempi progressivi

• *It's all useless. My ideas will never work in with yours.* È tutto inutile. Le mie idee non saranno mai compatibili con le tue.

work in

work into

work in st. = work st. in

work st. into st.

inserire qualcosa (*un'osservazione, un'allusione, un'informazione, una precisazione*) in uno scritto o un discorso
sia nella forma attiva sia nella passiva; solitamente non nei tempi progressivi

• *Try to work a mention of your personal contribution in when you talk about the project.* Cerca di inserire un accenno al tuo contributo personale quando parlerai del progetto.

• *The manager worked veiled hints of his coming retirement into his speech.* Il direttore introdusse nel suo discorso velate allusioni al suo prossimo pensionamento.

inserire qualcosa (*una visita, un appuntamento*) fra un'attività e un'altra
sia nella forma attiva sia nella passiva; solitamente non nei tempi progressivi

• *I'll see if I'm able to work in a visit to Ludwig, too, the next time I stop over at Frankfurt.* Vedrò se riesco a trovare il tempo anche per una visita a Ludwig la prossima volta che faccio scalo a Francoforte.

work into

work sb. into st.

far entrare qualcuno in un certo stato mentale (*solitamente, di forte eccitazione o violenza*)
sia nella forma attiva sia nella passiva; anche nei tempi progressivi

• *The pop star's performance worked the crowd of teenagers into a state of overexcitement.* L'esecuzione della pop star portò la folla di adolescenti alla sovreccitazione.

• *Joe worries me a lot. He's too easily worked into violence.* Joe mi preoccupa molto. È troppo facile portarlo alla violenza.

work st. into st.

spalmare una sostanza cremosa su una superficie e farla penetrare all'interno
sia nella forma attiva sia nella passiva; anche nei tempi progressivi

• *The Eskimos worked seal fat into their boots to make them pliable and waterproof.* Gli eschimesi impregnavano i loro stivali di grasso di foca per renderli flessibili e impermeabili.

incorporare una sostanza alimentare in un'altra
sia nella forma attiva sia nella passiva; anche nei tempi progressivi

• *Take a knob of butter and work it into the flour with your fingers.* Prendete una noce di burro e incorporatela nella farina con le dita.

work off

work off st.

detto di un apparecchio, essere alimentato da una fonte di energia
non nella forma passiva; anche nei tempi progressivi

• *You don't need batteries; the radio works off the mains electricity.* Non c'è bisogno di batterie; la radio è alimentata dall'energia elettrica di rete.

detto di un apparecchio, dipendere dal lavoro di un altro
non nella forma passiva; solitamente non nei tempi progressivi

• *The slave computers in the workshop work off the master computer in the control room.* Gli slave dell'officina dipendono dal master della stanza dei bottoni.

work off st. = work st. off

liberarsi di una sensazione forte (*tensione, irritazione, ira, aggressività*) col lavoro o con l'esercizio fisico
sia nella forma attiva sia nella passiva; anche nei tempi progressivi

• *Don't be so angry! Go and work the tension off in the gym!* Non essere così in collera! Va' a smaltire la tensione in palestra!

• *After a disagreement with Mum, Dad works off his irritation by weeding the garden.* Dopo una discussione con la mamma, papà sfoga la sua irritazione strappando le erbacce in giardino.

bruciare con l'attività fisica le calorie in eccesso
sia nella forma attiva sia nella passiva; anche nei tempi progressivi

• *We all went jogging on Boxing Day to work a few calories off.* Il 26 dicembre andammo tutti a fare jogging per bruciare qualche caloria.

far passare un dolore fisico con il movimento
sia nella forma attiva sia nella passiva; anche nei tempi progressivi

• *When my back aches I work off the pain with a bit of exercise.* Quando mi fa male la schiena mi faccio passare il dolore con un po' di ginnastica.

sbrigare del lavoro
sia nella forma attiva sia nella passiva; anche nei tempi progressivi

• *I think I'll work overtime this evening to work off all the correspondence that has piled up in the last two days.* Penso che stasera farò gli straordinari per evadere tutta la corrispondenza che si è accumulata negli ultimi due giorni.

estinguere un debito, o ridurne l'entità, col proprio lavoro
sia nella forma attiva sia nella passiva; anche nei tempi progressivi

• *Alice wants to find a part-time job to help the family to work off the bank loan.* Alice vuole trovare un lavoro a orario ridotto per aiutare la famiglia a estinguere il mutuo bancario.

work on

work on sb.

cercare di influenzare le opinioni di qualcuno o di indurlo a fare qualcosa [*informale*]
non nella forma passiva; anche nei tempi progressivi

• *The competitors in the beauty contest blatantly worked on the members of the jury.* Le concorrenti del concorso di bellezza si lavoravano sfacciatamente i membri della giuria.

work on st.

♦ lavorare a qualcosa (*un progetto, una ricerca, uno studio, un libro*)
sia nella forma attiva sia nella passiva; anche nei tempi progressivi

• *John did not spend three months at the dolphinarium on holiday: he was working on his marine biology thesis the whole summer.* John non ha trascorso tre mesi al delfinario in vacanza: ha lavorato per tutta l'estate alla sua tesi di biologia marina.

♦ lavorare su qualcosa per migliorarlo
sia nella forma attiva sia nella passiva; anche nei tempi progressivi

• *Your spoken English is quite good, but you need to work on your spelling.* Il tuo inglese parlato è abbastanza buono, ma hai bisogno di lavorare sull'ortografia.

nel fare un progetto o un calcolo, basarsi su un determinato presupposto
non nella forma passiva; anche nei tempi progressivi

• *The firm is working on the assumption that the new product will be a success.* L'azienda sta lavorando sul presupposto che il nuovo prodotto avrà successo.

work out

work out

essere il risultato di un calcolo matematico (*solitamente in riferimento a un costo o a un prezzo*) [*sempre + avverbio e/o preposizione e/o aggettivo*]
non nella forma passiva; non nei tempi progressivi

• *Going by tube worked out better than by car, mainly because of the parking cost.* Andare con la metropolitana risultò meno caro che in auto, soprattutto per il costo del parcheggio.

dare un risultato (*soddisfacente o non*)
non nella forma passiva; anche nei tempi progressivi

• *Dorian's project seems to be working out, at least for now.* Sembra che il progetto di Dorian stia dando buoni risultati, almeno per ora.

fare esercizio fisico
non nella forma passiva; anche nei tempi progressivi

• *Nigel has a fantastic body but he spends most of his time working out at the gym.* Nigel ha un corpo fantastico ma passa gran parte del tempo allenandosi in palestra.

work sb. out

decifrare il carattere di una persona (*e, talvolta, le ragioni del suo comportamento*) [*GB e Australia*]
non nella forma passiva; solitamente non nei tempi progressivi

• *Why doesn't she say what she thinks? It's difficult to work her out.* Perché non dice ciò che pensa? È difficile capirla.

work out st. = work st. out

♦ eseguire un calcolo matematico
sia nella forma attiva sia nella passiva; anche nei tempi progressivi

• *On the basis of our information we can work out the cost of the hotel and the petrol, but we can't work out the cost of the meals.* Sulla base delle nostre informazioni possiamo calcolare la spesa per l'albergo e la benzina, ma non possiamo calcolare quella per i pasti.

♦ riuscire a capire qualcosa (*non immediatamente ma ragionando*) [*prevalentemente GB e Australia*]
sia nella forma attiva sia nella passiva; solitamente non nei tempi progressivi

• *I really can't work it out!* Non riesco proprio a capirlo!

• *Did you work out why Danny was sacked?* Sei riuscito a capire perché Danny è stato licenziato?

studiare attentamente il modo di affrontare un problema per poi trovare una soluzione
sia nella forma attiva sia nella passiva; anche nei tempi progressivi

• *Costs were reduced after a more rational method of putting the goods into storage was worked out.* I costi vennero ridotti dopo che si fu studiato un metodo più razionale di immagazzinamento della merce.

continuare a fare ciò che si deve fino al termine di un periodo prefissato
sia nella forma attiva sia nella passiva; anche nei tempi progressivi

• *«Have you already started your new job?» «Not yet. I have a whole month's notice period to work out.»* «Hai già cominciato il tuo nuovo lavoro?» «Non ancora. Devo lavorare per tutto il mese di preavviso.»

work itself out

detto di un problema, perdere importanza a poco a poco fino a risolversi
sempre nella forma riflessiva; anche nei tempi progressivi

• *It's true, a home help who doesn't speak the language may get the detergents mixed up a bit, but it's a problem that will work itself out in a fortnight!* È vero, una collaboratrice domestica che non parla la lingua può confondere un po' i detersivi, ma è un problema che si risolverà in una quindicina di giorni!

work over

work over sb. = work sb. over

riempire di botte qualcuno (*per intimidazione o per estorsione*) [*informale*]
sia nella forma attiva sia nella passiva; anche nei tempi progressivi

• *After the bust, the pushers worked over the police informer.* Dopo la retata, gli spacciatori riempirono di botte l'informatore della polizia.

work through

work through

lavorare ininterrottamente per un certo periodo di tempo
non nella forma passiva; anche nei tempi progressivi [*spesso* + *until/till*]

• *We can't stop. We must work through until we've finished, even if it takes till midnight.* Non possiamo fermarci. Dobbiamo lavorare fino a che avremo finito, anche se dovremo arrivare a mezzanotte.

work through st.

passare (*con fatica*) attraverso qualcosa (*superando degli ostacoli materiali*)
non nella forma passiva; anche nei tempi progressivi

• *The explorers had to work through the jungle using machetes to reach the river.* Per raggiungere il fiume, gli esploratori dovettero aprirsi la strada nella giungla col machete.

arrivare (*con fatica*) a conseguire qualcosa (*superando delle difficoltà*)
non nella forma passiva; anche nei tempi progressivi

• *It took Sally eight years to work through the exams before finally becoming a doctor.* Sally impiegò otto anni a completare gli esami prima di diventare finalmente medico.

work through st. = work st. through

superare un motivo di sofferenza parlandone a lungo con qualcuno
non nella forma passiva; anche nei tempi progressivi

• *Special psychological therapy will help him to work through the trauma of the accident.* Una speciale terapia psicologica lo aiuterà a superare il trauma dell'incidente.

work through

work through st.

diventare percettibili (*detto degli effetti di un'azione o di una decisione*)
non nella forma passiva; anche nei tempi progressivi [*talvolta* + *to*]

• *I don't think the effects of the tax cuts will work through to people in the lower income bracket.* Io non credo che gli effetti dei tagli alle tasse verranno percepiti da chi è nella fascia di reddito più bassa.

work towards

work towards st.

lavorare con impegno per raggiungere un certo risultato
non nella forma passiva; anche nei tempi progressivi

• *The management and the unions are not really working towards an agreement.* La direzione e i sindacati non stanno compiendo veramente uno sforzo per raggiungere un accordo.

work up

work up sb. = work sb. up

suscitare una sensazione (*solitamente esaltazione, agitazione, preoccupazione, turbamento anche sessuale*) in qualcuno
sia nella forma attiva sia nella passiva; anche nei tempi progressivi

• *When Uncle John comes to see us he always works the children up, and they would like to play with him for hours.* Quando lo zio John viene a trovarci i bambini si divertono sempre un mondo, e vorrebbero giocare con lui per ore.

work oneself up

farsi animo in vista di una difficoltà da affrontare
sempre nella forma riflessiva; anche nei tempi progressivi

• *He was nervous of speaking in public but he worked himself up and his lecture went off very well.* Era nervoso al pensiero di parlare in pubblico ma si fece forza e la sua conferenza riuscì benissimo.

work up st. = work st. up

sviluppare o produrre qualcosa gradualmente (*l'accezione è molto ampia*)
sia nella forma attiva sia nella passiva; anche nei tempi progressivi

• *You can't work up any speed because all the traffic lights turn red just as you reach them.* Non si riesce a prendere velocità perché tutti i semafori diventano rossi proprio nel momento in cui ci si arriva.

suscitare un certo stato d'animo (*in sé stessi o negli altri*)
sia nella forma attiva sia nella passiva; anche nei tempi progressivi

• *After the long telephone call Harriet started to work up hopes of Russell falling for her.* Dopo la lunga telefonata Harriet cominciò a coltivare la speranza che Russell si stesse innamorando di lei.

produrre, migliorare o ampliare uno scritto
sia nella forma attiva sia nella passiva; anche nei tempi progressivi

• *I think that if you find some reliable statistics on the Internet you will be able to work up a good essay.* Penso che se troverai qualche statistica affidabile su Internet sarai in grado di fare un buon tema.

sviluppare un aspetto della propria attività (*soprattutto nel campo degli affari*)
sia nella forma attiva sia nella passiva; anche nei tempi progressivi

• *We are hoping to work up sales with our new advertising campaign.* Con la nuova campagna pubblicitaria speriamo in un aumento delle vendite.

work up to

work up to st.

avviarsi verso il raggiungimento di un certo livello di attività o di efficienza (*detto di persona o di cosa*)
non nella forma passiva; anche nei tempi progressivi

• *You should start jogging for fifteen minutes a day and gradually work up to an hour.* Dovresti cominciare a fare jogging per quindici minuti al giorno e aumentare gradualmente fino a un'ora.

arrivare molto gradualmente a dire o fare qualcosa di difficile
sia nella forma attiva sia nella passiva; anche nei tempi progressivi

• *Theresa worked up to asking her father to let her go away on holiday with her friends in a very roundabout way.* Theresa arrivò a chiedere a suo padre di lasciarla andare in vacanza con i suoi amici (*introducendo l'argomento*) in modo molto indiretto.

wrap

wraps, wrapped, wrapped, wrapping

wrap up

wrap up

wrap up sb. = wrap sb. up

♦ coprirsi bene, o coprire bene qualcuno

non nella forma passiva; anche nei tempi progressivi

• *It's cold today. Wrap up when you go out.* Fa freddo oggi. Copriti bene quando esci.

sia nella forma attiva sia nella passiva quando c'è il complemento oggetto; anche nei tempi progressivi

• *Wrap the children up when you take them out.* Copri bene i bambini quando li porti fuori.

wrap up st. = wrap st. up

♦ avvolgere qualcosa in carta o altro materiale
sia nella forma attiva sia nella passiva; anche nei tempi progressivi

• *Sheila wrapped up the birthday present and gave it to her friend.* Sheila impacchettò il regalo di compleanno e lo diede alla sua amica.

portare a termine con successo un'attività (*di lavoro, sportiva, di spettacolo*) [*informale*]
sia nella forma attiva sia nella passiva; anche nei tempi progressivi

• *Do you think you will manage to wrap the deal up?* Pensi di riuscire a concludere felicemente l'affare?

wrap up in

be wrapped up in sb./st.

essere completamente assorbito da qualcuno o da qualcosa
sempre to be + participio passato; non nei tempi progressivi

• *She was so wrapped up in her children as to lose interest in her career.* Era così assorbita dai figli che perse interesse per la propria carriera.

write

writes, wrote, written, writing

write away/off

write away/off

scrivere per ottenere qualcosa o per avere informazioni
non nella forma passiva; anche nei tempi progressivi

• *You must write away/off at once if you want your goods to arrive in time.* Devi ordinare immediatamente se vuoi che la merce arrivi in tempo.

write down

write down st. = write st. down

♦ prendere nota di qualcosa
sia nella forma attiva sia nella passiva; anche nei tempi progressivi

• *She writes everything down in her diary.* Lei annota tutto nella sua agenda.

• *Let me write down the phone number before I forget it.* Lasciami segnare il numero di telefono prima di dimenticarlo.

write in

write in

scrivere a un giornale, alla TV, alla radio
non nella forma passiva; anche nei tempi progressivi

• *Annabel is responsible for an agony column, and you have no idea of how many people write in asking for advice.* Annabel è responsabile di una rubrica di problemi personali, e non hai idea di quanta gente scriva per chiedere consiglio.

write in sb./st. = write sb./st. in

votare per qualcuno scrivendo il suo nome sulla scheda [*USA*]
sia nella forma attiva sia nella passiva; solitamente non nei tempi progressivi

• *He was written in by ninety per cent of the inhabitants of Snowflake, Arizona.* Venne votato dal novanta per cento degli abitanti di Snowflake, Arizona.

aggiungere un nome all'elenco ufficiale dei candidati per una votazione [*USA*]
sia nella forma attiva sia nella passiva; anche nei tempi progressivi

• *Why are you writing Bruce Parkinson in? Write in Phil Wayne's name instead! He's much more popular!* Perché mettete Bruce Parkinson nella lista? Metteci piuttosto il nome di Phil Wayne! Lui è molto più benvoluto!

write in st. = write st. in

scrivere parole o numeri negli appositi spazi di un modulo
sia nella forma attiva sia nella passiva; anche nei tempi progressivi

• *In this space you have to write in the name of the owner of the car and in this other the registration number.* In questo spazio deve scrivere il nome del proprietario dell'auto e in quest'altro il numero di targa.

aggiungere altre parti a uno scritto
sia nella forma attiva sia nella passiva; anche nei tempi progressivi

• *We don't need to write in any more examples. This one makes the meaning of the verb perfectly clear.* Non abbiamo bisogno di aggiungere altri esempi. Questo chiarisce perfettamente il significato del verbo.

write in

write into

write in sb./st. = write sb./st. in

write sb./st. into st.

inserire una scena o un personaggio in un libro o in una sceneggiatura
sia nella forma attiva sia nella passiva; anche nei tempi progressivi

• *Why do you want to write in a monkey? The story would be more credible with a dog!* Perché vuoi aggiungere il personaggio della scimmia? La storia sarebbe più credibile con un cane!

write into

write st. into st.

inserire una specificazione o una clausola in un documento (*solitamente un contratto*)
anche nella forma attiva, ma più spesso nella passiva; solitamente non nei tempi progressivi

• *I'm obliged to work on Saturdays because it was written into my contract.* Sono obbligato a lavorare il sabato perché ciò è stato specificato nel mio contratto.

write off

write off sb./st. = write sb./st. off

considerare qualcuno o qualcosa privo di importanza, utilità, successo oppure ritenerlo inadeguato
sia nella forma attiva sia nella passiva; solitamente non nei tempi progressivi

• *Dad is a bit depressed because he feels the firm has written him off.* Papà è un po' depresso perché ha la sensazione che la ditta lo abbia messo da parte.

write off st. = write st. off

condonare un debito
sia nella forma attiva sia nella passiva; solitamente non nei tempi progressivi

• *You'll never get that credit back. You might as well write it off.* Non ricupererai mai quel credito. Tanto varrebbe condonarlo.

estinguere un debito
sia nella forma attiva sia nella passiva; solitamente non nei tempi progressivi

• *I will be relieved when I have written off the payments on this car I bought in a fit of madness!* Mi sentirò sollevato quando avrò finito di pagare quest'auto che ho comprato in un raptus di follia!

nei libri contabili, azzerare il valore di un bene irrimediabilmente danneggiato (*spesso un veicolo*)
sia nella forma attiva sia nella passiva; solitamente non nei tempi progressivi

• *After the accident we had to write the van off.* Dopo l'incidente dovemmo considerare nullo il valore del furgone.

write off → write away/off

write out

write out sb. = write sb. out

eliminare un personaggio da un copione modificandolo [*informale*]
anche nella forma attiva, ma più spesso nella passiva; solitamente non nei tempi progressivi [*solitamente + of*]

• *The actor asked the television studio to be written out of the series because a Hollywood producer had offered him the leading role in a film.* L'attore chiese allo studio televisivo di essere tolto dalla serie perché un produttore di Hollywood gli aveva offerto il ruolo principale in un film.

write out st. = write st. out

scrivere qualcosa per esteso
sia nella forma attiva sia nella passiva; anche nei tempi progressivi

• *Write it out again, please. I can't understand all these abbreviations.* Riscrivilo per esteso, per favore. Non riesco a capire tutte queste abbreviazioni.

trascrivere qualcosa
sia nella forma attiva sia nella passiva; anche nei tempi progressivi

• *Please, Ginny, write this recipe out for Aunt Alice. Your writing is much clearer than mine.* Per favore, Ginny, trascrivi questa ricetta per la zia Alice. La tua scrittura è molto più chiara della mia.

compilare un assegno
sia nella forma attiva sia nella passiva; anche nei tempi progressivi

• *I don't have enough money on me. Do you mind if I write out a cheque?* Non ho abbastanza denaro con me. Le dispiace se le faccio un assegno?

redigere un documento
sia nella forma attiva sia nella passiva; anche nei tempi progressivi

• *«Is your report ready, Mr Simpson?» «Not yet, Mr Thompson. I am still writing it out.»* «È pronto il suo rapporto, signor Simpson?» «Non ancora, signor Thompson. Lo sto ancora redigendo.»

write oneself out

detto di uno scrittore, esaurire la vena
sempre nella forma riflessiva; non nei tempi progressivi

• *He didn't exactly write himself out. It was the whisky. When his last novel was still in print he had already become an alcoholic.* Non è esatto dire che ha esaurito la vena. È stato il whisky. Quando il suo ultimo romanzo era ancora in stampa lui era già diventato un alcolista.

be written out

detto di uno sportivo, essere emarginato a causa di un infortunio
sempre to be + participio passato; non nei tempi progressivi

• *«They didn't call up Phil Jones.» «I'm afraid he was written out after the accident to his knee.»* «Non hanno convocato Phil Jones.» «Temo che sia rimasto tagliato fuori dopo l'infortunio al ginocchio.»

write up

write up sb. = write sb. up

dare una multa a qualcuno (*da parte di un'autorità*) [*USA*]
sia nella forma attiva sia nella passiva; anche nei tempi progressivi

• *Please don't write me up, officer! I know I was speeding, but my wife is in labour!* La prego, agente, non mi faccia la multa! Lo so che correvo, ma mia moglie è in travaglio!

write up st. = write st. up

scrivere qualcosa (*un rapporto, un articolo, una tesi*) nella sua forma definitiva, solitamente basandosi su appunti presi in precedenza
sia nella forma attiva sia nella passiva; anche nei tempi progressivi

• *Alexandra has finished collecting her data on the behaviour of the whooping crane, but she hasn't written up her thesis yet.* Alexandra ha finito di raccogliere i dati sul comportamento della gru del Nordamerica, ma non ha ancora terminato la stesura della sua tesi.

fare la recensione (*di un film, un libro, un concerto, uno spettacolo*)
sia nella forma attiva sia nella passiva; anche nei tempi progressivi

• *«Has anyone written up my comedy?» asked the young author eagerly.* «Qualcuno ha fatto la recensione della mia commedia?» domandò ansioso il giovane autore.

scrivere in modo tale da stimolare l'interesse del lettore
sia nella forma attiva sia nella passiva; anche nei tempi progressivi

• *Do write up the account of the murder, Steve. I want the readers to get riveted.* Fammi un resoconto avvincente dell'omicidio, Steve. Voglio che i lettori rimangano inchiodati.

Y

yell

yells, yelled, yelled, yelling

yell out

yell out

yell out st. = yell st. out

gridare qualcosa (*un nome, un ordine, un avvertimento, uno slogan*)

non nella forma passiva; solitamente non nei tempi progressivi

• *When I fell over that log I yelled out for help, but you didn't hear me.* Quando sono caduto sul quel tronco ho gridato per chiedere aiuto, ma tu non mi hai sentito.

sia nella forma attiva sia nella passiva quando c'è il complemento oggetto; anche nei tempi progressivi

• *I yelled the dog's name out again and again, but he didn't come back.* Gridai più volte il nome del cane, ma lui non tornò indietro.

Z

zip

zips, zipped, zipped, zipping

zip up

zip up

zip up sb./st. = zip sb./st. up

chiudersi con la cerniera lampo (*detto di un capo di abbigliamento*) o chiudere un capo di abbigliamento con una cerniera lampo

non nella forma passiva; non nei tempi progressivi

• *This jacket hasn't got buttons; it zips up.* Questa giacca non ha bottoni; si chiude con la lampo.

• *The skirt zips up at the back.* La gonna si chiude dietro con una cerniera.

sia nella forma attiva sia nella passiva quando c'è il complemento oggetto; anche nei tempi progressivi

• *The motorcyclist put on his helmet and zipped up his jacket.* Il motociclista si mise il casco e chiuse la cerniera della giacca.